Weibliche Diakonie in Anhalt

Jan Brademann (Hg.)

Weibliche Diakonie in Anhalt

Zur Geschichte der Anhaltischen Diakonissenanstalt Dessau

mitteldeutscher verlag

Umschlagabbildung oben: Diakonissenmutterhaus Dessau, Zeichnung um 1930, aus: Anhaltische Diakonissenanstalt Dessau (Hg.): Das Kindergärtnerinnen- und Hortnerinnen-Seminar 1905–1930, Dessau 1930 (Archiv der Evangelischen Landeskirche Anhalts).
Umschlagabbildung unten: Schwestern der ADA mit Oberin Alfken (mittlere Reihe, 3. v. l.) um 1910, die Diakonissen tragen ein Kreuz, Probeschwestern nicht; in der vorderen Reihe, Mitte: eine Johanniterschwester (Archiv der Anhaltischen Diakonissenanstalt Dessau).

Bibliografische Information der Deutschen Nationalbibliothek
Die Deutsche Nationalbibliothek registriert diese Publikation in der Deutschen Nationalbibliografie; detaillierte bibliografische Daten im Internet unter http://d-nb.de.

2019
© mdv Mitteldeutscher Verlag GmbH, Halle (Saale)
www.mitteldeutscherverlag.de

Gesamtherstellung: Mitteldeutscher Verlag, Halle (Saale)

ISBN 978-3-96311-104-4

Printed in the EU

Inhalt

Vorwort

„Denn in der Zwischenzeit gibt unsere Barmherzigkeit mehr Geld aus
in den Gassen als eure Religiosität in den Tempeln."
Tertullian, Apologeticum, 42, 8

Soziale Fürsorge ist ein zentrales Charakteristikum des Christentums. In der
Antike trug es, nicht nur aus Sicht des hier zitierten Kirchenvaters, maßgeblich
zu seiner Durchsetzung bei. Und es waren Christen, die im 19. Jahrhundert
mit der Inneren Mission eine Antwort auf die soziale Frage gaben, lange bevor
der Staat eine entsprechende Verantwortung wahrnahm. Im „Dualen System"
ist diese Wurzel der öffentlichen Wohlfahrtspflege bis heute lebendig, obschon
sich die Umstände seither fundamental verändert haben.

Diakonie und Kirche sind Teil menschlicher Gesellschaften und als solche wan-
deln auch sie sich. Wenn die Anhaltische Diakonissenanstalt Dessau (ADA) in
diesem Jahr ihren 125. Geburtstag feiert, so richtet sie den Blick in die Zukunft.
Dabei setzt sie sich auch mit ihrer Vergangenheit auseinander.

Das vorliegende Buch ist aus diesem Anlass entstanden. Trotz einer schwierigen Literatur- und Quellenlage möchte es einzelne Aspekte der Geschichte der
ADA erhellen. Vieles, darunter zentrale Fragen an die DDR-Zeit, muss späterer
Forschung vorbehalten bleiben. Das Buch enthält Beiträge von Historikerinnen
und Historikern, die ihre Forschungsfragen aus ihrer Arbeit heraus entwickelt
haben. Ebenso wichtig sind die Texte von Menschen, deren Fachgebiet Medizin, Verwaltung, Technik oder Theologie ist und die ebenfalls auf der Basis von
Quellen Wissenswertes über die ADA zutage gefördert haben. Hinzu kommt
ein Interview, in dem zwei Diakonissen als Zeitzeugen zu Wort kommen.

Allen an der Entstehung dieses Buchs Beteiligten, insbesondere den Autorinnen und Autoren sowie den Interviewten, gilt mein herzlicher Dank. Bettina
Brockmeyer danke ich für ihre inhaltliche Unterstützung, Kurt Fricke vom Mitteldeutschen Verlag für sein umsichtiges und präzises Lektorat.

Der ADA, ihren Schwestern, Mitarbeiterinnen und Mitarbeitern wünsche ich
Gottes Segen zum Geburtstag.

Dessau-Roßlau, im Juni 2019
Jan Brademann

Geleitwort

Die Anhaltische Diakonissenanstalt wird 125 Jahre alt und ist damit vielleicht als betagte Dame zu bezeichnen. Wenn ich über diese Zahl nachdenke, dann kommt sie mir aus der Perspektive eines Menschen wie ein unendlich langer Zeitraum vor. Im Verhältnis zur Geschichte der Kirche bilden wir mit ihr aber nur einen recht kleinen Zeitabschnitt ab.

Betrachtet man aber die Veränderungsfrequenz dieser 125 Jahre, dann stockt einem der Atem – was ist in dieser Zeit doch alles passiert. Kaiserreich, Elektrizität und Telefon, Erster Weltkrieg, politische Umbrüche, Weimarer Republik, Automobilisierung, Nationalsozialismus und Zweiter Weltkrieg, Besatzungszeit, Kalter Krieg, DDR-Regime, friedliche Revolution, Computer-Revolution, Marktwirtschaft und vereinigtes Deutschland, „Flüchtlingskrise", jahrelanger wirtschaftlicher Aufschwung, Digitalisierung ... und die ADA und ihre verbundenen Unternehmen gibt es noch immer.

Dass dies so ist, liegt mit Sicherheit am Dienst der Diakonissen, die unser Werk in entscheidender Weise mitgeprägt haben. Diesen Dienst in den Blick zu nehmen, den Einfluss der Diakonissen auf die Entwicklung der ADA darzulegen und in aus unserer Sicht maßgeblichen Auszügen nachzuzeichnen, wie die ADA zu jener alten, aber immer noch vitalen Dame geworden ist, das ist die Idee, die hinter diesem Buch steckt. Zum Zeitpunkt eines Umbruches, der sich in unserem Haus abzeichnet, da der Dienst der Diakonissen kleiner geworden ist, sich ihre Lebensform überlebt zu haben scheint, wollen wir deutlich machen, wie eine Idee Wirklichkeiten zu verändern vermag: die Idee des selbstlosen Engagements, des Dienens anstelle des Sich-dienen-Lassens.

Auch heute noch versuchen wir, auf unserem Diakonie-Campus und darüber hinaus für Menschen und ihre Bedürfnisse da zu sein, ihnen die nötige Hilfe anzubieten, etwas von Gottes Liebe zu den Menschen in Tat und Wort weiterzugeben – und damit auch das Erbe der Diakonissen an- und aufzunehmen. Immer wieder versuchen wir aufs Neue zu lernen, was „selbstloser" Dienst ist, was es bedeutet, für Menschen unbedingt – also ohne Bedingungen – da zu sein. Wer sich auf den Weg macht, 125 Jahre Anhaltische Diakonissenanstalt nachzuvollziehen, der bekommt mit Sicherheit einen Eindruck, wie groß die Schuhe sind, die uns von den Diakonissen überlassen wurden bzw. derzeit überlassen werden.

Mit diesem Buch sollen die Leser zudem hineingenommen werden in einen dankbaren Rückblick; in erster Linie geht es aber um die Geschichte der Anhaltischen Diakonissenanstalt. Wer sich in sie vertieft, wird feststellen, dass sie ein Stück Diakoniegeschichte ist. Auf sie wollen wir voller Dank unserem Gott gegenüber zurückschauen. Sie soll uns Mut machen, weiter in die Zukunft zu gehen und sich glaubensfroh den Herausforderungen unserer Zeit zu stellen.

Pfarrer Torsten Ernst, Vorsteher der Anhaltischen Diakonissenanstalt
Dessau, im Juni 2019

Jan Brademann

Einleitung

Die 1894 gegründete Anhaltische Diakonissenanstalt ist bislang, von kleineren und durch Zeitzeugenschaft geprägten Publikationen unter ihrer eigenen Feder-führung abgesehen,[1] kein Gegenstand der Kirchengeschichtsschreibung gewe-sen. Wenn sich dies durch das vorliegende Buch ändern soll, so geschieht es aus einer lokal- und regionalgeschichtlichen Perspektive. Ein solches Forschungs-anliegen benötigt neben – leider für die Zeit vor 1945 nur noch bruchstückhaft überlieferten – Quellen[2] empirisches Vorwissen zur Orientierung auf ein Er-kenntnisinteresse und zur Strukturierung des Stoffs. Während im Hinblick auf die Kirchen- und Gesellschaftsgeschichte Anhalts im 19. und 20. Jahrhundert kaum Untersuchungen vorliegen, die argumentative Anknüpfungspunkte bie-ten,[3] kann bezüglich der Diakonie und der Inneren Mission im Allgemeinen, der Mutterhausdiakonie im Besonderen sowie der Rolle von Frauen im Bezugs-feld von Religion und Beruf auf eine gut ausgebildete Forschungsdiskussion zugegriffen werden.

Der Begriff der „Mutterhausdiakonie" wurde schon von den Akteuren verwen-det. Aus analytischer Perspektive kann man ihn definieren als die Gesamtheit der Kommunikations- und Interaktionsformen, die sich um ein Mutterhaus, das in der Regel auch als Wohnhaus genutzte Zentrum der Gemeinschaft der Diakonissen, und dessen Zweck entfalten. In theologischer Selbstsicht verfolgt das Mutterhaus ein diakonisches Ziel: den Dienst am Nächsten als zentrale Aus-drucksform des Christentums (diakonia = griech.: Dienst). Auf die Gründung des Kaiserswerther Diakonissenhauses 1836 geht das entscheidende Merkmal dieser Form der Diakonie zurück, nämlich dass die Mitglieder – vom Vorsteher des Hauses abgesehen – ausschließlich Frauen waren. Nach einer längeren, in-tensiven Vorbereitungszeit traten die Diakonissen mit dem Ritus der Einseg-nung in eine Lebens-, Dienst- und Glaubensgemeinschaft ein. In ihr bildeten Frömmigkeit und Arbeit eine untrennbare Einheit. Mit ihrem Eintritt unter-warfen sich die Diakonissen einer Reihe von Freiheitsbeschränkungen, die als charakteristisch für ihre Lebensform anzusehen sind: die Verpflichtung zu Ehe-losigkeit und Keuschheit, zu Gehorsam gegenüber der Leitung des Hauses (Vorsteher, später auch Oberin) – besonders im Hinblick auf die Arbeitstätigkeit (Entsendungsprinzip) und den Rhythmus von Alltag und Feiertag –, der Verzicht auf Entlohnung ihrer Arbeit (verbunden mit einer Alterssicherung) sowie das Tragen einer klar vorgegebenen, einheitlichen Tracht.

Natürlich sind bezüglich dieser Merkmale im 20. Jahrhundert Öffnungen und Liberalisierungen festzustellen; die Frage nach diesbezüglichen Veränderungen gibt eine Forschungsperspektive vor. Zentral aber dürfte vor allem die Beobachtung sein, dass gerade die Beharrungskräfte der Mutterhausdiakonie in einem sich fundamental wandelnden Umfeld ihre Geschichte bestimmt haben. Die Konstanz der Leitvorstellungen der Mutterhausdiakonie bildet daher oft die eine Seite des Spannungsbogens kirchen-, sozial- und kulturgeschichtlicher Narrative.

Das Interesse der jüngeren Forschung rührt indes im Wesentlichen vom gesellschaftlichen Ort der Mutterhausdiakonie her: Als kirchennahe Organisation verfolgt sie religiöse Ziele; gemessen an der Wirkung ihres Tuns folgt aber aus ihrer sozialfürsorglichen Zielvorstellung ihre eigentliche gesellschaftliche Funktion. Dies gilt durchaus unabhängig von ihrer inneren Verfassung: Bis Mitte der 1930er Jahre war die Zahl der Mutterhäuser in Deutschland auf 69 angewachsen; ca. 32.000 Diakonissen taten in ihnen ihren Dienst.[4] Doch diese Verbindung dünnte sich danach wieder aus; heute gibt es weniger als 3.000 Diakonissen, von denen sich über 90 Prozent im Ruhestand befinden.[5] War bereits Anfang der 1950er Jahre vom „Sterben" der Mutterhausdiakonie die Rede, so stellt sich heute die Frage, ob sie nicht „bereits an ihr Ende gekommen" ist.[6] Ihre Funktion im Bereich der Wohlfahrtspflege erfüllen die Mutterhäuser gleichwohl bis heute.

Bereits eine sich hieraus ergebende Spannung legt Differenzierungen nahe. Die Mutterhausdiakonie lässt sich wie die Diakonie insgesamt auf drei Ebenen verorten:[7] erstens im Interaktionszusammenhang des Helfens (Mutterhausdiakonie als soziale Praxis), zweitens im politischen Handeln der Trägerinstitution (Mutterhausdiakonie als Organisation). Drittens kann Diakonie auch auf gesellschaftlicher Ebene beobachtet werden, wenn sie als System in Abgrenzung von und im Austausch mit anderen Systemen definiert wird (Diakonie als System). Die Unterscheidung dieser Ebenen ist theoretischer Natur, denn das eine wäre ohne das andere gar nicht denkbar; sie hilft uns jedoch bei der Formulierung leitender Hinsichten auf die in den Quellen manifeste Vergangenheit.

I.

Beginnen wir auf gesellschaftsgeschichtlicher und damit der als dritte genannten Ebene, so sind hier zwei wesentliche historische Entwicklungen hervorzuheben: erstens die Trennung von Religion und Wohlfahrtsproduktion (Sozialfürsorge und Medizin) und zweitens die Emanzipation der Frau. Zum ersten Punkt: In diesem im 19. Jahrhundert beschleunigten, aber von den Akteuren noch kaum thematisierten Prozess starteten insbesondere die in der zweiten Hälfte des Jahrhunderts gegründeten Mutterhäuser aus einer vergleichsweise guten Position. Durch die im zweiten Drittel des Jahrhunderts immer drängendere soziale Frage[8] hatte sich der Bedarf an pflegerischer Betreuung allerorten erhöht. Die auf die Wiedergewinnung kirchenferner Gruppen gerichtete Innere Mission hatte die Verbindung von Fürsorge und Religion zur gleichen Zeit noch einmal institutionell, kulturell und sozial gefestigt. Ende des 19. Jahrhunderts waren 90 Prozent des Pflegepersonals im deutschen Reich Mitglied in einer religiösen Gemeinschaft. „Die Diakonisse" etablierte sich in den protestantischen Regionen als *das* Erfolgsmodell auf dem Gebiet der Krankenpflege. Auch in der ambulanten Kranken- und Altenpflege prägten die Diakonissen als Gemeindeschwestern das Bild.

Zugleich ließ aber die zunehmende Professionalisierung der Medizin wie auch der Pflege die besondere seelsorgliche Kompetenz der Diakonissen nach und nach in den Hintergrund treten. Indem die „Einheit von Leibes- und Seelenpflege" langsam aufbrach (in den Einrichtungen der Diakonie und Caritas wurde noch länger, bis in die 1970er Jahre, an ihr festgehalten), wurde ihre Funktion langfristig auf ärztliche Hilfstätigkeiten reduziert.[9] Die Mutterhausdiakonie wie die Diakonie insgesamt verschlossen sich den Professionalisierungs-, Technisierungs- und Ökonomisierungstendenzen nicht; im Gegenteil: Seit der Weimarer Republik zunehmend der Konkurrenz ausgesetzt, entwickelten sie sich selbst zu sehr erfolgreichen und mächtigen Akteuren innerhalb der Wohlfahrtspflege. Doch in dem Maße, wie die gesellschaftliche Akzeptanz von Religion erodierte, sank die Nachfrage nach der Diakonisse als Seelsorgerin. Außerdem ließ die christlich-konfessionelle Vorbildung des Nachwuchses immer mehr nach, und in den 1950er Jahren schwand dann auch der Nachwuchs selbst.

Letztlich verselbständigte sich die Diakonie im 20. Jahrhundert weiter gegenüber Theologie und Kirche,[10] ja sie entfremdete sich in ihrer Funktion als Wohlfahrtsproduzentin vom religiösen Bezugssystem insgesamt.[11] Die bis heute gültigen Identitätskonzepte der „Christlichen Dienstgemeinschaft" für die Diakonie bzw. der „christlichen Dienst- und Lebensgemeinschaft" für die

Mutterhausdiakonie vermochten damit immer weniger die Realität der mit der diakonischen Wohlfahrtsproduktion verbundenen Lebenswelten insgesamt zu beschreiben.[12] Für die Einrichtungen der Diakonie liegt hier eine der zentralen Zukunftsfragen.

Zum zweiten Punkt: Der Aufstieg und Niedergang der Mutterhausdiakonie ist mindestens ebenso im Kontext jenes fundamentalen Wandels zu sehen, der die sozialen Rollen von Frauen – konzeptionell und faktisch – seit dem 19. Jahrhundert prägte. Auf die Bekämpfung des Pauperismus gerichtet und aus einer an altkirchliche Vorstellungen vom Diakonissenamt anknüpfenden theologischen Begründung heraus ermöglichte die Diakonie die Institutionalisierung einer Ausbildungs- und Berufsmöglichkeit für ledige Frauen jenseits des Idealbilds der Ehefrau und Mutter.[13] Weibliche Berufsarbeit wurde durch religiöse Legitimation ermöglicht. Ohne damit die Mutterhausdiakonie zu einer Institution der Frauenbewegung zu stilisieren, darf der Lebensform Diakonisse „die Funktion eines Türöffners für Frauen in die Kirche und Gesellschaft hinein" zugesprochen werden.[14]

Diese (von den Gründern kaum intendierte) emanzipatorische Entwicklung war freilich untrennbar mit sozialkonservativen Wirkungen verbunden, indem die Lebensform „Diakonisse" von sozialprotestantischen, konservativen Kreisen quasi zum „einzig adäquaten Modell weiblichen christlichen Lebens außerhalb der Ehe stilisiert"[15] wurde, vor allem aber indem das Mutterhaus nach den in Kirche und Gesellschaft gültigen Prinzipien patriarchaler Sozialordnung organisiert wurde, die den vor Individualisierung strukturell abgeschirmten Frauen eine dienende und gehorchende Tochterrolle zuwies.[16]

Durch den allmählichen Ausbau des Sozialstaates und die damit verbundene Nachfrage nach weiblichen Pflegekräften, durch die Weltkriege im 20. Jahrhundert, die Pflegekräfte forderten und die Gesellschaft demografisch stark veränderten, nahm die gesellschaftliche Bedeutung der diakonischen Einrichtungen, insbesondere der Krankenhäuser, zu. In dem Maße aber, wie die Emanzipation der Frauen voranschritt, nahm die Attraktivität der Lebensform Diakonisse ab. Die Ursprünge einer dahinterstehenden „Diskrepanz zwischen dem System der Mutterhausdiakonie und der sie umgebenden Welt"[17] gehen letztlich bereits auf das späte 19. Jahrhundert und die erste Frauenbewegung – und damit den unmittelbare Zeitkontext der Gründung der ADA – zurück. Selbst durch späte und zaghafte Reformversuche um 1970 (v. a. 1971: Die „Diakonisse Neuer Form" wurde inauguriert, die Tarifgehalt erhielt und keine Tracht tragen musste) konnte im 20. Jahrhundert die generelle Tendenz zur Abkehr von der diakonischen Lebensform nicht aufgehalten werden.

Auch die ADA hatte Anteil an dieser spannungsreichen Entwicklung: Zwar gab sie nach und nach die Gemeindepflege sowie die Betreuung medizinischer und altenpflegerischer Institutionen außerhalb Dessaus auf. Auf dem Gebiet der Altenpflege und der Kindergärten ist sie in Dessau dennoch ein wichtiger Träger geblieben; das Krankenhaus, 2003 als Diakonissenkrankenhaus Dessau gemeinnützige GmbH ausgegliedert und durch zwei weitere Träger verstärkt, ist heute ein modernes medizinisches Unternehmen.[18] Die letzte Einsegnung einer Diakonisse in der ADA hingegen fand 1985 statt.

II.

Bei einer Regionalstudie sind die hier nur oberflächlich beschriebenen Prozesse in erster Linie als Bezugsrahmen historischen Wandels zu verstehen. In den Beiträgen dieses Buches stehen hingegen die beiden anderen Untersuchungsebenen im Zentrum. Auch hier dürfen wir auf zahlreiche Erkenntnisse schon zurückgreifen. Am meisten in Bewegung befindet sich das Forschungsfeld „Diakonie als soziale Praxis". Hier wird vor allem darauf geschaut, wie die Diakonissen ihren Dienst und ihre soziale Position selbst einschätzten. Inzwischen darf die weibliche Diakonie als erfolgreiches Erprobungsfeld einer historisch-theologischen Geschlechterforschung angesehen werden, die nach der Konstruktion von Männlichkeits- und Weiblichkeitskonzepten fragt und die Dimensionen der Sinnstiftung durch die Akteurinnen ernst nimmt.[19] Das Profil eines Mutterhauses bestimmte sich über die Identitätspolitik, die die Leitung unter dem Einfluss des Gründers oder Trägers sowie des Kaiserswerther Verbandes typischerweise zu einer bewussten Abgrenzung von der Außenwelt steuerte; Instrumente waren Haus- und Lebensordnungen, historische Narrative (Eigengeschichten) und vor allem Feste und Rituale. Doch darf auch der Einfluss, den die Diakonissen auf das innere Gefüge und die Wahrnehmung eines Hauses nahmen, nicht unterschätzt werden; dies gilt insbesondere für den existenziellen Bereich der Frömmigkeit.[20]

BETTINA BROCKMEYER untersucht in ihrem Beitrag die raren Selbstzeugnisse der Diakonissen. Sie fragt, welche Motive darin für die Entscheidung zum Eintritt in die weibliche Diakonie erkennbar werden, und nimmt dafür die Themen Arbeit, Religiosität und Gemeinschaft in den Blick. Zu Brockmeyers Resümee gehört die Beobachtung, dass die Zeugnisse der Schwestern auffallend wenig über die – zum Teil umstürzenden – Zeitumstände ihrer Protagonistinnen enthalten. Auch in dem Beitrag von MARGOT SCHOCH, der erste Einblicke in die

Geschichte des Gräberfeldes der Dessauer Diakonissen auf dem Friedhof III gibt, wird ein überindividuelles und zugleich überzeitlich stabiles semantisches Reservoir der Mutterhausdiakonie deutlich.

Matthias Zaft bringt in diesen Erkenntnishorizont eine historisch-literarische Mikrostudie ein. Es geht um Diakonissen der ADA als Gemeindeschwestern in Bernburg in den 1960er Jahren. Zaft wählt einen Zugriff auf das Aktenmaterial, der auf eine Überführung überlieferter Informationen in eine stärker narrative Struktur zielt. So sollen Imaginationsräume erschlossen werden, die eine Annäherung an lebensweltliche Erfahrungen auf eine andere Weise ermöglichen können, als dies eine historisch-kritische Analyse vermag. Die darin berichteten Ereignisse, Gedanken und Gefühle bewegen sich in einem Spektrum von Möglichkeit, Wahrheit und Verbürgtheit.

Im Kontext hermeneutischer Zugriffe sind auch mehrere Oral-History-Projekte zu verorten, die angesichts einer prekären Überlieferungssituation im Hinblick auf Selbstzeugnisse von Diakonissen auf die individuellen Wahrnehmungen und Erfahrungen der Schwestern fokussieren, wobei hier auch der spezifische DDR-Kontext und seine Auswirkungen auf die Sozialstruktur der Schwesternschaft sowie ihren Arbeitsalltag Beachtung finden.[21] Eine solche Perspektive fragt nach den Wertvorstellungen und Normen, die das Handeln der Diakonissen leiteten bzw. ihm in der Rückschau Kohärenz verliehen – auch und gerade angesichts von Spannungen innerhalb der Häuser oder zwischen Diakonissen und Gepflegten oder vor dem Hintergrund der häufig festzustellenden Überlastungen etwa von Gemeindeschwestern. Statt simplen, paternalistisch strukturierten Gehorsams wird hier eine „Dialektik der gegenseitigen Abhängigkeit" von Diakonisse und Mutterhaus festgestellt,[22] und anstelle konturlos kollektiven Verhaltens Formen und autobiografische Wahrnehmungen individueller Frömmigkeit sichtbar gemacht, die den Diakonissen zur Legitimation von Eigenständigkeitsbestrebungen, aber auch als Identitätsanker dienten.[23] „Berufszufriedenheit" stellte sich für sie dort ein, wo das besondere religiöse Profil der Schwestern in der Pflege – und dies änderte sich seit den 1960er Jahren grundhaft – nachgefragt wurde und die Diakonisse etwa Sterbenden Trost spenden sowie in der Ausgestaltung von Kindergottesdiensten psychischen Ausgleich finden konnte.[24]

In diesem Zusammenhang kann auch der Beitrag von Dorothea Kinast gesehen werden, der zwei im Sommer 2018 geführte Interviews mit den Dessauer Diakonissen Schwester Ilse und Schwester Margot enthält. Hier wird in Teilen paraphrasiert und zum Schluss eine Bündelung und vorsichtige Einordnung vorgenommen. Dabei geht es zum einen um einzelne Arbeitsfelder beider Diakonissen, ihre Bewältigung und ihre sozialen Umstände, zum anderen um die Einschätzung der eigenen Rolle als Diakonisse und die biografische Ergründung der Entscheidung für diesen Lebensweg. Die Interviews könnten künftigen Forschungen als Quellen dienen. Ähnlich ist der Beitrag von Schwester HELLA FROHNSDORF, Oberin i. R., zu verstehen, die auf ihre Zeit in der ADA zurückblickt und dabei Wesensmerkmale der Mutterhausdiakonie herausfiltert. Außerdem hinterfragt sie kritisch und in nachdenklicher Weise die Leitbilder einer Gesellschaft, die mit eben diesen Kennzeichen und ihren Motiven immer weniger anfangen kann. Noch stärker in die jüngste Zeit und die Zukunft richtet INA KILLYEN, seit 2015 Oberin der Diakonischen Gemeinschaft der ADA, den Blick, wenn sie die Entstehung dieser neueren Form diakonischer Vergemeinschaftung in Dessau schildert und Perspektiven ihrer zukünftigen Gestaltung und Entfaltung aufzeigt.

III.

Eine moderne, zunehmend auch von den diakonischen Einrichtungen selbst nachgefragte Diakoniegeschichtsforschung hat sich – und damit zur zweiten Ebene der „Diakonie als Organisation" – von den affirmativen Erzählmustern der klassischen Eigengeschichtsschreibung getrennt und vereint sozial-, politik-, religions- und kulturgeschichtliche Ansätze.[25] Die Diakonie, deren Stellung im heutigen dualen System letztlich in den erfolgreichen missionarischen und sozialfürsorglichen Bemühungen bürgerlicher Akteure des 19. Jahrhunderts gründet, ist zunehmend auch bezüglich ihres Verhältnisses zum Staat untersucht worden. Der Terminus „Sozialer Protestantismus" fungiert hier als Sammelbegriff für ein auf die Verbesserung von menschlichen Lebensumständen gerichtetes, dabei theologisch wie sozial konfessionsgebundenes Ensemble von Werten und Handlungsmustern, das unmittelbar mit der Genese des Sozialstaates verbunden war, sowie seine Träger.[26] Die Nähe auch der Mutterhausdiakonie zum Staat legt natürlich Fragen nach ihrem Verhältnis zum jeweiligen politischen System im Kaiserreich, in der Weimarer Republik, in der NS- und dann der SED-Diktatur und schließlich der Bonner Republik sowie ihrer Nähe zu den Eliten und vorherrschenden Ideologien nahe. Hier sind Einzelstudien zu größeren Mutterhäusern zu nennen,[27] die zunehmend auch Verstrickungen mit dem Nationalsozialismus kritisch aufarbeiten. Kleinere Häuser – wie Lehnin in Brandenburg[28] oder eben Dessau, die um ein Vielfaches geringere Schwesternzahlen hatten –[29] verfügen seltener über entsprechende

Forschung; Vergleichsstudien zu epochenspezifischen Fragestellungen fehlen bislang. Für den Raum Sachsen-Anhalt sind nur sehr wenige jüngere Studien festzustellen;[30] sie zeigen aber, dass insbesondere das Thema Mutterhäuser im Nationalsozialismus einem zunehmenden Interesse der Institutionen selbst unterliegt, die sich ihm kritisch stellen wollen. Auch die DDR-Zeit, obschon diakoniegeschichtlich gut erforscht, ist bezüglich der Mutterhausdiakonie noch kaum aufgearbeitet.

Auch hier möchten die Studien dieses Buches einzelne Akzente setzen: Constanze Sieger und Jan Brademann schauen auf das besonders enge Verhältnis der ADA zum anhaltischen Kleinstaat im Kaiserreich: Während Sieger sich in ihrer Mikrostudie dem Gründungsvorgang und seinen einzelnen Akteuren nähert, nimmt Brademann eine Langzeitperspektive ein und fragt nach den Veränderungen, die sich insbesondere aus der Ausdifferenzierung von Kirche und Staat, aber auch aus der Politisierung und schließlich der NS-Gleichschaltung für die Mutterhausdiakonie ergaben. Der Beitrag von Hermann Seeber interessiert sich für den Wandel der Bedingungen eines der zentralen Handlungsfelder der ADA. Das Diakonissenkrankenhaus ist seit Jahrzehnten die größte Pflegeinstitution auf dem Gelände der ADA. Das war keineswegs immer so; vielmehr ist das Krankenhaus als Ausbildungsstätte für Diakonissen zunächst als eine unter vielen Töchteranstalten zu kennzeichnen. Seine Erbauung und sukzessive Erweiterung waren, wie Seeber zeigt, immer wieder von größeren Schwierigkeiten begleitet.

Die DDR-Zeit wird im vorliegenden Band insbesondere in zwei Fallstudien untersucht. Das ambivalente und instabile Verhältnis des SED-Staates zur Diakonie, das sich aus grundlegender ideologischer Ablehnung, zugleich aber auch pragmatischer, kontextgebundener Anerkennung speiste,[31] kommt in dem Beitrag von Manfred Seifert über den Bau der Laurentiushalle zum Ausdruck. Während auf dem Bausektor typischerweise staatliche Repressionen sowie diakonische Netzwerke und Überzeugungsarbeit im Zentrum stehen, nimmt Marianne Taatz-Jacobi mit dem Blick auf das Seminar für Gemeindediakonie das kirchliche Berufsbildungswesen in den Blick. Dafür galten ähnliche Bedingungen; seine Geschichte gibt aber auch Auskunft über Konflikte von Diakonie und Kirche angesichts zunehmender gesellschaftlicher Säkularität.

Beiden Aspekten, der Diakonie als sozialer Praxis und als Organisation, kommt dieses Buch in Ansätzen auf die Spur. Was es gar nicht bietet, ist eine Würdigung der individuellen Lebensleistungen der Dessauer Schwestern. Hier besteht durchaus ein strukturelles Quellenproblem, da die soziale Existenz der Schwestern Praktiken persönlicher Erinnerung entgegenstand. Der durch das

Vorbild Jesu und die Gemeinschaft geprägte Erwartungshorizont der Schwestern stand und steht einer Hervorhebung Einzelner kritisch bis ablehnend gegenüber. Dennoch sollen im Anhang die wichtigsten Daten der Oberinnen und Vorsteher verdeutlicht werden. MARGOT SCHOCH und KLEMENS KOSCHIG haben sich dieser Aufgabe angenommen, dabei aber bewusst auf größere Deutungsakzente verzichtet.

Wenn also im Folgenden die ADA Gegenstand reflexiver Annäherungen an einzelne ihrer historischen Kontexte, ihrer Orte und ihrer Akteure wird, so geht es um die Frage, wie weibliche Sozialfürsorge aus religiösen Sinnhorizonten heraus organisiert und praktiziert wurde in einer Gesellschaft, deren kulturelle Signaturen sich von den Prämissen der Mutterhausdiakonie entfernten und weiter entfernen und deren politische Rahmenbedingungen sich im Lauf von 125 Jahren – mehrfach grundstürzend – verändert haben und sich auch weiter ändern werden.

Anmerkungen

1 POLZIN, ANDREAS: Die Anhaltische Diakonissenanstalt Dessau (ADA) und das Diakonissenkrankenhaus Dessau GmbH (DKD GmbH), in: 100 Jahre Siedlungsgeschichte in Dessau. Zwischen Bahnhof und Kienfichten. Schrift aus Anlass des 75. Kirchweihjubiläums der Dessauer Auferstehungskirche im Jahr 2005, Dessau 2005, S. 20–24; HÜNEBURG, GOTTHELF/WERNER, SUSANNE (Hg.): 100 Jahre Anhaltische Diakonissenanstalt (1894–1994). Festschrift, [Dessau] 1994; HÜNEBURG, GOTTHELF (Hg.): Anhaltische Diakonissenanstalt Dessau 1894–1984, [Dessau] 1984; STRÜMPFEL, WERNER (Hg.): 70 Jahre Anhaltische Diakonissenanstalt Dessau. Berichte aus der Arbeit, [Dessau] 1964; BRINK, WILHELM (Hg.): 65 Jahre Anhaltische Diakonissenanstalt Dessau (1894–1959), [Dessau] 1959.

2 Insbesondere die Akten des Stadtarchivs Dessau-Roßlau, des Mutterhauses aus der Zeit vor 1945 sowie nahezu der gesamte Bestand Landeskirchenrat 1919 bis 1945 im Archiv der Evangelischen Landeskirche Anhalts (AELKA) sind im Zweiten Weltkrieg verlorengegangen. Das Archiv der ADA soll erst in absehbarer Zeit durch das AELKA verzeichnet werden. Angesichts des Jubiläums fand 2017 eine provisorische Erschließung statt, auf der die einzelnen Forschungen aufbauen konnten.

3 Siehe hierzu meinen Beitrag in diesem Band.

4 SCHEEPERS, RAJAH: Transformationen des Sozialen Protestantismus. Umbrüche in den Diakonissenmutterhäusern des Kaiserswerther Verbandes nach 1945, Stuttgart 2016, S. 73.

5 Ebd., S. 24.

6 KAISER, JOCHEN-CHRISTOPH/SCHEEPERS, RAJAH: Einführung: Weibliche Diakonie nach 1945 im Kontext der Kirchen- und Theologiegeschichte. Weichenstellungen und Herausforderungen, in: dies. (Hg.): Dienerinnen des Herrn. Beiträge zur Weiblichen Diakonie im 19. und 20. Jahrhundert, Leipzig 2010, S. 11–35.

7 Das Schema geht zurück auf Dierk Starnitzke, ohne dass hier dessen weitgehend systemtheoretischen Schlussfolgerungen gefolgt werden soll. Vgl. STARNITZKE, DIERK: Diakonie als Interaktions-, Organisations- und Gesellschaftsbezug, in: Hermann, Volker/Horstmann, Martin (Hg.): Studienbuch Diakonik, Bd. 2: Diakonisches Handeln, diakonisches Profil, diakonische Kirche, Neukirchen-Vluyn 2006, S. 117–143.

8 Damit sind die politischen und gesellschaft-

lichen Probleme, aber auch die Politisierung dieser Probleme gemeint, die mit der strukturellen Armut der infolge der Industrialisierung explosionsartig gewachsenen (vor allem städtischen) Bevölkerung zusammenhingen.

9 KREUTZER, SUSANNE: Fragmentierung der Pflege. Umbrüche pflegerischen Handelns in den 1960er Jahren, in: dies. (Hg.): Transformationen pflegerischen Handelns. Institutionelle Kontexte und soziale Praxis vom 19. bis 21. Jahrhundert, Göttingen 2010, S. 109–130.

10 KAISER, JOCHEN-CHRISTOPH: Sozialer Protestantismus als kirchliche ,Zweitstruktur'. Entstehungskontext und Entwicklungslinien der Inneren Mission, in: Herrmann/Horstmann: Studienbuch Diakonik (wie Anm. 7), S. 259–279.

11 Thomas Großbölting begreift Caritas und Diakonie als Teil des Religionssystems, das in einem anderen System, dem der öffentlichen Wohlfahrt, Leistungen erbringt. Es kommuniziert dabei zwar immer weniger religiös, wird aber von den Akteuren innerhalb des Religionssystems aufgewertet, um dessen Relevanz zu erhalten oder zu verstärken, wobei religiöse Inhalte weiter marginalisiert werden dürften; GROSSBÖLTING, THOMAS: ,Christliche Dienstgemeinschaft' – Transformationen des religiösen Feldes und Profildebatten von Caritas und Diakonie im Nachkriegsdeutschland, in: Soziale Passagen 8 (2016), H. 1, S. 49–64.

12 Ebd.

13 BAUMANN, URSULA: Protestantismus und Frauenemanzipation in Deutschland 1850 bis 1920, Frankfurt am Main/New York 1992, S. 39–54; FELGENTREFF, RUTH: Die Diakonissen. Beruf und Religion im 19. und 20. Jahrhundert, in: Kuhlemann, Frank-Michael/Schmuhl, Hans-Walter (Hg.): Beruf und Religion im 19. und 20. Jahrhundert, Stuttgart 2003, S. 195–205.

14 SCHEEPERS: Transformationen (wie Anm. 4), S. 491.

15 GAUSE, UTE: „Aufbruch der Frauen" – das vermeintlich ,Weibliche' der weiblichen Diakonie, in: Kaiser/Scheepers: Dienerinnen des Herrn (wie Anm. 6), S. 57–71, hier: S. 70.

16 SCHMIDT, JUTTA: „Die Frau hat ein Recht auf Mitarbeit am Werke der Barmherzigkeit", in: Rö-

per, Ursula/Jüllig, Carola (Hg.): Die Macht der Nächstenliebe. Einhundertfünfzig Jahre Innere Mission und Diakonie 1848–1998, Berlin 1998, S. 138–151, hier: S. 140f.

17 SCHEEPERS: Transformationen (wie Anm. 4), S. 491.

18 Es wurde in den zurückliegenden Jahren und wird weiter modernisiert und hat heute eine Kapazität von immerhin 165 Betten (das städtische Klinikum Dessau verfügt über ca. 700 Betten).

19 Vgl. beispielsweise GAUSE, UTE/LISSER, CORDULA: Einleitung: Auf der Suche nach dem Alltagsgedächtnis einer Instituion, in: dies. (Hg.): Kosmos Diakonissenmutterhaus: Geschichte und Gedächtnis einer protestantischen Frauengemeinschaft, 2. Aufl., Leipzig 2005, S. 9–32; GAUSE, UTE: „Frauen entdecken ihren Auftrag"! Neue Erträge diakonischer Frauenforschung: Vom evangelischen Märtyrerinnenmodell und von der patriarchalischen Familiengemeinschaft zur demokratischen Lebens-, Arbeits- und Dienstgemeinschaft, in: Coenen-Marx, Cornelia (Hg.): Ökonomie der Hoffnung. Impulse zum 200. Geburtstag von Theodor und Friederike Fliedner, Breklum 2001, S. 75–92.

20 KÖSER, SILKE: Denn eine Diakonisse darf kein Alltagsmensch sein. Kollektive Identitäten Kaiserswerther Diakonissen 1836–1914, Leipzig 2006; RENGER-BERKA, PEGGY: Weibliche Diakonie im Königreich Sachsen. Das Dresdner Diakonissenhaus 1844–1881, Leipzig 2014.

21 GAUSE/LISSER: Einleitung (wie Anm. 19), S. 21–26 (Interviews von 40 Diakonissen 2001–2004); GAIDA, ULRIKE: Diakonieschwestern. Arbeit und Leben in der SBZ und der DDR, 2. Aufl., Frankfurt am Main 2016 (Interviews mit 44 ostdeutschen Diakonieschwestern [nicht Diakonissen] 2014/15).

22 FRIEDRICH, NORBERT: „Man wusste immer erst was, wenn man gerufen wurde" – Die Institution als Schicksal, in: GAUSE/LISSER: Kosmos (wie Anm. 19), S. 275–287.

23 GAUSE: AUFBRUCH (wie Anm. 15); DIES: Frömmigkeit und Glaubenspraxis, in: Gause/Lisser: Kosmos (wie Anm. 19), S. 145–173.

24 KREUTZER, SUSANNE: Fürsorglich-Sein. Zur Praxis evangelischer Gemeindepflege nach 1945, in: L'homme 19 (2008), S. 61–79.

19

25 Vgl. v. a. Kaiser, Jochen-Christoph (Hg.): Evangelische Kirche und sozialer Staat. Diakonie im 19. und 20. Jahrhundert, Stuttgart 2008.

26 Vgl. Kaiser: Sozialer Protestantismus (wie Anm. 10); ders.: Diakonie als sozialer Protestantismus, in: Kranich, Sebastian/Renger-Berka, Peggy/Tanner, Klaus (Hg.): Diakonissen – Unternehmer – Pfarrer. Sozialer Protestantismus in Mitteldeutschland im 19. Jahrhundert, Leipzig 2009, S. 25–31.

27 Vgl. etwa Schmuhl, Hans-Walter/Winkler, Ulrike: Auf dem Weg ins 20. Jahrhundert. Die Diakonissenanstalt Neuendettelsau unter den Rektoren Hermann Bezzel (1891–1909) und Wilhelm Eichhorn (1909–1918), Neuendettelsau 2009; dies.: Im Zeitalter der Weltkriege. Die Diakonissenanstalt Neuendettelsau unter den Rektoren Hans Lauerer (1918–1953) und Hermann Dietzfelbinger (1953–1955), Neuendettelsau 2014.

28 Vgl. [trotz des Titels] Friedrich, Norbert: Wandel und Kontinuität in der Mutterhausdiakonie, in: Sarx, Tobias/Scheepers, Rajah/Stahl, Michael (Hg.): Protestantismus und Gesellschaft. Beiträge zur Geschichte von Kirche und Diakonie, Stuttgart 2013, S. 81–92.

29 In Hochzeiten wie 1929 hatte die ADA 74 Diakonissen, 16 Novizinnen und 15 Probeschwestern; das größte Mutterhaus, Sarepta in Bielefeld, verfügte zur gleichen Zeit über rund 2.500 Diakonissen und Diakonische Schwestern.

30 So hat jüngst Elena Kiesel, im Sinne einer mikrohistorisch differenzierten Widerstands- und Anpassungsgeschichte, die Konflikte zwischen der Leitung des Halberstädter Mutterhauses Cecilienstift und der Nationalsozialistischen Volkswohlfahrt (NSV) im Hinblick auf die Kinderpflege beleuchtet und gezeigt, wie das Mutterhaus den Übernahmeversuchen widerstand, obschon insbesondere der Vorsteher von der nationalsozialistischen Ideologie überzeugt war. Kiesel, Elena M. E.: Kinderpflege im göttlichen Auftrag. Das Diakonissen-Mutterhaus Cecilienstift in Halberstadt und sein Verhältnis zur Nationalsozialistischen Volkswohlfahrt (NSV), in: Sachsen und Anhalt. Jahrbuch der Historischen Kommission für Sachsen-Anhalt 29 (2017), S. 257–292. Dem Wittenberger Paul-Gerhardt-Stift widmete Helmut Bräutigam 2017 auf Anregung und mit Unterstützung des Kuratoriums selbst eine Monografie zur Zeit zwischen 1918 und 1945, die zu ähnlichen Ergebnissen kommt und außerdem über einen größeren Quellenanhang zu dem 1936 aufgrund der Ariergesetzgebung entlassenen Chefarzt Paul Bosse verfügt; Bräutigam, Helmut: Heilen und Unheil. Zur Geschichte des Paul-Gerhardt-Stifts zwischen 1918 und 1945, Wittenberg 2017. Zum Diakonissenhaus Halle, dem ältesten in Sachsen-Anhalt (gegr. 1857), gibt es einen Aufsatz zur Gründungsgeschichte von Butterweck, Christel: Das Diakonissenhaus zu Halle an der Saale, in: Kranich/Renger-Berka/Tanner: Diakonissen – Unternehmer – Pfarrer (wie Anm. 26), S. 47–58.

31 Hübner, Ingolf: Diakonie zwischen Selbständigkeit und Kooperation, in: ders./Kaiser, Jochen-Christoph (Hg.): Diakonie im geteilten Deutschland. Zur diakonischen Arbeit unter den Bedingungen der DDR und der Teilung Deutschlands, Stuttgart u. a. 1999, S. 77–88.

Constanze Sieger

Ein Projekt gegen alle Bedenken: Die Gründung der Anhaltischen Diakonissenanstalt (1892–1894)

In ihrer Jubiläumsschrift von 1994 heißt es über die Gründung der Anhaltischen Diakonissenanstalt:

> „1892 werden erste Überlegungen zur Gründung der Anhaltischen Diakonissenanstalt getroffen. Die Herzogin Antoinette und ihre Schwiegertochter, die Erbprinzessin Marie, geben den Anstoß. Aus den Beratungen mit dem Superintendenten Teichmüller und staatlichen und kirchlichen Behörden wächst der Entschluß, ein Gelände zu erwerben und ein Mutterhaus zu erbauen."[1]

Mit dieser kurzen Erläuterung wird ein Prozess von zwei Jahren beschrieben, den es brauchte, bis 1894 die Verleihungsurkunde der Anhaltischen Diakonissenanstalt unterschrieben wurde. Dieses Datum bezeichnet zugleich den Endpunkt der nachfolgenden Untersuchungen. Schon diese Zeitspanne macht deutlich, dass es sich bei der Gründung der ADA um eine kompliziertere Angelegenheit handelte, deren Klärung und Beschreibung etwas mehr als zwei bis drei Zeilen benötigt. Doch wie sahen die oben genannten „Beratungen" genau aus? War die Herzogin tatsächlich selbst beteiligt, und wenn ja, welchen Anteil hatte sie und welchen hatte der „Superintendent"? Wer verbirgt sich hinter den „staatlichen und kirchlichen Behörden"? Dass die Verleihung der Urkunde zwei Jahre in Anspruch nahm, obschon die Herzogin einen so großen Anteil an der Gründung hatte, ist ebenfalls erklärungsbedürftig. Auch die anderen Schriften zur Gründung der Anstalt schweigen sich hierzu aus, indem sie wenig über Widerstände, Verzögerungen und Gründungsschwierigkeiten berichten. Dieser Umstand kann auch darauf zurückgeführt werden, dass viele der gedruckten Gründungsbeschreibungen mit der Werbung um Spenden in Zusammenhang standen. In diesem Kontext auf Bedenken, Probleme und Widerstände hinzuweisen, hätte sich nicht unbedingt angeboten. Es lohnt sich also ein Blick in die Gründungsunterlagen, die sich nicht nur im Archiv der ADA, sondern auch in der staatlichen Überlieferung im Landesarchiv Sachsen-Anhalt, Abt. Dessau, finden.

Gründungsinitiative

Die erste offizielle Mitteilung zur Gründung wurde am 8. Januar 1892 verfasst. Dort heißt es:

> „Von einflussreicher Seite ist die Frage angeregt worden, ob es sich nicht empfehlen und durchführen lassen möchte, in Anhalt ein Diakonissenhaus zu errichten. Um diese Frage näher zu treten erlaube ich mir die unten genannten Herren zu einer Besprechung am nächsten Donnerstag den 14ten dieses Monats nachmittags 11 Uhr ins Sitzungszimmer des Ministeriums ergebenst einzuladen".[2]

Zu den „eingeladenen Herren" gehörten der Generalsuperintendant Ernst Teichmüller, der Geheime Regierungsrat Albrecht Rindfleisch, Kreisdirektor Ludwig Huhn, der Oberbürgermeister der Stadt Dessau Friedhelm Funk sowie der Sanitätsrat Dr. Mohs.[3] Wenn auch die Auswahl dieser Gründungsmitglieder nicht schriftlich erläutert wurde, so kann davon ausgegangen werden, dass neben der fachlichen Expertise durch den Sanitätsrat vor allem die Unterstützung sowohl der kirchlichen Leitung durch den Generalsuperintendenten als auch einflussreicher Politiker auf Landes-, Kreis- und kommunaler Ebene gesichert sein sollte. Ein solches Vorgehen wurde in der Gründungsphase ähnlicher Projekte häufiger angewendet.

Was wurde in dieser ersten „Besprechung" beschlossen? Welche Konsequenzen ergaben sich aus dieser Versammlung „einflussreicher" Herren? Hier kann zunächst festgehalten werden, dass die Bildung einer Kommission zur Gründung einer anhaltischen Diakonissenanstalt beschlossen wurde, bestehend aus Kreisdirektor Huhn, Oberbürgermeister Funk, Generalsuperintendent Teichmüller und Sanitätsrat Mohs. Aufgrund dieser Kommissionbildung könnte auch die Besprechung vom 14. Januar 1892 als eine Gründungsversammlung betrachtet werden – abgesehen davon, dass zu diesem Zeitpunkt eben noch nicht feststand, ob und wann es zur Realisierung dieses Projektes kommen würde. In dieser Sitzung wurde weiterhin über Grundzüge einer zu gründenden Diakonissenanstalt gesprochen. Dabei wurden vor allem eingeholte Informationen über Ausbildungszeiten, Bau- und Unterhaltskosten weitergegeben und diskutiert sowie Bedenken ausgetauscht. Und auch wenn zu diesem Zeitpunkt noch vieles vage gehalten werden musste, kristallisierten sich hier auch bereits erste, klarere Positionen heraus. So legte Staatsminister Anton Ferdinand von Krosigk laut Protokoll bereits in dieser ersten Sitzung fest, dass „aber die Anstalt doch keinesfalls eine staatliche werden könne, sondern als Werk der freien Liebesthätigkeit zu denken sei". Dies gelte, obwohl die „Bewegung dieser Frage von hoher und höchster Seite ausgegangen sei" und „die Gründung eines solchen Hauses für unser Herzogtum jedenfalls sehr wünschenswert sei und im allgemeinen Interesse liege".[4] Ebenso vehement vertrat der Generalsuperintendent die Position, „einen tüchtigen Geistlichen an die Spitze zu stellen". Teichmüller schloss von Beginn an entschieden die Möglichkeit aus, einen „hiesigen Geistlichen" zusätzlich mit der Aufgabe zu betrauen, da diese schon mit der „Seelsorge zu sehr belastet wären".[5]

Die Umtriebigkeit des Komitees setzte sich dann auch in den folgenden Sitzungen fort, indem konkrete weitere Ziele benannt wurden und die formale Verfasstheit des Gremiums weiter voranschritt. Neben der Einigung darauf, den Kreis der Komiteemitglieder zunächst nicht zu erweitern, wurde etwa Generalsuperintendent Teichmüller zum ersten Vorsitzenden benannt, der die notwendigen „nächsten Schritte" vollziehen sollte.[6] Zu diesen nächsten Schritten gehörten unter anderem die Bauplanung des Mutterhauses und die Gewinnung von zukünftigen Schwestern. Die notwendige Voraussetzung für die Inangriffnahme und Weiterführung dieser Aufgaben war jedoch vor allem die Akquise von Kapital.[7] Insofern lassen sich für das konsolidierte Gründungskomitee drei Aufgabenfelder ausmachen, die die ersten Gründungsjahre prägten und denen nachfolgend einzeln nachgegangen werden soll.

Grundbedingungen: Finanzierung und Struktur der zukünftigen Diakonissenanstalt

Der Grundstein zur Finanzierung der Diakonissenanstalt bestand aus 200 Mark, die von Staatsminister Krosigk an Generalsuperintendent Teichmüller ausgezahlt wurden, um die ersten „Bureau- und Postausgaben und etwaige Kosten für Drucksachen [und] notwendige Dienstreisen" bestreiten zu können.[8] Wurde dieser Betrag noch unkompliziert und rasch genehmigt,[9] so erwiesen sich die Fragen der weiteren Finanzierung als relativ langwierig. Auf diesen Umstand schien das Komitee so nicht vorbereitet zu sein, wie die Betrachtung der Gründungsprotokolle zeigt. Zunächst einmal wurde die Frage der

Finanzierung lediglich am Rande thematisiert. Zudem diskutierte das Komitee – obwohl Anton von Krosigk bereits in der Gründungsversammlung darauf hingewiesen hatte, dass die Diakonissenanstalt nicht staatlich werden könne –, ob die Anstalt der Landarmendirektion unterstellt werden könne.[10] Überhaupt scheint die Frage der Kosten zunächst kein wirklicher Diskussionspunkt in den Versammlungen gewesen zu sein, und das zu einem Zeitpunkt, als die Baupläne bereits sehr detailliert ausgearbeitet worden waren.[11] Erstmalig aufgegriffen wurde die Finanzierungsfrage durch eine Nachfrage des Staatsministers Kurt von Koseritz, der Anton von Krosigk inzwischen abgelöst hatte, über die

Kurt von Koseritz (1838–1916), um 1900

Verwendung der bisher gegebenen 200 Mark im September 1892.[12] Bereits im Kontext dieser Nachfrage werden differierende Vorstellungen zwischen Komitee und Staatsministerium deutlich, die sich im Kern um die Beteiligung der Landesregierung an der Anstalt drehten. Trotz der krosigkschen Verneinung eines staatlichen Charakters der Anstalt hoffte man auf eine stärkere und vor allem bedingungslosere staatliche Unterstützung in finanzieller Hinsicht. So bat Generalsuperintendent Teichmüller im Namen des Komitees im Oktober 1892 um „hochgeneigte Erwirkung wenigstens eines wesentlichen Zuschusses zu den Baukosten seitens des Staats, wo möglich aber der ganzen Bausumme", und stellte in demselben Schreiben fest:

> „Ob es ratsam sei, die Anstalt ganz zu verstaatlichen, wobei der Kirche, welche den vorstehenden Geistlichen zu ernennen und zu besolden hätte, ein wesentlicher Einfluss zu sichern sein dürfte [...], darüber ist ein endgültiger Entschluß in der Kommission noch nicht gefaßt worden."[13]

Gegen Ende des Jahres wurde im Umfeld der Überlegungen, einen weiteren Kreis „einflussreicher Herren" in das Projekt miteinzubeziehen, die Finanzierungsfrage detaillierter aufgegriffen. So wurde mit einem gedruckten Aufruf die Gründungsinitiative im ganzen Land bekannt gemacht und zu einer Versammlung am 7. Dezember 1892 aufgerufen.

Diese Versammlung mündete in einer offiziellen Resolution, in der der Wunsch formuliert wurde, die Bausumme vom Staat zu bekommen, während der laufende personelle Unterhalt durch freiwillige Spenden aufgebracht werden solle. Die Resolution wurde an Staatsminister Koseritz weitergegeben und mit der Bitte verbunden, beim Landtag einen Antrag auf Bezuschussung des Baus zu stellen.[14] Hier zeigte sich Koseritz weniger kooperationsbereit, als das Komitee es vielleicht vermutet und sich gewünscht hätte, indem er darauf verwies, dass die Bausumme „nicht vom Staate gefordert" werde könne, „sondern vielmehr von der demnächst zu bildenden juristischen Person aufgenommen" werden müsse. Außerdem sollte der Landtag um einen jährlichen Zuschuss für „Verzinsung und Amortisation" gebeten werden. So könnten auch die „Bedenken beseitigt" werden, „daß der Staat die Mittel eines Baus bestreiten solle, dessen Leitung in Händen von Privaten liegt". Gleichzeitig kritisierte Koseritz vehement die Idee, schon jetzt eine Vorlage beim Landtag zu machen, „ohne daß irgendwelche Privatmittel zusammengebracht sind und Alles nur auf ausgesprochenen Hoffnungen und Wünschen beruhet", da der Antrag deshalb vermutlich abgelehnt würde.[15]

Trotz der vom Staatsminister vorgetragenen Bedenken wurde dem Landtag im März 1893 eine Vorlage gemacht, die dann auch tatsächlich zu den befürchteten Vorbehalten führte. Ein Großteil der Skeptiker im Landtag beteuerte, wie wichtig und unterstützenwert er das Projekt finde, dass er aber nicht zustimmen könne, weil noch nicht geklärt sei, wie es finanziert werden solle, wie teuer der geplante Bau tatsächlich sei und wie die Struktur aussehen solle. Weiterhin wurde infrage gestellt, ob sich genügend Schwestern für die Diakonie finden würden. Einzelne Abgeordnete vertraten die Ansicht, dass es in Anhalt überhaupt keiner Diakonissenanstalt bedürfe, sondern vielmehr der Bedarf über die Diakonissenanstalt in Halle (Preußen) gedeckt werden könne. Die Bedenken konnten zunächst trotz vehementer Fürsprache durch Koseritz, sowie die Abgeordneten Krosigk und Funk nicht entkräftet werden, so dass die Beschlussfassung zunächst vertagt wurde. In der nachfolgenden Sitzung konnte insofern ein Kompromiss ausgehandelt werden, als der Landtag zunächst nur eine einmalige Bezuschussung genehmigte und eine dauerhafte Aufnahme des Zuschusses zum Unterhalt der Diakonissenanstalt auf das darauffolgende Jahr verschob. Es gelang schlussendlich, diese kontinuierliche Bezuschussung zu erwirken. Sie wurden aber an die Bedingung geknüpft, dass beständig ein Mitglied der Landesregierung im Kuratorium Mitglied sein müsse, was in den Statuten festzuschreiben sei. Weiterhin sollte das Kuratorium zum Etatjahr 1894/95 einen ausführlichen Bau- und Finanzierungsplan vorlegen.[16]

Lässt sich diese Konstellation auch auf besondere Umstände der Gründung zurückführen, so ist eine Beteiligung des Staates an kirchlichen und speziell diakonischen Einrichtungen kein Einzelfall. Bezüglich der Diakonie war z. B. in Oldenburg oder Hildesheim ebenso eine Beteiligung des Landes gegeben.[17] Auch bei der Gründung von Krankenhäusern sind im 19. Jahrhundert viele Mischformen anzutreffen, in denen kirchliche und kommunale Trägerschaft Hand in Hand gingen.[18]

War mit dem genehmigten jährlichen Zuschuss die Finanzierung des Baus der Diakonissenanstalt gesichert, so benötigte eine solide Gründung weitere Gelder für den Unterhalt und die laufenden Kosten. Ursprünglich plante das Gründungskomitee die Sammlung von freiwilligen Spenden zur Deckung dieser Kosten ein und wollte mit der Durchführung von Sammelaktionen die einzelnen Superintendenten beauftragen.[19] Staatsminister Koseritz kritisierte dieses Vorgehen jedoch und schlug stattdessen vor, in den Kreisen einen Prozentsatz der Steuer für die Diakonissenanstalt zu verwenden. Dieses Verfahren wurde zunächst von den staatlich besoldeten Kreisdirektoren unterstützt und begrüßt,[20] aber in den gewählten Kreistagen unterschiedlich heftig diskutiert. Der Kreis Dessau stimmte der Überlassung einer Kreissteuereinheit zwar zu, knüpfte an der Zustimmung aber die Bedingung, dass erstens keine freiwilligen Spenden gesammelt würden und zweitens alle anderen Kreise auch eine Steuer einführen würden.[21] Dies bedeutete insofern ein Problem, als Zerbst[22] und Ballenstedt[23] zwar uneingeschränkt zustimmten, aber Bernburg sich lange und vehement mit teilweise stark konstruierten Argumenten sperrte.[24] Dies führte dazu, dass auch Köthen die Beschlussfassung zunächst aussetzte und schließlich einen freiwilligen Beitrag zahlte.[25] Erst durch wiederholte Abstimmungen und informelle Einflussnahme, die nicht mehr vollständig zu rekonstruieren ist, konnten Bernburg zumindest zu einer einmaligen Zahlung von 10.000 Mark bewegt werden.[26] Der Kreis Dessau änderte seinen Beschluss so ab, dass die Steuereinheit trotz des Vetos von Bernburg und Köthen gezahlt werden sollte.[27]

Vorbereitungen für den Betrieb: Anwerbung der Schwestern und Bauvorbereitungen

Waren im ersten Jahr der Vorbereitungen dem Komitee die grundsätzlichen Finanzierungsfragen aus dem Blick geraten, so ist daraus nicht zu folgern, dass die Gründung der Diakonissenanstalt nicht weiter vorangegangen sei. Vielmehr konzentrierten sich Generalsuperintendent Teichmüller und mit ihm das Komitee auf zwei Prozesse: die Bauvorbereitungen und die Rekrutierung von Personal. So ist eingangs bereits erwähnt worden, dass schon in den ersten Sitzungen des Gründungskomitees Baugestaltungsvorschläge gesammelt wurden.[28] Ebenso verfasste Teichmüller bereits im Februar 1892 einen Aufruf an die anhaltischen Superintendenten, „um geeignete weibliche Personen womöglich aus besseren Ständen aufzufinden, die diesem frommen und edlen Berufe sich zu widmen bereit wären und der Commission zu ihrer Ausbildung für denselben sich zur Verfügung stellen möchten".[29] Die Superintendenten wurden darum gebeten, diesen Aufruf vor allem unter den „Jungfrauen und Witwen" bekannt zu machen. Ferner sollten sie neben der direkten Ansprache möglicher Personen die Kanzel und gezielte Veranstaltungen für diese Anliegen nutzen und auch vor der „Benutzung der Presse" nicht zurückzuschrecken. Die Dringlichkeit des ganzen Unternehmens unterstrich Teichmüller dadurch, dass er um Bericht in „drei Monaten" bat.[30]

Auf diesen ersten Aufruf folgten lediglich drei Rückmeldungen aus Raguhn, Köthen und Ballenstedt, die zudem im Ergebnis kaum Erfolge verzeichnen konnten.[31] Einzig der Köthener Superintendent berichtete über eine interessierte Anwärterin, die allerdings „den niederen Ständen" angehöre und „nur die Volksschule" besucht habe. Da es in seinem Bezirk keine anderen Interessentinnen gebe, würde er die 20-jährige Pauline Samuel aber gerne „in biblischer Geschichte und Katechismus" unterrichten. Er sprach sich weiter dafür aus, sie sofort in die Ausbildung zu schicken, damit sie versorgt sei.[32] Dass Teichmüller dieser Bitte so bald wie möglich nachkommen wollte, belegt ein Schreiben von Pastor Carl Schlegel, den Vorsteher des Paul-Gerhard-Stifts Berlin, der eine Aufnahme von Pauline Samuel als Ausbildungsschwester ablehnte, da seinem Haus die Kapazitäten dazu fehlten.[33] Im Juli 1892 schloss man dann ein Abkommen mit der Diakonissenanstalt Halle, welche sich bereit erklärte, Probeschwestern aufzunehmen. Als erste in Halle aufzunehmende Schwestern werden Martha Hochherz und ein „Frl. Heyne hierselbst" genannt.[34] Weitere Rekrutierungsmaßnahmen und Erfolge lassen sich jedoch aus den Akten nur schwer nachverfolgen, da die (Ausbildungs-)Schwestern darin nur dann zum Thema wurden, wenn es Probleme gab oder Regelungen zu treffen waren. Einzig die Presseberichte geben Aufschluss über die Zunahme der Anzahl an Probeschwestern und den Stand ihrer Ausbildung.[35] Zu den „Sonderfällen", die zumindest Erwähnung finden, gehören zwei Schwestern. Zunächst einmal ist hier Lina Ranft zu nennen, deren Fleiß und Eignung von den hallischen Schwestern sehr gelobt wurden. Nach ihrer Ausbildung in Halle sollte sie als Gemeindeschwester nach Bernburg unter der Bedingung geschickt werden, dass mindestens eine hallische Schwester von dort wieder nach Halle zurückgeschickt werde.[36] Eine zweite

Schwester, Auguste Heinzmann, hingegen fiel durch negatives Verhalten auf, über das dem Komitee aus Halle berichtet wurde, woraufhin Pastor Loose sich persönlich vor Ort ein Bild machte und zu dem Schluss kam, Heinzmann zu entlassen.[37] Das Komitee bemühte sich aber nicht nur um Ausbildungsschwestern, sondern war auch auf der Suche nach einem geeigneten geistlichen Leiter sowie einer Oberschwester. Nachdem der Vorsteher des Mutterhauses am Berliner Paul-Gerhardt-Stift, Pastor Schlegel, der Teichmüller auch in Baufragen und der Struktur der Anstalt beriet, ein Angebot zur Leitung der Anstalt abgelehnt hatte, fiel die Wahl auf den Pfarrer Robert Loose, der bereits als Seelsorger im Kreiskrankenhaus in Dessau tätig war.[38] Die Anstellung einer geeigneten Oberschwester gestaltete sich zunächst schwierig, da das Komitee eine Absage hinnehmen musste.[39] Schließlich gelang es aber, die Johanniterschwester Martha von Chaumontet als Oberin zur Anstellung zu gewinnen.[40]

Wie erwähnt, gehörten die Planung und der Entwurf eines geeigneten Mutterhauses zu den ersten eingeforderten und durchgeführten Aufgaben des Komitees. Bereits in der dritten Sitzung wurden von dem Ballensteder Schlossprediger Friedrich Winfried Schubart (dem späteren Generalsuperintendenten), der als Gast eingeladen war, die wichtigsten Räumlichkeiten wie Wirtschaftsraum, Probesaal, geräumiger Betsaal, Wohnzimmer sowie eine „mit Hof und Garten völlig von dem Diakonissenhaus" zu trennende Pfarrerwohnung genannt.[41] Im weiteren Verlauf war zudem der genannte Pastor Schlegel, der wenig später auch auf dem anhaltischen Tag der Inneren Mission über Diakonissenhäuser sprach, beratend tätig. Schlegel empfahl z. B. eine Wohnstube auf jeder Etage, um die älteren von den jüngeren Schwestern trennen zu können. Zudem verwies er auf einen technischen Zeichner seines eigenen Hauses, der unentgeltlich einen Entwurf erstellen könnte.[42] Dieses Angebot lehnt das Kuratorium aber anscheinend ab, denn am 14. Februar 1893 erstellte Oberbaurat Hummel auf „mündlich ertheilten" Auftrag zwei Entwürfe inklusive der Kostenvoranschläge, die dem Landtag vorgelegt wurden. Zur Disposition standen zwei Skizzen, die sich vom Kreiskrankenhaus absetzen sollten und sowohl den kirchlichen und weltlichen Charakter betonten.[43] Dieser Entwurf erfuhr wohl wiederholte Änderungen, bis ein weiterer entstand, der voraussichtlich die ursprünglich angesetzten 150.000 Mark nicht überstieg.[44] Trotz dieser weit vorangeschrittenen Entwürfe stand Ende 1893 kurzfristig eine gänzlich neue Idee im Raum, die den Bau einer Anstalt nicht in Dessau, sondern in Bernburg vorsah. Im Kontext der Verhandlungen um die Zustimmung des Bernburger Kreistages zur Gewährung einer Steuereinheit wurde auch der Vorschlag vorgebracht, das alte Johanniskrankenhaus in Bernburg zu einer Diakonissenanstalt umzubauen.[45]

Im Gegenzug stellte der Bernburger Kreistag nicht nur eine Steuereinheit, sondern auch zusätzliche Spenden in Höhe von 10.000 Mark in Aussicht. Trotzdem entschloss sich das Gründungskomitee dazu, in Dessau eine neue Anstalt zu bauen.[46]

Der Anteil der herzoglichen Familie

Abschließend gilt es, die lange Unklarheit der Finanzierung mit dem Einfluss der „höchsten Stellen" im Lande in Verbindung zu bringen. So lässt sich Teichmüllers kontinuierlich durchscheinendes Vertrauen auf staatliche (Finanzierungs-)Beihilfen auch damit erklären, dass er sich der Unterstützung durch die Herzogin Antoinette von Anhalt (1838–1908), der Frau des regierenden Herzogs Friedrich I. (1831–1904), sicher war. In Unkenntnis der formalen (landesparlamentarischen) Entscheidungswege der staatlichen Verwaltung leitete er aus dem Willen der Herzogin eine uneingeschränkte staatliche Zustimmung ab.[47] Schließlich hatte Teichmüller das Komitee auf Initiative der Herzogin einberufen und auch in der Folge von ihr Ratschläge und Informationen erhalten, wie er bereits im Januar 1892 zu Protokoll gab.[48] Doch wie groß war der Einfluss der Herzogin auf die staatliche Verwaltung bezüglich der Diakonissenanstalt tatsächlich? Hier ist vor allem die Einflussnahme der Herzogin bzw. des Herzogs auf ihre Staatsminister zu nennen, da sowohl Anton Ferdinand von Krosigk als auch Kurt von Koseritz dem Herzog und auch der Herzogin über das Voranschreiten des Projekts Diakonissenanstalt berichteten. Vermutlich ging die Gründungsversammlung tatsächlich auf die Initiative der Herzogin zurück.

Herzogin Antoinette von Anhalt (1838–1908), um 1900

Welchen Einfluss diese Berichterstattung und die positive Einstellung der Herzogin haben konnten, zeigt der Schriftwechsel im Kontext der Vorlage für den Landtag. Hier schrieb Koseritz im Dezember 1892 einen Bericht an Herzog Friedrich I. und verband ihn mit der Bitte, „Euer Hoheit der Frau Herzogin, welche sich für dieses Unternehmen besonders zu interessieren geruhen, ebenfalls gewürdigst Kenntnis zu geben".[49] In diesem Schreiben, auf dem Herzog Friedrich sein und das Einverständnis seiner Gattin vermerkte, beklagt sich Koseritz darüber, der Bericht Teichmüllers erwecke „den Anschein", dass

> „die Anstalt bereits fertig oder sicher gestellt [sei], während in der Tat auch nicht ein wesentlicher Schritt über die dankenswerte von höchster Stelle gegebene Anregung hinaus geschehen ist. Das Comité hat noch keinen Pfennig aufgebracht, sondern setzt einfach voraus, der Staat werde ihm die Mittel zu seinem Projekt geben."[50]

Diese deutlichen Worte hatten jedoch keine Abwendung des Herzogs oder der Herzogin von dem Projekt zur Folge, sondern führten zu einer deutlichen Aufstockung des „Fonds zur Begründung von Anstalten" im Etat.[51] Ebenso setzte sich Koseritz trotz seiner eigenen Vorbehalte vehement für eine positive Beschlussfassung des Landtags ein und schrieb vertraulich an Oberbürgermeister Funk, um ihn um seine Einschätzung und positive Einflussnahme im Landtag zu bitten.[52] Funk wiederum berichtete, dass ihm bisher immer „Sympathien für dieses [...] Unternehmen begegnet seien" und er von einem positiven Beschluss zumindest in der darauffolgenden Sitzung ausgehe, da es für eine „dilatorische Behandlung" (rechtshemmende Einwendung) nun etwas zu spät sei. Weiterhin empfahl Funk die Aufstellung eines „Kostenanschlags".[53] Insgesamt scheint Koseritz – trotz seiner anfänglich deutlich ablehnenden Haltung gegenüber dem Komitee – durch das Interesse der Herzogin an der Gründung der Anstalt dazu bewogen worden sein, sich über die Maßen für eine Realisierung des Projektes einzusetzen. Ein Beispiel hierfür ist ein Schreiben vom 20. Mai 1893 an Herzogin Antoinette und Erbprinzessin Elisabeth von Anhalt (1857–1933). Darin berichtet der Staatsminister darüber, dass sich die Kreisdirektoren positiv gegenüber der Bewilligung einer Steuereinheit geäußert haben, und vermerkt „damit ist das Diakonissenhaus auf die Füße gestellt"[54] – eine Einschätzung, die trotz der noch folgenden Auseinandersetzungen mit den einzelnen Kreistagen langfristig stimmte.

Mit Bezug auf Staatsminister Koseritz lässt sich somit festhalten, dass er die Beförderung des Diakonissenhauses als eine Möglichkeit sah, sich gegenüber der Herzogin bzw. der herzoglichen Familie zu profilieren, indem er die Gründung nach anfänglichen Vorbehalten unterstützte, was der Finanzierung des Projektes sehr zugutekam. Ein weiterer konkreter Schritt der herzoglichen Familie bestand darin, dass die Erbprinzessin eine Lotterie veranstaltete, deren Erlös einmalig der Errichtung des Diakonissenhauses dienen sollte.[55] Nicht außer Acht gelassen werden darf abschließend natürlich eine originäre Aufgabe des Herzogs, nämlich die Genehmigung der Statuten der Diakonissenanstalt und der damit verbundenen Verleihung der Rechte einer juristischen Person. Dieser routinemäßige Akt wurde am 12. April 1894 vorgenommen und gilt heute zusammen mit der Unterzeichnung der Statuten vom 18. Januar 1894 als Gründungsdatum.[56]

Soweit also der Einfluss der herzoglichen Familie, so wie er sich aus den Akten herauslesen lässt. Die Hinweise auf weitere informelle Gespräche, die zumindest bezüglich Generalsuperintendent Teichmüller und der Herzogin auch in den Akten benannt werden, lassen weitere zusätzliche informelle Einflussnahmen vermuten, die sich retrospektiv nicht eindeutig aufklären lassen. Insgesamt kann mit Blick auf die Gründungsunterlagen eine Beteiligung der Herzogin bzw. der herzoglichen Familie festgehalten werden, die über eine reine symbolische Wirkung etwa in Form der Genehmigung der Statuten im April 1894 hinausging. Zudem war das Herzogtum Anhalt im 19. Jahrhundert aber eben auch kein absolutistischer, sondern ein konstitutioneller Staat, dessen Verfahrensweise eine reine Entscheidungskette vom Monarchen bis zur ausführenden Verwaltung ausschloss. Dass trotzdem eine deutliche informelle Einflussnahme auf Entscheidungsträger am offiziellen Weg vorbei möglich und erfolgreich war, gehört zu den Ambivalenzen der Moderne im 19. Jahrhundert insgesamt. Bei der starken Stellung der einzelnen Kreise, die sich von den gesamtstaatlichen Forderungen abzugrenzen versuchten und sich auch durch die Fürsprache der herzoglichen Familie zunächst nicht beeinflussen ließen, dürfte es sich jedoch um eine anhaltische Besonderheit handeln, die auf die Tradition der unterschiedlichen Linien der ehemaligen Fürstentümer zurückzuführen sein dürfte.

Anmerkungen

1 DAASE, BRIGITTE: Segen erwerben und weitergeben. Aus der Geschichte der Schwesternschaft der ADA, in: 1894–1994. 100 Jahre Anhaltische Diakonissen-Anstalt Dessau, hg. von der Anhaltischen Diakonissen-Anstalt Dessau, Dessau 1998, S. 6–34, hier: S. 6.

2 Staatsminister von Krosigk am 08.01.1892 (Abschrift Umlauf), in: LASA, DE, Z 109 Staatsministerium Dessau, Nr. 1382, fol. 5.

3 Vgl. ebd. Zu den anhaltischen Verwaltungsbeamten vgl. ZIEGLER, GÜNTER: Persönlichkeiten der Verwaltung. Biographische Skizzen zur anhaltischen Verwaltungsgeschichte 1800–1933 (Zwischen Wörlitz und Mosigkau; Sonderheft 3), Dessau 1994; DERS.: Kommunale Spitzenbeamte Anhalts. Biographische Skizzen 1832–1933 (Zwischen Wörlitz und Mosigkau; Sonderheft 4), Dessau 1995.

4 Protokoll v. 14.01.1892, in: ArchADA, Nr. 119, Protokolle der Kommission für Gründung einer Anhaltischen Diakonissenanstalt.

5 Ebd.

6 Vgl. und Zitat: Protokoll v. 20.01.1892, in: ArchADA, Nr. 118.

7 Vgl. Protokolle v. 20.01.1892 u. 03.02.1892, in: ArchADA, Nr. 118.

8 Vgl. und Zitat: Generalsuperintendent Teichmüller an Staatsminister v. Krosigk v. 25.01. und Staatsminister v. Krosigk an Herzogliche Regierung, Abteilung des Inneren o. D., in: LASA, DE, Z 109, Nr. 1382, fol. 6 u. 7.

9 So wurde der am 25.01. angefragte Betrag bereits am 10.02.1892 an Teichmüller ausgezahlt. Vgl. Quittung v. 10.02.1892, in: ArchADA, Nr. 124.

10 Vgl. Protokoll v. 15.09.1892, in: ArchADA, Nr. 119.

11 Vgl. dazu die Ausführungen über die Beteiligung der Herzogin in diesem Aufsatz.

12 Staatsminister v. Koseritz an Generalsuperintendent Teichmüller v. 03.10.1892 (Entwurf), in: LASA, DE, Z 109 Staatsministerium Dessau, Nr. 1382, fol. 7.

13 Generalsuperintendent Teichmüller an v. Koseritz v. 21.10.1892, in: ebd., fol. 11.

14 Gründungskomitee an v. Koseritz v. 23.12.1892 (inkl. Bericht und Resolution), in: ebd., fol. 13–20.

15 Staatsminister v. Koseritz an Generalsuperintendent Teichmüller v. 27.12.1892, in: ArchADA, Nr. 124 und Entwurf einer Antwort v. Koseritz an Teichmüller, in: LASA, DE, Z 109, Nr. 1382, fol. 13 f.

16 Vgl. dazu: Auszug aus den stenografischen Landtagsverhandlungen der 6. Sitzung v. 18.03.1893, in: ebd., fol. 25–31.

17 Vgl. dazu: SCHMUHL, HANS-WALTER/ WINKLER, ULRIKE: Vom Frauenasyl zur Arbeit für Menschen mit geistiger Behinderung. 130 Jahre Diakonie Himmelsthür (1884–2014), Bielefeld 2014, S. 21–84, und ZUMHOLZ, MARIA ANNA: „Das Weib soll nicht gelehrt seyn". Konfessionell geprägte Frauenbilder, Frauenbildung und weibliche Lebensentwürfe von der Reformation bis zum frühen 20. Jahrhundert. Eine Fallanalyse am regionalen Beispiel der Grafschaft Oldenburg und des Niederstifts Münster,

seit 1744/1803 Herzogtum Oldenburg, Münster 2016, S. 347–367.

18 Vgl. zur grundsätzlichen Struktur der Krankenhäuser im 19. Jahrhundert: LABISCH, ALFONS/TENSTEDT, FLORIAN: Die Allgemeinen Krankenhäuser der Städte und der Religionsgemeinschaften Ende des 19. Jahrhunderts. Statistische und juristische Anmerkungen am Beispiel Preußens (1877 bis 1903), in: Labisch, Alfons (Hg.): „Einem jeden Kranken in einem Hospitale sein eigenes Bett". Zur Sozialgeschichte des Allgemeinen Krankenhauses in Deutschland im 19. Jahrhundert, Frankfurt am Main 1996, S. 297–319. Ein ausführliches Beispiel für eine Gründung von Stadt und Pfarrei am Beispiel Billerbecks bietet: SIEGER, CONSTANZE: Die Ludgerusstadt im 19. Jahrhundert, in: Freitag, Werner (Hg.): Geschichte der Stadt Billerbeck, Bielefeld 2012, S. 111–260, hier S. 179–181.

19 Vgl. Protokoll v. 22.02.1893, in: ArchADA, Nr. 119.

20 Zumindest kommt Koseritz zu dieser Einschätzung, vgl. Staatsminister v. Koseritz an Herzogin Antoinette von Anhalt 20.05.1893 (Abschrift), in: LASA, DE, Z 109 Staatsministerium Dessau, Nr. 1382, fol. 34.

21 Vgl. Kreisdirektor Funk an Staatsminister v. Koseritz v. 08.06.1893, in: ebd., fol. 39.

22 Der Zerbster Kreisausschuss stimmte am 12. Juni 1893 zu. Vgl. Kreisdirektor Wilhelm Witting an Regierungsrat Gustav Walther v. 12.06.1893, in: ebd., fol. 41.

23 Vgl. Telegramm v. Kreisdirektor Karl Ulbricht an Staatsminister v. Koseritz v. 14.06.1893, in: ebd., fol. 40.

24 So verwies Kreisdirektor Hagemann z. B. darauf, dass die Unterstützung einer protestantischen Anstalt gegenüber den jüdischen Bewohnern ungerecht oder aber die Unterstützung einer Einrichtung des ganzen Landes durch die Kreise verfassungsmäßig unrechtmäßig sei. Vgl. dazu Kreisdirektor Friedrich Hagemann an Staatsminister v. Koseritz v. 18.07.1893, in: ebd., fol. 109–112.

25 Köthen ging allerdings auch davon aus, dass sich Zerbst gegen die Bewilligung einer Kreissteuer ausgesprochen hatte, und zog deswegen die zunächst erwogene Zusage zurück.

Vgl. Kreisdirektor Gustav Bramigk an Staatsminister v. Koseritz v. 12.07.1893, in: ebd., fol. 43 u. 44.

26 So stimmte Bernburg plötzlich am 13. Februar 1894 zuerst der Übersendung eines freiwilligen Beitrages in Höhe von 10.000 Mark zu. Vgl. Kreisdirektor Hagemann an Regierung des Inneren v. 13.02.1894, in: ebd., fol. 126.

27 Kreisdirektor Ludwig Huhn an Gründungskomitee/Kommission v. 02.01.1893, in: ArchADA, Nr. 124.

28 Kreisdirektor Bramigk an Regierungspräsident Walther v. 03.03.1894, in: ebd.

29 Generalsuperintendent Teichmüller an die Superintendenten v. 11.02.1892, in: ebd.

30 Vgl. ebd.

31 So berichtete der Ballenstedter Superintendent über eine bereits ausgebildete Schwester in Halle, die sich gerne nach Anhalt versetzen lassen würde, und über seine verschiedenen Aufrufe in Jungfrauenkongregationen und Kreisversammlungen. Aus Raguhn erging der Hinweis, noch einmal stärker für die materielle Seite des Diakonissendaseins zu werben, der mit aufmunternden Worten verbunden wurde. Vgl. Superintendent Karl Friedrich Eduard Hoppe an Generalsuperintendent Teichmüller v. 20.05.1892 und Senior des Raguhner Pastoralbezirks, Pfarrer Hermann Kahlenberg, an Generalsuperintendent Teichmüller v. 16.07.1892, in: ArchADA, Nr. 124.

32 Superintendent Franz Hoffmann (?) an Generalsuperintendent Teichmüller v. 11.05.1892, in: ebd.

33 Vgl. Pastor Carl Schlegel an Generalsuperintendent Teichmüller v. 26.09.1892, in: ebd.

34 Vgl. Protokoll v. 12.07.1892, in: ArchADA, Nr. 119. Über die frühesten Schwestern existieren leider keine Unterlagen, und auch das 1901 angelegte Diakonissenbuch beginnt erst mit Schwestern ab 1895.

35 Vgl. exemplarisch „Die Darstellung der Gründung und bisherigen Entwicklung der Anhaltischen Diakonissenanstalt" v. 12.02.1895, in: LASA, DE, Z 109, Nr. 1382. Hierbei handelt es sich allerdings um keinen Pressebericht im eigentlichen Sinne, sondern um eine Vorlage im Vorfeld einer Synode, in der eine Kollekte für die Gründung der Diakonissenanstalt genehmigt

werden sollte. Dort wird von sechs Schwestern bis zum Juli 1894 gesprochen und zehn bis Anfang 1895.

36 Vgl. Pastor Jordan (Vorsteher) an das Gründungskomitee v. 20.06.1893, in: ArchADA, Nr. 124.

37 Vgl. Bericht Pastor Loose an Generalsuperintendent Teichmüller v. 25.11.1893, in: ebd.

38 Diese Tätigkeit wird dadurch ersichtlich, dass der Dessauer Kreisdirektor mitteilt, dass der Kreisausschuss nun nicht mehr bereit sei, die dafür erforderliche Renumeration zu übernehmen, da Loose als Leiter der Diakonissenanstalt dies nun als gefällige Gegenleistung gegenüber dem Kreiskrankenhaus ausüben sollte. Vgl. dazu: Kreisdirektor Huhn an das Gründungskomitee v. 12.04.1893, in: ebd.

39 Zum Beispiel war zunächst Bertha von Krosigk (geb. 1842) vorgesehen worden. Vgl. Protokoll v. 12.07.1892, in: ArchADA, Nr. 119.

40 Zu ihr siehe das Biogramm von MARGOT SCHOCH sowie den Beitrag von JAN BRADEMANN.

41 Vgl. Protokoll v. 03.02.1892, in: ArchADA, Nr. 119.

42 Vgl. Pastor Schlegel an Teichmüller v. 26.09.1892 und 10.11.1892, in: ArchADA, Nr. 124.

43 Vgl. Oberbaurat Hummel an herzogliches Konsistorium v. 14.02.1893, in: ebd.

44 Vgl. Herzoglicher Baurat an das Kuratorium des zukünftigen Diakonissenhauses v. 07.09.1893 sowie eine Notiz v. 24.10.1893, in: ebd.

45 Vgl. Herzogliche Bauverwaltung an das Konsistorium v. 06.10.1893, in: ebd. Die Umbaumaßnahmen sollten 52.000 Mark kosten.

46 Schließlich zahlte der Bernburger Kreistag auch ohne Zustimmung zu seinem Vorschlag, vgl. Kreisausschuss an Konsistorium v. 13.02.1894, in: ebd., sowie Protokoll v. 20.10.1893, in: ebd., Nr. 119.

47 Zur Zusammensetzung und den Beteiligungsrechten des Landtags seit 1859/1872 vgl. ZIEGLER, GÜNTER: Parlamentarismus in Anhalt, Teil 2: Die anhaltischen Land- und Reichstagsabgeordneten zwischen (1863) 1871 bis 1918 (Zwischen Wörlitz und Mosigkau 39/1), Dessau 1993.

48 Vgl. Protokoll v. 14.01.1892, in: ArchADA, Nr. 119. Hier gibt Teichmüller an, er sei „zu den erwähnten Ermittelungen [...] durch ihre Großherzogliche Hoheit die Erbprinzessin und Ihre Hoheit die Herzogin aufgefordert worden".

49 Staatsminister v. Koseritz an Herzog Friedrich I. von Anhalt (Entwurf) v. 29.12.1892, in: LASA, DE, Z 109, Nr. 1382, fol. 21. Dazu vermerkte der Herzog: „Gesehen, der Herzogin Mittheilung gemacht und wir Beide einverstanden."

50 Ebd.

51 Ebd.

52 Staatsminister v. Koseritz an Oberbürgermeister Funk (Entwurf) v. 09.01.1893, in: ebd., fol. 23.

53 Oberbürgermeister Funk an Staatsminister v. Koseritz v. 15.01.1893, in: ebd., fol. 24.

54 Staatsminister v. Koseritz an Oberbürgermeister Funk v. 20.05.1893, in: ebd., fol. 34 u. 35.

55 Vgl. Protokoll v. 16. 12.1893, in: ArchADA, Nr. 119.

56 Vgl. zur Unterzeichnung der Statuten: Statut für die Anhaltische Diakonissenanstalt in Dessau v. 18.01.1894, in: LASA, DE, Z 109, Nr. 1382, fol. 85–96, sowie zur Verleihung der Rechte einer juristischen Person: Anhaltischer Staatsanzeiger v. 15.04.1894.

Bettina Brockmeyer

Diakonissen: Eine Geschichte weiblicher Religiosität und Arbeit am Beispiel Dessaus

Man könnte die Diakonisse als Anachronismus bezeichnen. Sie verweist auf eine Lebens- und Arbeitsform, die in der Vergangenheit eine zentrale Bedeutung im christlichen Leben und in der Pflege alter und kranker Menschen hatte. Weder das Bekenntnis zu einem Dasein für und mit Christus, verbunden mit einem zölibatären Leben, das damit einherging, noch die Arbeit in der Pflege sind aber heute besonders populär. In beiden noch so unterschiedlichen Bereichen des Lebens und Arbeitens mangelt es an Nachwuchs. Umso deutlicher muss hervorgehoben werden, dass die Diakonisse nichtsdestotrotz seit nunmehr über 150 Jahren einen Platz in der Geschichte einnimmt. Als weibliche Lebensform hat sie in den deutschsprachigen Ländern sowohl das Kaiserreich mit seiner männlich geprägten Geschlechterordnung und den Ersten Weltkrieg mit einer tiefgreifenden Erschütterung dieser Ordnung als auch die Weimarer Republik mit ihren emanzipatorischen Aufbrüchen überdauert. Es gab die Diakonisse während des Nationalsozialismus mit seinen rassistischen Muttervorstellungen sowie während der Bundesrepublik mit ihrer Gesetzgebung, die es verheirateten Frauen, die einem Beruf nachgingen, bis in die 1970er Jahre vorschrieb, die Zustimmung ihrer Ehemänner dafür einzuholen, und auch in der DDR, einem atheistisch konzipierten Staat. Das sind freilich nur die politik- und verfassungsgeschichtlichen Eckdaten. Von beiden deutschen Frauenbewegungen und den innerkirchlichen Entwicklungen ist damit noch kein Wort gesagt.

Die 125 Jahre, auf die die ADA zurückblickt, waren von zwei Weltkriegen und zahlreichen politischen Systemwechseln geprägt; der Historiker Eric Hobsbawm bezeichnet das 20. Jahrhundert deshalb in seinem bekannten Buch als „Zeitalter der Extreme".[1] Innerhalb dieses Zeitalters gab es ohne Unterbrechungen die Diakonisse. Wenn man einmal weniger auf den Rückgang weiblicher Diakonie seit 1945 und mehr auf deren Erfolg und Beharrlichkeit fokussiert, dann schälen sich zwei Leitlinien heraus, die beide seit dem 19. Jahrhundert eine große Bedeutung hatten und denen es nachzuspüren gilt: Religion und Arbeit. Um diese beiden Leitlinien soll es also im Folgenden gehen.

Weibliche Religiosität

Spricht man von weiblicher Religiosität, schließen sich daran zwei Fragen an: Erstens, was ist überhaupt Religion und daraus folgend Religiosität und zweitens, was ist daran weiblich? Zunächst zur Religion: Eine befriedigende Definition des Terminus scheint fast nicht möglich zu sein, haben sich doch durch die Geschichte hindurch immer wieder neu Menschen an ihr versucht und diese Versuche bis heute nicht abgeschlossen.[2] So lässt sich Religion beispielsweise als Handlungsanleitung und Praxis bezeichnen, die Antwort gibt auf die Erfahrung einer Begegnung mit etwas Heiligem. Die Umschreibung impliziert jedoch, dass es dieses Heilige wirklich gibt, was für eine wissenschaftliche Definition, die sich ausschließlich auf das Nachweisbare beziehen will, problematisch ist.[3] Überdies gilt der Begriff „Religion" vor allem in Ländern des globalen Nordens als Selbstbeschreibung, denn dort wird er überwiegend verwendet. Da also sowohl die Fragen, ob es sich bei dem Bezug auf Transzendentes um eine anthropologische Konstante und bei dem Transzendenten um etwas Existierendes handelt, als auch nach der Verbreitung von Religion strittig sind, sollte keine universelle Geltung für den Terminus in Anspruch genommen werden.

Allgemeiner und vorsichtiger verstehen Historiker wie Kaspar von Greyerz deshalb das, was gemeinhin als Religion bezeichnet wird, als ein „Symbolsystem".[4] Diese Definition stammt aus der Soziologie und lässt sich vereinfacht so zusammenfassen, dass mit Religion stabile, stabilisierende und auf Transzendenz ausgerichtete Handlungsmaxime und Praktiken gemeint sind, die für Gruppen oder ganze Gesellschaften orientierend, sinnstiftend und Ordnungen legitimierend wirken.[5]

Aber es wäre nach dieser Definition zu kurz gegriffen, der Religion oder allgemeiner den Symbolsystemen Funktionen zuzuweisen, die stets und immer bestehende Herrschaftsordnungen verfestigen. So betont zum Beispiel Victoria Smolkin in ihrem Buch über sowjetischen Atheismus, dass Religion von Beginn an destabilisierend auf den Kommunismus gewirkt habe.[6] Der Ethnologe Clifford Geertz schreibt genereller, dass Religion in der Geschichte ebenso stabilisierende wie auch destabilisierende Wirkungen gezeigt habe: „Over its career religion has probably disturbed men as much as it cheered them."[7] Denn Religion kann gleichermaßen Gefühle evozieren wie unterdrücken und steht damit in einer speziellen Beziehung zur Gesellschaft.[8]

Religion ist dabei nicht unmittelbar gleichzusetzen mit der persönlichen Religiosität eines einzelnen Menschen. Das *Lexikon für Theologie und Kirche* definiert Religiosität als „die aus dem Inneren (der Seele, der Subjektivität) entspringende Gesinnung und Haltung des Menschen gegenüber Gott bzw. dem Heiligen".[9] Religiosität meint als Begriff also die persönliche Beziehung des oder der Einzelnen zu einem Gott, das Verhältnis zu etwas Transzendentem, es meint die Ausdrucksformen des persönlichen Glaubens.[10]

Wenn aber bei der Diakonisse von weiblicher Religiosität die Rede ist, dann geht es dabei nicht nur um den persönlichen Glauben an etwas Höheres, an einen christlichen Gott. Das Adjektiv „weiblich" verweist vielmehr darauf, dass in der (religions-)historischen Forschung seit längerem das Verhältnis von Frauen und Religion eine eigene Aufmerksamkeit erfahren hat. Weibliche Religiosität ist in erster Linie eine Zuschreibung, eine Bestimmung, die im 19. Jahrhundert diskutiert wurde und seitdem Einzug in das wissenschaftliche Nachdenken über Religion genommen hat.

Damit bin ich bei der zweiten Frage, nach der spezifisch weiblichen Religiosität oder eben dem Verhältnis von Frauen und Religion. Diese Frage mutet zunächst erst einmal seltsam an, scheint es doch darum zu gehen, der Religion etwas Biologisches anzuheften, nämlich ein Geschlecht. Um die Verbindung von Weiblichkeit und Religion zu erläutern, ist es deshalb notwendig, etwas weiter auszuholen.

Im späten 19. Jahrhundert, als die ADA gegründet wurde, stellte das Leben als Diakonisse eine Möglichkeit für protestantische Frauen dar, unverheiratet zu bleiben und gleichzeitig ohne Abhängigkeit von der Herkunftsfamilie den eigenen Unterhalt zu bestreiten. Außerdem hatten Frauen im Religiösen eine andere Rolle als ein Jahrhundert später. Für die Entwicklung der Religion in Europa und den USA spricht die Forschung seit über 40 Jahren neben Säkularisierungstendenzen auch von einer Feminisierung. Barbara Welter hatte 1976 den Begriff für die Geschichte der christlichen Religion in den USA im 19. Jahrhundert eingeführt.[11] Mit „Feminisierung der Religion" ist u. a. gemeint, dass über die große Bedeutung, die christlicher Erziehung und religiösen Praktiken in Familien zukam, gleichzeitig der Stellenwert der Frau wuchs. Anders formuliert: Durch eine Aufwertung des Religiösen im Privaten wurden auch die Hüterinnen dieses Privaten aufgewertet. Außerdem, und auch das gehört zur These von der Feminisierung der Religion, nahmen Frauen zunehmend mehr Funktionen in der Kirche wahr; sie befassten sich mit Wohltätigkeitsarbeit, organisierten Suppenküchen etc.[12]

Allerdings ging diese vermehrte Durchdringung des kirchlichen Raumes auch mit dem Verlassen desselben durch die Männer einher. Das hatte zur Folge, dass Männer diesen Raum entweder abwerteten oder zumindest eine klare, hierarchisierende Unterscheidung von männlicher und weiblicher Religiosität vornahmen. Der Künstler Wilhelm von Kügelgen (1802–1867), der von 1833 bis zu seinem Tod Hofmaler in der anhalt-bernburgischen Residenzstadt Ballenstedt war, kann als Zeuge für diese Entwicklung angeführt werden. Kügelgen rang Zeit seines Lebens mit religiösen Fragen, die sich auch in seinen religiösen Bildern ausdrückten. Er schrieb in seinen langen, offenherzigen Briefen an den weit entfernt lebenden Bruder zum Beispiel im Jahr 1833, dass Frauen eine gänzlich andere Beziehung zur Religion hätten als Männer, nämlich eine emotionale, „denn sie können nicht ordentlich hintereinander denken". Dass sie deshalb rein gar nichts von der Theologie wüssten, tue aber nichts zur Sache, denn sie verstünden dafür umso mehr vom organisch und harmonisch ausgerichteten Glauben.[13]

Auch Kügelgen bestätigt mit seiner Hierarchisierung indirekt die These, dass Frauen im 19. Jahrhundert im eigenen Zuhause und im Freundeskreis zunehmend eine exponierte Position als religiöse Erzieherinnen innehatten und zugleich außerhäuslich vermehrt in den Kirchen aktiv wurden. Letzteres führte dazu, dass Frauen in Öffentlichkeiten vordrangen, die bislang für sie verschlossen schienen: Wohltätige Vereine, kirchliche Veranstaltungen und ähnliche Bereiche wurden nun von Frauen mitbestimmt. Vermehrt ab der zweiten Hälfte des 19. Jahrhunderts gründeten Frauen Vereine für Krankenpflege, Diakonie, Dienstmädchen und schließlich auch Frauenvereine, die bereits im Zusammenhang mit der Frauenbewegung standen.[14]

Was die Gründe für dieses Vordringen sein mögen, ist schwer zu entscheiden und sicherlich individuell unterschiedlich zu beurteilen. Die evangelische Kirchenhistorikerin Ute Gause geht in ihrer Forschung davon aus, dass protestantische Frauen im 19. Jahrhundert gestärkt und motiviert durch eine „existentielle Frömmigkeit", womit sie „eine persönlich angeeignete, individuelle Frömmigkeit" meint, in neue Öffentlichkeiten vordrangen.[15] Ein anderer Grund könnten die zunehmenden emanzipatorischen Bestrebungen in der Gesellschaft darstellen. Vielleicht waren die Motivationen aber mitunter auch viel indirekter und unbewusster und lagen schlicht in den sich neu bietenden Möglichkeiten begründet, Räume zu erkunden, die Männer langsam verließen bzw., im Falle der weiblichen Diakonie, unverheiratet und von der Herkunftsfamilie unabhängig zu leben. Frauen drangen jedenfalls in bis dato von Männern dominierte Bereiche vor. Ein im Straßenbild sichtbarer Ausdruck dieses Bedeutungszuwachses war die Diakonisse mit ihrem Kleid und ihrem Häubchen.

In rückblickender Perspektive mutet die Diakonissentracht der Krankenschwesteruniform ähnlich an. Konzipiert war sie von Friederike und Theodor Fliedner, die 1836 den rheinisch-westfälischen Diakonissenverein in Kaiserswerth ins Leben riefen, jedoch analog der rheinischen Ehefrauenkleidung. Denn die Diakonisse, die im fliednerschen Familienmodell eigentlich eine Tochter blieb, sollte sich unbegleitet auf der Straße fortbewegen dürfen, was ansonsten verheirateten Frauen vorbehalten war. Und diese trugen in Kaiserswerth und Umgebung ein Kleid und eine Haube.[16]

Freilich sahen die Zeitgenossen die Nähe zu anderen Uniformen, gerade aus der Krankenpflege. Um 1900 bestand deshalb ein Bestreben, die Diakonissenbekleidung deutlich von anderen Trachten abzuheben; im Jahr 1914 wandte sich das Präsidium der Kaiserswerther Generalkonferenz hilfesuchend an das Reichsamt des Innern, um die Diakonissentracht schützen zu

Dessauer Probeschwester, 1917 oder wenig später

lassen. 1917 wurde dann in der Tat das „Gesetz zum Schutz von Berufskleidung und Berufsabzeichen in der Krankenpflege" erlassen und schließlich noch ein „Erlass zum Schutz von Trachttypen".[17]

Insgesamt versinnbildlicht die Kleidung der Diakonisse ihre Position zwischen einer weltlichen ausgebildeten Krankenschwester, einer deutlich als einer religiösen Vereinigung zugehörig zu identifizierenden Nonne und einer bürgerlichen (Ehe-)Frau. Was sie nicht abbildet, ist den gesellschaftliche Stand der sie tragenden Frau.

Im 19. Jahrhundert hatte sich nicht nur Fliedner selbst, sondern auch eine Anzahl anderer kirchennaher Männer über die Tracht der Diakonissen Gedanken gemacht. In einem Bericht des Roßlauer Pfarrers Otto Fiedler über einen „Informationskursus für Innere Mission in Neinstedt (Lkr. Harz) vom 4.–13. Oktober 1892" drückt sich das beispielhaft aus. Fiedler war Mitglied des 1877 gegründeten Landesausschusses für Innere Mission in Anhalt und kam in dem Kursus zum ersten Mal näher mit der „Diakonissensache" in Berührung. Er berichtete an das herzogliche Konsistorium in Dessau, also an seine Kirchenleitung, von den Ausführungen im Kurs über die Diakonissenschaft, in der auch die Tracht begründet wurde:

> „Was die Kleidung angehe, so genüge es doch, wenn sie nur einfach wäre. Doch das Urteil darüber lautet verschieden. Was der einen einfach, ist für die anderen schon luxuriös, sie kommen ja doch aus verschiedenen Stän-

den. Die jetzige Kleidung ist die passendste für die Diakonisse in ihrer Arbeit. Und als die Diakonisse 1836 aufs Neue eingeführt wurde, da war diese Kleidung die Kleidung aller Frauen. Das Diakonissenkleid ist auch ein Schutz für sie gegen böse Versuchungen. Abends läuft ein Herr einer Diakonisse nach mit dem Antrage, sie begleiten zu dürfen. Auf ihre Antwort: ,wir gehen nicht denselben Weg, sonst ließen sie mich allein gehen', entfernt er sich, sendet Tags darauf einen Abbittebrief und wird später durch des Herrn Gnade ein gläubiger Christ."[18]

Die Tracht war schmucklos und egalisierend und bot, das war zumindest der Anspruch, Schutz vor zweideutigen Angeboten. Selbst für den Fall, dass dieser Schutzmechanismus nicht sofort verfing, zeigte die Kleidung missionarische Wirkung. Diese Erläuterung griff Kritik auf, die einen fänden die Kleidung zu schick, die anderen zu schlicht. Dahinter verbirgt sich auch die Frage nach der sozialen Zusammensetzung der Diakonissenschaft. Dazu äußerte sich Fiedler zwar nicht, seit Anbeginn der Gründung der Mutterhäuser wurde jedoch immer wieder die Sorge formuliert, dass zu wenige Frauen aus den gebildeten Schichten in die Diakonissenschaft eintreten würden.

Mit dieser Sorge war auch die ADA konfrontiert. Der Verwaltungsbericht des Kuratoriums von 1911, den der Vorsteher Friedrich Werner verfasst hatte, formulierte dazu:

> „Es möge hier auch einmal, da sehr häufig behauptet wird, die Diakonissen-häuser rekrutierten sich hauptsächlich aus den unteren Volksschichten, die Angabe über den früheren Bildungsgang unserer Schwestern zur Klarstellung dieser Meinung dienen. Von sämtlichen für unsere Diakonissenanstalt arbeitenden Schwestern haben 21 Schwestern die höhere Töchterschule, 15 die Mittelschule und 36 die Volksschule besucht. Außerdem haben fünf unserer Schwestern das Examen im Kleinkinderlehrerinnenseminar bestanden. Wir haben also nicht Ursache über allzugeringes Schwestern-material zu klagen."[19]

Interessant an dieser Aussage ist, wenn man von der Ausdrucksweise absieht, die Argumentation. Erstens wurde eine mehrheitlich unterbürgerliche Herkunft offensichtlich als Makel für die Schwesternschaft gesehen, und dieser Sichtweise schloss sich Werner implizit an, wenn er versuchte, diese gesellschaftliche Verortung für das Dessauer Mutterhaus zurückzuweisen. Er hätte den angeblichen Vorwurf ja auch durch positive Umdeutung entkräften können, schließlich trug die ADA zur verbesserten Bildungschance mancher jungen Frau bei. Seine eigentliche Argumentation verlief denn nämlich auch ausschließlich über Bildung, und das ist der zweite bemerkenswerte Punkt. Werner sagte nichts über die soziale Herkunft der Schwestern aus, sondern nur über ihren bisherigen schulischen Werdegang und darüber hinausreichenden Bildungsweg. Das zeigt, wie eingewoben der Gedanke einer weltlichen Ausbildung und Arbeit von Beginn an in die weibliche Diakonie als Konzept war.

Die Diakonie bot Frauen eine neue Möglichkeit, sich im Protestantismus des 19. Jahrhunderts selbst zu positionieren. Vor der Einführung dieser Lebens- und Arbeitsform hatte vor allem die Pfarrersfrau eine exponierte Stellung, allerdings, ganz im Gegensatz zur Diakonisse, eine ebenso herausgehobene wie unsichtbare Stellung. Der vielschreibende Dresdner Pfarrer Franz Blanckmeister (1858–1936) formulierte in seiner 1929 veröffentlichten Darstellung *Vierhundert Jahre sächsisches Pfarrhaus* ein idealisierendes Bild der Pfarrersfrauen:

> „Still wirkten die Pfarrfrauen im häuslichen Kreise. Mit aller Treue standen sie dem Haushalt vor, saßen am Spinnrad, buken das Brot und zogen sie Talglichter selbst und verstanden Küche und Keller trefflich zu verwalten. Man hört wenig von ihnen, sie treten hinter dem Manne völlig zurück, aber in den Leichenpredigten wird ihr Lob gesungen."[20]

Im Hintergrund wirkten die Ehefrauen der Pfarrer, sie waren ruhig und gebaren zahlreiche Kinder, wie Blanckmeister auch noch anmerkte.[21] Ein solches Bild durchzieht die Literatur nicht erst des 20. Jahrhunderts, sondern reicht bis in die Reformation zurück und in die Frühe Neuzeit, als dem Pfarrerehepaar eine Vorbildfunktion zugewiesen wurde.[22]

Und dieses Bild zeigt deutlich den Unterschied, den die Diakonisse machte. Sie war als professioneller Ausdruck weiblicher Religiosität von einem Pfarrerehepaar ins Leben gerufen worden und erdacht auch in der Tradition der emsigen, liebenden, dienenden Frau wie die Pfarrersfrau. Aber sie wurde sichtbar, sie erhielt einen weltlich anerkannten Beruf, und sie stand nicht im Schatten eines allein im Lichte der Gemeinde stehenden Ehemanns.

Arbeit

Die Diakonisse arbeitet nicht für eine Familie, sondern für Jesus, die Diakonissengemeinschaft und in erster Linie für kranke und benachteiligte Menschen.

Als Historikerin frage ich zunächst wieder: Was ist „Arbeit" im historischen Kontext? Die Bedeutung dieses Begriffs hat sich über die letzten Jahrhunderte gewandelt. Ebensolches lässt sich für den Begriff „Beruf" sagen, der eng an den der Arbeit gekoppelt war. Luther übersetzte das griechische Wort für Arbeit mit „Beruf".[23] Seit der Reformationszeit existierte „Beruf" im Sprachgebrauch und war religiös konnotiert. Das Religiöse verlor der Begriff zwar im 19. Jahrhundert, ein gewisser Idealismus blieb aber an ihm haften.[24] Wenn „Arbeit" in der Frühen Neuzeit primär als „Mittel zur physischen Selbsterhaltung" verstanden wurde,[25] so war dieser Begriff negativ konnotiert, nämlich z. B. mit Mühsal. In der Aufklärungszeit entwickelte sich dann aber eine Vorstellung von „Arbeit", die an Zufriedenheit, an Erziehung und Bildung geknüpft war. Erst im Zuge von Industrialisierungsprozessen des 19. Jahrhunderts wurde „Arbeit" dann zu dem, als was wir sie heute kennen, nämlich als ein Ausdruck von Leistung.[26] Zunehmend erhielt der Begriff vor allem in westlichen Gesellschaften eine gewichtige individuelle, lebensgestaltende Bedeutung. Heute gilt Arbeit als „identitätsprägend".[27]

Diese Bedeutungsgeschichte des Begriffes „Arbeit" berücksichtigt eine zentrale Kategorie gesellschaftlicher Ordnung noch nicht: die des Geschlechts. Die Genese eines leistungsorientierten Arbeits- oder auch Berufsbegriffs hatte nämlich unterschiedliche Implikationen für Männer und Frauen. So kämpften zeitgleich mit der Gründung der ADA Frauen nicht nur im Deutschen Reich um mehr Gleichberechtigung zwischen den Geschlechtern.[28] Denn sie waren nach wie vor von den meisten Berufen ausgeschlossen ebenso wie vom Hochschulstudium, ganz zu schweigen vom aktiven und passiven Wahlrecht. Diese Neuerungen, die Frauen an Universitäten brachten und ins Wahllokal, fanden alle erst im frühen 20. Jahrhundert statt. Freilich gab es arbeitende Frauen, beispielsweise in Fabriken, in der Landwirtschaft und im Handel, aber, etwas pauschalisierend gesagt, je höher der Bildungsstand der Herkunftsfamilie war, desto geringer stellten sich die außerhäuslichen Möglichkeiten für die Töchter aus dieser Familie dar. Zahlreichen Autorinnen des 19. Jahrhunderts berichteten denn auch von der Langeweile und den zähfließenden Stunden der Handarbeit während des Wartens auf den passenden Ehemann. Bekannt geworden ist Fanny Lewalds „Stundenzettel".[29] Die Schriftstellerin hatte einen Wochenplan in ihrer Autobiografie veröffentlicht, um zu zeigen, mit wieviel in zeitliche Einheiten verpacktem Nichtstun ein Mädchentag im Bürgertum verstrich. Lebensläufe von Frauen blieben mitunter in der Gegenwart verfangen, wohingegen männliche Biografien auf eine Zukunft hin ausgerichtet waren.[30] Dafür steht paradigmatisch der „Stundenzettel".

Traditionelle weibliche Berufe des 19. Jahrhunderts lagen in den Bereichen Erziehung und Pflege, also bei Tätigkeiten, die auch innerhalb der Familie in der Regel in Frauenhand waren. Daran knüpften die Arbeitsfelder der ADA in den frühen Jahren an: Das Damenheim, das dann Marienheim genannt wurde, das Kinderheim, die Krankenanstalt und die Haushaltsschule bildeten bis 1910 die Hauptwirkungsorte der diakonischen Schwestern und Diakonissen.[31] Zeitgleich mit der Gründung der neuen Erziehungs- und Pflegeorte bemühte sich die ADA-Leitung um eine professionelle Ausbildung zu den mit diesen Orten verbundenen Arbeiten. So konnten die Schwestern Anfang des 20. Jahrhunderts bereits eine Prüfung zur staatlich anerkannten „Krankenpflegeperson" absolvieren. Und die Haushaltungsschule bot Abschlüsse an. Die Arbeit in der ADA war also von Beginn an mit Zertifizierungen verbunden.

Das war zweifellos ein wichtiger Teil ihres Erfolgskonzeptes. Denn das Mutterhaus bot damit sowohl die Möglichkeit zur beruflichen Aus- und Weiterbildung als auch zu einer Lebensweise, die weiblicher Religiosität, wie sie sich im 19 Jahrhundert herausbildete, eine stabile Ausdrucksform bot. Im Folgenden soll ein näherer Blick auf die überlieferten Lebensbeschreibungen und Selbstdarstellungen der Diakonissen Aufschluss darüber geben, was Frauen in den 125 Jahren als Motive angaben, Diakonisse werden zu wollen. Es ist kein chronologischer Längsschnitt durch Motivlagen möglich, weil dazu erstens die Quellen fehlen und zweitens das Prinzip der Mutterhausdiakonie generationenübergreifend ist und deshalb jede Zeitspanne von Frauen ganz unterschiedlicher Jahrgänge und Lebenserfahrung erlebt wurde. Drei maßgebliche Faktoren, die zum Eintritt in die Diakonissengemeinschaft führten, zeichnen sich in den autobiografischen Lebensläufen ab, die seltsam unberührt vom historischen Kontext bleiben: die eigene Religiosität und Berufung, die Arbeit und die Gemeinschaft.

Religiosität

In den ausformulierten Lebensläufen und Briefen der Diakonissen findet sich mitunter die explizite Begründung einer Entscheidung für das Diakonissendasein aus einem inneren Drang heraus. Zwei Schwestern, Frieda Luise Lehmann aus Reupzig (bei Köthen), Jahrgang 1895 und eingetreten 1918, sowie Emmi Osterland aus Dessau, geboren 1901 und eingetreten 1921, erwähnen zum Beispiel, dass sie bereits als Mädchen den Wunsch hatten, Diakonisse zu werden, dass der Vater oder die Mutter sie jedoch noch für zu jung oder zu wenig kräftig befunden hätten.[32] Lisbeth Görgens, im Jahr 1918 geboren und aus

Neustädterwald bei Danzig (heute Gozdawa), berichtet in einem Brief an Oberin und Vorsteher aus dem Jahr 1954 von nächtlichen Kämpfen:

> „Als ich im August 1947, als ein unbekanntes Mädchen ohne jegliche Papiere oder Beweise meiner Herkunft, hier im Mutterhaus aufgenommen wurde, wollte ich nichts anderes als helfen, helfen da wo Hilfe gebraucht wurde, da wo Not war. Ich hatte selbst schon viel Not gesehen, von Diakonie wußte ich nichts. Einige Monate später habe ich dann in schlaflosen Nächten gekämpft mit dem Gedanken, ich darf nicht etwas wollen wozu ich zu gering bin, und mit dem anderen, ich muß doch. Ich konnte nicht anders, ich mußte, ich mußte bitten um Aufnahme als Probeschwester. Wenn ich nun heute gefragt werde ob ich gewillt bin mich als Diakonisse einsegnen zu lassen, so muß ich auch heute sagen, ich kann nicht anders, ich muß, wenn mein Vater mich heute auch noch so haben will zu seinem Dienst wie ich bin.“[33]

In diesen Zeilen ist von einem inneren Drang, einem Ringen und einer schweren Entscheidung die Rede. Letztlich sei diese Entscheidung unausweichlich und ihre Notwendigkeit im Glauben (an einen väterlichen, guten und strengen Gott) begründet gewesen.

Andere Frauen wurden gerufen. Die Dessauerin Agnes Schmidt (1899–1968), Tochter eines Hofmusikers und Absolventin der Mädchen-Mittelschule des Herzoglichen Oberlyzeums, hatte eine Beamtenlaufbahn in der Landesbank eingeschlagen, war nach dem Ersten Weltkrieg in verschiedenen Stellungen außerhalb Dessaus und der Bank tätig und kam dann zurück, um noch einmal zehn Jahre bis 1930 in der Bank zu arbeiten. Aus dem Jahr 1930 datiert ein Brief an die Leitung der ADA, in dem sie begründet, warum sie Diakonisse werden wolle.[34] Es wird deutlich, dass sie durchaus schon mancherlei Einblick in die weibliche Diakonie genommen hatte. So hatte sie 1925 einige Zeit bei der Hoffbauerstiftung auf Hermannswerder in Potsdam verbracht und sich über äußere Mission informiert, hatte einen Jugendführerkurs belegt und den Ausführungen des Potsdamer Vorstehers über die Arbeit gelauscht. Bei einem der zahlreichen Vorträge, die sie hörte, sei es dann geschehen: „Da traf mich das Wort Joh 7,37 ‚Wem da dürstet, der komme zu mir und trinke.‘ Und ich kam. Jesus wurde nun Herr in meinem Leben, und ich fand, dass jetzt das Leben ganz anders ausgefüllt war als vordem.“ Dass ihr 1930 von der Bank gekündigt wurde – da ihre jüngere Schwester inzwischen auf eigenen Beinen stehen konnte, hatte sie ihr gegenüber keine finanziellen Verpflichtungen –, bestärkte

*Mädchen und Frauen des Zufluchtsheims mit Diakonisse Agnes Schmidt, späte
1930er Jahre*

Agnes in dem Wunsch, ihr Leben nun anders, auf die Religion und die innere
Missionierung hin, auszurichten. Denn zwar hatte sie sich bislang vor allem für
die äußere Mission interessiert, aber ihr „wurde immer deutlicher wie sehr die
Arbeit an der inneren Mission mit der Heidenmission Hand in Hand gehen
muss, um gegenseitig befruchtet und gefördert zu werden".
In dieser Selbstreflexion, auf deren Form gleich noch eingegangen wird, ist
der Weg zum Glauben hin zentral. Dabei wird auch sichtbar, wie sich hier
ein Mensch intellektuell auf ein mögliches neues Leben vorbereitete. Agnes
Schmidt hatte Kurse besucht, Vorträge gehört, Bücher gelesen, Gespräche geführt und ihr finanzielles Leben geregelt, bevor sie sich entschloss, um die Aufnahme in die Diakonissenschaft zu bitten.
Einen ähnlich langen und intensiven Weg beschrieben andere Frauen auch.
Margarethe Otto aus Stuttgart, geboren 1911 und seit 1. April 1941 Schwester
in der ADA, antwortete im Jahr 1980 mit anderthalb maschinenschriftlichen
Seiten auf die Fragen „Warum ich Diakonisse wurde" und „Warum ich noch
Diakonisse bin". Der Anlass zu dieser individuellen Retrospektive ist zwar unklar; dennoch werden in diesem Dokument einige zentrale Faktoren deutlich.

Schwester Margarethe schreibt, sie habe schon mit 16 Jahren gespürt, dass das Leben um sie herum, das von Reichtum geprägt war, „leer und unerfüllt" sei. Die Tochter eines Möbelfabrikanten fährt mit den erklärenden Worten fort:

> „Ohne den Wunsch jemals zu äußern (ich erschien mir nicht ‚brav' genug), schloß ich mich 3 Schulkameradinnen an, die Diakonisse werden wollten. Durch Jungendkreis und Freizeiten vertiefte sich dieser Wusch. Ich wollte nicht nur weitergeben, was mir wichtig geworden war und anderen helfen, sondern ich wollte in einer christlichen Lebens- und Dienstgemeinschaft stehen. Da man zur Diakonisse ‚berufen' sein muß, bin ich nie auf den Gedanken gekommen, mich selbst in einem Mutterhaus zu melden. In meinem 30. Lebensjahr wurde ich gerufen, veranlaßt durch eine Randbemerkung meinerseits."[35]

Ob es nun der Wunsch nach dem Leben in einer Gemeinschaft oder die Entscheidung für ein religiös geprägtes Leben oder – vermutlich – beides war: In diesen Darstellungen kommt ein Streben nach einem Leben zum Ausdruck, das sich einem allgemeineren, auf andere und Gott ausgerichteten Ziel widmet. In der zitierten Passage, die einer rückblickenden Reflexion des Lebens als Diakonisse im Alter von beinahe 70 Jahren entnommen ist, findet sich außerdem beispielhaft Fliedners Anspruch wieder, Diakonissen hätten zu dienen. Darauf wird weiter unten noch eingegangen.

Bevor man die Darstellung des inneren Dranges, Diakonisse zu werden, mit Gause als „existentielle Frömmigkeit" bewertet, sollte man noch einmal auf die Form der Aussage schauen. Der Blick schmälert nicht die Religiosität der einzelnen Aspirantinnen oder auch Rückblickenden, bzw. er zieht keine Aussage darüber nach sich. Mit Hilfe einer Hinterfragung der Textart lässt sich das Geschriebene jedoch noch einmal anders einordnen. Die Selbstbeschreibungen sind zum einen für die Gemeinschaft geschrieben. Sie sind entweder eine Art Bewerbungsschreiben zur Aufnahme in das Diakonissenleben oder eine bilanzierende Auseinandersetzung mit dem eigenen Werdegang. Es ist deshalb der Form und dem Anlass des Lebenslaufes geschuldet, dass der Wunsch, Diakonisse zu werden, als dringlich und drängend herausgestellt wird. Zum anderen sind es in einem generelleren Sinne Selbstbeschreibungen, also Egodokumente. In Egodokumenten kommen in unterschiedlichen Kombinationen Selbstdarstellungen, auch durchaus Inszenierungen, und Wahrnehmungen zusammen; ein Ich entwirft sich mehr oder weniger bewusst hin auf einen Leser, eine Leserin oder einen ganzen Adressatenkreis.[36] Insofern geben die Schreiben der

Schwestern Hinweise auf individuelle Motivationen, sie zeigen aber auch und vielleicht sogar vor allem, was Frauen meinten schreiben zu müssen, wenn sie Aufnahme in die weibliche Diakonie finden wollten.

Der Beruf zur Berufung

Das Doppelprofil von einerseits weiblich konnotierten, auf andere ausgerichteten Tätigkeiten und andererseits einer Professionalisierung von Frauen entsprach demjenigen der Kaiserswerther Mutterhäuser. Theodor und Friederike Fliedner hatten die Diakonissenarbeit auf diese Weise konzipiert. Als Diakonisse konnte eine evangelisch getaufte Frau zum ersten Mal unverheiratet bleiben und gleichzeitig in einem anerkannten Beruf arbeiten. Jedoch stand, das betont Rajah Scheepers in ihrer Untersuchung zur Mutterhausdiakonie, im Hintergrund dieser Konzeption keineswegs der Gedanke von Selbstverwirklichung, ja Emanzipation der Frauen.[37] Vielmehr sollten die Diakonissen in einem familienähnlichen Verbund leben und sich den „Eltern", also Vorsteher und Oberin, insbesondere der Führung des „Vaters", also des Vorstehers, unterordnen. Der Vater der Väter war Fliedner selbst; auf ihn war die ganze Organisation hin ausgerichtet.[38]

Weder das Familienprinzip, noch die inhaltliche Fokussierung auf das Dienen zielten auf Selbständigkeit. Die eigentliche Bestimmung der Diakonisse war das dreifache Dienen: Jesus, Armen und Kranken sowie den anderen in der Schwesternschaft.[39] Und doch verlief der Weg zum Ziel über eine gesellschaftliche Emanzipation in Gestalt einer professionellen Berufsausbildung. Die Diakonissenanwärterinnen lernten Erzieherin, Säuglingspflegerin oder Krankenschwester. In allen drei Berufen absolvierten sie eine staatlich anerkannte Prüfung.

So finden sich in zahlreichen schriftlichen Hinterlassenschaften der Schwestern Zeugnisse, Beurteilungen oder weitere Belege über die Berufslaufbahn. Des Weiteren liest sich der Wunsch nach einem bestimmten Beruf, zumeist die Krankenpflege, deutlich aus den selbst verfassten Lebensläufen heraus. Schwester Margot (76 Jahre alt) sagt im Interview 2018 beispielsweise: „Ich wollte Krankenschwester werden. Das hatte aber mit Diakonisse ja gar nichts zu tun. [...] Und das durfte man aber erst mit achtzehn beginnen in den fünfziger Jahren. Also man war gezwungen, vorher noch vorbereitende Berufsschulen oder sonstiges zu besuchen." Sie beschreibt dann, dass die Diakonie eigentlich zunächst als Kompromiss und temporär gedacht war: „Und nun sitze ich immer noch hier."[40]

Inge Lawrenz (1933–1986), die aus Pommern stammte und 1951 in die ADA kam, bekundete 1958 in einem Brief an die Oberin: „Aus Liebe zu den armen, kranken und hilfsbedürftigen Menschen wurde in mir der Gedanke wach Schwester zu werden."[41] Die 1900 in Magdeburg geborene Handlungsgehilfin Anni Eisenrath erklärte 1933 in ihrem der (wenig später erfolgreichen) Bewerbung in der ADA beigefügten Lebenslauf: „Durch Anregung von Außen und inneres Drängen nahm ich einen Berufswechsel vor. Mein Wunsch war armen Menschen dienen zu dürfen. Ich fand nun in der Kinderheilstätte Oranienbaum Arbeit als Helferin. Immerhin sehnte ich mich noch nach einer Ausbildung."[42] Das Sehnen nach einer Ausbildung wird in einigen Selbstbeschreibungen sichtbar. Die Diakonie bot diesem Sehnen einen Raum und ein Format. So war die Diakonisse beides: Sie war einem protestantisch-religiösen Leben verpflichtet, und sie hatte einen Beruf. Diese zweifache Positionierung oder auch Zwischenstellung sollte zunehmend als Problem wahrgenommen werden, wie weiter unten ausgeführt wird. Ein Symbol für diese Position der Diakonisse zwischen Beruf und Berufung stellt, wie bereits beschrieben, die Tracht dar. Denn bei der Tracht gab es die bereits erwähnten Abgrenzungsschwierigkeiten zu anderen weltlichen Berufen. Sie drückte nämlich von Beginn an beides aus: einen Beruf und die Verbindung zur Religion. Damit war sie auch ein klarer Verweis auf ihre Entstehungszeit, in der diese Verbindung noch sehr viel „natürlicher" daherkam als im 20. Jahrhundert.

Während sich die Geschlechterverhältnisse im 20. Jahrhundert sukzessive änderten und nicht nur mit dem Frauenwahlrecht und dem Gang an die Universitäten neue Möglichkeiten, Rechte und Horizonte für Frauen entstanden, verwies die Diakonissentracht beharrlich auf das 19. Jahrhundert. Das sollte sich auch erst 1971 grundsätzlich ändern, als durch den Kaiserswerther Verband die Kleiderordnung in dem traditionellen Sinne aufgehoben wurde und jedem Mutterhaus selbst überlassen blieb, wie es seine Diakonissen gekleidet sehen wollte.[43] Gleichzeitig ist das jedoch auch die Zeit, in der sich die Verbindung von einem erlernten Beruf und einer tätigen Seelsorge, die dem Beruf als geistige Berufung zugrunde lag, als zunehmend schwierig erwies.

Leben in einer Gemeinschaft

Neben dem Gedanken, einen eigenen Beruf ausüben zu können und gleichzeitig unverheiratet zu bleiben, lockte die Diakonissenanwärterinnen auch eine andere Aussicht: Das Leben unter dem weit gespannten Dach des Mutterhauses bot Schutz vor dem Alleinsein. Im Jahr 1980 schrieb Schwester Margarete Otto: „Das Leben als Diakonisse schenkt die Verbundenheit mit denen, die das glei-

che Ziel haben. Als unverheiratete Frau ist man nie allein. Bis zum Feierabend bleibt das Mutterhaus Heimat."[44]

Es ist dieses Heimatgefühl, das bei vielen Diakonissen als ein Motiv erscheint, in die Anstalt einzutreten. Freilich war und ist „Heimat" ein vielschichtiger Begriff, und genauso war es die Gemeinschaft, wie man aus den Selbstbeschreibungen herauslesen kann. Ähnlich wie in einer Familie auch gestaltete sich das Zusammenleben nicht immer konflikt- oder reibungsfrei. Gleichzeitig bot es aber ein Zusammengehörigkeitsgefühl und ein gemeinsames Ziel. Letzteres ist das hervorstechende Merkmal von Gemeinschaft, das auch Schwester Margot

Diakonisse Margarethe Otto (rechts) mit Oberin Renate Lange bei einem Ausflug in den Wörlitzer Anlagen, um 1960

im Interview 2018 beschreibt. Sehr eindrücklich schildert die Diakonisse, wie die Schwestern und Probeschwestern Ende der 1950er Jahre ihre Mittagspausen damit verbrachten, 20 Minuten Steine zu klopfen; jede und jeden Tag für ein gemeinsames Ziel, den wortwörtlichen Wiederaufbau eines Hauses. „Wenn jeder mit zufasst" sagt sie, entstehe ein „Gemeinschaftsgefühl". Und es entspricht ihrer Erfahrung, dass dieses Gefühl automatisch auf die Probeschwestern übergegangen sei. Es sei indes heute nur noch mühsam zu vermitteln. „Das ist dann immer so gekonnt, so aufgesetzt. Es ist nicht mehr so natürlich. [...] Dieses Familienprinzip: entweder macht die ganze Familie mit oder gar keiner."[45]

„Dieses Familienprinzip" zog sich als Erfolgskonzept durch mehrere Generationen von Diakonissen. Oft kamen die zukünftigen Schwestern aus großen Familien und fanden in der Diakonissengemeinschaft vertraute Strukturen vor. So beschrieb beispielsweise die oben schon erwähnte Frieda Luise Lehmann, Tochter eines Reupziger Schafmeisters, in ihrem 1918 verfassten Lebenslauf ihr Leben bis zu dem ins Auge gefassten Eintritt in die ADA folgendermaßen:

> „Ich habe noch acht Geschwister, 4 Brüder und 4 Schwestern, von denen die 4 Brüder und 1 Schwester verheiratet sind, zwei Schwestern sind anderweitig in Stellung, 1 Schwester ist augenblicklich zuhause um das

Weißnähen zu erlernen. Vom 6. bis zum 14. Lebensjahre besuchte ich die anhaltische Volksschule zu Reupzig, wo ich in den zwei letzten Wirtschaftsjahren Konfirmandenunterricht erhielt. Wurde danach aus der ersten Klasse entlassen und am 4. April 1909 in der evangelischen Kirche zu Reupzig konfirmiert.

Da ich mich gern mit Kindern beschäftigte ging ich kurz nach meiner Konfirmation zu dem Kinde von Inspektor [...], übernahm später daselbst auch Hausarbeiten. Um mich zu verändern ging ich im Januar 1914 zu Frau Geheimrat [... in] Dessau, als Hausmädchen. Besuchte von da aus den Jungfrauenverein des Diakonissenhauses, fand da selbst liebevolle Aufnahme. Da erwachte zum ersten mal der Gedanke in mir auch Schwester zu werden.

Als ich im Jahre 1916 auf kurze Zeit zur Mutter ging, äußerte ich meinen Wunsch Schwester zu werden, dieser wurde mir jedoch abgelehnt, da Mutter meinte ich wäre zu schwach zu diesem Beruf. Nahm dann wieder Stellung [...] an. Doch der Gedanke Schwester zu werden verließ mich nicht. Bat der Mutter Weihnachten 1917 abermals um Erlaubnis, welche ich dann auch erhielt. Um alle Vorbereitungen zu diesem Beruf zu treffen, halte ich mich jetzt bis zum Eintritt in das Diakonissenhaus bei der Mutter auf."[46]

An diesem Lebenslauf stechen – neben der bemerkenswerten völligen Abwesenheit des Ersten Weltkrieges – mehrere Punkte ins Auge: Die Diakonisse kam aus einem kinderreichen Elternhaus, hatte sieben Jahre Schulunterricht genossen und war danach in verschiedenen Häusern als Haus- und Kindermädchen angestellt. Die Autobiografin charakterisiert sich als kinderlieb, also einem sozialen Beruf, wie ihn die ADA bot, zugeneigt. Ihr erster Kontakt mit dem Diakonissenhaus sei durch den „Jungfrauenverein" zustande gekommen. In dieser typischen Vorfeldorganisation der Mutterhausdiakonie wurde offenbar das charakteristische Gemeinschaftsgefühl bereits eingeübt. Die junge Frau hatte immer in verschiedenen familiären Gemeinschaften gelebt und gearbeitet und traf nun auf eine Organisation, die ihren Erfahrungen ebenso entsprach wie vermutlich ihren Erwartungen an den weiteren Verlauf ihres Lebens. Versucht man, diese Schilderungen der Lebensläufe etwas allgemeiner zu fassen, zeigt sich, dass wesentliche Erfahrungsräume und Erwartungshorizonte,[47] die für die Mutterhausdiakonie im 19. und auch noch im 20. Jahrhundert konstitutiv waren, im Jahr 2019 nicht mehr existieren: Das Familien- und Gemeinschaftsgefühl wurde traditionell in den Herkunftsfamilien und Jungfrauenvereinen

Dessauer Schwestern beim Bearbeiten und Sortieren von Abbruchsteinen, 1959 oder wenig später

eingeübt, und auch die Entbehrungen und die sich im buchstäblichen Steine-klopfen und -verladen äußernden, gemeinsamen körperlichen Anstrengungen der Nachkriegszeit begünstigten Gemeinschaft.

Wie stark der Gemeinschaftsgedanke war, zeigt sich besonders dort, wo er infra-ge gestellt oder herausgefordert wurde. Aus der (vermutlich von Oberin Brigitte Daase verfassten) Rede zur Trauerfeier von Schwester J. B. (1912–1973) kann man herauslesen, wie mühsam sich die Arbeit am Miteinander gestalten konn-te. Wir erfahren, dass die Schwester „ein wenig tablettensüchtig" gewesen sei und man sie, um sie in ihrer Sucht nicht zu gefährden, nicht im Krankenhaus beschäftigen konnte. Überhaupt sei sie „ein innerlich sehr unruhiger Mensch [gewesen], was uns oft viel Kummer gemacht hat, weil sie gleichzeitig sich nach Festigkeit und Geborgenheit sehnte". Gleichwohl, und hier kommt wieder die (religiöse) Gemeinschaft ins Spiel, sei sie „doch wach für Gottes Wort und an-sprechbar in dieser Weise" gewesen. Und nun seien, wie die Oberin ausführte, zahlreiche Mitschwestern „mit mir unglücklich, wie oft wir die Geduld verloren haben im Anhören und uns Zeit nehmen".[48]

In diesem speziellen Genre, dem Text zur letzten Ehrerweisung, kommt damit auch deutlich Selbstkritik der Schwesternschaft zum Ausdruck. Darüber hinaus zeigen die Zeilen aber vor allem eines, nämlich wie zentral der Gemeinschaftsgedanke war. Auch eine schwierige Persönlichkeit galt es zu integrieren, und jede Einzelne erwartete von sich, dass sie immer wieder neu auf die anderen zuging. Oder, wie Margarethe Otto es in ihrem autobiografischen Text „Warum ich Diakonisse wurde" ausdrückte, die Gemeinschaft war stets „Gabe und Aufgabe".[49]

Noch deutlicher wird die Bedeutung des Diakonissendaseins als eines Daseins in einer Lebens- und Dienstgemeinschaft an einem anderen Beispiel. Die 1929 in Zerbst geborene Schwester U. H. besuchte Mitte der 1970er Jahre ihre seit zwanzig Jahren in der Bundesrepublik lebende Familie, da ihre Mutter erkrankt war. Sie kehrte nicht zurück. Das rief in Dessau nicht nur Unmut, sondern auch Bestürzung hervor. Denn es handelte sich um eine, den Dokumenten zufolge, angesehene, umtriebige und engagierte Schwester, die in leitender Funktion im Krankenhaus arbeitete, den Schwesternrat leitete und im Verwaltungsrat tätig war. Die Diakonisse erklärte in zwei Briefen ihren Entschluss, nicht mehr in die DDR zurückzukehren, mit der Sorge um ihre Eltern und dem Leiden an der vorherigen Trennung. Letztlich stellte sie hier ihre Herkunftsfamilie über die diakonische Gemeinschaft.

Das war es, was die Zurückgebliebenen offensichtlich beunruhigte. Pfarrer und Vorsteher Strümpfel stellte der Stadtverwaltung Dessau ein Zeugnis der Diakonisse aus, das diese überaus positiv darstellte. Dies zeigt sich an Formulierungen, die z. B. hervorheben, dass „ihr frischer, aktiver und wendiger Charakter" ihr „schnell die Herzen" aufgeschlossen habe und dass sie „Tag und Nacht" für die Patienten dagewesen sei sowie „viel Fleiß und Umsicht" bei der Arbeit bewiesen habe. Entsprechend versuchten die Oberin und Strümpfel auch, die Diakonisse zur Rückkehr zu bewegen. Doch diese blieb bei ihrem Entschluss. Aus einem Schreiben des Vorstehers, das er auf den Beschluss des Schwesternrates über den Ausschluss der Diakonisse aus der Gemeinschaft hin verfasste,[50] wird die Irritation deutlich. Strümpfel stellt hier fest, dass er seinen Brief nicht in einem nüchternen und sachlichen Ton verfassen könne. „Dafür haben wir zu lange miteinander gearbeitet, gesorgt, gefeiert und gelebt." Er betont das vergangene Miteinander, das nun die Kommunikation über die Grenze hin so erschwere. Außerdem schreibt er, dass er zunächst davon ausgegangen sei – was sie, die Adressatin, ja auch so darstelle in ihren Briefen –, dass es sich um eine spontane Tat gehandelt habe. Die Durchsicht der Papiere habe aber unter anderem ergeben, dass vor Ort wichtige Dokumente fehlten und das Verbleiben in der Bundesrepublik damit keine „Affekthandlung" sein könne. Hierüber drückt er nicht nur seine Enttäuschung aus, sondern auch seine Sorge: „Nun bleibt es nur zu hoffen, daß das innere Mißtrauen gegeneinander nicht wächst, was wohl die eine oder andere denkt oder gar schon plant."[51]

Auffallend ist das Verb „wachsen", denn es setzt voraus, dass schon etwas vorhanden ist. Strümpfel sorgte sich, dass der Weggang der Diakonisse die Schwesternschaft in Dessau nachhaltig erschüttern könnte, indem einem gegenseitigen Misstrauen Vorschub geleistet würde. Auf diese dezente Art und Weise vermittelte er der Adressatin und allen sonstigen Lesern, dass die Gemeinschaft der ADA nicht außerhalb des Politischen stand.

Hier deutet sich die Präsenz der DDR im Alltag der ADA an. Zahlreiche Arbeiten haben sich in den letzten Jahrzehnten mit unterschiedlichen Aspekten religiöser Doktrinen und Praktiken in der DDR befasst. Dabei geht es besonders um den Protestantismus, denn bei der Gründung der DDR gehörten mehr als 81 Prozent der ostdeutschen Bevölkerung evangelischen Kirchen an.[52] Die evangelische Theologin und Kirchenhistorikerin Veronika Albrecht-Birkner fasst diese Arbeiten zusammen, indem sie zwei Erzählstränge aus ihnen herausfiltert: Zum einen herrsche das Bild der Kirche als einer oppositionellen Kraft vor, die gemeinsam mit anderen Akteuren das Ende der DDR herbeigeführt habe. Zum anderen sei vor allem durch die dreibändige Veröffentlichung von Gerhard Besiers *Der SED-Staat und die Kirche* von 1992 bis 1995 der Fokus hin zu einer Verstrickung der Kirche in die Politik durch Unterwanderungen seitens des Ministeriums für Staatssicherheit gerückt.[53] Eine weitere Position, die ohne die Schuldfrage auskomme, untersuche Kirche und DDR systemtheoretisch.[54] Die große, vielschichtige Frage nach dem Verhältnis zwischen protestantischer Kirche und damit zusammenhängend der Diakonie und dem Staat der DDR, einem Verhältnis, das, in groben Zügen skizziert, unter sowjetischer Einflussnahme vonseiten des Staats 1946 zunächst auf Toleranz, dann auf Konfrontation bzw. Repression und ab 1953 auf dem Bemühen der Bekämpfung der Kirche qua Wissenschaft und Aushöhlung von innen heraus basierte,[55] kann in diesem Beitrag nicht geklärt werden. Gleichwohl zeigen Reaktionen wie die auf eine nicht aus dem Westen zurückkehrende Schwester, wie präsent das Verhältnis zum Staat im Alltag der Diakonie war.

Innerhalb der jeweiligen Gesellschaft wirksam zu werden, ist ein Grundgedanke weiblicher Diakonie.[56] Deshalb ist es einerseits auffallend, wie abwesend die Gesellschaft in den Selbstzeugnissen der Schwestern ist, und andererseits, wie durchweg präsent sie sich zeigt, wenn sie von außen in die Gemeinschaft eindringt – sonst wäre Pastor Strümpfel nicht so besorgt gewesen um die Moral der Diakonissen nach dem familiär begründeten Weggang einer Schwester.

Lebens- und Arbeitsform Diakonisse: Zwischen Erfolgs- und Auslaufmodell

Nachdem nun einiges über die Motive zum Eintritt gesagt wurde, sollen die Austritte nicht verschwiegen werden. Denn es gab sie. Bereits die frühen gedruckten Jahresberichte und Mitteilungen an die Freunde des Diakonissenhauses geben davon Kenntnis, wobei es sich hier um Probeschwestern handelte. Etwas anderes war es schon, wenn eingesegnete Diakonissen das Haus verließen, da diese ja nach Jahren der Vorbereitung ein Gelübde abgelegt hatten. Es zeigt sich auch bei der Durchsicht der Schwesternkarteien, dass des Öfteren Austritte oder Abgänge verzeichnet sind.[57]

Für weiterreichende Schlüsse bräuchte es zu jedem Austritt eine genauere Recherche zu den Gründen, was angesichts der Quellenlage jedoch unmöglich ist. So muss auch eine Lesart unterbleiben, die bestimmten historischen Kontexten ein besonderes Gewicht gibt. Motive, die zum Verlassen der Diakonissenschaft führten, bleiben ebenso im Dunkel der Geschichte wie die jeweiligen Einstellungen der Schwestern zu ihrer Oberin, dem Vorsteher oder dem politischen Regime. Selbst wenn eine Begründung überliefert ist, gibt sie mitunter wenig Anhaltspunkte, vielmehr Rätsel auf. So schied eine Diakonisse 1967 aus der Schwesternschaft aus und schrieb ihren ehemaligen Mitschwestern im September desselben Jahres einen Brief, der überliefert ist. Darin findet sich die Aussage, dass sie ja alle zusammen in den vorangegangenen Jahren vielfach darüber diskutiert hätten, wie denn eine zukünftige Diakonissenexistenz aussehen könne. Sie fährt fort:

> „Die Form des Dienstes Christi mit uns – mit allem, was dazugehört –
> muß in manchen Berufen variabler, beweglicher sein als in anderen. Diese
> Aufgabe bringe ich – für mich gesehen – nicht mehr in der Möglichkeit
> unserer Mutterhausdiakonie unter, so wie wir sie sehen, wenn wir ‚richtige'
> Diakonissen sind."[58]

Die Weggefährtinnen der Briefschreiberin werden verstanden haben, was gemeint ist. Aus heutiger Perspektive ist die indirekte Ausdrucksweise – was ist der „Dienst Christi mit uns"? – schwer zu entschlüsseln. Offensichtlich sah die Schwester in der Lebensgemeinschaft der weiblichen Diakonie in dieser spezifischen Ausprägung für sich keine Zukunft mehr. Vermutlich bedeutet der Hinweis auf die geforderte Variabilität, dass ihr die Lebensform der Diakonisse nicht flexibel genug auf berufliche Anforderungen reagieren konnte.

Damit befand sich die scheidende Diakonisse durchaus im Einklang mit zahl-reichen anderen, auch leitenden Persönlichkeiten innerhalb der Kirche und der weiblichen Diakonie. Im November 1964 fand in Ost-Berlin auf Einladung von Bischof Friedrich-Wilhelm Krummacher und Bischof Gottfried Noth ein Dialog mit Vertretern und Vertreterinnen der Kaiserswerther Mutterhausdiakonie statt, der den Satus quo weiblicher Diakonie zum Inhalt hatte.[59] Hier wurde über ver-altete Formen, die Notwendigkeit von Reformen, eine dauernde Überforderung der Diakonissen in ihren Arbeitsfeldern, über das mangelnde gesellschaftliche Ansehen, die generationellen Probleme des gegenseitigen Unverständnisses innerhalb der Diakonissenschaft sowie den ausbleibenden Nachwuchs disku-tiert. Als Gründe verzeichnet der Bericht über das Gespräch u. a., dass es weder ökonomisch noch sozial einen Vorteil bringe, Diakonisse zu werden, und dass das Lebensumfeld der Frauen materialistisch ausgerichtet sei. Zudem bestehe nach wie vor zwischen Kirche und weiblicher Diakonie ein hierarchisierender Abstand, auch die Kirche begegne den Mutterhäusern nicht auf Augenhöhe. All das machte die Diskutierenden, wie der Bericht nicht verschweigt, ratlos.[60]
Ein Jahr später zeigten sich die Mitglieder des Verwaltungsrates der ADA nicht minder ratlos. Die Diskutierenden stellten u. a. Folgendes fest:

> „In früherer Zeit ließen die Eltern ihre Tochter Diakonisse werden – patri-archalisches System. Die heutige Jugend wünscht keine ordnungsmäßige Bindung mehr und ist nur gewillt, Gehorsam nach eigener Entscheidung zu leisten. Eine Diakonisse dagegen bindet sich durch die Gemeinschaft, in die sie eintritt, und es werden Opfer von ihr verlangt. Die Nachwuchswer-bung für die Mutterhäuser muß weithin in die Gemeinde verlagert werden, um auch geistig wertvolle Menschen an diese Fragen hinzuführen."[61]

Hier wurde das Problem deutlich, dass die weibliche Diakonie auf einem norma-tiven Rollenmodell des 19. Jahrhunderts basierte, für das kein gesellschaftlicher Konsens mehr bestand, und dass auf der Grundlage dieses Rollenmodells Nach-wuchs nur noch sehr schwer zu gewinnen war. Gleichzeitig ist aber das Produkt dieses Modells, die Verpflichtung gegenüber anderen, die Verantwortung und Hingabe einer Diakonisse, offensichtlich etwas, das die Diskutierenden nach wie vor wichtig und richtig fanden und in der sie umgebenden Gesellschaft als zu wenig ausgeprägt erachteten. Weitere Wege müssten deshalb überlegt wer-den, schlossen sie, um den Erhalt der weiblichen Diakonie zu sichern. Von die-sen Überlegungen zeugen zahlreiche Dokumente auch in den Akten der ADA. Der Reflexionsprozess dauerte über zwanzig Jahre.

Oberin Brigitte Daase schreibt in einem Beitrag für einen Sammelband des Prä-sidiums der Kaiserswerther Generalkonferenz im Jahr 1984, dass das Arbeits-umfeld für Schwestern in der Regel nicht einfach sei, denn es sei „geprägt vom sozialen Engagement, vom Leistungsdenken und von medizinisch-technischer Schulung".[62] Hingegen hätten die Schwestern ein „Verständnis von der Würde des Menschen, der Hingabe im Dienst, dem seelsorgerischen Auftrag", und es bleibe nicht aus, dass sie damit sowohl mit sich selbst als auch den anderen in Konflikt geraten würden. Der eigene Alltag wirke auf die Schwestern deshalb oft „eng", obwohl der „Auftrag" ein sehr weiter sei. Diesen Gegensatz gelte es auszuhalten, das zu erkennen falle jedoch gerade jungen Schwestern häufig schwer. Umso erfreulicher sei es, dass doch ein paar wenige Neuzugänge zu verzeichnen seien.[63]

Oberin Daase sah, wie die Ausführungen zeigen, ein Hauptproblem in dem wachsenden Gegensatz von einerseits einer Professionalisierung von Kranken-pflege, der die Schwestern weder aufgrund des zeitlichen Aufwands noch vom Ethos her folgen könnten, andererseits in dem seelsorgerischen Auftrag der Schwestern. Dieser, so schreibt Daase, sei jedoch nach wie vor sehr gefragt, und die Kapazitäten der Schwestern würden bei weitem nicht reichen, um die Nach-frage nach geistlicher oder seelsorgerischer Hilfe zu erfüllen.[64]

Schluss

Das von Daase geschilderte Problem des Spagats der Diakonissen zwischen professioneller Krankenpflege und Seelsorge zeigt, dass die Leitlinien Arbeit und Religion im ausgehenden 20. Jahrhundert nur mehr schwer zusammen-zubringen waren; ganz anders als in dem Jahrhundert, aus der die Kombination stammte. Das war nicht allein in der DDR der Fall, sondern stellt vielmehr ein Hauptproblem weiblicher Diakonie seit dem Ende des Zweiten Weltkriegs dar. Susanne Kreutzer zufolge fanden grundlegende Transformationen der Mutter-hausdiakonie in den 1960er Jahren statt. Mit der Auflösung der „Stationsfami-lie" und der stärkeren Trennung von Arbeits- und Freizeit seien massive Verän-derungen für die Diakonissen einhergegangen, was diese auch als Entlastung wahrgenommen hätten.[65]

Nur in einem Schreiben einer Diakonisse über die Gründe ihres Austritts deuten sich diese generellen und grundsätzlichen Debatten über eine weitere erfolgrei-che weibliche Diakonie an. Ansonsten bleiben die Briefe und Lebensläufe weit-gehend frei von derartigen kritischen Überlegungen. Das ist, wie im Vorherigen ausgeführt, auch der Form der Texte geschuldet: Die Selbstzeugnisse sind für einen Adressaten oder auf ein Ereignis (den Eintritt in die Diakonissenschaft) hin geschrieben worden. Und doch scheint die weitgehende Abwesenheit von gesellschaftlichen oder politischen Themen nicht nur eine bloße Abwesenheit, eine Lücke oder ein Schweigen zu sein. Vielmehr zeugen die wenigen autobiografischen Hinterlassenschaften der Schwestern auch von einem gleichsam überzeitlichen persönlichen Ringen um die Sinnsuche im eigenen Lebensweg. Sie bieten damit einen kleinen Einblick in den – um Daases Formulierung zu verwenden – weiten Auftrag der Diakonisse.

Anmerkungen

1 HOBSWAWM, ERIC: Das Zeitalter der Extreme. Weltgeschichte des 20. Jahrhunderts, aus dem Engl. von Yvonne Badal, München 1998.

2 SMOLKIN, VICTORIA: A Sacred Space is never Empty. A History of Soviet Atheism, Princeton/Oxford 2018, S. 4.

3 FEIL, ERNST: Religion, in: Betz, Hans Dieter (Hg.): Religion in Geschichte und Gegenwart, 4. Aufl., Bd. 7, Tübingen 2004, Sp. 263–267, Sp. 265. Zu den Definitionsproblemen s. auch SPIRO, MELFORD E.: Religion: Problems of Definition and Explanation, in: Banton, Michael (Hg.): Anthropological Approaches to the Study of Religion. Edinburgh 1966, S. 85–126.

4 GREYERZ, KASPAR VON: Religion und Kultur. Europa 1500–1800, Göttingen 2000, S. 11 f.; zum Eurozentrismus des Religionsbegriffs vgl. AHN, GREGOR: Religion. I. Religionsgeschichtlich, in: Müller, Gerhard: Theologische Realenzyklopädie, Bd. 28, Berlin u. a. 1997, S. 513–522, hier: 513 f.

5 LUCKMANN, THOMAS: Einleitung zur deutschen Ausgabe, in: Malinowski, Bronislaw: Magie, Wissenschaft und Religion. Und andere Schriften, aus dem Engl. von Eva Krafft-Bassermann, Frankfurt am Main 1973, S. XI–XVI, hier S. XII.

6 SMOLKIN: Sacred Space (wie Anm. 2), S. 244.

7 GREYERZ: Religion und Kultur (wie Anm. 4), S. 18. Vgl. zur stabilisierenden Funktion von Religion zu persönlichen Krisenzeiten auch die Ausführungen des Theologen Thomas K. Kuhn.

KUHN, THOMAS K.: Religion und neuzeitliche Gesellschaft. Studien zum sozialen und diakonischen Handeln in Pietismus, Aufklärung und Erweckungsbewegung. Tübingen 2003, S. 3.

8 DAVIS, NATALIE ZEMON: Some Tasks and Themes in the Study of Popular Religion, in: Trinkaus, Charles (Hg.): The Pursuit of Holiness in Late Medieval and Renaissance Religion, Leiden 1974, S. 307–338, hier S. 312.

9 SCHMIDINGER, HEINRICH M.: Religiosität. I. Anthropologisches-philosophisch, in: Höfer, Joseph (Hg.): Lexikon für Theologie und Kirche, Bd. 8, Freiburg/Br. 1963, Sp. 1087. Seit den ausgehenden 1780er Jahren kam das Wort „Religiosität" im deutschsprachigen Raum in vermehrten Gebrauch und wurde im Protestantismus semantisch bald nicht mehr von der „Frömmigkeit" unterschieden. HÖLSCHER, LUCIAN: Geschichte der protestantischen Frömmigkeit in Deutschland, München 2005, S. 136.

10 Auch diese Begriffe gilt es letztlich zu erläutern, vgl. hierzu z. B. die Untersuchung von „Glauben" als Begriff für die Frühe Neuzeit, in der u. a. dargelegt wird, dass Glaube als Vertrauen zu deuten sei. ENGELS, JENS IVO/THIESSEN, HILLARD VON: Glauben. Begriffliche Annäherungen anhand von Beispielen aus der Frühen Neuzeit, in: Zeitschrift für Historische Forschung 28:3 (2001), S. 333–357.

11 WELTER, BARBARA: The Feminization of American Religion: 1800–1860, in: Hartman, Mary S. (Hg.): Clio's Consciousness Raised. New

perspectives on the history of women, New York 1976, S. 137–157.

12 Über die Feminisierung der Religion ist viel geschrieben worden in den letzten vierzig Jahren, worauf hier nicht eingegangen werden kann. Hingewiesen sei auf den Forschungsüberblick, der sich allerdings vor allem auf den Katholizismus bezieht, bei SCHNEIDER, BERNHARD: Feminisierung und (Re-)Maskulinisierung der Religion im 19. Jahrhundert. Tendenzen der Forschung aus der Perspektive des Katholizismus, in: Sohn-Kronthaler, Michaela (Hg.): Feminisierung oder (Re-)Maskulinisierung der Religion im 19. und 20. Jahrhundert? Forschungsbeiträge aus Christentum, Judentum und Islam, Wien/Köln/Weimar 2016, S. 11–41; des Weiteren auf GÖTZ VON OLENHUSEN, IRMTRAUD: Die Feminisierung von Religion und Kirche im 19. und 20. Jahrhundert. Forschungsstand und Forschungsperspektiven, in: dies. (Hg.): Frauen unter dem Patriarchat der Kirchen. Katholikinnen und Protestantinnen im 19. und 20. Jahrhundert, Stuttgart/Berlin/Köln 1995, S. 9–21; MCLEOD, HUGH: Weibliche Frömmigkeit – männlicher Unglaube? Religion und Kirchen im bürgerlichen 19. Jahrhundert, in: Frevert, Ute (Hg.): Bürgerinnen und Bürger. Geschlechterverhältnisse im 19. Jahrhundert, Göttingen 1988, S. 134–156; HABERMAS, REBEKKA: Weibliche Religiosität – oder: Von der Fragilität bürgerlicher Identitäten, in: Tenfelde, Klaus/Wehler, Hans Ulrich (Hg.): Wege zur Geschichte des Bürgertums, Göttingen 1994, S. 125–148.

13 Brief an den Bruder Gerhard aus Hermsdorf, 08.01.1833, in: WERNER, JOHANNES (Hg.): Wilhelm von Kügelgen. Zwischen Jugend und Reife des Alten Mannes, 1820–1840. Aus Briefen, Tagebüchern und Gedichten gestaltet und mit reichen, zumeist noch nicht veröffentlichtem Bildschmuck, Leipzig 1925, S. 257–259, Zitat S. 258.

14 Vgl. HABERMAS, REBEKKA: Frauen und Männer des Bürgertums. Eine Familiengeschichte (1750–1850), Göttingen 2000, S. 220. Habermas zählt hier exemplarisch v. a. die Vereine auf, die sich in Nürnberg gründeten; zu Vereinen als „geistigen Wurzeln des Diakonissenhauses" vgl. auch RENGER-BERKA, PEGGY: Weibliche Diako-

nie im Königreich Sachsen. Das Dresdner Diakonissenhaus 1844-1881, Leipzig 2014, S. 63–81, Zitat S. 63.

15 GAUSE, UTE: Friederike Fliedner und die „Feminisierung des Religiösen" im 19. Jahrhundert, in: Martin Friedrich u. a. (Hg.): Sozialer Protestantismus im Vormärz, Münster u. a. 2001, S. 123–131, Zitat S. 126. Gause meint mit dem Begriff „eine persönlich angeeignete, individuelle Frömmigkeit, nicht eine gesamtgesellschaftlich vermittelte oder im weitesten Sinne rein funktionale oder volkskirchliche Frömmigkeit". Ebd., S. 126 f. Die Trennung zwischen Persönlichem und Gesellschaftlichem erscheint sehr strikt, weshalb sie hier nur genannt, aber nicht übernommen werden soll.

16 Zur Tracht und ihrer Bedeutung vgl. SCHEEPERS, RAJAH: „Ich bin genau der gleiche Mensch, ob ich Tracht oder zivil trage." Zum gewandelten Selbst- und Fremdverständnis der Diakonissen im Spiegel der sich verändernden Diakonissentracht und ihrer Bedeutung, in: Kaiser, Jochen-Christoph/dies. (Hg.): Dienerinnen des Herrn. Beiträge zur Weiblichen Diakonie im 19. und 20. Jahrhundert, Leipzig 2010, 212–230, bes. S. 215 f.; zum Familienmodell siehe u. a. KÖSER, SILKE: „Denn eine Diakonisse darf = kann kein Alltagsmensch sein". Zur Konstruktion kollektiver Identitäten in der Kaiserswerther Diakonie, in: Friedrich, Martin u. a. (Hg.): Sozialer Protestantismus im Vormärz, Münster 2001, S. 109–121.

17 SCHEEPERS: Ich bin genau der gleiche Mensch (wie Anm. 16), S. 216; DIES.: Transformationen des Sozialen Protestantismus. Umbrüche in den Diakonissenmutterhäusern des Kaiserswerther Verbandes nach 1945, Stuttgart 2015, S. 56, Anm. 87.

18 Pastor Fiedler in Roßlau berichtet über seine Teilnahme am Informationskursus für Innere Mission zu Magdeburg-Neinstedt vom 4. bis 13. Oktober 1892, in: AELKA, B 4 (Anhaltisches Konsistorium), M 12, Nr. 2, Bd. III.

19 Verwaltungsbericht erstattet am 17. Mai 1911, in: ArchADA, Nr. 125.

20 BLANCKMEISTER, FRANZ: Vierhundert Jahre sächsisches Pfarrhaus, Berlin 1929, S. 46.

21 Ebd., S. 47 f. Siehe zur Analyse des Bildes, das er hier entwirft, HABERMAS, REBEKKA: Bürgerliche Kleinfamilie – Liebesheirat, in: Dülmen, Richard van (Hg.): Entdeckung des Ich. Die Geschichte der Individualisierung vom Mittelalter bis zur Gegenwart, Köln/Weimar/Wien 2001, S. 287–309, hier S. 298.

22 BEUYS, BARBARA: Die Pfarrfrau: Kopie oder Original?, in: Greifenhagen, Martin (Hg.): Das evangelische Pfarrhaus. Eine Kultur- und Sozialgeschichte, Stuttgart 1984, S. 47–61; WUNDER, HEIDE: „Er ist die Sonn', sie ist der Mond". Frauen in der Frühen Neuzeit, München 1992, S. 65–76. Wolfgang Steck bezeichnet das Pfarrhaus ob dieser Vorbildfunktion als „Glashaus". STECK, WOLFGANG: Im Glashaus: Die Pfarrfamilie als Sinnbild christlichen und bürgerlichen Lebens, in: Greiffenhagen, Martin (Hg.): Das evangelische Pfarrhaus. Eine Kultur- und Sozialgeschichte, Stuttgart 1984, S. 109–125.

23 WALTHER, RUDOLF: Arbeit – Ein begriffsgeschichtlicher Überblick von Aristoteles bis Ricardo, in: König, Helmut/Greiff, Bodo von/Schauer, Helmut (Hg.): Sozialphilosophie der industriellen Arbeit, Opladen 1990, S. 3–25, hier S. 14.

24 CONZE, WERNER: Beruf, in: Brunner, Otto/ders./Koselleck, Reinhard (Hg.): Geschichtliche Grundbegriffe. Historisches Lexikon zur politische-sozialen Sprache in Deutschland, Bd. 1, Stuttgart 1972, S. 490–507, hier S. 501.

25 WALTHER, RUDOLF: Arbeit – Ein begriffsgeschichtlicher Überblick von Aristoteles bis Ricardo, in: König/Greiff/Schauer (Hg.): Sozialphilosophie (wie Anm. 23), S. 3–25, hier S. 4.

26 Ebd., bes. S. 4 f., 22–25. Zum historischen Bedeutungswandel von Arbeit siehe auch die Beiträge in KOCKA, JÜRGEN/OFFE, CLAUS (Hg.): Geschichte und Zukunft der Arbeit, Frankfurt am Main/New York 2000. Zur Frühen Neuzeit siehe v.a. WUNDER: Er ist die Sonn' (wie Anm. 22), S. 90–117. Zur Aufklärung und dem Wandel bis zur Leistungsgesellschaft siehe CONZE, WERNER: Arbeit, in: Brunner/Conze/Koselleck (Hg.): Geschichtliche Grundbegriffe (wie Anm. 24), S. 154–215, S. 172–187. Zum Leistungsdenken im Bürgertum siehe z. B. MAURER, MICHAEL: Die Biographie des Bürgers. Lebensformen und Denkweisen in der formativen Phase des deutschen Bürgertums (1680–1815), Göttingen 1988, S. 134–156, bes. S. 378–435;

SCHULZ, ANDREAS: Vormundschaft und Protektion. Eliten und Bürger in Bremen 1750–1880, München 2002; TREPP, ANN-CHARLOTT: Sanfte Männlichkeit und selbstständige Weiblichkeit. Frauen und Männer im Hamburger Bürgertum zwischen 1770 und 1840, Göttingen 1996. Martina Kessel analysiert, wie „verschmolzen" die „Sehnsucht nach erfüllender Arbeit und der Zwang zur Leistung waren". KESSEL, MARTINA: Das Trauma der Affektkontrolle. Zur Sehnsucht nach Gefühlen im 19. Jahrhundert, in: Benthien, Claudia/Fleig, Anne/Kasten, Ingrid (Hg.): Emotionalität. Zur Geschichte der Gefühle, Köln/Weimar/Wien 2000, S. 156–177, hier S. 162.

27 KOCKA, JÜRGEN/OFFE, CLAUS: Einleitung, in: dies. (Hg.): Geschichte und Zukunft (wie Anm. 26), S. 9–15, hier S. 9 f.

28 Mit der ersten Konferenz von Frauen für die Rechte von Frauen in der deutschen Geschichte im Jahr 1865 in Leipzig und dem in diesem Zusammenhang gegründeten „Allgemeinen Deutschen Frauenverein" begann die erste deutsche Frauenbewegung. NAVE-HERZ, ROSEMARIE: Die Geschichte der Frauenbewegung in Deutschland, 5. Aufl., Bonn 1997.

29 Der „Stundenzettel für Fanny Marcus" (ihr Geburtsname) findet sich in der Autobiografie LEWALD, FANNY: Meine Lebensgeschichte, Bd. 1: Im Vaterhause, 2. Teil, Berlin 1861, S. 8. Er ist auch abgedruckt in SCHNEIDER, GABRIELE: Fanny Lewald, Reinbek bei Hamburg 1996, S. 21. Freilich muss man unterscheiden erstens zwischen Praktiken und Normen und zweitens zwischen dem, was Frauen taten, und dem, was sie zum Ausdruck brachten. Wie anstrengend und ausgefüllt ein bürgerlicher Frauenalltag sein konnte, zeigt HABERMAS: Frauen und Männer (wie Anm. 14).

30 Vgl. zu den unterschiedlichen Zeitkonzeptionen für Männer und Frauen im 19. Jahrhundert KESSEL, MARTINA: Langeweile. Zum Umgang mit Zeit und Gefühlen in Deutschland vom späten 18. bis zum frühen 20. Jahrhundert, Göttingen 2001.

31 BORRMANN, [AUGUST]: Die anhaltische Diakonissenanstalt in Dessau, in: Die Diakonisse. Zeitschrift für weibliche Diakonie 9:4 (1934), S. 112–118, hier S. 114.

32 ArchADA, Büro der Oberin, Ordner Verstorbene Schwestern, darin: Frieda Lehmann 1895–1973 und Emmi Osterland 1901–73.

33 ArchADA, Büro der Oberin, Ordner Verstorbene Schwestern, darin: Lisbeth Görgens 1918–1991.

34 Brief vom 25.2.1930, in: ArchADA, Büro der Oberin, Ordner verstorbene Schwestern, darin: Agnes Schmidt 1899–1968. Alle nachfolgenden Zitate beziehen sich auf diesen sechsseitigen Brief.

35 ArchADA, Büro der Oberin, Ordner Verstorbene Schwestern, darin: Margarethe Otto, 1911–1989. Was mit „Randbemerkung meinerseits" gemeint ist, lässt sich leider nicht mehr klären.

36 Unter den vielen Forschungen zur Textgattung der Selbstzeugnisse s. z. B. BRÄNDLE, FABIEN u. a.: Texte zwischen Erfahrung und Diskurs. Probleme der Selbstzeugnisforschung, in: Greyerz, Kaspar von/Medick, Hans/Veit, Patrice (Hg.), Von der dargestellten Person zum erinnerten Ich. Europäische Selbstzeugnisse als historische Quellen (1500–1850), Köln/Weimar/Wien 2001, S. 3–31.

37 SCHEEPERS: Transformationen (wie Anm. 17), S. 15, 20.

38 Ebd., S. 42.

39 Ebd., S. 41; FRIEDRICH, NORBERT: Wandel und Kontinuität der Mutterhausdiakonie, in: Sarx, Tobias/Scheepers, Rajah/Stahl, Michael (Hg.): Protestantismus und Gesellschaft. Beiträge zur Geschichte von Kirche und Diakonie im 19. und 20. Jahrhundert. Jochen-Christoph Kaiser zum 65. Geburtstag, Stuttgart 2013, S. 81–92, hier S. 83.

40 Vgl. das Interview von Dorothea Kinast im vorliegenden Band.

41 ArchADA, Büro der Oberin, Ordner Verstorbene Schwestern, darin: Inge Lawrenz 1933–1986.

42 Lebenslauf vom 9.11.1933, in: ArchADA, Büro der Oberin, Ordner Verstorbene Schwestern, darin: Anni Eisenrath 1900–1988.

43 Vgl. SCHEEPERS: Ich bin genau der gleiche Mensch (wie Anm. 16).

44 Margarethe Otto: Warum ich noch Diakonisse bin (wie Anm. 35).

45 Siehe das Interview von Dorothea Kinast im vorliegenden Band.

46 ArchADA, Büro der Oberin, Ordner Verstorbene Schwestern.

47 KOSELLECK, REINHARD: „Erfahrungsraum und „Erwartungshorizont" – zwei historische Kategorien, in: ders.: Vergangene Zukunft. Zur Semantik geschichtlicher Zeichen, Frankfurt am Main 1995, S. 349–375.

48 ArchADA, Büro der Oberin, Ordner Verstorbene Schwestern.

49 Ebd., darin: Margarete Otto.

50 ArchADA, Nr. 100, darin: Protokoll der Sitzung des Verwaltungsrats am 2.4.1975; ferner vgl. ArchADA, Büro der Oberin, Ordner Verstorbene Schwestern, darin: Beschluss des Schwesternrates vom 24.4.1975.

51 ArchADA, Büro der Oberin, Ordner Verstorbene Schwestern.

52 DIETRICH, GERD: Kulturgeschichte der DDR, Band 1: Kultur in der Übergangsgesellschaft 1945–1957, Göttingen 2018, S. 336.

53 ALBRECHT-BIRKNER, VERONIKA: Freiheit in Grenzen. Protestantismus in der DDR, Leipzig 2018, S. 16–19.

54 Ebd., S. 19. Sie bezieht sich dabei auf die Arbeiten des Religionssoziologen Detlef Pollack.

55 DIETRICH: Kulturgeschichte der DDR (wie Anm. 52), S. 339–342; ALBRECHT-BIRKNER: Freiheit in Grenzen (wie Anm. 53), S. 26–33.

56 FRIEDRICH: Wandel und Kontinuität (wie Anm. 39), S. 81.

57 Vgl. z. B. eine Schwester, Jahrgang 1913, die 1935 „weggelaufen" war, oder eine Schwester, die 1934 „wegen Kränklichkeit gegangen" war, oder eine Schwester, die im August 1970 mit 25 Jahren aus der Schwesternschaft ausschied, eine Schwester, Jahrgang 1939, schied 1962 wieder aus. Pfarrer August Borrmann schreibt 1934 in der Zeitschrift „Die Diakonisse", dass viele Frauen die ADA vor 1924 verlassen hätten. So seien sogar einmal gleich vier zum Monatsanfang ausgetreten. Borrmann begründet dies jedoch nicht näher. BORRMANN: Diakonissenanstalt (wie Anm. 31), S. 116.

58 ArchADA, Büro der Oberin, Karteikasten mit Personaldaten der Schwestern.

59 Gesprächs-Bericht, Weibliche Diakonie. Abschrift, in: AELKA, B 6, D 27, Nr. 5, Bd. V.

60 Ebd.

61 Besprechung „Frauendiakonie in der Kir-

che", 24.11.1965, in: AELKA, B6, D27, Nr. 5, Bd. V.

62 DAASE, BRIGITTE: Ein Blick in das schwesternschaftliche Leben in der DDR, in: Präsidium der Kaiserswerther Generalkonferenz (Hg.): Übergänge. Mutterhausdiakonie auf dem Wege, Bonn 1984, S. 213–219, Zitat S. 213 f.

63 Ebd., S. 214.

64 Ebd.

65 KREUTZER, SUSANNE: Fragmentierung der Pflege. Umbrüche pflegerischen Handelns in den 1960er Jahren, in: dies. (Hg.): Transformationen pflegerischen Handelns. Institutionelle Kontexte und soziale Praxis vom 19. bis ins 21. Jahrhundert, Osnabrück 2010, S. 109–130.

Jan Brademann

Ein Haus – drei Zeiten: Mutterhausdiakonie in Anhalt zwischen 1894 und 1945

Die Diakonie entstand im 19. Jahrhundert in Reaktion auf die zunehmende Unwahrscheinlichkeit von Hilfe in der modernen Gesellschaft. Sie verdankt sich nicht nur der christlichen Vorstellung des Dienstes *(diakonia)* am Nächsten als Ausdruck von Nächstenliebe *(caritas)*, sondern ebenso dem Willen von Menschen, diesen Dienst nicht der Motivation einzelner Personen oder Gruppen zu überlassen, sondern ihn zu organisieren. Zweck der Organisation von Diakonie war immer auch die Mission. Mittels des Dienstes an Schwachen und Kranken sollten Menschen für den Glauben gewonnen werden.[1]

Diese allgemeine Feststellung darf ohne weiteres auf die ADA bezogen werden, die sich von Beginn an als Organisation der Diakonie, genauer gesagt der Mutterhausdiakonie, definierte. Sie ist aber auch einer Historisierung zu unterziehen, denn die ADA, wie sie sich heute organisatorisch darstellt, ist ja das Ergebnis vielfältiger Wandlungsprozesse. Die augenfälligste Veränderung ist die Tatsache, dass die einst wichtigsten Trägerinnen diakonischer Arbeit, die Diakonissen, für den Zweck der Organisation heute kaum noch eine Rolle spielen. Sie sind nur noch wenige und längst in ihrem wohlverdienten Ruhestand. Weniger bekannt ist, dass auch die örtliche Konzentration der ADA auf den „Diakonissen-Campus" mit dem Krankenhaus – in der öffentlichen Wahrnehmung werden ADA und Diakonissenkrankenhaus häufig in eins gesetzt – erst das Ergebnis grundlegender historischer Veränderungen ist. Schließlich darf auch die gängige Identifikation der ADA mit der Evangelischen Kirche nicht darüber hinwegtäuschen, dass Diakonie und Kirche auch in Anhalt sowohl in organisatorischer als auch in theologischer Hinsicht „zwei unterschiedliche Bezugsgrößen innerhalb des Protestantismus" waren (und sind).[2]

Anstatt nun beides, den Verlust diakonischer Handlungsfelder und -orte und das (faktische oder zumindest wahrgenommene) Zusammenrücken von Diakonie und Kirche, einfach mit der Säkularisierung und den ihr anverwandten Prozessen zu erklären, soll im Folgenden nach den konkreten Kontexten gefragt werden, in denen sich das Verhältnis zwischen dem Mutterhaus, dem Staat und der Kirche entfaltete und wandelte. Die ADA wirkte mit ihren Zielen, der Wohlfahrtspflege und der Mission, nicht nur weit in die Gesellschaft hinein, sondern bewegte sich auf Feldern, die ebendiese Kirche und ebendieser Staat für sich beanspruchten. Während die Kirche das Engagement der Diakonie und die damit verbundene Pluralisierung des religiösen Feldes von Anfang an kritisch beäugte, rückte der Sozialstaat erst in Reaktion auf die Entstehung freier Wohlfahrtspflege in eine vergleichbare Position auf. In der Folge entwickelte sich das duale System der Wohlfahrtspflege, das bis heute besteht. Insofern sich der regionale Bezugsrahmen der ADA mit dem des Staates – das Herzogtum Anhalt bestand bis 1919, der Freistaat bis 1945 – und dem der Evangelischen Landeskirche – sie wurde 1919 selbständig und besteht bis heute – deckte, verfolgt diese Untersuchung auch ein spezifisch landesgeschichtliches Interesse, wenn sie danach fragt, wie das diakonische Handeln der ADA im wechselseitigen Einwirken von Diakonie, Staat und Kirche in unterschiedlichen politischen Systemen organisiert wurde.

Vorgeschichte

Innere Mission und Kaiserswerther Mutterhausdiakonie

Der Handlungsdruck, der sich seit der Frühindustrialisierung aus der Verschlechterung der sozialen Situation weiter Bevölkerungsteile ergab, verquickte sich seit den 1820er Jahren mit dem Interesse des Wirtschafts- und Bildungsbürgertums nach autonomen Formen politischer Einflussnahme. Eine sich hieraus entfaltende protestantische Vereinsbewegung sah die Wiederherstellung einer religiösen Gesellschaft als entscheidendes Mittel zur Bekämpfung sozialer Missstände. Für die Institutionalisierung dieser häufig an neupietistische Vergemeinschaftungsformen anknüpfenden Bewegung gelten die Impulse des Jahres 1848 als entscheidend. Auf dem Wittenberger Kirchentag wurde mit dem „Central-Ausschuss für Innere Mission" ein Koordinierungsgremium für die bereits entstandenen Initiativen gegründet; infolge des Aufrufs des Hauptinitiators Johann Hinrich Wichern gründeten sich zahlreiche Vereine, die den Begriff „Innere Mission" im Namen führten. Dabei einte die Vereinsgründer – in Abgrenzung zu den liberalen und demokratischen Verfechtern der Revolution – ein sozialkonservatives Interesse. Zugleich entwickelten sie ihre Initiativen auch in deutlicher Distanz zum landesherrlichen Kirchenregiment.[3]
Zur Inneren Mission zählten auch die Diakonissenmutterhäuser. Ihr „Prototyp" war 1836 in Kaiserswerth bei Düsseldorf gegründet worden und entwickelte sich zum geistigen und organisatorischen Zentrum der Mutterhausdiakonie

(die Kaiserswerther Generalkonferenz wurde 1861 gegründet). Im Vordergrund stand hier die als spezifisch weiblich bestimmte Form der Diakonie in Gestalt der Krankenpflege. Für den Erfolg der Mutterhausdiakonie war von zentraler Bedeutung, dass qualifizierte weibliche Arbeitskräfte zur Kinder- und Krankenpflege unabdingbar waren und dass hier unverheiratete oder verwitwete evangelische bürgerliche Frauen sich qualifizieren und einer Arbeit nachgehen konnten. Diese quasi emanzipatorische Wirkung war freilich konservativ eingehegt, mussten die Frauen doch bereit sein, den Rest ihres Lebens zölibatär zu leben, auf individuelle Entlohnung und Rente zu verzichten und sich dem Regiment des männlichen Hausvorstandes, nicht zuletzt bezüglich ihres Arbeitsortes und -feldes, gehorsam unterzuordnen.[4]

Die dermaßen strukturierten Diakonissenmutterhäuser, die eigene Krankenhäuser führten oder Diakonissen über Gestellungsverträge dorthin und in Gemeinden entsandten, waren längst zu *dem* Erfolgsmodell der Wohlfahrtspflege geworden, als man in Anhalt 1892 begann, über die Gründung eines Mutterhauses nachzudenken. Im Vergleich zur Jahrhundertmitte hatten sich aber die kulturellen wie politischen Bedingungen für die Mutterhausdiakonie gewandelt: So war sie angesichts der Freiheitsbeschränkungen für die Diakonissen seitens der Frauenbewegung zunehmend in die Kritik gekommen; die Eintrittszahlen konnten mit dem Bedarf an Pflegepersonal nicht mithalten. Ausgerechnet das Jahr 1894 – in dem auch die ADA ins Leben gerufen wurde – markierte hier einen Wendepunkt, als mit der Gründung des Evangelischen Diakonievereins in Berlin erstmals die Interessen der Frauenbewegung und die Diakonie eine Verbindung eingingen und damit zugleich einen Schub an Professionalisierung auslösten: Hier wurde eine Schwesternschaft begründet, die Frauen ähnliche Möglichkeiten der Entfaltung durch Arbeit bot, aber auf eine lebenslange Bindung an eine Kommunität (inklusive der finanziellen Restriktionen und dem Gehorsam gegenüber der männlichen Leitung) verzichtete.[5] Außerdem hatte sich seit Mitte der 1880er Jahre das Verhältnis von Diakonie und Staatskirche gewandelt: Hatten sich führende Vertreter der Inneren Mission zunächst strikt gegen Interventionen des Staates im ökonomischen Feld gewehrt, so öffnete man sich nun diesem Gedanken gegenüber und sah Diakonie und Kirche in Bezug auf die soziale Frage gemeinsam in der Pflicht. Dies erfolgte auch zur Abwehr sozialdemokratischer Bestrebungen, bei denen Forderungen nach sozialer Befriedung immer auch jene nach politischer Partizipation einschlossen und insofern die monarchische und bürgerliche Ordnung bedrohten.[6]

Die „Anhaltische Diakonissensache" bis zur Gründung der ADA

Ein sozialkonservatives Interesse nahm auch in den anhaltischen Herzog-
tümern Einfluss auf die Entwicklung der Wohlfahrtspflege. Wenngleich diese
aus „wilder Wurzel" erwuchs, so wurden auffällig viele der frühen, als Stiftungen organisierten Einrichtungen der Waisen- und „Verwahrlosten"-Pflege
– wie das Friederikenhaus in Bernburg (1842) und in Ballenstedt (1853), das
Heinrichshaus in Großpaschleben (1853), die Kinderkrippe in Dessau (1880) –
sowie der Frauenfürsorge – wie das Elisabethhaus in Dessau (1888) – von weiblichen Mitgliedern des Herzogshauses gegründet. Die politische Kultur in dem
mitteldeutschen Kleinstaat gilt für das Kaiserreich als besonders kompromiss-
orientiert; die Arbeiterbewegung erhielt in diesem Kontext ein reformistisches
Gepräge, das Voraussetzung war für das spätere Zusammengehen von Libera-
lismus und Sozialdemokratie. Von wesentlicher Bedeutung dafür war in den
beiden Jahrzehnten um 1900 das Engagement des „Vereins der anhaltischen
Arbeitgeber", der 1887 ins Leben gerufen worden war und mit einem breiten
sozialen Engagement auf ganz Anhalt zielte. Er gründete 1890 in Dessau einen
„Verein der Anhaltischen Arbeitgeber für freiwillige Kranken- und Wohnungspflege".[7]

Seit ihrer dritten Tagung 1886 behandelte auch die Landessynode die Entwicklungen im Bereich der Diakonie; aus den Kirchenkreisen berichteten eigens
dafür benannte Vertreter über die Aktivitäten auf diesem Feld. Zwar sah man seitens der Synode auch noch 1892 auf dem Gebiet der Armenpflege erheblichen
Aufholbedarf bei den Gemeinden, die sich erst in jüngerer Zeit wieder ihrer
„eigentümliche[n] Bedeutung und Aufgabe" entsinnen würden.[8] Zumindest in
den Residenzstädten war aber schon seit den frühen 1870er Jahren (in Zerbst
seit 1883) die Gemeindediakonie institutionalisiert worden. Zumeist gingen die
Anfänge der Gemeindestationen auf Frauenvereine zurück. Diese wurden zwar
häufig von Pfarrern geleitet, waren aber rechtlich selbständig. Die Gemeinden
kooperierten für armen- und krankenpflegerische Zwecke mit ihnen wie auch
mit größeren, dafür spezialisierten Anstalten (in Bernburg z. B. dem Siechen-
haus der Pfau'schen Stiftung). Als das eigentliche Pflegepersonal der Gemeindediakonie aber treten uns schon zu diesem Zeitpunkt Diakonissen entgegen.[9]
Auf lokale Initiativen hin wurden sie von „ausländischen" Mutterhäusern, vornehmlich aus Halle und Magdeburg, entsandt; die ans jeweilige Mutterhaus ab-
zuführenden Kosten trugen die Gemeinden in Kooperation mit den genannten
Vereinen und Stiftungen, auch städtische Zuschüsse kamen vielfach hinzu. In
Dessau wurde 1889 über die Aktien-Zuckerraffinerie, den größten Arbeitgeber
der Stadt, die Anstellung einer dritten und schließlich 1891 über den Verein für

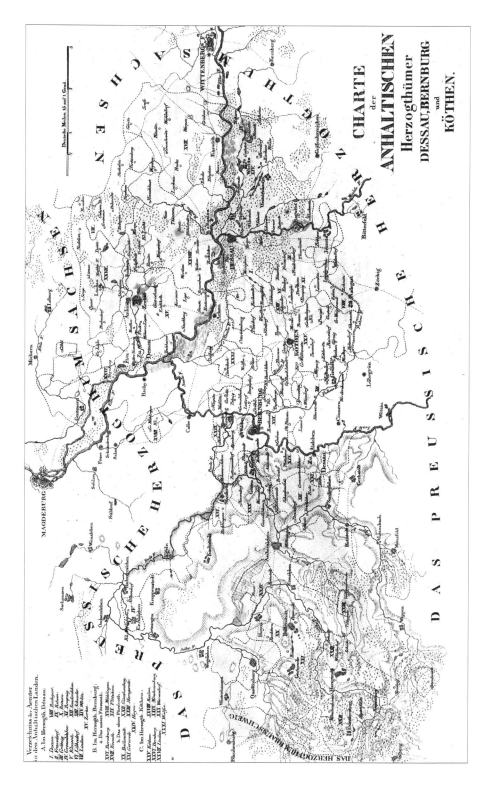

freiwillige Kranken- und Wohnungspflege die Entsendung einer vierten Diakonisse in das Gebiet der prosperierenden und schnell wachsenden Stadt ermöglicht.[10] Und auch über die Gemeindediakonie hinaus bestimmten die Diakonissen bereits vor 1894 das Bild der Wohlfahrtspflege im Herzogtum, wenn sie
außerdem sowohl in den Kreiskrankenhäusern und im Bernburger Johanniskrankenhaus sowie in der Dessauer Kinderkrippe Dienst taten und diakonische
Einrichtungen wie die Kinderverwahranstalt in Hoym, das Magdalenenasyl (für
aus der Haft entlassene Mädchen) oder das Pfau'sche Stift in Bernburg leiteten.[11]
In der Landessiechenanstalt in Hoym taten seit 1865 Diakonissen aus Neuendettelsau, seit 1870 aus dem Oberlinhaus in Potsdam ihren Dienst.[12]
In dem Maße, wie die Innere Mission sich ausbreitete und die Bevölkerung der
größeren Städte wuchs, stieg der Bedarf an Diakonissen weiter an. Er konnte aber kaum noch von außeranhaltischen Mutterhäusern gedeckt werden.[13]
Der 1877 gegründete Landesverein für Innere
Mission hatte sich zum Ziel gesetzt, die diakonischen Aktivitäten im Land zu bündeln und zu
koordinieren. Die Betonung im Statusbericht der
Synode von 1892, dies geschehe, „ohne die freie
Bewegung der einzelnen [Vereine] im Geringsten
zu beschränken",[14] trat Befürchtungen bezüglich
eines entsprechenden staatskirchlichen Dirigis-
mus entgegen. Die besondere Nähe des Vereins
zur Landeskirche war freilich nicht zu leugnen.
Die fünf Diözesanvertreter als seine „Agenten"
in den Kirchenkreisen waren Pastoren; der Vorstand wurde zwar gewählt, aber de facto vom
Konsistorium dominiert. Seit 1890 war Oberhofprediger und Generalsuperintendent Ernst
Teichmüller, 1889 bis 1901 Vorsitzender des Konsistoriums, zugleich Vereinsvorsitzender. Als auf

*Generalsuperintendent Ernst
Teichmüller (1826–1908),
um 1890*

der Landeskonferenz für Innere Mission in Köthen im August 1892 zum ersten
Mal öffentlich über die Schaffung eines Diakonissenhauses debattiert wurde,[15]
wurde schnell deutlich, dass es um eine Gründung für ganz Anhalt ging und
dass diese im Rahmen der Landeskirche erfolgen sollte, wie der aus Berlin ein-
geladene Pfarrer Carl Schlegel, Gründer und Vorsteher des Paul-Gerhardt-Stifts,
nachdrücklich ausführte und anschließend von Teichmüller bekräftigt wurde.[16]

◄ *Karte der anhaltischen Herzogtümer 1818*

Nun könnte man vermuten, dass die hier deutliche Verschränkung des zu gründenden Mutterhauses, des Landesvereins für Innere Mission und des Kirchenregiments vor allem einem konsistorialen Machtanspruch folgte. Mehrfach wird in diesem Kontext auch die Konkurrenz der katholischen Grauen Schwestern angedeutet, die in Dessau bereits seit den frühen 1880er Jahren als Pflegerinnen tätig gewesen waren. Ihre Präsenz wurde nun als Ansporn für Protestanten aufgenommen. Diese Stoßrichtung der Initiative entsprach einem konfessionalistisch-staatskirchlichen Reflex, der für den Wettbewerb auf dem Gebiet der Wohlfahrtspflege der Zeit typisch war, weil man dasselbe als „Feld der Identitätsstiftung durch Abgrenzung" erkannt hatte.[17]

Angesichts der nur geringen Zahl von Katholiken im Land stand eine direkte interkonfessionelle Abgrenzung gewiss nicht im Vordergrund der Bemühungen, doch wurde die Diakonie nicht zuletzt als Mittel gegen die nachlassende Bindung der Gesellschaft an die Kirche verstanden. Selbst ein politisch liberaler Theologe wie Ewald Stier, Diakon an der Dessauer Marienkirche, forderte 1895 die „Verkirchlichung der Inneren Mission" für Anhalt. Er sah, dass die Kirche nur dann eine Chance zur Durchsetzung ihrer Anliegen hätte, wenn sie sich – und hier wagte Stier gar, die SPD (!) als Vorbild heranzuziehen – als ein „sozialer Organismus" ausgestalten würde, indem Wort und Tat, Predigt und Liebestätigkeit in ihren Gemeinden eine „organische Verbindung" eingehen würden.[18] Der Landeskirche käme – und hier war Herrnhut das leuchtende Vorbild – dabei die Aufgabe zu, den Gemeinden „wie die berufsmäßigen Verkündiger des Gotteswortes, so auch die berufsmäßigen Organe der Liebesübung, Diakonen und Diakonissen, darzureichen".[19] Gewiss werde für das „Hereinwachsen der Diakonie in die Verfassung der Kirche" ein längerer Prozess nötig sein; doch gerade in einer kleinen Landeskirche seien die entsprechenden Impulse leichter zu setzen. Die Gründung der ADA des Jahres zuvor sei daher der erste große Schritt in die richtige Richtung gewesen. Er komme zugleich auch einer Institution wie dem Mutterhaus zugute, da ihr die Kirche in einer zunehmend kritischen Öffentlichkeit größeren Rückhalt geben könne als ein entsprechend ungebundener Vorstand.[20] Die vom Herzogshaus angeregte Gründung eines Mutterhauses diente also der „Entwicklung der *anhaltischen* Diakonissensache", wie sich der Diözesanvertreter der Inneren Mission für den Kirchenkreis Dessau, Pfarrer Robert Loose, in seinem turnusmäßigen Bericht an das Konsistorium 1895 ausdrückte.[21] Somit erscheint die im planerischen und finanziellen Zusammenspiel von Herzogshaus, Konsistorium, Landesverein, bürgerlichen Honoratioren sowie Landes- und Kreisadministrationen zustande gekommene Gründung der „Anhaltischen Diakonissenanstalt (Diakonissen-Mutterhaus)"

– so der offizielle Namen in den Statuten – 1894[22] als eine staatskirchliche Steu-
erungs- und Entwicklungsmaßnahme, die die positiven Effekte der Diakonie
auch für die Kirche nutzen wollte.

Von der Gründung bis zum Ende des Kaiserreichs

Noch mitten in den Gründungsverhandlungen war am 1. April 1893 durch die
Gründungskommission unter Vorsitz des Generalsuperintendenten die erste
Gemeindeschwester nach Roßlau entsandt worden;[23] zum gleichen Zeitpunkt
wurde der Diözesanvertreter Loose, seither Mitglied im Gründungsausschuss,
vom Konsistorium zum Seelsorger am Dessauer Kreiskrankenhaus berufen, bevor er am 13. Juli 1894 zum Vorsteher der ADA ernannt wurde. Das neugebaute
Pfarrhaus konnte Loose bereits vor Fertigstellung des Mutterhauses beziehen.
Seit Mai 1894 war zum Aufbau der Anstalt aus dem Diakonissenhaus Halle
die Johanniterschwester Luise von Seelhorst entsandt gewesen; auf sie folgte
im Februar 1895 die aus dem sächsischen Erdmannsdorf stammende Johanniterschwester Martha von Chaumonet, zunächst probeweise als vorstehende
Schwester und „Probemeisterin". Ihre Einsegnung und Berufung erfolgten am
28. Mai 1896.[24]

Die Hauskapelle der ADA, um 1910

Als das Mutterhaus dann 1895 bezogen wurde, umfasste die Schwesternschaft bereits acht Probeschwestern, die zum größten Teil im Kreiskrankenhaus ihren Dienst taten. Die Einweihung des Hauses durch Konsistorialpräsident Teich-müller im Beisein der herzoglichen Familie fand am 10. Oktober statt. Das Haus bot Platz für 20 bis 30 Schwestern. Der *Armen- und Krankenfreund*, das Periodikum der Kaiserswerther Diakonie, lobte nicht nur die Schönheit und Zweckmäßigkeit des Baus und stellte die auf 80 bis 100 Besucher ausgerichtete, vom Landesherrn gestiftete Hauskapelle, das „Heiligtum" des Hauses, beson-ders heraus. Vor allem pries es die einmalige Schnelligkeit, mit der die „äußere Organisation" des Hauses durch das Zusammenspiel von Landesherrschaft und Landeskirche vollendet worden sei.[25]

Staatskirchendiakonie? Organisationsstrukturen

In der Tat unterschied sich die ADA gerade in der Stiftungsleitung vom Großteil der anderen Mutterhäuser im Kaiserreich: Wie diese auch war sie eine juristi-sche Person (die Verleihung der entsprechenden Rechte durch den Herzog da-tiert auf den 21. Februar 1894).[26] Wie für diese auch bestand ihre Aufgabe ihrem Statut gemäß in der Ausbildung „geeignete[r] weiblicher[r] Personen" für die „weibliche Diakonie, insbesondere für die Pflege von Kranken und Armen ohne Unterschied der Konfession" – hier allerdings territorial klar festgelegt auf „An-stalten und Gemeinden des Herzogtums Anhalt".[27] Doch anders als beim Gros der Mutterhäuser Kaiserswerther Prägung fungierte hier kein Verein als Träger. Stattdessen war für die Ordnung und Aufsicht über die Hausleitung die „äußere Leitung" in Gestalt eines Engeren und Weiteren Kuratoriums zuständig. Ab-gesehen davon, dass außer der Oberin darin natürlich nur Männer saßen, war die Vertretung des Staates, der Kommunen und der Kirche ihr entscheidendes Strukturmerkmal. Hinzu kam das obligatorische evangelische Bekenntnis der Kuratoriumsmitglieder.[28]

Das Engere Kuratorium, das mindestens viermal im Jahr tagen sollte, bilde-ten zehn Personen: ein Vertreter der Staatsregierung, des Konsistoriums, der Dessauer Kreisdirektor (resp. Landrat), der leitende Arzt des Kreiskrankenhau-ses, der Vorsteher und die Oberin sowie weitere vier, vom Weiteren Kuratorium zu wählende Personen. Dieses wiederum, das einmal im Jahr zusammenkam und insbesondere für Kredite, Grundstückserwerb und -veräußerung, Statuten-änderungen und die Prüfung der Jahresrechnungen zuständig war, setzte sich aus den Mitgliedern des Engeren Kuratoriums, den je fünf Superintendenten (Kirche) und Kreisdirektoren (Kommunen), den Bürgermeistern von Bernburg, Köthen, Dessau und Zerbst, je einem hinzuzuwählenden Angehörigen aus den fünf Kreisen sowie den Diözesanvertretern für Innere Mission (damit war auch der Landesverein für Innere Mission integriert) zusammen. Die eigentliche, insbesondere in Rechts- und Finanzfragen relevante Vertretung der ADA kam einem „Vorstand" zu; er bestand aus vier „Beamten" (§ 4), die das Engere Kuratorium aus seinen Reihen wählte. Den größten direkten Einfluss auf die Geschicke des Hauses hatten Staat und Kirche über den Vorsteher, den die Statuten „Anstaltsgeistlichen" nennen: Als ordinierter Pfarrer war er vom Konsistorium „im Einvernehmen" mit dem Kuratorium zu präsentieren und vom Herzog zu berufen. Dem Vorsteher oblagen „Leitung und innere Verwaltung der Anstalt", sprich die Geschäftsführung und die theologische und pädagogische Leitung der Schwestern. Die Oberin war in konkreten Fragen hinzuzuziehen; ihr kamen lediglich Haushalt und Wirtschaftsführung zu. Bei Meinungsverschiedenheiten mit dem Vorsteher hatte sie sich seinem Willen zu beugen (§ 10). Der Anstaltsgeistliche hatte sowohl gegenüber der Regierung als Aufsichtsbehörde als auch gegenüber dem Konsistorium jährliche Tätigkeitsberichte und Rechnungsabschlüsse vorzulegen (§§ 11–12).[29]

Zum Zeitpunkt des Bezugs des Mutterhauses lag die vom Kuratorium verabschiedete Berufs- und Hausordnung für die ADA bereits vor.[30] Neben einigen konkreten Verfahrens- und Verhaltensregeln, etwa zur Probezeit, zur Ausbildung und Einsegnung der Schwestern, über die (verbotene) Annahme von Geschenken und den sparsamen Umgang mit dem Taschengeld, handelte es sich um jenen auf das Miteinander in der Schwesternschaft, das Verhalten gegenüber den Pflegebefohlenen, der Leitung und der Öffentlichkeit bezogenen Werte- und Normenkatalog, der auch aus anderen Diakonissenhäusern bekannt ist: Aus einem durch tiefe Glaubenserkenntnis rührenden inneren Drang heraus sollte die Diakonisse nach dem Vorbild Jesu – sprich in höchster Opferwilligkeit und Selbstverleugnung – ihr Leben dem Dienst an den Armen und Schwachen widmen. In Besitzlosigkeit, Keuschheit, Demut und Treue, christlicher Zucht und Gehorsam gegenüber der Leitung des Hauses, den Ärzten und Seelsorgern sollte sie ganz in der Gemeinschaft des Hauses aufgehen. Nach außen sollte dies vor allem durch die „vorgeschriebene Kleidung" und den Verzicht auf individuelle Zugaben wie Schmuck deutlich werden. Ihr Dienst an Kranken und Schwachen solle durch Liebe und Geduld, aber auch Zucht geprägt sein; ihre besondere Kompetenz, die „geistliche Pflege der Kranken", habe sich „in dem Zeugnis eines stillen Wandels ohne Worte in der Furcht des Herrn und der Nachfolge Christi"[31] zu äußern. Seelsorge solle nur auf explizite Nachfrage und in aller „Kürze" erfolgen, um dem eigentlichen „Seelsorgeamt" der Pastoren nicht abträglich zu sein. Zu einer Zeit, als die öffentliche Kritik an der

Diakonissen und Probeschwestern der ADA, um 1900

Beschneidung der individuellen Freiheit der Diakonissen und der Separation der Schwesternschaften von den Ortskirchengemeinden zunahm, setzte man in Dessau damit de facto auf das Kaiserswerther Modell, ohne dies zu benennen und ohne dass man Mitglied im Verband wurde.

Entfaltung und Krise

Langsamer als erhofft und trotz einiger Schwierigkeiten, im Land, insbesondere bei Pastorentöchtern, Probeschwestern zu finden – und zu halten (1895 wird im Jahresbericht der Austritt von sieben Schwestern erwähnt) –, entwickelten sich die Schwesternschaft und ihre Arbeitsfelder wie intendiert. Viermal jährlich erschienen seit 1895 die zumeist achtseitigen *Mitteilungen aus dem anhaltischen Diakonissenhause und der Arbeit der weiblichen Diakonie.* Darin wurden nicht nur die zahlreichen privaten Unterstützer der „anhaltischen Diakonissensache" und ihre einmaligen und regelmäßigen Spenden der Öffentlichkeit präsentiert – was zweifelsohne einem bürgerlichen Repräsentationsbedürfnis entgegenkam. Es wurden vor allem Berichte aus dem Leben des Mutterhauses, von der Ausbildung und Arbeit der Diakonissen veröffentlicht. Hinzu kamen Aufforderungen zur Bewerbung im Haus. Im Juni 1896 betrug die Zahl der

Schwestern schon 19; neben der Beschickung des Dessauer Kreiskrankenhauses mit ausgebildeten und Probeschwestern war die Gemeindediakonie mit je einer Schwester in Roßlau, Zerbst, Dessau und (ab Juli) in Bernburg erfolgreich angelaufen (in den beiden letztgenannten Orten in Kooperation mit den dortigen Frauenvereinen). Die Tätigkeit der Gemeindeschwestern beeindruckte die Leser in ihrer Kinder, Arme, Kranke und Sterbende einbeziehenden Weise. Sie zeigte auch, wie sehr das Engagement der ADA angenommen wurde: So hieß es von Schwester Marie Nicolai an St. Georg in Dessau, sie habe im abgelaufenen Berichtsjahr 1895/96 nicht weniger als 600 Armen- und 1.464 Krankenbesuche gemacht und fünf Nachtwachen (Totenwachen) gehalten, außerdem habe sie 55 Pfund Fleisch, 945 Liter Milch, 47 Brote, 411 Speisemarken und 37 Flaschen Wein unter Bedürftige verteilt. Ferner halte sie eine Flickschule mit 60 Kindern (!) ab. Zugleich habe sie über 1.200 Mark an Barunterstützungen für das Haus eingenommen.[32]

Die enge Verschränkung der ADA mit Staat und Kirche hatte den schnellen Erfolg der Gründung mit begünstigt; sie erwies sich jedoch bald als Problem. So gerieten Vorsteher und Oberin auf der einen, das Engere Kuratorium auf der anderen Seite im August 1896 in Konflikt. Erstere hatten eine Schwester entlassen, die zum wiederholten Mal – und nach Androhung entsprechender Konsequenzen – gegen die Haus- und Berufsordnung und insbesondere das Gehorsamsgebot verstoßen hatte. Das Kuratorium wollte den Hausvorstand zwingen, diese Kündigung zurückzunehmen. Es handelte sich bei der oben schon genannten Marie Nicolai um die Tochter des Dessauer Gymnasialdirektors.[33] Die Berechtigung der Vorwürfe kann hier nicht nachgeprüft werden; zweifellos griffen in diesem Fall auch Loyalitäten innerhalb besonders kirchennaher bürgerlicher Kreise Dessaus.[34] Entscheidend ist, dass Vorsteher und Oberin daraufhin ihren Rücktritt erklärten, da sie bei einer Rücknahme der Kündigung ihr Gesicht gegenüber der Schwesternschaft verlieren würden.[35] Auf die Bedingung der Oberin für ein Bleiben, nämlich seitens des Kuratoriums künftig auf direkte Einflussnahme in Einsegnungs- und Entlassungsentscheidungen zu verzichten,[36] ging das Kuratorium nicht ein.

Sein Beharren auf Einfluss in Personalentscheidungen war besonders problematisch, weil die Nachfolgefrage direkt mit dem Vertragsverhältnis zwischen der ADA und dem Kreiskrankenhaus verknüpft war:[37] Die dorthin entsandte Leitende Schwester, die Johanniterin Clara von Niebelschütz, und zwei ihrer Gehilfinnen hatten sich der ADA zunächst nur befristet verpflichtet; sie zu halten, wäre angesichts des Mangels an Schwestern eigentlich unverzichtbar gewesen. Schwester Clara lehnte aber in aller Deutlichkeit eine Entscheidungshoheit des männlichen Kuratoriums in Fragen ab, die die Zusammensetzung der Schwesternschaft und oft vertrauliche Angelegenheiten der Frauen betrafen.[38] Die hier zum Ausdruck kommende Kritik am Patriarchat der weiblichen Diakonie war folgenreich. Das Kuratorium war zunächst durchaus zu einem Kompromiss bereit, indem man künftig diese Entscheidungen einem eigenen Ausschuss zuweisen wollte – einem „inneren Rat"[39] –, dem neben Kuratoren auch der Hausvorstand und einige ältere Diakonissen hätten angehören sollen. Man beschloss, unter dieser Bedingung Schwester Clara zur Oberin zu berufen. Doch der designierte Vorsteher, Diakon Friedrich Werner, der offenbar mit der selbstbewussten Haltung seiner potenziellen künftigen Oberin nicht umgehen konnte, torpedierte diese Bemühungen, indem er ihr eigenmächtig sein Misstrauen aussprach und damit die Zusammenarbeit verunmöglichte. In dieser Situation weigerte sich Konsistorialpräsident Teichmüller, eine außerordentliche Kuratoriumssitzung einzuberufen, die Werner zur Ordnung gerufen und eventuell den Weggang der designierten Oberin und ihrer Gehilfinnen noch

Schwestern der ADA mit Oberin Alfken (mittlere Reihe, 3. von links) um 1910, die Diakonissen tragen ein Kreuz, Probeschwestern nicht; in der vorderen Reihe, Mitte: eine Johanniterschwester

verhindert hätte. Eine Entlassung Werners durch das Kuratorium war, anders als seine Versetzung durch das Konsistorium, nicht möglich. Teichmüller als Vorsitzender beider Gremien opferte jedoch dieser Personalie – Werner trat sein neues Amt am 27. März 1897 an – letztlich den Kontrakt mit dem Kreiskrankenhaus: Da nämlich die ADA mit dem Weggang der drei Johanniterinnen die Versorgung desselben nicht mehr sicherstellen konnte, wurde auf Teichmüllers Vorschlag hin das Vertragsverhältnis am 15. Mai 1895 gelöst. Rechtlich hatte dieser Auflösungsvertrag zunächst eine Statutenänderung zur Folge; der Dessauer Kreisdirektor und der leitende Arzt des Kreiskrankenhauses schieden aus dem Engeren Kuratorium aus. Organisatorisch implizierte der Wegfall des Kreiskrankenhauses weniger zu besetzende Stellen; das war kurzfristig eine Erleichterung. Jedoch lag ja der Zweck der ADA in der „Ausbildung" geeigneter Frauen für die weibliche Diakonie, und ein zentraler Teil dieser Ausbildung, der medizinische nämlich, konnte daher künftig nicht mehr vor Ort erfolgen.

Gemeinsam mit Friedrich Werner trat am 1. Mai 1897 die aus Delmenhorst gebürtige Diakonisse Elisabeth Alfken ihr Amt als Oberin an. Entsendet aus dem Elisabethhaus Berlin, war sie zuvor in der Gemeindepflege in Bernburg tätig gewesen, wo man auf sie aufmerksam geworden war. Werfen wir an dieser Stelle einen Blick auf den Jahresbericht 1906/07:[40] Damals gehörten dem Diakonissenhaus bereits 54 Schwestern an, wovon 33 (eingesegnete) Diakonissen waren. Auch wenn der Vorsteher beklagte, dass das gesellschaftliche Interesse an Informationen über die ADA noch zu gering sei, so zeigt sich doch, dass es ihm und der Oberin im Verein mit dem Kuratorium trotz des Einschnitts des Jahres 1895 gelungen war, nicht nur die Zahl der Diakonissen (sie hatte sich seit 1896 fast verdreifacht), sondern auch die Arbeitsfelder der ADA auszubauen.

In den seit Mai 1900 laufenden Verhandlungen mit dem Kreisausschuss Zerbst konnte man nicht nur die rechtzeitige, sondern auch dauerhaft stabile Gestellung von qualifizierten Schwestern sowie allgemein eine pflegerische Kompetenz der Institution glaubhaft versichern,[41] so dass ab Oktober das Kreiskrankenhaus Zerbst zunächst durch drei Schwestern, darunter die Leitende Diakonisse, aus der ADA beschickt wurde. Bis 1906 wuchs ihre Zahl auf fünf an. Nicht minder zentral waren die folgenden Entwicklungen: So wurden 1901 ein Kinderheim, 1905 ein Altenheim (das Marienheim) und ein Kleinkinderlehrerinnenseminar eröffnet (dieses erhielt 1912 in Gestalt eines Anbaus am Mutterhaus einen Saal für die Kinder, ein Lehrzimmer für die Seminaristinnen und Schlafräume). Mit Letzterem öffnete sich die ADA den Bedürfnissen des Bürgertums, indem hier Mädchen für die Kleinkinderschule und für die Erziehung kleiner Kinder in Privathäusern ausgebildet und entsandt wurden; einige von ihnen wohnten in der

ADA.[42] Im Kirchenkreis Dessau waren im Jahr 1900 neben der Kinderkrippe Dessau und der Kinderheilstätte Oranienbaum zehn Gemeindepflegestationen besetzt.[43] Im Kreis Zerbst taten fünf (Zerbst, Coswig, Roßlau), in Bernburg vier (inklusive Pfau'sches Stift), in Nienburg eine und in Köthen vier Schwestern in Gemeinden ihren Dienst. In den Kreis Ballenstedt hatte man drei Schwestern entsendet: eine in die Kleinkinderschule Gernrode sowie zwei in die dortige und in die Harzgeröder Gemeindestation.

Der lange Weg nach Kaiserswerth

Bezüglich ihrer Hausordnung und Handlungsfelder war die ADA dem Kaiserswerther Modell verpflichtet. Aber sie gehörte dem Verband nicht an. Wahrscheinlich hatten die Gründungsväter sich Handlungsspielräume offenhalten wollen. Zwei Faktoren trugen dazu bei, dass das Kuratorium schließlich doch den Anschluss suchte: Zum einen änderte sich die Gesetzeslage auf dem Gebiet der Krankenpflege so, dass Aufwand und Kosten für die ADA (wie für andere Träger der Krankenpflege auch) erheblich zunahmen; zum anderen bekam die ADA in Dessau eine Konkurrenz, von der sie sich abgrenzen musste.

Zum ersten Punkt: Mit dem Wegbrechen des Dessauer Kreiskrankenhauses als Betätigungs- und Ausbildungsstätte hatte die ADA eine der wichtigsten Säulen für ihre Organisation verloren. Gleichzeitig nahm der Professionalisierungsdruck mit dem preußischen Krankenpflegegesetz, das 1907 verabschiedet wurde,[44] weiter zu, denn von nun war für die berufsmäßige Krankenpflegeausübung eine staatliche Prüfung zwingend nötig. Infolge des 1911 erlassenen Versicherungsgesetzes für Angestellte wurde die ADA vom Reichsversicherungsamt Ende des Jahres 1912 als versicherungspflichtig eingestuft. Seit 1. Januar 1913 lastete nun eine Angestelltenversicherung auf der ADA, die auch für die Diakonissen zu zahlen war.[45]

Bereits im Jahr 1901 – und damit zum zweiten Punkt – wurde in Dessau ein Diakonieverein für Privatkrankenpflege vom Evangelischen Bund ins Leben gerufen. Die vornehmlich auf die private Krankenpflege (und damit bürgerliche Haushalte) zielende Gründung – das Schwesternheim stand in der Franzstraße 12 – geschah in Abstimmung mit der ADA, und auch zu dieser Institution hatten Kirche und Landesverein für Innere Mission ein relativ enges Verhältnis.[46] Doch die rasch wachsende Schwesternschaft weitete bald ihre Tätigkeit auf andere Felder aus; so wurde z.B. der 1903 gegründeten Petrusgemeinde, die 6.000 Seelen umfasste und zunächst noch von der nach St. Johannis (der Mutterpfarrei) entsandten Diakonisse versorgt worden war, seit Juli 1906 eine Schwester zur Gemeindediakonie gestellt.[47] Die ADA empfand die Schwestern des Bundes zunehmend als Konkurrenz. Bereits 1910 gab es ernsthafte Bemühungen, beide Anstalten zu einem „Evangelischen Stift" zu vereinigen, was aber vom Kuratorium, trotz entsprechender Gutachten, am 24. September abgelehnt wurde.[48] Eine Zeitlang blieb noch offen, wie sich das Verhältnis beider Institutionen weiterentwickeln würde. Vorsteher Pastor Werner beklagte sich in den *Blättern für die Diakonissenhausgemeinde in Dessau und ihre Freunde* – so hieß das Periodikum der ADA mittlerweile – über steigende Ansprüche seitens der Pflegenachfragenden und Konkurrenzdruck selbst im kleinen Anhalt, wo man aufgrund der Vertrautheit eigentlich etwas mehr Nachsicht mit dem Mutterhaus erwarten dürfe.[49] Im Jahresbericht 1913/14 sprach er den Zusammenhang zwischen der Frauenbewegung und dem Zulauf des Schwesternheims (das Haus wurde seit 1913 umfangreich erweitert) seitens der „höheren Schichten" auf der einen und den Schwierigkeiten der ADA, Nachwuchs zu finden, auf der anderen Seite direkt an.[50] Die Zeichen standen nun klar auf Abgrenzung. Dies ist mit einer anderen Entwicklung in Zusammenhang zu sehen.

Schon im April 1901 – und damit kurz nach Ankunft der Bund-Schwestern – hatte der Vorstand der ADA erstmals den Antrag auf Aufnahme in den Kaiserswerther Verband gestellt. Dieser wurde zunächst von der Vorkonferenz zurückgewiesen, da man Anstoß daran nahm, dass die Dessauer Oberin 1897 dem Berliner Elisabethhaus, einem Verbandsmitglied, abgeworben worden war. Doch auch nachdem auf Anraten Georg Fliedners, des Vorsitzenden des Kaiserswerther Präsidiums, hier eine Verständigung mit Berlin zustande gekommen war, lehnte die Generalkonferenz den Beitritt der ADA 1902 ab. Neben der (von den Statuten offenbar nicht klar genug beantworteten) Frage nach der sittlichen Integrität der Dessauer Schwestern – es wurde die explizite Verneinung einer Aufnahme „gefallener Mädchen" gefordert – störte sich die Konferenz am Eingreifen des Kuratoriums in „Leitung und innere Angelegenheiten Ihrer Anstalt, insbesondere die Aufnahme und Entlassung der Schwestern" betreffend.[51] Der nächste Versuch des Vorstehers in dieser Sache datiert auf den 10. Oktober 1913. Das Kuratorium hatte zuvor – so verkündete Werner gegenüber Fliedner – seinen „Widerstand gegen eine größere Selbständigkeit des Hausvorstandes" aufgegeben und einer Rezeption der Kaiserswerther Grundordnung und damit dem Verzicht auf Eingriffe in Einsegnungs- und Entlassungsfragen zugestimmt.[52] Hintergrund war die nicht unberechtigte Hoffnung, dass sich das Problem der Angestelltenversicherung lösen würde, denn der Kaiserswerther Verband verfügte über eine Befreiung von der Versicherungspflicht.[53] Der entscheidende Anstoß war allerdings von den Schwestern selbst gekommen. Hier zeigt sich, wie das zunehmende Selbstbewusstsein und die zunehmende

Selbständigkeit der Diakonissen, die Lockerung des Einflusses der Kirche und des Staates auf die Anstalt sowie die Stärkung ihrer Zugehörigkeit zur sozial-protestantischen Vereinswelt zusammenhingen: Zunächst hatten nämlich die Schwestern – nach Ansicht des Vorstehers infolge ihrer steigenden Bildung – im Mai 1912 einen Antrag auf Gründung eines Schwesternrates gestellt, dem das Weitere Kuratorium am 12. Juni stattgegeben hatte.[54] Dieser Schwesternrat war es schließlich, der das Kuratorium am 11. April 1913 bat, die Aufnahme-verhandlungen mit Kaiserswerth wieder aufzunehmen: Man sei dem Verband innerlich verpflichtet und arbeite *de facto* in seinem Geist, empfinde aber in viel-fältigen Zusammenhängen eine dauerhafte Zurücksetzung den „vollgültigen Diakonissenhäusern" gegenüber.[55]

Im Ersten Weltkrieg

Das Aufnahmeverfahren zog sich noch hin (die vollgültige Bestätigung erfolgte erst am 18. August 1917), als der Vorsteher im Oktober 1915 bei der Herzog-lichen Regierung den gesetzlichen Schutz der neuen Tracht der anhaltischen Diakonissen beantragte. Neben der Einführung eines grauen Stoffkleides an-stelle des bisher üblichen „Blaudruckkleids" änderte sich die Tracht mit Auf-nahme in den Verband dahingehend, dass man nun in Dessau die (zum Teil bereits benutzte) weiße Berliner Bethanische Haube sowie eine beim Ausgehen darüber getragene schwarze seidene Kappe als verbindliche „Abzeichen" des Kaiserswerther Verbandes festlegte.[56] Innerhalb desselben waren drei verschie-dene Hauben üblich; die Tracht, insbesondere die Haube, symbolisierte daher immer auch eine Zugehörigkeit zu einem konkreten Mutterhaus. Wenn über die – dieser zeitliche Vorgriff sei hier gestattet – in Stuttgart 1931 eingesegnete Diakonisse Anna Schubert, die seit 15. Oktober 1938 im Zufluchtsheim (s. u.) ihren Dienst tat, in der Schwesternkartei zu lesen ist, sie habe „unsere Haube bekommen [am] 1.4.1939", so zeigt dies, wie weit gegliedert hier Zugehörigkei-ten gedacht und auch symbolisch zum Ausdruck gebracht wurden: Innerhalb der Schwesternschaft wurden nicht nur „echte", sprich eingesegnete Diakonis-sen von Probeschwestern, Novizinnen und Hilfsschwestern, sondern auch Des-sauer von anderen (Kaiserswerther) Diakonissen unterschieden.

Als der staatliche Schutz der Tracht erfolgte, war der Erste Weltkrieg bereits in sein drittes Jahr eingetreten. In Dessau wie anderswo verstärkte der Krieg die Verschränkung von sozialem Protestantismus und monarchischem Natio-nalismus. Schon in der Septemberausgabe 1914 der ADA-Mitteilungen wur-den voll Stolz und Enthusiasmus die voraussetzungsreiche Einrichtung eines eigenen Vereinslazaretts im Mutterhaus und die Ankunft der ersten Verwundeten verkündet; auch Unterricht und Übungen in der Kriegspflege wurden nun für Diakonissen wie für freiwillige Helferinnen angeboten. Ab der Juniausgabe 1915 (bis November 1917) verdrängte ein auf dem Hof vor dem Mutterhaus aufgenommenes Foto von Verwundeten und sie umsorgenden Schwestern das Mutterhausgebäude als Titelbild dieses Periodikums. Regelmäßig wurden darin auch die Namen der stationierten, überwiegend anhaltischen Verwundeten veröffentlicht.

Und in der Tat stand die ADA mental und funktional beim Heer im Felde:[57] Bis zu 40 Verwundete wurden hier bis Oktober 1917 versorgt (bevor man, um die übrigen Arbeitsfelder nicht vollends zu gefährden, das Lazarett wieder aufgab). Ein großer Teil der Gemeindestationen wurde zwischenzeitlich aufgegeben, weil die Schwestern kriegsbedingt in der Etappe und in Reservelazaretten Sanitätsdienst taten. Ihre Berichte von dort wurden ebenfalls mehrfach publiziert. Im Herbst 1917, als mit dem 400. Reformationsjubiläum in Anhalt Evangelische Kirche und Vaterland ihre engen Verbindungen beschworen und intensivierten, wurde auch der Vorsteher in diesem Sinn deutlicher: Pastor Werner warnte vor einem schnellen, für „unser Volk" ungünstigen Sieg; man solle vielmehr abwarten, „was Gott uns durch Hindenburg schenkt". Mit aller Kraft auf einen deutschen Triumph zu hoffen, habe zumindest mittelbar mit der ADA zu tun, denn „wir leben mit allen unseren Anliegen im Krieg und er beherrscht unausgesetzt das Leben und Treiben der Anstalt". Ihr Festhalten an ihrem Werk werde umso größere Früchte tragen, je mehr es allen Beteiligten gelinge, den Krieg „als Vorspann für unsere Sache [zu] benutzen".[58] Mit dem Krieg war nicht nur die Nachfrage nach Kranken- und Verwundetenpflege sowie Armenfürsorge gestiegen; auch die spirituellen Bedürfnisse waren gewachsen. In einer sozialprotestantischen Sinngebung waren beide Tendenzen verschmolzen, und der Sieg Deutschlands würde nicht nur die Überlegenheit der deutschen Kultur erweisen, sondern auch der bestehenden gesellschaftlichen Ordnung und dem Anliegen der Diakonie Recht geben.

Tatsächlich erlebten nicht nur die Kirchen seit 1915 einen Zuspruch, den sie über Jahrzehnte vermisst hatten.[59] Auch die Zahl der Schwestern stieg durch Neueintritte überdurchschnittlich deutlich, von 83 im Jahr 1913 auf 102 (1. April 1918). Einsegnungen fanden ebenfalls in der Kriegszeit mehr als zuvor statt; am 7. Mai 1916 wurden in einem feierlichen Gottesdienst in der Mutterhauskapelle gleich neun Diakonissen eingesegnet, darunter zwei aus einem polnischen Lazarett heimgekehrte Schwestern und die Tochter des Vorstehers.[60] Zudem war ein erheblicher materieller und institutioneller Zuwachs zu verzeichnen: Selbst wenn vorläufig noch nicht an ein Ausbildungskrankenhaus zu denken war, so

Blätter für die Diakonissenhausgemeinde in Dessau und ihre Freunde.

| Nr. 108 | Dessau, im Juni | 1915 |

Nachrichten aus dem Mutterhause.

Während draußen der Weltkrieg tobt und die Feinde sich mehren, so daß fast ganz Europa gegen uns steht, sitzen wir im vollsten Frieden und bauen unser geringes Werk weiter aus. Ein wunderbares Bild, unser umbrandetes Vaterland und drin die Menschen gefaßt, zuversichtlich; sie leben wie sonst und arbeiten, als wären gar keine großen Hindernisse. Dafür können wir Gott nicht genug danken. So kann denn auch unser Friedenswerk gedeihen, mitten im Kriege. Im letzten Monat traten zwei neue Schwestern ein, S a l l y G r a u l aus Bernburg und H e l e n e A l s l e b e n aus Leopoldshall, während Schwester G e r t r u d F e u e r h e r d die Anstalt wieder verließ. — Seit Anfang Mai sind neun Schwestern an der Arbeit, um sich auf die Notprüfung vorbereiten zu lassen. Soll ich sie nennen, die sich unter der Spannung der großen Russenschlachten hinter die Bücher setzen und fast jeden Tag zur Doktorstunde ins Krankenhaus eilen? E m m a L i e b r e c h t, F r i e d a D o r l, L u i s e G e h r e, E m m a K a l w e i t, H e n n y F i n k e, E m m a B ü c h n e r, L u i s e P i n k w a r t, M a r t h a D ä u b e r t und R u t h W e r n e r (Hilfs-

bedeutete der Bau einer Krankenstation, die – zunächst nur für Privatpatienten – am 1. Mai 1916 eröffnet wurde, doch den langersehnten ersten Schritt in diese Richtung. Im gleichen Jahr bekam die ADA ein Haus in Ballenstedt geschenkt, das sie zu einem Erholungsheim für ihre Schwestern ausbaute.

In der Weimarer Republik

Waren die Jahre 1917 und 1918 auch für sie durch zunehmende materielle Not geprägt gewesen, so geriet die Evangelische Kirche mit der Novemberrevolution 1918/19 in eine existenzielle Krise. Nicht nur die seit der Reformation gewachsenen Organisationsstrukturen waren infrage gestellt worden und mussten durch neue abgelöst werden, deren Formen erst zu finden waren (die Kirchenverfassung einer vom Staat unabhängigen Kirche wurde am 20. August 1920 erlassen). Mit dem Ende des Kaiserreichs wie des Herzogtums brach zudem ein Fixpunkt im Denken und Fühlen der Pfarrer, Kirchenbeamten und -angestellten sowie des größten Teils der engagierten Laienchristen weg. Angesichts der in einem gemäßigten Revolutionsverlauf zum Ausdruck kommenden, besonders „tiefe[n] Akzeptanz der Monarchie"[61] fiel dieser Bruch in dem mitteldeutschen Kleinstaat vermutlich deutlicher ins Gewicht als anderswo.

Polarisierung und Konsolidierung

Die ADA war von beiden Entwicklungen mitbetroffen. Zwar konnte sie als eigenständige juristische Person abwarten und musste nicht wie die Kirche offensiv in eine „Auseinandersetzung" staatlicher und kirchlicher Rechts-, Besitz- und Einflussansprüche eintreten, die spätestens mit der Verabschiedung der Reichsverfassung am 11. August 1919 mit ihrer Behauptung „Es gibt keine Staatskirche" (Art. 137 WRV) nötig geworden war. Die seit der Revolution virulente Angst von Innerer Mission und Kirche vor einem um sich greifenden Säkularismus war gewiss nur zum Teil berechtigt; doch die Stimmen, dass die Wohlfahrtspflege keine christlich-konfessionelle, sondern eine sozialstaatliche Angelegenheit zu sein hatte, waren ähnlich laut wie diejenigen, welche eine vollständige Trennung von Kirche und Staat forderten. Die Befürchtung, dass die ADA Rückschläge bezüglich ihrer Handlungsfelder und Finanzierung würde hinnehmen müssen, war groß und wurde vom Vorsteher auch öffentlich artikuliert.[62]

◄ *Blätter für die Diakonissenhausgemeinde mit kriegsbezogenem Titelblatt, 1915*

Noch in der revolutionären Übergangsphase fasste das Kuratorium im März 1919 einen Beschluss zum Ankauf eines größeren Grundstücks nördlich der Anstalt. Er sollte das Gelände um mehr als einen Hektar auf über zwei Hektar (8,5 Morgen) verdoppeln. Grund war die gestiegene Sorge des Kuratoriums vor einer „Abschnürung" der ADA:[63] Die SPD als besonders kirchenkritische Partei hatte in den Wahlen zur Konstituierenden Versammlung am 15. Dezember die absolute Mehrheit erlangt; die Verfassungsdebatten hielten an, und auch das Schicksal der Landeskirche war offen. Möglich wurde der Kauf, weil mit dem Geheimen Kommerzienrat Joseph Seiler ein potenter Spender bereitstand. Seiler hatte schon 1915 die für die Errichtung der Krankenstation nötigen 10.000 Mark gespendet, und auch das Erholungsheim in Ballenstedt stammte aus dem Besitz dieses bei der Arbeiterschaft und der SPD nicht unumstrittenen Dessauer Großunternehmers.[64] Zu dessen Stiftungsinteresse kam das Wohlwollen eines weiteren kirchennahen Akteurs hinzu: Das Leopolddankstift als Eigentümer des größten Teils des Bodens im Bereich Dessau-Siedlung war bereit, die Fläche für günstige 3 Mark je Quadratmeter zu verkaufen. Die ADA musste daher zur Realisierung des Grundstückskaufs zusätzlich zu den seilerschen 20.000 Mark lediglich ein Hypothekendarlehen über 10.000 Mark aufnehmen.[65]

Die hier deutliche „Koalition" zweier diakonischer Einrichtungen und eines Exponenten des Besitzbürgertums war kein Zufall.[66] Zunächst einmal gilt, dass die Innere Mission von einer tiefen Abneigung gegenüber der Demokratie geprägt war; das Ende der Monarchie implizierte auch das Ende der gewachsenen bürgerlichen Welt. Auf der aus einem Umsturz hervorgegangenen Republik mit ihrer Gleichmacherei und ihrer Religionslosigkeit lag – so die sozialprotestantische Sicht – kein Segen. Für Pastor Werner stand, wie er in der Novemberausgabe der ADA-Blätter schrieb, zudem fest, dass der „gefährlichste Feind des deutschen Kaiserreichs ... im Innern" gestanden habe und für den mit dem Waffenstillstand am 11. November eingetretenen „völlige[n] Zusammenbruch" verantwortlich sei.[67] Gemeint waren die SPD und ihr nahestehende Vereinigungen. Solche Deutungsmuster sollten auch in Anhalt prägend werden für eine sich aus der Niederlage und dem Ende des Bündnisses von Thron und Altar heraus entfaltende kirchenprotestantische Identität.[68]

Auf der einen Seite dominierten im Freistaat die Sozialdemokratie und der mit ihr verbundene Linksliberalismus das politische System eines stark industrialisierten Landes.[69] SPD und DDP stellten fast stets die Regierung. Die SPD agierte – nicht zuletzt über das *Volksblatt für Anhalt* – zeitweise sehr offen kirchenfeindlich. Auf der anderen Seite stand eine Geistlichkeit, die die liberalisierenden Veränderungen des Jahres 1919, die das Staatskirchentum für beendet erklärt hatten, als Verlust und alle Wortführer des Laizismus als Feinde erlebte, zugleich aber auf dem Anspruch einer kulturbildenden und die gesamte Gesellschaft integrierenden Volkskirche beharrte. Auch wenn sich innerhalb des seinerseits politisierten Landeskirchentags (des Parlaments der Kirche) insgesamt drei Fraktionen (Kirchenparteien) bildeten, so dominierte doch klar die nationalkonservative Richtung in Gestalt der „Positiven Union", die in ihren Vorbehalten gegenüber der Republik überwiegend zur nationalkonservativen DNVP und nationalliberalen DVP neigte. Die Polarisierung und Fragmentierung der politischen Kultur, die für die Weimarer Republik typisch wurde, ging in Anhalt von dieser Grundkonstellation aus, und Kirche und Diakonie waren Teil des Prozesses.

Der Furor des ADA-Vorstehers über den vorgeblichen Dolchstoß und eine im November 1918 errichtete „Diktatur des Proletariats"[70] dürfte sich allmählich gelegt haben, auch wenn die Sorge, der neue, säkulare Staat würde die Diakonie zurückdrängen, für seine Erwartungshaltung prägend blieb.[71] Für Pastor Werner, einen begnadeten Prediger, stand das diakonische Anliegen der ADA über allem. Innerhalb des politischen Spektrums der Pfarrerschaft gehörte er dem liberalen Flügel an, der sich um Kirchenrat Ewald Stier und die Kirchenpartei „Freunde Evangelischer Freiheit" gebildet hatte.[72] Auch allgemein galt, dass dort, wo Staat und Diakonie einander begegneten, sich ein pragmatisches Miteinander beider entwickelte:[73] Angesichts des fortbestehenden Handlungsbedarfs konnte der Staat (konnte auch die SPD) gar nicht auf die Diakonie verzichten, und umgekehrt musste diese sich mit jenem arrangieren, wollte sie ihre Ziele nicht aufgeben oder ihre Existenz aufs Spiel setzen.

Die Jahre von Weimar waren für die ADA letztlich von Konsolidierung geprägt: Nicht nur die Zahl ihrer Handlungsfelder, sondern auch das dafür bewältigte Finanzvolumen stieg. Die mit Abstand wichtigste Einnahmequelle waren die Stationsgelder, die die Träger der jeweiligen Einrichtungen, in denen die Schwestern tätig waren, an das Mutterhaus zahlten. Im Haushaltsplan 1929/30 machten sie über drei Viertel der Einnahmen aus. Angesichts der Tatsache, dass die Schwestern auf Lohn verzichteten und nur ein kleines Taschengeld bekamen, sind diese durch ihren individuellen und oft entbehrungsreichen Einsatz generierten Einnahmen besonders hoch zu veranschlagen. Das 1927 erweiterte Krankenhaus, dessen Träger die ADA selbst war, erwirtschaftete bald ordentliche Überschüsse, die in den Gesamthaushalt einflossen (1929: 7,5 %). Es generierte seine Einnahmen hauptsächlich aus den Verpflegungsgeldern, die für Privat- und Kassenpatienten gezahlt wurden. War der Haushalt vom Kuratorium bis dato lediglich nach der Hauptanstalt (mit Marienheim) und der Krankenstation

Mutterhaus um 1920, Vorderansicht

differenziert worden, so wurden ab dem Haushaltsjahr 1929/30 fünf eigene
Haushaltspläne für die einzelnen Institutionen auf dem Gelände an der Schlageterallee (heute Gropiusallee) aufgestellt (die Einnahmen der Außenstationen
wurden über die Hauptanstalt resp. das Mutterhaus bilanziert).[74] Kreise und
Städte waren an der Finanzierung des laufenden Betriebs dadurch in erhebli-
chem Maße beteiligt, dass sie die überwiegende Zahl der Stationen trugen und
folglich die Stationsgelder zahlten.[75] Auch der seit 1894 bestehende fixe Staats-
zuschuss von 5.000 Mark pro Jahr blieb erhalten; seit 1924 kamen noch einmal
5.000 Mark jährlich von den Kommunen hinzu. Wichtige, aber doch weitaus
geringere Einnahmequellen blieben die Hauskollekten (5 %) und die Lehrgelder
der Schülerinnen im Seminar (2 %). Die von der Landeskirche organisierten
Kirchenkollekten wurden 1929 mit 1.400 Mark veranschlagt, was bei einer Gesamtsumme der Einnahmen von über 200.000 Mark weniger als 0,7 Prozent
entsprach.[76] Die Landeskirche zahlte aber weiterhin das Gehalt des Vorstehers.
Überblickt man den Haushaltsplan 1929/30, so zeigt sich, dass die ADA Ende
der 1920er Jahre am deutlichsten den Anspruch, den ihr Name artikulierte, ein-
löste: Sie war im ganzen Land präsent, ging Gestellungsverträge über Schwestern mit Kirchengemeinden, freien Trägern, Magistraten und Kreisen ein und
führte auf ihrem eigenen Gelände ein florierendes Krankenhaus sowie verschie-

dene Wohlfahrtseinrichtungen. Ohne hier auf die jeweilige Entstehung und die Kennziffern der einzelnen Institutionen bezüglich ihrer Finanzierung, ihrer Angestellten, Pflegebedürftigen und Schülerinnen einzugehen, soll doch deutlich werden, welche Rolle die ADA innerhalb der Wohlfahrtspflege in Anhalt damals spielte:[77] An „Anstalten" geleitet und mit Schwestern aus dem Mutterhaus beschickt wurden auf dem eigenen Gelände das Krankenhaus (12 Schwestern), das 1929 eröffnete Zufluchtsheim für gefährdete Frauen und Mädchen[78] (1), das Kindergärtnerinnenseminar (2), das Kinderheim (1) und das Marienheim (2). An externen Anstalten kamen hinzu die Kreiskrankenhäuser in Köthen, Ballenstedt und Zerbst mit jeweils zwischen 12 und 22 Schwestern und Schülerinnen, die städtische Krippe, das städtische Kinderheim, das Herzogin-Friederike-Stift (je 2) sowie das Pfau'sche Stift (1) in Bernburg. Gemeindestationen in Trägerschaft der Kreise versorgte die ADA in Jeßnitz, Oberpeißen, Baalberge, Güsten, Frose und Güntersberge (jeweils, bis auf Jeßnitz mit drei, mit einer Schwester), in Trägerschaft der Magistrate in Ziebigk, Bernburg, Güsten, Leopoldshall, Roßlau, Coswig, Silberhütte und Preußlitz, in freier (weltlicher) Trägerschaft mit je einer Schwester beim Arbeitgeberverband und in der Raffinerie in Dessau. Gemeindestationen bei Kirchengemeinden wurden beschickt in Dessau St. Georg, St. Jakobus, St. Marien, St. Paulus und Auferstehung sowie in Zerbst St. Bartholomäi mit je einer Schwester, St. Johannis in Dessau mit zwei. An kirchennahen (diakonischen) Trägern kamen 1929 die Frauenvereine Ballenstedt (3) und Bernburg (1) sowie die Pflegegenossenschaft Köthen (3) hinzu, die ebenfalls mit Schwestern versorgt wurden. Mit dem Gemeindeverband Lunzenau in Sachsen, wohin man eine Schwester entsandt hatte, kam ein Träger weit außerhalb Anhalts hinzu.

1924: Statutenreform und der „Fall Werner"

Blickt man auf die hinter dieser Entwicklung stehenden Organisationsstrukturen, so ragt das Jahr 1924 heraus. Es brachte für die Innere Mission grundlegende Veränderungen: Mit dem Erlass der Reichsfürsorgepflichtverordnung vom 13. Februar wurde die rechtliche Position der freien Wohlfahrtsverbände fixiert. Dem Prinzip der Subsidiarität folgend, wurde ihnen sogar ein Vorrang eingeräumt.[79] Mit der Gründung der Deutschen Liga der freien Wohlfahrtspflege im Dezember stabilisierte sich die Situation für die Diakonie weiter. Für die ADA, die von diesem Wandel mittelfristig mit profitierte, gilt zunächst einmal, dass ihre formalrechtliche Gestaltung trotz des fundamentalen politischen Wandels 1919 noch unverändert geblieben war. Vor allem bezüglich des Verhältnisses der Anstalt zu Staat und Kirche waren aber Klärungen dringend nötig.

1924 schien die Lage für eine Statutenänderung politisch günstig, als nach den Landtagswahlen Anfang Juli erstmals keine Mitte-Links-, sondern eine Regierung aus DNVP und DVP zustande gekommen war, die der Kirche näherstand. Der Ministerpräsident Willy Knorr (DNVP) war Abgeordneter des Landeskirchentags und sollte später in der Landeskirche Karriere als dessen Präsident sowie Oberkirchenrat machen. Das weitere Kuratorium wählte Anfang September eine Kommission, die über neue Statuten beriet und mit dem Landeskirchenrat und der Staatsregierung über einen entsprechenden Entwurf verhandelte. Schon die Zusammensetzung der Kommission aus Vertretern der Stadt – für dieselbe saß Oberbürgermeister Fritz Hesse im Gremium –, der Kreise, der Landeskirche und der Regierung zeigt, dass das Kuratorium bemüht war, die ADA politisch und gesellschaftlich weiterhin breit aufzustellen.[80]

Erstes Reformanliegen war die Vereinfachung der Leitungsstruktur. Sowohl auf den „Vorstand", als auch auf das „Weitere Kuratorium" wurde künftig verzichtet (ab 24. November 1924 mit der bewilligten Statutenänderung). Das Engere Kuratorium wurde auf zwölf Personen aufgestockt und in „Verwaltungsrat" umbenannt. Ihm kamen künftig sowohl die äußere Leitung als auch die Aufsicht über die innere Verwaltung (durch den Anstaltsgeistlichen und die Oberin als „Hausvorstand") zu. Die Zusammensetzung änderte sich bezüglich der ständigen, institutionell gebundenen Mitglieder dahingehend, dass nun neben dem Anstaltsgeistlichen, der Oberin und je einem Vertreter von Staat und Kirche auch die Kreise und Kirchenkreise einen Vertreter schicken sollten. Ferner waren aus der Schwesternschaft zwei Diakonissen zu entsenden.

Damit trug man zweitens der regionalen Verankerung der Arbeit Rechnung und versuchte, sie durch Finanzierungszusagen abzusichern. Die Kirchenkreise brachten im Gegenzug jährliche Kollekten in den Haushalt ein. Mit dem Verband der anhaltischen Kreise hatte man schon seit 1923 über einen regelmäßigen Zuschuss verhandelt; nun erklärten sich die Kreise zu einem fixen Jahresbeitrag von 5.000 Mark bereit.

Drittens entsprach die Integration von Diakonissen in das Kuratorium deren Wunsch nach Mitbestimmung. Seit spätestens 1919 war das Wahlrecht für Frauen auch in der Kirche ein Thema. Pastor Werner hatte sich noch im Oktober dieses Jahres zu dem Gedanken hinreißen lassen, dass die ADA im Zuge der Revolution vielleicht eine eigenständige Kirchengemeinde werden würde und die Schwestern sich ihren Pfarrer und ihre Oberinnen selbst wählen könnten. Es sei freilich schwer zu sagen, „wie weit dabei das Mutterhaus gedeihen wird".[81] Diese betonte Skepsis darf als ein rhetorisches Mittel gegen die um sich greifenden Demokratisierungsbestrebungen angesehen werden, gegen die es gerade auch innerhalb der Mutterhausdiakonie – und gleichfalls in der ADA – genügend (inklusive weibliche) Stimmen gab.[82] Tatsächlich befand die Statutenkommission dann im Sommer 1924 ein Wahlrecht der Schwestern bezüglich Vorsteher und Oberin für „untunlich".[83] Dem Schwesternrat wurde in Bezug auf die Wahl und die Präsentation des Geistlichen sowie die Wahl und die Berufung der Oberin lediglich eine Anhörung eingeräumt. Immerhin ließ sich die Kommission auf die Legalisierung des seit 1914 bestehenden Schwesternrats und seine Berechtigung ein, der Leitung die „Wünsche" der Schwestern vorzutragen. Ein Dringlichkeitsantrag der Oberin, die sich in dem schmerzlich empfundenen Fehlen eines entsprechenden Paragrafen „eins mit der Schwesternschaft" gesehen hatte, hatte im Februar auf die Notwendigkeit einer solchen Satzungsänderung aufmerksam machen müssen. Der dann tatsächlich neu eingefügte Paragraf 9 sah freilich vor, dass Oberin und Vorsteher stets an den Sitzungen des Schwesternrates teilnahmen.[84]

Das vierte Reformanliegen bezog sich auf die Berufung des Vorstehers. Das alte Statut kannte noch den Herzog als berufende und das Konsistorium als Aufsichtsinstanz, die „im Einvernehmen" mit dem Kuratorium auch das Präsentationsrecht ausübte, also den Vorsteher beim Herzog vorschlug. Der Herzog war aber kein Landesherr mehr, und das Konsistorium existierte nicht mehr. Anfang 1924 war zudem deutlich geworden, dass gerade in Bezug auf die Leitung der ADA die von der Reichsverfassung postulierte Trennung von Staat und Kirche konkret ausgehandelt werden musste. Der seit 1920 bestehende Landeskirchenrat sah sich als verfassungsmäßige „Regierung der Landeskirche" (§ 70 der Kirchenverfassung) im Recht, die Berufung autonom auszuüben. Und so versetzte er am 29. Dezember 1923 Pastor Werner zum 1. Februar 1924 in den vorzeitigen Ruhestand. Als Grund wurde das Beamtenabbaugesetz von 1923 genannt. Am 11. Januar ernannte der Landeskirchenrat den Kreispfarrvikar und nebenamtlichen Geschäftsführer der Inneren Mission, Willy Friedrich, zum Vorsteher und beauftragte den Kreisoberpfarrer mit dessen Einführung.[85] Die Entlassung Werners und die Ernennung Friedrichs erfolgten ohne Rücksprache mit der ADA. Doch nicht nur das Kuratorium, sondern auch die anhaltische Regierung fühlte sich dadurch übergangen, da sie den entsprechenden Paragrafen im Statut (§ 11), der sich auf die Verhältnisse im Kaiserreich bezog, dahingehend interpretierte, dass sie als „Träger der Staatshoheitsrechte" hätte ihre Zustimmung geben müssen. Die Regierung – zu diesem Zeitpunkt noch das Kabinett Deist II (SPD/DDP) – wies daher den Hausvorstand der ADA an, die Beschlüsse des Landeskirchenrats „außer Acht zu lassen".[86] Die ADA war damit zu einem

Objekt des Ringens von Staat und Kirche um Einfluss auf dem Gebiet der Wohlfahrtspflege geworden.

Doch damit ist noch nicht alles über diesen Konflikt gesagt. Bereits am 8. Januar 1924 hatte nämlich das Engere Kuratorium wegen der Nachfolge des Pastors
Werner getagt. In der Abstimmung hatte sich dann nicht der vom Landeskirchenrat favorisierte Friedrich, sondern Pfarrer Werner Lange (Steutz) – zufällig
auch der Schwiegersohn des noch amtierenden Vorstehers – durchgesetzt.[87] Der
Landeskirchenrat hatte sich über diese Entscheidung einfach hinweggesetzt.
Wichtiges Detail: Willy Friedrich war Mitglied in der DNVP und ihrer bewaff-
neten Vorfeldorganisation, dem „Stahlhelm. Bund der Frontsoldaten". Seine Ernennung war eine politische Entscheidung. Um sie zu verstehen, muss man auf
den größeren Zusammenhang schauen.

Am 1. Dezember 1923 war mit Oberkirchenrat Franz Hoffmann nicht nur der
Vorsitzende des Landeskirchenrats zurückgetreten: Hoffmann war der letzte
Generalsuperintendent der alten Staatskirche gewesen; seine auf Ausgleich
zwischen den politischen Lagern und eine Verständigung mit der Republik gerichtete Politik hatte die Grundlage für den Aufbau einer eigenständigen, de-
mokratisch verfassten Landeskirche gelegt. Grund für seinen Rücktritt war die
schwere Kritik, die ihn getroffen hatte, nachdem er eine Beteiligung der Kirche an der Feier des Verfassungstages am 11. August durchgesetzt hatte.[88] Der
Verfassungstag war Nationalfeiertag, aber für die Nationalkonservativen – und
damit auch für die meisten Abgeordneten des Landeskirchentags –, die ja die
Republik ablehnten, ein rotes Tuch. Hoffmann war seit 1909 auch Vorsitzender
des Kuratoriums der ADA gewesen. Während dort nach seinem Rücktritt mit
dem pensionierten Oberregierungsrat Gustav Sanftenberg zum ersten Mal kein
Kirchenmann zum Vorsitzenden gewählt wurde, gewannen im Landeskirchenrat die konservativen Hardliner die Oberhand. Zum Vorsitzenden wurde der
Zerbster Pfarrer und Vorsitzende der Positiven Union in Anhalt, Pfarrer Albert
Hinze, gewählt. Man wollte den kämpferischen Willy Friedrich, der sich aufgrund einer für ihn unbefriedigenden Stelle auf ein Pfarramt auf dem Land
wegbewerben wollte, in Dessau halten[89] und wies ihm, da andere Stellen nicht
frei waren, kurzerhand die Pfarrstelle in der ADA zu. Friedrich erregte mehrfach Aufsehen durch politische Aktionen (besonders bekannt wurde eine Fah-
nenweihe in der Marienkirche im April 1924), und in den letzten beiden Legis-
laturen saß er 1932/33 für den Stahlhelm im Landtag. Er zählte damit zu jenen
Akteuren, die die Republik destabilisierten und dem Erfolg der NSDAP den Weg
mit ebneten. Gewiss: 1932/33 war 1924 nicht vorauszusehen. Aber da Friedrichs
politische Einstellung bekannt war, wurde der „Fall Werner" für die Kirche zu

einem Politikum. Die Liberalen im Landeskirchentag kritisierten das gegenüber der Regierung offen konfrontative Vorgehen des Landeskirchenrats als für das Mutterhaus wie auch die Kirche höchst schädlich: Es drohten Schwesternaustritte ebenso wie ein weiterer Ansehensverlust der Kirche in der Öffentlichkeit. Die Konservativen ihrerseits bemängelten, dass die Liberalen mit dem Widerstand gegen Friedrichs Berufung – wieder einmal – „ihre Parteiinteressen mit Hilfe des religionslosen Staates" hatten durchsetzen wollen.[90]

Inwiefern es wirklich zu einer entsprechenden Zusammenarbeit gekommen war, ist unklar; dass das Kuratorium Willy Friedrich ablehnte, zeigt allerdings, dass seine Mitglieder in der Mehrheit den Kurs der kirchlichen Rechten ablehnten und den Ausgleich mit dem Staat suchten. Dies entsprach durchaus der „höhere[n] Kompromissfähigkeit" der Inneren Mission,[91] aber auch der spezifischen, aus der staatskirchlichen Gründung 1894 herrührenden pluralen Konstellation im Kuratorium. Schließlich einigte sich der Landeskirchenrat mit der Regierung Knorr, und das Kuratorium wählte dann am 5. September 1924 einen der dann vorgeschlagenen Kompromisskandidaten, den Deetzer Pfarrer Johannes Hoffmann, zum Vorsteher.[92]

Wenn Kreisoberpfarrer Pfennigsdorf von der am 8. Oktober 1924 vollzogenen Einführung berichtete und dabei den Eindruck schilderte, „daß die Erregung in der Schwesternschaft gegen [...] Pastor Friedrich einer allgemeinen Entspannung und Willigkeit gewichen ist", so zeigt sich, dass auch die Diakonissen von diesen Vorgängen nicht unbeeinflusst geblieben waren.[93] In dem ganzen Hin und Her wären ihre Interessen fast untergegangen: Die Intervention des Schwesternrats wie auch der ADA-Gemeinde beim Kuratorium und beim Landeskirchenrat im Dezember 1923 für einen Verbleib Werners (sie machen auch dessen große Beliebtheit deutlich)[94], wurde einfach *ad acta* genommen (dürfte gleichwohl für das Nein des Kuratoriums eine Rolle gespielt haben). Und auch bei der Wahl im September 1924 blieb den Schwestern nichts weiter als die Feststellung, dass man gegen keinen der beiden Bewerber etwas vorbringen könne, da man beide nicht kenne. Ebenso vorsichtig wie nachdenklich schrieb Oberin Alfken an Geheimrat Sanftenberg: „Es ist zu bedauern, daß die Diakonissenhaus-Gemeinde nicht wenigstens wie andere Gemeinden das Recht hat, die vorgeschlagenen Geistlichen wenigstens einmal in einer Predigt vorgestellt zu bekommen. Meinen Sie nicht auch?"[95]

Das Statut sah schließlich vor, dass der Vorsteher vom Landeskirchenrat bestätigt und berufen, aber vom Verwaltungsrat „nach Anhörung der Schwesternschaft" gewählt wurde (§ 8). Damit war nur ein Mindestmaß an Mitsprache der Schwestern verwirklicht; zugleich war aber der verfahrensmäßige Einfluss des

Staates auf diese Personalie ganz verdrängt und derjenige der Kirche gezügelt worden. Beides entsprach sechstens dem Bemühen der ADA um mehr Unabhängigkeit. Bezüglich des Staates stand das Bestreben, sich gegen zu starken Einfluss abzusichern, mit demjenigen nach fortgesetzten Zuschüssen in einem Spannungsverhältnis. Selbst die der ADA gewogene Regierung Knorr konnte sich nicht zu einer vertraglichen Zusicherung fixer Jahresbeträge entschließen, wenngleich sie versicherte, die 5.000 Mark auch weiterhin zu zahlen. Gleichzeitig beharrte sie auf der direkten Aufsicht des Innenministeriums über die ADA. Das Kuratorium strebte hingegen eine explizite Verneinung einer staatlichen Aufsicht durch die Statuten an. Es sah aber in der Sitzung vom 14. November, dass das Zeitfenster für annehmbare Verhandlungsergebnisse eng wurde.[96] Die Regierung war nämlich in den Wahlen am 9. November 1924 abgewählt worden. In letzter Sekunde kam dann eine Einigung zustande, und das Staatsministerium stimmte am 24. November 1924 – einen Tag später wurde Heinrich Deist (SPD) zum dritten Mal Ministerpräsident – zumindest dem Wegfall der staatlichen Aufsicht zu. Tags zuvor hatte eine Delegation des Weiteren Kuratoriums bei Staatsminister Rammelt vorgesprochen.[97]

Tendenzen und Konflikte

Mit der Statutenänderung 1924 wurde nicht nur der Einfluss des neuen Staates gezügelt; vielmehr kam die ADA mit ihr rechtlich und organisatorisch in Weimar an: Die Leitungsstruktur wurde vereinfacht und weiter pluralisiert,[98] indem neben Staat und Kirche die Kommunen in den Verwaltungsrat direkt integriert sowie auch die während des Krieges entstandenen Partizipation der Schwesternschaft fixiert wurde. Die ADA war insofern stärker geschützt vor einseitigen politischen Entwicklungen. Wie andere Mutterhäuser auch blieb sie – was hier nicht näher verfolgt werden kann – im Inneren durch „Kontrolle und Disziplin" geprägt, doch sie als einen „hermetisch geschlossene[n] Kosmos, der auf äußere Anfechtungen gänzlich unvorbereitet war",[99] zu bezeichnen, wäre zu weit gegriffen: Nicht nur die Breite der Arbeitsfelder und das Echo auf Gottesdienste und wiederkehrende Feierlichkeiten,[100] sondern auch die Interaktion der ADA mit anderen Akteuren sprechen gegen eine solche Annahme. Freilich sind hier keine Arbeiterorganisationen, sondern in erster Linie Vereinigungen des sozialen Protestantismus zu erwarten. Der Jahresbericht 1925 zeigt, dass die ADA von Jugendvereinen, Jungfrauenvereinen, Frauenhilfen und Großmüttervereinen aus Anhalt regelmäßig für Freizeiten, Seminare und Feierstunden aufgesucht wurde; der Verband für kirchliche Pflege der weiblichen Jugend veranstaltete in der ADA Kurse, die Ortsgruppe des Deutsch-Evangelischen Frauenbundes hielt

ihre jährliche Generalversammlung im Mutterhaus ab, und auch der anhaltische Verband der Kindergärtnerinnen nutzte die ADA für Konferenzen und
Arbeitsgemeinschaften. Im Winter 1925/26 wurde in der ADA der Dessauer
Missionsbasar veranstaltet, der offenbar von einer breiten Öffentlichkeit wahrgenommen wurde: „In einem eigenen Verkaufsstande, geschmückt mit unserer Kaiserswerther Taubenfahne, hielten die Schwestern ihre Handarbeiten feil
und konnten etwa 350 Mark Gewinn für die Mission an die Bazarhauptkasse
abführen." Der Vorsteher beendete seinen 14 Seiten umfassenden Verwaltungsbericht dieses Jahres mit den Worten:

> „Nun komme ich endlich zum Schluß! Er sei ein Loben und Danken für
> unseres großen Gottes und Meisters der evangelischen Diakonie, Jesus
> Christus, Treue in Schutz und Hilfe bei all unserm Vorhaben und Streben.
> Seine Gnade walte weiter über unserm Mutterhause und seiner Schwe-
> ternschaft all überall, wo sie ,dienen'."[101]

„Vorhaben und Streben" der ADA florierten in der Tat, und Grund zum Danken gab es daher genug. Mit der Erweiterung des Kindergärtnerinnenseminars,
des Marienheims und des Krankenhauses 1927 sowie mit dem Bau und der
Eröffnung des Zufluchtsheims 1929 wurden Zugewinne auf dem Gelände
auch baulich deutlich. Die Erlangung der staatlichen Anerkennung der Kinder-
gärtnerinnen- und Hortnerinnen-Ausbildung seitens der preußischen und der
thüringischen Regierungen 1928 darf als besonders großer Erfolg angesehen
werden, an dem die Anstaltsleitung seit 1910 (!) gearbeitet hatte. Sie erhöhte
die Aussichten, hier junge Mädchen und Frauen ausbilden zu können, ekla-
tant, denn so öffnete sich den Absolventinnen ein über Anhalt hinausgehender
Arbeitsmarkt. Den 25. Geburtstag des Seminars beging die ADA 1930 entsprechend enthusiastisch.[102] Mit dem Zufluchtsheim, das in Kooperation mit dem
Landesverband für Innere Mission, dem evangelischen Frauenbund und der
Stadt Dessau – die Anfrage war im Oktober 1927 vom Wohlfahrtsamt ausgegangen –[103] zustande kam, besetzte die ADA schließlich erfolgreich das diakonische
Handlungsfeld der weiblichen Gefährdetenfürsorge.
Doch auch die gegenläufigen Tendenzen sollten nicht übersehen werden. Da ist
zum einen die Nachwuchsfrage zu nennen. Die gedruckten Berichte der ADA
erschienen seit 1920 nur noch unregelmäßig und schliefen 1924 ganz ein. Seit
1919 war darin von Schwesternzahlen nichts mehr zu lesen. Die Zahlen stag-
nierten nämlich und zeigten, dass neben den Diakonissen längst andere Arbeitskräfte nötig geworden waren, weil die Attraktivität des Diakonissenberufs

Absolventinnen des Kindergärtnerinnenseminars, um 1925

insgesamt weiter sank. Laut Verwaltungsbericht stieg die Zahl der Schwestern 1921 ein weiteres Mal an – auf insgesamt 110. Nur 57 davon waren eingesegnet. Den Diakonissen standen aber 20 Novizen, elf Probeschwestern, sieben Johanniterschwestern und bereits 15 Hilfsschwestern zur Seite. Die vom Vorsteher trotz Zuwachses geführte Klage über den Schwesternmangel riss – auch wenn man damit nicht an die Öffentlichkeit ging – seither nicht mehr ab. Einstweilen resultierte der Mangel in erster Linie aus der Zunahme der Handlungsfelder und -orte, und noch immer traten Schwestern ein.[104] Erst 1929 wurde mit 74 der Höchststand an Diakonissen erreicht. Aber die Stagnation der Gesamtzahlen trübte langfristige Perspektiven ein. Am 1. Oktober 1926 trat zum ersten Mal eine Diakonisse in den Feierabend. In Dessau selbst fehlte es an diesbezüglichem Wohnraum; erst zum 1. September 1929 wurde eine Feierabendstation im erweiterten Marienheim eröffnet, was finanziell zunächst nicht weiter ins Gewicht fiel, da das Marienheim als Altersheim seit vielen Jahren Verluste eingefahren hatte. Doch Feierabendschwestern mussten versorgt werden und standen gleichzeitig nicht mehr als Arbeitskräfte zur Verfügung.

Hatte die ADA seit 1916 das staatliche Säuglingspflegeheim provisorisch beherbergt, so sah sie sich 1927 zur Kündigung desselben gezwungen, da sie die

Räumlichkeiten für das Kinderheim, die Seminaristinnen und die künftigen Feierabendschwestern benötigte. Der anschließend anvisierte Bau eines Heims inklusive einer Säuglingspflegeschule auf dem Gelände der ADA kam nicht zustande: Die Vertreter des Mutterhauses waren nicht für den Vorstand des Heims vorgesehen. Auch für die Heimleitung lehnte die Regierung die vorgeschlagene Diakonisse ab; stattdessen entschied sie sich für eine freie Schwester des Evangelischen Bundes. Im Gegenzug wollte der Verwaltungsrat das Heim auch nicht auf seinem Gelände gebaut haben. Als die Regierung sich entschloss, dasselbe in freie Trägerschaft zu geben und sich die ADA bewarb, zog sie auch hier im Frühjahr 1927 gegenüber dem Evangelischen Bund den Kürzeren. Hierin lag eine Niederlage im „Kampf" um die Besetzung zentraler, oft genug auch neuer Positionen in der Pflege (dass es ein „Kampf" war, wird sprachlich immer wieder deutlich).[105]

Trotz quantitativen Zuwachses begannen die Strukturen der Mutterhausdiakonie in Anhalt sich also auszudünnen. 1925 wurden Auseinandersetzungen zwischen dem Kreiswohlfahrtsamt Dessau und dem Verwaltungsrat der ADA um die Besetzung der Gemeindestationen in Raguhn und Jeßnitz in der Presse ausgefochten. Es ging hier um konkrete Personalentscheidungen und einen mutmaßlich auf Abwerbungsversuchen des Amtes fußenden Austritt einer Diakonisse. Das sozialdemokratische *Volksblatt für Anhalt* kritisierte den Vorsteher scharf, der sich an den Diakonissen bereichere, indem er ihren „Lohn" einbehalte und ihnen dauernd neue Stellen zuweise; der *Anhalter Anzeiger* reagierte, indem er Pastor Hoffmanns Entgegnung abdruckte und klarstellte, dass es der SPD wie stets nicht um die Sache, sondern nur „um nackte Hetze gegen kirchliche Institutionen und ihre Leiter ankommt".[106] Die stete Neigung der politischen Kultur zur Polarisierung spielte auch hier eine katalysatorische Rolle.

Die Zusammenarbeit mit weltlichen Trägern der Wohlfahrtspflege war instabil. Hier herrschte in den 1920er Jahren eine stete Fluktuation, indem immer wieder Stationen geschlossen, andere eröffnet wurden.[107] 1928/29 kam es hier zu einem größeren Einschnitt. Die Kündigungen des Gestellungsvertrages mit dem Kreiskrankenhaus Zerbst sowie des Vertragsverhältnisses mit dem Verband der Anhaltischen Kreise durch die Vertragspartner der ADA gingen zwar auf konkrete inhaltliche Differenzen zurück. Doch musste sich Pastor Hoffmann in der Verwaltungsratssitzung im Januar gefallen lassen, von Kreisdirektor Friedrich Türcke als Hauptschuldiger dieser Entwicklung bezeichnet zu werden, da er sich auf eine in der Folge ebenfalls veröffentlichte Korrespondenz mit dem SPD-Fraktionsführer im Kreisausschuss eingelassen und so zur Eskalation beigetragen hatte.[108] Dass der Verwaltungsrat nach längerer Diskussion des Sachverhalts dem Vorsteher die Frage stellte, inwieweit er überhaupt noch an einer Zusammenarbeit mit staatlichen und kommunalen Stellen interessiert sei, lässt erahnen, wie schwer die Verwerfungen waren. Die strukturelle Beteiligung der anhaltischen Kommunen an der Finanzierung und Verwaltung der ADA war damit – Erstere nach nicht einmal fünf Jahren – beendet. Als aber der Zerbster Kreisausschuss wenig später die Kündigung für das Kreiskrankenhaus zurückziehen wollte, regte der Vorsteher an, dass die ADA ihrerseits die Gestellung der zwölf Schwestern in Zerbst kündige. Dieser Vorschlag folgte nicht lediglich persönlichen Interessen, sondern war durchaus plausibel: Die ADA dürfe ihre Kräfte nicht weiter verschleißen, habe doch der chronische Schwesternmangel Auswirkungen nicht mehr nur organisatorischer Art: Der Zwang zur Professionalisierung sowie zum schnellstmöglichen praktischen Einsatz verhindere eine ausreichend intensive diakonische Ausbildung von Probeschwestern. Dadurch und weil immer mehr Hilfsschwestern angestellt werden müssten (es waren mittlerweile 25 Prozent), nehme „der für den Diakonissendienst so notwendige Gemeinschaftsgeist oftmals Schaden".[109] Insofern allerdings die Kreiskommunalverwaltung auf Konfrontationskurs blieb, stellte der Verlust des Zerbster Krankenhauses für Hoffmann das kleinere Übel dar: Man hatte dort nämlich in die neue Dienstordnung einen Paragrafen aufgenommen, der den Schwestern „jede religiöse Beeinflussung des Personals und der Kranken" untersagte, was ganz offen mit den Prämissen der Mutterhausdiakonie inkompatibel war. Noch einmal ließ sich das Blatt durch den Einsatz des zwar mittlerweile aus dem Verwaltungsrat ausgeschiedenen, aber der ADA nach wie vor wohlgesonnenen Kreisdirektors Türcke wenden. Der erwähnte Paragraf wurde dahingehend geändert, dass durch die Schwestern lediglich „kein Druck zur Teilnahme an religiösen Veranstaltungen im Krankenhaus" ausgeübt werden dürfe.[110] Hier zeigt sich gleichwohl, wie die Mutterhausdiakonie von zwei Seiten in Bedrängnis geraten war: Nachwuchsmangel und zunehmende Vorbehalte seitens weltlicher Träger gegenüber dem spezifisch Religiösen des Pflegedienstes verschränkten sich miteinander, so dass sich die ADA in den kommenden Jahren in dem Bemühen, ihre Kräfte zu konzentrieren, zunächst dort zurückzog, wo andere ihr das Leben schwer machten oder ihren Dienst nicht schätzten.

Das Jahr 1929 schuf mit der Einsegnung der neuen Oberin Renate Lange – Elisabeth Alfken war im Oktober 1927 aus Altersgründen aus dem Amt geschieden – aber durchaus auch künftige Stabilität, denn Lange sollte sich als ebenso besonnene und willensstarke wie gläubige Frau erweisen. Nicht näher bestimmte Differenzen mit ihr wurden ein Jahr später von Pastor Hoffmann als Grund dafür angegeben, sein Amt niederzulegen. Inwiefern die Eskalation 1928/29 im Konflikt mit der Kreiskommunalverwaltung hier noch nachwirkte, kann nur vermutet werden. Weitere wichtige Personaländerungen auf höchster Ebene bildeten die Zuwahl von Sophie Fiedler, der Ehefrau des Dessauer Pfarrers Georg Fiedler, in den Verwaltungsrat im Mai 1930 und ein Jahr später die Wahl des pensionierten Regierungspräsidenten Philipp Mühlenbein zum Vorsitzenden. Zwischenzeitlich – Sanftenberg trat nach sechs Jahren Amtszeit aufgrund seines Alters nicht mehr an – präsidierte Kreisoberpfarrer Oskar Pfennigsdorf. Der Verwaltungsrat suchte nach den Erfahrungen von 1924 bei der Regelung der Nachfolge für Hoffmann Hilfe beim Kaiserswerther Verband und wählte auf dessen Vermittlung am 13. März 1931 Pfarrer Heinrich Leich aus Bielefeld zum neuen Vorsteher, der zuvor das Johannesstift in Schildesche geleitet hatte. Eine wichtige Leitungsaufgabe lag zu diesem Zeitpunkt in der Aushandlung der Stationsgelder, die aufgrund der Inflation durch einzelne Kommunen herabgesetzt worden waren. Hinzu kamen kleinere Finanzhilfen der finanziell stabilen ADA für befreundete diakonische Vereinigungen, aber auch – ebenfalls der ökonomischen Notlage geschuldete – Bauprojekte wie der Bau eines anstaltseigenen Hühner- und Schweinestalls.[111]

Im „Dritten Reich"

Angesichts ihrer durch politischen Pragmatismus überbrückten Vorbehalte gegenüber der Republik, die sich in der Weltwirtschaftskrise 1930 noch einmal vergrößerten, stand die Innere Mission der Machtergreifung der Nazis im Allgemeinen positiv gegenüber.[112] Dies änderte sich in den folgenden Jahren in dem Maße, wie der Nationalsozialismus jedwede weltanschauliche Konkurrenz zu verdrängen sowie die Wohlfahrtsverbände über die Nationalsozialistische Volkswohlfahrt (NSV) und die Reichsarbeitsgemeinschaft der Berufe im sozialen und ärztlichen Dienst (RAG) gleich- bzw. auszuschalten versuchte. Die diakonischen Einrichtungen und Verbände optierten mittelfristig für eine Politik, in der sich eine Teilanpassung gegenüber dem Nationalsozialismus mit einer Annäherung an die Kirche verband. Unter den freien Wohlfahrtsverbänden bewahrten einzig die Innere Mission und die Caritas ihre Selbständigkeit. Die im Kaiserswerther Verband als Teil der Inneren Mission organisierte Mutterhausdiakonie und die anderen evangelischen Schwesternschaften konnten sich durch die Gründung eines korporativen Zusammenschlusses, der Diakoniegemeinschaft, im September 1933 innerhalb der Reichsfachschaft deutscher Schwestern und Pflegerinnen in der RAG eine gewisse Autonomie und auch eine christlichdiakonische Identität erhalten. Trotz der organisatorischen Selbstbewahrung wurde aber die Behauptung der diakonischen Arbeitsfelder gegenüber der NSV ab Mitte der 1930er Jahre immer schwieriger.

Neben organisatorischer Gleichschaltung oder politischer Verdrängung ist auch die Frage einer mentalen Gleichschaltung der Diakonie (gewissermaßen von innen) zu beachten: Auch Kirchen und diakonische Einrichtungen wurden häufig bald durch die nationalsozialistischen Deutschen Christen (DC) dominiert. Der Leiter des Kaiserswerther Verbandes, Siegfried Graf von Lüttichau, und die Leiterin der Diakoniegemeinschaft, Oberin Auguste Mohrmann, waren NSDAP-Mitglieder. Auch wenn in der Diakoniegemeinschaft ein „Gleichschaltungs-druck von innen" ausblieb, so ist doch insbesondere für Mohrmanns Berichte an die NSV eine „grundsätzliche Übereinstimmung mit dem Nationalsozialis-mus"[113] festgestellt worden. Schließlich warb die Reichsfachschaft, in der die Mutterhäuser über die Diakoniegemeinschaft zunächst nur korporativ einge-gliedert worden waren, auch Schwestern als Mitglieder, so dass die Mutterhäu-ser tendenziell „von innen" unterwandert werden konnten. Das Handlungspro-fil der diakonischen Einrichtungen prägte sich daher unterschiedlich aus, und auch die Schuldfrage etwa in Bezug auf den Umgang mit Juden und Halbjuden oder die Anwendung eugenischer Konzepte ist von Fall zu Fall zu klären.

Aber schauen wir nach Anhalt, und hier zunächst auf die politische und kirch-liche Entwicklung. Nachdem im Freistaat infolge der Wahlen am 24. April 1932 die im Reichsvergleich früheste Machterringung der Nationalsozialisten erfolgt war, entwickelte sich der Übergang zu einer von den Deutschen Chris-ten geführten Landeskirche 1933 zunächst in zeitlicher wie funktionaler Ana-logie zu den meisten Landeskirchen, bevor er einer deutlichen Radikalisierung unterlag.[114] Die nationalprotestantisch-konservativen Kräfte hatten wie anders-wo auch zum Erfolg der nationalsozialistischen Revolution maßgeblich bei-getragen.[115] Neben weltanschaulichen Schnittmengen bezüglich antidemokra-tischen, nationalistischen und zunehmend auch völkischen Denkens ist hier konkret die im Gefolge der April-Wahlen 1932 gebildete Koalition der NSDAP mit einem Zusammenschluss bürgerlich-nationalkonservativer Parteien und Gruppierungen (der „Nationalen Arbeitsgemeinschaft") hervorzuheben. Mit dem Vorsitzenden des Landeskirchenrats Oberkirchenrat Willy Knorr und dem Landespfarrer für Innere Mission Willy Friedrich – beide sind uns oben schon begegnet – agierten zwei prominente Kirchenleute als Abgeordnete aufseiten der DNVP und des Stahlhelms. Knorr wurde Minister unter Ministerpräsident Alfred Freyberg (NSDAP). Auch seitens der Pfarrerschaft und des amtierenden Landeskirchenrats ist – neben dem von Berlin ausgeübten Druck – typischerweise ein Wohlwollen gegenüber der revolutionären Umgestaltung der Nazis festzustellen.[116]

Der aufgrund einer gesteuerten Einheitsliste mit einer Mehrheit der Fraktion der christlich-völkischen „Glaubensbewegung" der Deutschen Christen (GDC) – de facto eine nationalsozialistische Kirchenpartei – am 14. Juli 1933, dem reichsweiten Wahltermin, gewählte Landeskirchentag wählte am 27. Juli einen GDC-Landeskirchenrat.[117] Dieses von dem juristischen Oberkirchenrat Rudolf Wilkendorf geleitete Gremium schloss sich 1937 den Thüringer Deutschen Christen (TDC) an, die einen radikalen völkisch-rassischen Mystizismus vertraten. Wilkendorf setzte das Führerprinzip durch. Völkische Ideen und Symbole – vor allem in Gestalt der deutsch-christlichen Gottesfeiern – fanden weite Verbreitung. Seit 1938, als alle Pfarrer den Eid auf den Führer abzulegen hatten, trug die Kirchenpolitik stark antijudaistische Züge. War die Haltung der Kirchenleitung zum Nationalsozialismus damit durch authentische Partizipation geprägt – bezüglich der Pastoren fehlen verlässliche Studien –, separierte sich ein kleiner Teil der Pfarrerschaft in der Bekennenden Kirche. Letztere stellte sich der organisatorischen und theologischen Gleichschaltung entgegen und bildete in Ansätzen eigene Organisationsstrukturen aus, wobei neben dem Landesbruderrat als Leitungsgremium ein eigenes Predigerseminar nur bis 1937 Bestand hatte. Inwiefern Anhalt damit dem Typus der „gespaltenen Regionen" oder doch eher dem des „deutschchristlichen Weges" zuzuordnen ist, wäre freilich anhand des Einflusses der Bekennenden Kirche und von Belegen dissidenten und nonkonformen Handelns noch genauer zu untersuchen.[118]

Auf der Seite der Bekenner

Ein Schwesternbrief der Oberin Renate Lange vom Mai 1933 macht – in einer metaphorischen, aber doch deutlichen Sprache – klar, von welchem Standpunkt aus sie in diesem Kontext zu agieren versuchte: Eingangs beschwor sie mit einem Luther-Zitat – „in den Sachen, die der Seelen Seligkeit betreffen, soll nichts denn Gottes Wort gelehrt und angenommen werden" – das protestantische Schriftprinzip, das ihr aktuell besonders relevant erschien. Dem vaterländischen Jubel der Zeit könne man sich kaum verschließen; „Begeisterung" aber sei etwas anderes als die „Gabe des Geistes", und diese von Gott zu erbitten, sei nötig, damit

Oberin Renate Lange, um 1940

„wir nicht das Vaterland, geschweige denn einen Menschen zu einem Abgott machen, um den sich all unser Denken und Sein dreht. Das ist nämlich jetzt eine große Gefahr. Nicht, als ob wir nun bei allem Geschehen sauertöpfisch zusehen sollten, aber daß wir doch ja unterscheiden lernen zwischen dem, was ein Anrecht hat an unsere letzte Hingabe, und dem, was uns zum Verhängnis werden muß, wenn wir uns ihm mit Haut und Haar verschreiben".[119]

Auch die Predigt vom Sonntag Cantate, die die Oberin ihrem Brief beilegte, war von dieser Distanz zum neuen Regime geprägt, auch wenn sie natürlich nicht explizit werden konnte. Sie warnte vor einer pseudoreligiösen Hoffart, die das eigene Volk über andere („Wir sollen uns in Deutschland doch gar nicht einbilden, daß wir das Evangelium in Erbpacht hätten") erhebe, und beschwor den Glauben aus dem Wort heraus. Dieser sei nötig, um zu erkennen, in welcher Gefahr sowohl die Kirche als auch das Mutterhaus aktuell stecke. Die Frage Jesu an seine Jünger: „Wollt ihr auch weggehen?" (Joh. 6,60–69), war direkt auf die Kirche zu beziehen, deren Schicksal „auf des Messers Schneide" stehe.[120] Mit diesem „Weggehen" war ein aktiv partizipatives Verhalten von Christen gegenüber dem Nationalsozialismus gemeint. Dieses wurde indirekt dadurch verneint, dass der Prediger forderte, „in dieser Entscheidungszeit" für die „Zukunft unseres Volkes" könne die Entscheidung nur für das Wort und für die Kirche fallen. Diese Entscheidung müsse eine vollständige sein, die den ganzen Menschen erfasst. Dabei dürfe nicht das Private vom Politischen getrennt und so dem Einzelnen und seinem „alten Adam" eine „Hintertür" dafür offengelassen werden, sich einzurichten: „Wer sich auf das Wort verlässt, der wagt es, unter dem Kreuz zu bleiben".

Zweifellos stammte die maschinenschriftliche, im Mutterhaus hektografisch vervielfältigte Predigt aus der Hand des Vorstehers, der hier nicht genannt wurde, denn zum einen bezog sich die Oberin auf den Wunsch der Diakonissen, dann und wann mal eine gehörte Predigt nachlesen zu können; zum anderen war in dem Text eine Mutterhausgemeinde angesprochen. Heinrich Leich war selbst Mitglied der Bekennenden Kirche seit ihrer Entstehung.[121] Das sagt zunächst noch wenig aus, denn auch die Bekennende Kirche war keineswegs eine Organisation des aktiven Widerstands. Doch Leichs resistente Haltung wird bald auch praktisch greifbar: Mitte Oktober 1934 ging er in Konfrontation zur Landeskirche in Gestalt des Kreisoberpfarrers Pfennigsdorf,[122] der die ADA visitieren wollte. Leich verwies in einem Brief auf die seit Juli 1933 offenbare NSDAP-nahe Haltung des Visitators und den beabsichtigten Zweck der Visitation, nämlich gerade den geistlichen Bereich seines Vorsteherdienstes zu prüfen und zu beratschlagen. Dafür bestehe aufgrund des Dissenses beider für ihn, Leich, keine Basis mehr.[123] Nachdem Pfennigsdorf daraufhin gegenüber der Kirchenleitung seinen Rückzug aus dem Verwaltungsrat ins Spiel gebracht hatte, drohte diese dem Verwaltungsrat, die vertragliche Verbindung mit der ADA zu lösen, d. h. aus dem Verwaltungsrat auszuscheiden und die Gehaltszahlungen an den Vorsteher einzustellen. Diese Drohung war sehr ernst zu nehmen, stellte doch der Landeskirchenrat die Unterstützung der aus seiner Sicht nicht „artgemäßen" Inneren Mission weitgehend ein und zeigte so seine Entschlossenheit, im Sinne der NS-Politik die Diakonie, wo es ging, aus der Wohlfahrtspflege zu verdrängen.[124]

Angeblich wegen eines Missverständnisses wurden Leich dann seine Dezemberbezüge vorenthalten, wogegen er juristisch vorging, was aber seine persönlichen Lebensumstände beeinträchtigte. Der Verwaltungsrat schaltete schließlich den Kaiserswerther Verband ein; Auguste Mohrmann und Graf von Lüttichau kamen am 11. Dezember eigens nach Dessau. Nach einem Gespräch mit der Hausleitung beim Kreisoberpfarrer lenkte der Vorsteher ein; die Visitation durch Pfennigsdorf fand statt, aber ohne öffentliche Gemeindefeier – wobei als Begründung eine im Februar 1935 anstehende Festveranstaltung der Diakoniegemeinschaft genannt wurde. Das angedachte Disziplinarverfahren wurde fallengelassen. Das Staatsministerium meinte einige Tage später verdeutlichen zu müssen, dass es „die ordnungsgemäß eingesetzte Kirchenregierung gegenüber den geltend gemachten Sonderbestrebungen des Anstaltsgeistlichen nachdrücklich [...] unterstützen"[125] würde.

Der Handlungsspielraum der Hausleitung war, das zeigte sich hier, auch angesichts der ideologischen Nähe von Kirche und Staat stark eingeengt. Vorsteher und Oberin brauchten den gegenüber dem System kompromissbereiten Verband in Düsseldorf als Rückhalt. Langfristig bot aber auch die Landeskirche vor Ort eine Schutzoption; das deutsch-christliche Profil ihrer Leitung war dabei das kleinere Übel, zumal sich mit zunehmendem Gleichschaltungs- und Verdrängungsdruck des Staates auf die Kirchen, der auch die DC-Kirchenleitung unter Druck setzte, Loyalitäten wieder verschoben.[126] Eine 1937 vom Verwaltungsrat beschlossene Satzungsänderung sah folglich nicht nur die Einfügung eines Absatzes in Paragraf 1 vor, die die durch das Steueranpassungsgesetz 1934 nötig gewordene Feststellung der Gemeinnützigkeit beinhaltete. Vielmehr wurden nun auch Regelungen für den Fall einer Auflösung der Anstalt getroffen (§ 10): Das Kapital, das nach Abzug der Verbindlichkeiten sowie der für die Versorgung der zum Zeitpunkt einer möglichen Auflösung vorhandenen Schwestern nötigen Mittel noch übrig blieb, sollte für benachbarte „kirchliche, gemeinnützige oder mildtätige Zwecke" verwendet werden. Die „treuhänderische Überwachung" sollte durch den Landeskirchenrat unter Mitwirkung des Kaiserswerther Verbands erfolgen.[127] Angesichts des starken, ideologisch begründeten Drucks auf die konfessionelle Wohlfahrtspflege wollte man zumindest den materiellen Grundbestand der ADA für Kirche und Diakonie retten. Und schließlich wurde in den Paragrafen noch ein Absatz eingefügt, der künftige Satzungsänderungen bezüglich des Zweckes, Bestandes und Vermögens der ADA von einer „Genehmigung des Landeskirchenrates für Anhalt unter Mitwirkung des Kaiserswerther Verbandes" abhängig machte.[128] Die Satzungsänderung – anderswo zur gleichen Zeit durch die Rezeption rassistischen Gedankenguts geprägt –[129] war Ausdruck einer aus Sorge vor staatlichem Zugriff erzwungenen Annäherung der ADA an die Kirche.

Schaut man auf den Verwaltungsrat und seine Mitglieder, so zeigt sich eine fortgesetzte Distanz sowohl gegenüber dem Staat als auch der Kirchenleitung; sie bildete wohl zugleich die Basis dafür, dass Oberin und Vorsteher trotz ihrer BK-Gesinnung im Amt blieben. Der Verwaltungsrat war zwar letztlich nicht vor einer Gleichschaltung gefeit. Seine Struktur und seine Zusammensetzung zu Beginn der Naziherrschaft scheinen aber eine entsprechende Entwicklung behindert zu haben. Zu je einem Vertreter der Regierung, der Kirche und der Kirchenkreise (vom Landeskirchenrat zu entsenden) kamen die Oberin, der Vorsteher und zwei Schwestern aus dem Schwesternrat sowie drei durch Kooptation zu ergänzende Mitglieder. Mehrfach wurden hier Personalentscheidungen getroffen, die eine über das Mindestmaß an Anpassung hinausgehende Kollaboration unwahrscheinlich machen: Nachdem infolge des politischen Umschwungs 1933 Regierungspräsident Mühlenbein sein Amt niedergelegt hatte, wurde der im März 1931 kooptierte ehemalige Dessauer Stadtrat Dr. Franz Neumann zum Vorsitzenden gewählt. Der Jurist war als DDP-Mitglied lange Jahre Stadtrat sowie bis 1930 Bürgermeister gewesen und hatte sich einen Ruf als besonnener Kommunalpolitiker erarbeitet.[130] Seine Wiederwahl erfolgte am 30. November 1937. An diesem Tag wurde mit Dipl.-Ing. Johannes Plath ein nicht näher bekannter Dessauer hinzugewählt, der Neumann, welcher 1942 starb, 1944 als Vorsitzender folgte (und dies bis 1949 blieb). Vor allem die Zuwahl des Rechtsanwalts Friedrich Körmigk im Dezember 1944 spricht eine eindeutige Sprache, denn mit ihm rückte ein Vertreter des Landesbruderrats der Bekennenden Kirche in eine Leitungsposition.[131] Auch die Frau des BK-Pfarrers Georg Fiedler wurde 1937 wiedergewählt. Sowohl Körmigk als auch Fiedler gehörten später der ersten Nachkriegsleitung der Kirche an.

Die Leitung der ADA blieb der Bekennenden Kirche verpflichtet, und der direkte Einfluss sowohl der Regierung als auch des Landeskirchenrats blieb gering. Tatsächlich wurden die Verwaltungsratssitzungen seit 1933 nicht nur immer weniger, sondern auch kürzer. Die Protokolle zeigen, dass hier eine extreme Formalisierung eintrat, indem man sich auf satzungsmäßig-turnusmäßige Aufgaben – wie die Vorlage von Jahresrechnungen und -berichten – beschränkte. Die Vertreter der Landeskirche fehlten daher seit 1935 häufig in den Sitzungen.[132] Die wichtigsten inhaltlichen Leitungsentscheidungen wurden durch Vorsteher und Oberin – seit März 1938 war die Oberin allerdings zunehmend auf sich allein gestellt –[133] getroffen.

Einbußen

In den eigenen, wesentlich durch angestelltes Personal mitgetragenen Anstalten der ADA waren vordergründig kaum Veränderungen zu spüren:[134] Das Krankenhaus florierte mit zwischen 1.700 und über 1.900 Patienten und einer durchschnittlichen Auslastung von zwischen 75 und 97 Prozent der Betten jährlich; auch das Marienheim, in den frühen 1920ern noch finanzielles Sorgenkind,[135] war mit seinen 30 Plätzen zumeist ausgelastet. Das Seminar betreute zwischen sieben und zwölf Seminaristinnen; die ihm vorgeordnete Kinder-

Das Marienheim an der Schlageterallee, um 1935

pflegerinnen- und Haushaltsgehilfinnen-Schule zwischen 10 und 15 Schülerinnen; der Kinderhort der ADA in der Steneschen Straße hatte 1937 vormittags zwischen 30 und 35 Klein- und nachmittags durchschnittlich 45 Schulkinder zu versorgen. Die gleiche Zahl von Kindern ging in diesem Jahr in den Kindergarten auf dem Anstaltsgelände. Das Zufluchtsheim, das über 16 Betten verfügte, war in der Regel voll, zeitweise auch überbelegt; die Insassen wurden überwiegend von Jugendämtern, in zweiter Linie von der Polizeifürsorge, Gesundheitsbehörden und der NSV zugewiesen. 1939 kam für die Bildungseinrichtungen ein Rückschlag: Die Hauswirtschaftsschule erhielt nicht die staatliche Anerkennung zum Pflichtjahr, was einen Einbruch der Anmeldungen zur Folge hatte.

Deutlich rückläufig waren seit Mitte der 1930er Jahre die Schwesternzahlen:[136] So sank 1934 erstmals, zunächst noch langsam, die Zahl der eingesegneten sowie der auf eine Einsegnung orientierten Schwestern, und ab dem nächsten Jahr lag die Zahl der Neueintritte deutlich unter der Summe der Sterbefälle und Ausscheide: Waren es im Berichtsjahr 1934/35 noch 106, so konnten am 1. April 1939 nur noch 81 Diakonissen, Novizen und Probeschwestern vermeldet werden, was einem Rückgang von über 24 Prozent entspricht. Austritte hatte es schon in den 1920er Jahren gegeben, aber nicht so massiv und vor allem nicht unter den Diakonissen, die ja eine längere Probezeit hinter sich hatten, aber von denen sich laut Statistik der Jahresberichte 1935/36 sechs und 1937/38 vier für den Austritt entschieden. Gleichzeitig stieg die Zahl der Feierabendschwestern an. Kompensiert wurden die Verluste durch freie Hilfsschwestern, Krankenpflegeschülerinnen und diakonische Hilfskräfte. 1938 verfügte die ADA über 69 Diakonissen, von denen 12 im Feierabend waren, und 12 Novizen; diesen 81 Schwestern im engeren Sinne standen 34 diakonische Arbeitskräfte zur Seite (zehn Jahre zuvor hatte das Verhältnis 98:23, 1934 noch 106:42 gelautet). Die Mitte der 1930er Jahre gilt in der Kaiserswerther Mutterhausdiakonie allgemein als Wendepunkt bei den Schwesternzahlen; anstelle von Stagnation ist aber in Anhalt eine klar rückläufige Entwicklung festzustellen.[137]

Auch bezüglich der für verschiedene Träger betriebenen Außenstationen waren seit 1934/35 fast jährlich Rückgänge zu vermelden.[138] Dies betraf vor allem kommunale Gemeindepflegestationen; die größten Einbußen stellten aber die Kreiskrankenhäuser in Köthen (1936) und Ballenstadt (1939) dar. Wurden am 1. April 1934 noch 34 Außenstationen mit 76 Schwestern und 14 Schülerinnen versorgt – darunter vier Krankenhäuser, 14 kirchliche und kirchennahe sowie zwölf kommunale Gemeindepflegestationen –, so waren es genau fünf Jahre später nur noch 26 (versorgt von 52 Schwestern), darunter nur noch ein Krankenhaus (Zerbst) und sieben kommunale Gemeindepflegestationen. Demnach gingen in fünf Jahren fünf kommunale Stationen und zwei Krankenhäuser verloren.

Die nationalsozialistische Wohlfahrtspolitik und Umgestaltung der Gesellschaft verstärkten die etwa 1920 eingesetzte Zangenbewegung, der sich die Mutterhausdiakonie zwischen einer Ablehnung der (weiblichen) Diakonie durch Träger einerseits und dem Nachwuchs- bzw. Austrittsproblem andererseits ausgesetzt sah. Aufgrund der schlechten Quellenlage kann hinsichtlich der Austritte nur spekuliert werden.[139] Das Schwesternbuch enthält lediglich bei zwei Schwestern den Vermerk „freie Hilfe geworden"; dabei handelte es sich um Probeschwestern, die zuvor jeweils nur einige Monate im Mutterhaus gelebt hatten und sich dann dagegen entschieden, Diakonisse zu werden. Doch auch ihren Dienst als freie Hilfsschwestern in der ADA quittierten beide nach ca. einem Jahr.[140] Eine bereits eingesegnete Schwester verließ die ADA zum 15. Oktober 1937 und ging später zum Evangelischen Bund.[141] Auch wenn es plausibel erscheint, dass die weiteren Austritte in diese oder ähnliche Richtungen erfolgten – nicht zuletzt wegen der korrelierenden Verluste der ADA bei den weltlichen Gemeindestationen, die ja auch weiter besetzt wurden – so wäre erst noch zu prüfen, inwieweit die ADA Schwestern etwa an die nationalsozialistische Schwesternschaft verlor.[142] Im Allgemeinen wird der Erfolg der Nazis, die sogenannten „Braunen Schwestern" auf Kosten der konfessionellen Schwesternschaften zu erweitern, als gering eingeschätzt.[143]

In einem Brief des Vorsitzenden des Landesamts für Innere Mission an den Vorsteher 1936 ist nun davon die Rede, diesem sei im Fall des vor wenigen Wochen aufgegebenen Kreiskrankenhauses Köthen „in der Haltung der dortigen Schwesternschaft bittere Enttäuschung erwachsen". Heinrich Leich entgegnete, dass trotz der negativen Umstände für die Arbeit die Kündigung des Kontraktes doch „wohltuend [...] für die Zukunft" des Mutterhauses gewesen sei: Hier sei nämlich ein „Geschwür aufgebrochen, das den Körper der Schwesternschaft schon seit Jahren schädigte".[144] Der ADA waren in Köthen mit der Vertragskündigung mehrere Schwestern von der Stange gegangen, sprich an ihren Arbeitsplätzen geblieben. Wie aus einem Brief an eine dieser Schwestern hervorgeht, erwartete Leich aber insbesondere von den Diakonissen jene Entscheidung *für* das Haus und *für* den Glauben, die er bereits in der oben erwähnten Predigt (S. 98) 1933 angemahnt hatte; lieber verzichtete er auf wankelmütige Schwestern.[145] Damit dürfte ein Gutteil der personellen Verluste, die die ADA zu verkraften hatte, daraus resultiert haben, dass ein Teil der Schwestern nicht bereit war, sich dem institutionellen Anspruch des Mutterhauses auf Nicht-Anpassung zu unterwerfen.

Zwischen Resistenz und Anpassung

Indizien für einen aktiven politischen Widerstand der ADA gibt es bislang nicht.[146] Die Möglichkeiten, sich durch Nichtanpassung Freiräume gegenüber der nationalsozialistischen Beeinflussung zu erarbeiten, um damit die eigene Organisation zu bewahren und den NS-Totalitätsanspruch in konkreten Kontexten zu be- oder verhindern, hingen vom eigenen Willen und von komplizierten Gesinnungs- und Machtkonstellationen ab.[147] Diesen Praktiken ist schwer auf die Spur zu kommen, da sie im nichtöffentlichen Bereich erfolgten und ihre Beweggründe nicht expliziert wurden. Aber es gab sie.

Bereits bis zum Sommer 1933 war die überwiegende Zahl der Schwestern Mitglied in der Reichsfachschaft geworden, wie entsprechende Vermerke auf den Schwesterkarteien ausweisen. Einen Hinweis darauf, dass die NSV versuchte, die Schwestern quasi an der Leitung vorbei zu kontrollieren, und die Leitung ihrerseits, dem gegenzusteuern, finden wir in dem Schwesternbrief vom 12. August 1942. Es ist der einzige aus diesen Jahren, der neben theologischen Reflexionen auch organisatorische Maßnahmen enthält: Aus Berlin – offenbar von der Diakoniegemeinschaft – sei mitgeteilt worden, dass die NSV Personalbögen an die Gemeindeschwestern schicke. Renate Lange wies diese jedoch an, die Bögen nicht auszufüllen, sondern an die Mutterhausleitung weiterzuleiten. Es handele sich „nicht um Belange des Dienstes".[148]

Ein solcher Bezug auf Verfahrens- und Kompetenzfragen war unproblematisch. Für offene ideologische Kritik galt das Gegenteil: Schnell wurden hier den Schwestern Grenzen aufgezeigt. Aufschlussreich ist ein Vorfall vom Februar 1939: Diakonisse Frieda Dannöhl äußerte gegenüber einer Ziebigker Familie Anfang 1939, sie solle ihr neugeborenes Kind nicht bei Pfarrer Elster in der Auferstehungskirche taufen lassen, da dieser Deutscher Christ sei. Elster drohte Schwester Frieda daraufhin, „die zuständige Behörde" zu benachrichtigen, sollte sie derartige Handlungen nicht unterlassen. Der Vorsteher übermittelte dem Pfarrer daraufhin die Entschuldigung der Diakonisse und beteuerte, dass sie mit ihrem Verhalten „unseren oft wiederholten ausdrücklichen Weisungen an alle Schwestern zuwider gehandelt" habe.[149]

Abweichendes Verhalten hier, unschlüssiges oder organisatorisch erzwungenes Kollaborationsverhalten da – diese Konstellation war auch anderswo typisch. Die Aussagekraft eines Hitler-Bilds im Speisesaal der Diakonissenanstalt ist sicherlich sehr begrenzt. So lassen sich genügend Beispiele dafür finden, wie das Mutterhaus und seine Teilanstalten mit NS-Organisationen kooperierten und NS-Inhalte vermittelten. Anlässlich eines Besuchs im Kursushaus des Kaiserswerther Verbandes in Berlin im Sommer 1937 heißt es im Jahresbericht, die Se-

Speisesaal des Mutterhauses mit einem Foto Hitlers, 1933 oder etwas später

minaristinnen hätten die Wanderausstellung „Gib mir vier Jahre Zeit" besucht und sich gefreut, „gelegentlich des Aufmarsches der italienischen Jugendführer vor der Reichskanzlei den Führer zu sehen und sprechen zu hören".[150] Hier teilten junge Frauen und ihrer Betreuerinnen jene Begeisterung, die die Gesellschaft überwiegend erfasst hatte; hier wurde aber auch weltanschaulicher Unterricht betrieben, denn die genannte Ausstellung pries insbesondere die wirtschaftlichen Errungenschaften seit 1933.

In dem an Zertifikate und verfahrensmäßige Beteiligung des NS-Staates gebundenen Feld der Bildung war ein entsprechender Anpassungsdruck am deutlichsten: Rassekunde war seit 1934 Gegenstand des Unterrichts im Seminar und der Prüfung der Seminaristinnen.[151] Auch die „deutsche Revolution" – sprich die Machtergreifung der Nationalsozialisten – gehörte zum Lernstoff. Dass der Vorsteher hier zum Teil selbst unterrichtete, könnte in verschiedene Richtungen interpretiert werden; da hier aber Quellen fehlen, wäre dies Spekulation. Seit 1935 dominierten nationalpolitische Themen auch in den schriftlichen Abschlussprüfungen im Seminar;[152] seit 1940 mussten sich ebenfalls die Kinderpflegerinnen und Haushaltgehilfinnen vor einer vom Kreisschulrat geleiteten Prüfungskommission einer „Prüfung im nationalpolitischen Unterricht" unterziehen.[153]

Die Mitarbeiter des Krankenhauses und der übrigen Tochteranstalten der ADA wurden, dem Gesetz zur Ordnung der nationalen Arbeit von 1934 folgend, in „Gefolgschaften" verpflichtet und organisiert, die „Kameradschaftsabende" abhielten und – dem „Führerprinzip" folgend – einem Betriebsführer unterstanden.[154] Die Diakoniegemeinschaft veranstaltete Kameradschafts- und Schulungsabende im Mutterhaus, unter anderem mit Vorträgen über Rassekunde. Am 8. Mai 1935 fand eine Tagung der Diakoniegemeinschaft, Landesgruppe Anhalt, im Gemeindehaus der Auferstehungskirche statt, während der Auguste Mohrmann über den „Auftrag der Diakoniegemeinschaft im neuen Staat" sprach. In einigen engeren Arbeitsbereichen arbeitete die ADA auch mit der NSV zusammen: Letztere belegte z. B. im Sommer 1937 das Kinderheim mit Sommergästen; die Kinderpflegerinnenschülerinnen der ADA fuhren zu Arbeitseinsätzen in die Walderholungsstätte der NSV, und im Kindergarten der ADA kam die Kindermilchspeisung der NSV den Kindern minderbemittelter Eltern zugute. Die NSV übernahm Anfang 1939 auch zwei von der ADA mit je zwei Schwestern besetzte Außenstationen als Träger.[155] Der genaue Kontext dieser nur in einer Statistik überlieferten Tatsache ist leider ebenfalls offen; eine entschieden ablehnende Haltung, wie sie der Vorsteher des Cecilienstifts in Halberstadt einnahm, der in einem vergleichbaren Fall 1938 „seine" Schwestern abzog,[156] ist hier jedenfalls nicht festzustellen. Vier Diakonissen taten auch noch 1942 für die NSV Dienst.

Freilich: In dem Halberstädter Beispiel ging es nicht um Kranken-, sondern Kinderpflege und damit den Kampf zwischen christlicher und politischer Erziehung. Und hier wird in der Tat eine Resistenz der ADA deutlich. Das Festhalten an reformpädagogischen (von den Nazis abgelehnten) Konzepten auch nach der Machtübernahme[157] konnte deswegen zunächst gelingen, weil die Gleichschaltungsbemühungen der NSDAP gegenüber den evangelischen Kindergärten bis 1937 noch von einer Akzeptanz der Evangelischen Kirche und Inneren Mission als Träger und einer damit verbundenen Kompromisshaftigkeit geprägt waren. In vielen Fällen wurden Kindergärten und Seminare dennoch schon Mitte der 1930er Jahre geschlossen oder der NSV übergeben. Doch auch als, legitimiert durch den Erlass zur Übernahme nicht-kommunaler Kindergärten vom 21. März 1941, die NSV unter Berufung auf ihren „Menschenführungsanspruch" seit Ende Juli 1941 gegen konfessionelle Kindergärten vorging, widerstand die ADA erfolgreich dem Druck. Sie hob sich damit auch von den Trägergemeinden in der Landeskirche ab: In Sorge vor einer aktiven Beschlagnahme wurden durch den Vorsitzenden des Verbandes für christliche Kinderpflege in Anhalt, Pfarrer Werner Lange, zehn der zwölf evangelischen Kindergärten Anhalts Ende Juni/Anfang Juli 1941 an die NSV übergeben. Einzig die beiden Kindergärten in Trägerschaft der ADA blieben unabhängig, nachdem die Oberin und Pfarrer Lange andersgeartete Vorstöße von Stadtverwaltung, NSV und Kreisamt abgewehrt hatten. Folgt man Rainer Bookhagen, war neben dem Willen, sich dem Totalitätsanspruch zu widersetzen – er reichte etwa im Cecilienstift Halberstadt an dieser Stelle nicht aus –, hier ein formalrechtliches Argument von Bedeutung, dass nämlich der die NSV ermächtigende Runderlass nicht für Seminarkindergärten gelte (das Kindergärtnerinnenseminar bestand zu diesem Zeitpunkt noch).[158] Am 30. September 1941 rückte das NS-Regime dann von seiner aggressiven Übernahmepolitik ab.[159]

Im Zweiten Weltkrieg

Anfang dieses Jahres hatte die ADA zwei Schwestern an die Wehrmacht abgeben müssen, eine Zahl, die sich – obschon bereits zum 1. November 14 Schwestern für den Dienst „vorgemerkt" worden waren – bis Ende 1942 nicht änderte (danach fehlt es an Quellen).[160] Das Diakonissenkrankenhaus wurde ab einem unbekannten Zeitpunkt auch zur Pflege verwundeter Soldaten genutzt.

Immer weiter verschlechtert sich hier die Quellenlage. Der spätere Kreisoberpfarrer Werner Lange fertigte am 18. Oktober 1944 eine kurze Geschichte der ADA an; für die ihm am nächsten liegenden Jahre machte er Notizen, die zumindest Streiflichter in eine in verschiedener Hinsicht dunkle Zeit werfen: So hatte das letzte Examen der Seminaristinnen 1938 stattgefunden; das Seminar wurde im Oktober 1941 aufgelöst, und die Kinderpflegerinnenschule wurde, mitsamt dem vom Seminar übernommenen Kindergarten, im Herbst 1942 geschlossen – ohne dass wir etwas über die Hintergründe erfahren würden. Der Bestand an Stationen und Schwestern war im Vergleich zu 1939 aber weitgehend gehalten; dem Schwesternmangel, der sich mit Aufgabe der Seminare und Kindergärten entspannte, war man zuvor durch die Präferenz kirchlicher zuungunsten weltlicher Stationen begegnet.[161] Lediglich eine Schwester tat 1944 in einem externen Lazarett – in Stendal – Dienst.[162]

Die Versorgungsprobleme, die sich mit zunehmender Kriegsdauer verschärften, trafen auch die ADA. Das Zufluchtsheim musste ab Mitte November 1944 aufgegeben werden, da es an Heizmaterial fehlte. Acht Mädchen wurden entlassen; die verbliebenen 15 wurden im Mutterhaus untergebracht, das noch über Kohlen verfügte. Seit Januar 1945 nahm der Flüchtlingsstrom aus dem Osten erheblich zu; auch die ADA nahm nun Heimatlose auf, darunter die Ehefrau und die Tochter des im Felde befindlichen Vorstehers sowie den ehemaligen galizischen Kirchenpräsidenten Theodor Zöckler mit seiner Familie.[163] Den größten Ein-

schnitt brachte die Nacht vom 7. zum 8. März 1945: Bei dem großen Bombenangriff auf Dessau brannte das Mutterhaus bis auf die Kellerräume völlig aus; Pfarrhaus, Zufluchtsheim und Krankenhaus wurden durch Brand schwer beschädigt. Das Damenheim des Marienheims, das die Nacht kaum beschädigt überstanden hatte, wurde evakuiert (die Frauen kamen nach Hoym und Staßfurt), das darin befindliche Kinderheim wurde aufgelöst. Der Wohnraum wurde den Schwestern und Angestellten zugewiesen.[164] Außerdem nahm man hier weitere Dessauer Obdachlose auf, so die ausgebombten Gemeindeschwestern, die Schwestern des Evangelischen Bundes, die das gleiche Schicksal erlitten hatten, einige Arztfamilien und Rechtsanwalt Friedrich Körmigk mit Familie. „Der Wintergarten des Marienheims wurde unser Andachtsraum, sogar Gottesdienst und Abendmahl konnten wir trotz schwierigster Verhältnisse dort halten".[165]
Die Krankenhausarbeit kam – das Gebäude wurde durch den Angriff am 8. April nochmals schwer getroffen – für mehrere Wochen völlig zum Erliegen. Die Patienten waren rechtzeitig in einen Bunker auf dem Gelände und in den Keller des Marienheims gebracht worden und wurden bereits am Tag nach dem Angriff in die Krankenhäuser der umliegenden Städte evakuiert. Die Heimkinder kamen nach Wulfen und auf den Hubertusberg bei Coswig.
Anstelle der damals errechneten Sach- und Nutzungsschäden für das Haus soll hier abschließend eine Passage aus einem Bericht wiedergegeben werden, der anlässlich eines Treffens des Freundeskrieses des Zufluchtsheimes 1947 von der Leiterin des Heims verfasst wurde. Er vermittelt einen Eindruck davon, wo die Schwestern in der Rückschau damals ihre Aufgabe verorteten und wie sie mit der existenziellen Not umgingen. Der Mangel an Nahrung und Kleidung, die körperlichen Versehrungen und die Existenzängste, aber auch die Sorge, den diakonischen Auftrag überhaupt weiterhin erfüllen zu können – diese Nöte wurden vom Glauben getragen:

> „Es ist so selbstverständlich, dass auch unser kleines Heim nicht herausgelöst ist aus dem Erleben unseres Vaterlandes, aus der Zeit der Not, der Krisen, der Auflösung und des Niederganges. So ging auch unser Heim durch viel Schwankungen und Krisen hindurch. Wir standen wirklich vor der Frage: Soll es ganz aufhören mit uns? Unser Herz fing damals nach dem Feindalarm zu zittern an, werden wir haben, was wir brauchen, um satt zu werden, und wir fragen uns heute immer wieder, woher nehmen wir Kleidung? Es fehlt uns ja jetzt an allem, selbst am Faden, um das, was wir haben, in Ordnung zu halten. Wir haben gekämpft mit Krätze und Läusen, und die ‚Russenkrätze' machte uns viel Not. Wir kämpften und kämpf-

ten aber doch viel mehr mit der inneren Verwahrlosung einen scheinbar so aussichtslosen Kampf, weil die finstern Mächte so unüberwindbar gross geworden erscheinen, dass sie ohne Aufhalten alles in den Niedergang hineinzureissen scheinen.

Jedoch, wir haben in dieser Zeit auch etwas gelernt, wir haben gelernt, anders zu rechnen. Ich möchte Ihnen ein scheinbar unbedeutendes, und doch so ausschlaggebendes Erlebnis erzählen. Es war nach dem Alarm, wir mussten uns wieder selbst verpflegen, und ich fing an, zu rechnen, wie wir durchkommen sollen, und je mehr ich rechnete, desto trostloser wurde die Sache. 2 Nächte konnte ich nicht schlafen, die Sorge ums tägliche Brot liess es nicht zu. Da kam es mir plötzlich ins Bewusstsein: Bei einen Angriff lag drüben auf dem Spielplatz die grosse Brandbombe, beim grossen Angriff lag die brennende Bombe im Haus, und wurde von einem Fremden herausgeholt, längst ehe wir in unserem Hause waren, und beim letzten Angriff fiel die 2000 kg Sprengbombe 10 m vom Haus in die Erde und riss alles heraus, aber unser Haus blieb stehen mit erstaunlich geringen Schäden. Sollte nun der, der uns so gnädig bewahrt hatte, uns nun verhungern lassen? Wir hörten auf zu rechnen, und siehe, es reichte immer."[166]

Schluss

Mit der Zerstörung des Mutterhauses war die ADA nach knapp 51 Jahren am Tiefpunkt ihrer Existenz angelangt. Im Kaiserreich war sie als unabhängige juristische Person gegründet worden, um die kleinstaatliche Wohlfahrtspflege als gemeinsame Angelegenheit von Innerer Mission, Kirche und Staat zu bündeln, zu kontrollieren und zum Nutzen der Kirche voranzutreiben. Der direkte Einfluss der konsistorialen Staatskirche war stark und führte Ende 1896 zu einer Krise, in der auch die Kritik einiger Schwestern am kirchlichen Patriarchat zum Tragen kam. Erst im Lauf des Ersten Weltkrieges konnte sich – die ADA hatte ihre Tätigkeitsfelder inzwischen erfolgreich ausgedehnt – der Hausvorstand einen neuen Entscheidungs- und Handlungsfreiraum gegenüber Kirche und Staat erarbeiten. Auch der Einfluss der Schwestern auf die Verwaltung sowie die Autonomie des Hauses in Personalfragen erfuhren mit dem 1917 erfolgten Anschluss an den Kaiserswerther Verband eine Stärkung. Das Verhältnis von Staat und Mutterhausdiakonie war unter demokratischen, der Reichsverfassung nach säkularen Vorzeichen durch eine pragmatische wechselseitige Rücksichtnahme geprägt. Auf ihrer Grundlage prosperierte und expandierte die ADA in der Zeit

Die Ruine des Mutterhauses im Sommer 1945

der Weimarer Republik weiter. Tieferliegende Veränderungsprozesse bezüglich der gesellschaftlichen Akzeptanz der konfessionellen Wohlfahrtspflege und der Mutterhausdiakonie sowie eine damit verbundene strukturelle Ausdünnung wurden noch kaum sichtbar.

Eine größere Annäherung an die nun vom Staat selbständige Landeskirche wurde in den 1920er Jahren auch dadurch konterkariert, dass der Landeskirchenrat die Besetzung der Vorsteherstelle 1924 autoritativ vollziehen und politisch nutzen wollte. Der „Fall Werner" zog die ADA hinein in die Auseinandersetzungen von liberalen und konservativen Kirchenmännern mitten in einer stark politisierten Öffentlichkeit, in der die Kirche sich immer weiter rechts positionierte. Mit Beginn des DC-Kirchenregiments im Jahr 1932 verschlechterte sich das Verhältnis extrem, weil Vorsteher und Oberin den DC-Kurs des Landeskirchenrats nicht mitgingen. Die Statutenänderung 1937 folgte allerdings angesichts der viel größeren Bedrohung durch den NS-Staat dem Prinzip „Im Zweifel für die Kirche". Mitte der 1930er Jahre begann der Abschwung, sowohl bezüglich der Schwesternzahlen als auch der diakonischen Handlungsfelder und betreuten Institutionen. Das Profil einer bekennenden und resistent eingestellten Mutterhausleitung konnte nur durch sehr wenige Indizien des Handelns und der personellen Zusammensetzung des Verwaltungsrates unterfüttert werden. Anpassungen standen Widerstände gegenüber – typischerweise ohne „Monumen-

talität" (Martin Broszat), aber doch als Grenzziehungs- und Selbstbehauptungs-
versuche von Diakonie und Bekennender Kirche im totalitären Staat.

Mit der Einnahme Dessaus durch die Amerikaner am 23. April 1945 begann
auch für die ADA eine neue Zeit. Seines Vorstehers beraubt, musste das Mutterhaus unter Leitung von Renate Lange nicht nur die Folgen des Krieges be-
wältigen, sondern sich in fundamental gewandelten politischen Verhältnissen
orientieren. Vorsteher Leich kehrte nicht nach Dessau zurück, sondern ging
nach Bielefeld (und wurde später Direktor des Kaiserswerther Verbandes in
Düsseldorf). Am 1. August 1945 wurde der aus Ostpreußen stammende Pfarrer Gerhardt Laudien als Vorsteher eingeführt. Nach einer Besprechung mit
dem Ministerialdirektor Richard Kunisch (CDU) als Vertreter des Ministerpräsidenten des Landes Sachsen-Anhalt am 29. Januar 1948 in Halle beschloss
der Verwaltungsrat am 13. Februar eine erneute Statutenänderung.[167] Die ADA
bezog ihre Ziele und Aufgaben weiterhin auf Anhalt. Doch der Freistaat hatte
aufgehört zu existieren, und „im Sinne der Trennung von Kirche und Staat"
hatte Kunisch die Streichung einer staatlichen und kommunalen Vertretung im
Verwaltungsrat verlangt. Entsprechend wurde zum einen nun das „Gebiet der
Evangelischen Landeskirche Anhalts" als Sprengel definiert; zum anderen wurde der Verwaltungsrat in ein rein kirchlich-diakonisches Gremium umgeformt,
in welchem dem Mutterhaus vier (Vorsteher, Oberin sowie zwei vom Schwesternrat gewählte Schwestern) und der Landeskirche zwei Sitze (ein Mitglied
des Landeskirchenrats und ein zu bestimmender Kreisoberpfarrer) reserviert
waren. Alle sechs Mitglieder hatten zwischen vier und sechs weitere Personen
ohne die Bedingung einer bestimmten institutionellen Bindung hinzuzuwäh-
len. Die Vertretung der Kirche war weiterhin an die Zahlung des Vorsteher-
gehalts und eine jährliche Kollekte für die ADA gebunden.

Kunisch, ehemaliger Konsistorialrat der Schlesischen Kirche, hatte für die am
1. März 1948 erfolgte staatsaufsichtliche Genehmigung der Statutenänderung
im Vorfeld sein Wohlwollen zugesagt. Dies war auch nötig gewesen, denn mit
dem Fortbestehen des 1937 eingefügten Steuerschutzes sowie des Einflusses
des Landeskirchenrats und des Kaiserswerther Verbandes in Statutenfragen
(§ 10) bildeten die Statuten eine gegenüber dem sozialistischen Staatswesen ro-
buste Rechtsgrundlage. Dass dessen Politik ein stärkeres Zusammengehen von
Diakonie und Kirche erfordern würde, hatte sich längst mehr als nur angedeutet: So wurde der ADA im Rahmen der Bodenreform das ihr von der Familie
von der Asseburg übertragene Schloss Meisdorf durch den Landrat des Mansfel-
der Gebirgskreises enteignet; das darin befindliche Alters- und Erholungsheim
wurde am 13. September 1945 in die Obhut des Sozialamtes überführt und die

Schwestern vor die Tür gesetzt. Kein Geringerer als Otto Dibelius, Bischof von Berlin, forderte die Oberin am 5. Januar 1946 zum Widerstand bis hin zu „offenen Konflikten und gewaltsamen Massnahmen" auf. Es würde andernfalls „alles wieder in die alte nationalsozialistische Bahn einmünde[n]".[168] Doch allen Protesten zum Trotz – ein Gesuch bei Ministerpräsident Erhard Hübener (LDPD) hatte keinen Erfolg – blieb es bei der Enteignung.

Die drastische Analogiebehauptung von Dibelius darf durchaus auf strukturelle Ähnlichkeiten der Rahmenbedingungen bezogen werden, unter denen die Diakonie – bei aller gebotenen Differenzierung zwischen beiden Systemen – sich im Nationalsozialismus und in der DDR weiter veränderte. Angesichts fortgesetzter staatlicher Verdrängungspolitik werden von der Forschung „Verkirchlichungstendenzen" als übergreifendes Merkmal der Diakonie zwischen 1933 und 1989 benannt.[169] Doch für die Verhältnisbestimmung von Landeskirchen und Diakonie reicht diese These kaum aus. Hierzu seien im Ausblick einige Passagen aus einem Brief Renate Langes an ein Mitglied des Landeskirchenrats vom 26. Juli 1964 zitiert. Eine erschöpfte Oberin, die nach 35 Jahren vor dem Ausscheiden aus dem Dienst stand, verteidigt sich nach der Gründung des Seminars für Gemeindediakonie[170] gegen Vorwürfe, in diesem Kontext seien Kräfte aus den Gemeindestationen abgezogen worden:

> „Leider muß ich Ihnen gestehen, daß ich ehrlich erschrocken bin über die – ja soll ich es Verständnislosigkeit Ihrerseits nennen? Ich bin sehr, sehr dankbar, daß ich mein Amt niederlegen kann am 1.10. Herr Direktor Dr. Schober hat es in seinem Abschiedsschreiben an die Stationsvorstände des dortigen Mutterhauses ausgesprochen: Sie können ja nicht wissen, mit welchen Opfern wir die Arbeit in den Gemeinden aufrecht erhalten haben. Opfer, die zu Lasten der alten Schwestern gingen und gehen, der Schwestern, die mit dem letzten Aufwand an Kraft noch ihren Dienst tun. [...] Und wenn wir nun endlich und glücklich soweit sind, zu versuchen, neue junge Kräfte auszubilden und für unser Land wirksam zu machen, dazu aber gezwungen sind – da wir außer 67, 68 Jährigen nur eine einzige fast 50 jährige Kraft haben –, nun jüngere Kräfte heranzuziehen, dann wird das so verstanden, als würden wir ‚in unserer ganzen Arbeit mehr auf die Erhaltung des eignen Hauses und seiner Einrichtungen und nicht auf den Dienst in den Gemeinden sehen'. [...] Bitte verstehen Sie mein Schreiben recht: es ist geschrieben, weil es mir so leid tut, wenn die, die an einem Strang ziehen sollten, gegenseitig das Gefühl haben, feindliche Brüder zu sein."

Der zunehmende Druck, der auf Diakonie *und* Kirche im SED-Staat lastete, führte beide nicht einfach unmittelbar zusammen, sondern zu vielfältigen Aushandlungs- und Verständigungsprozessen, in deren Verlauf es auf beiden Seiten immer wieder auch Enttäuschungen gab. Am Beispiel der ADA könnte diese Tendenz in einer tiefergehenden Regionalstudie eingehender untersucht werden. Quellen sind vorhanden!

Anmerkungen

1 STARNITZKE, DIERK: Diakonie als Interaktions-, Organisations- und Gesellschaftsbezug, in: Hermann, Volker/Horstmann, Martin (Hg.): Studienbuch Diakonik, Bd. 2: Diakonisches Handeln, diakonisches Profil, diakonische Kirche, Neukirchen-Vluyn 2006, S. 117–143. Wichtige Hilfsmittel für die Untersuchung waren: ZIEGLER, GÜNTER: Persönlichkeiten der Verwaltung. Biographische Skizzen zur anhaltischen Verwaltungsgeschichte 1800–1933 (Zwischen Wörlitz und Mosigkau; Sonderheft 3), Dessau 1994; DERS.: Kommunale Spitzenbeamte Anhalts. Biographische Skizzen 1832–1933 (Zwischen Wörlitz und Mosigkau; Sonderheft 4), Dessau 1995; GRAF, HERMANN (†): Anhaltisches Pfarrerbuch. Die evangelischen Pfarrer seit der Reformation, Dessau 1996. Danke an Daniel Schmidt, Münster, für Feedback.

2 KAISER, JOCHEN-CHRISTOPH: Ist Diakonie Kirche? Überlegungen zu einem schwierigen Verhältnis in historischer Perspektive, in: Hermann/Horstmann: Diakonik (wie Anm. 1), S. 227–241.

3 KAISER, JOCHEN-CHRISTOPH: Innere Mission und Diakonie, in: Röper, Ursula/Jüllig, Carola (Hg.): Die Macht der Nächstenliebe. Einhundertfünfzig Jahre Innere Mission und Diakonie 1848–1998, Berlin 1998, S. 14–43, hier S. 14–21; JÄHNICHEN, TRAUGOTT/FRIEDRICH, NORBERT: Geschichte der sozialen Ideen im deutschen Protestantismus, in: Grebing, Helga (Hg.): Geschichte der sozialen Ideen in Deutschland. Sozialismus – Katholische Soziallehre – Protestantische Sozialethik. Ein Handbuch, Wiesbaden 2005, S. 867–1102, hier S. 892–912.

4 Zur Mutterhausdiakonie Kaiserswerther Prägung im 19. Jahrhundert vgl. FELGENTREFF, RUTH: Die Diakonissen. Beruf und Religion im 19. und frühen 20. Jahrhundert, in: Kuhlemann, Frank-Michael/Schmuhl, Hans-Walter (Hg.): Beruf und Religion im 19. und 20. Jahrhundert, Stuttgart 2003, S. 195–209; KÖSER, SILKE: Denn eine Diakonisse darf kein Alltagsmensch sein. Kollektive Identitäten Kaiserswerther Diakonissen 1836–1914, Leipzig 2006. Als historischer Überblick daneben: SCHEEPERS, RAJAH: Transformationen des Sozialen Protestantismus. Umbrüche in den Diakonissenmutterhäusern des Kaiserswerther Verbandes nach 1945, Stuttgart 2016, S. 39–58.

5 SCHMIDT, JUTTA: „Die Frau hat ein Recht auf die Mitarbeit am Werke der Barmherzigkeit", in: Röper/Jüllig (Hg.): Diakonie (wie Anm. 3), S. 138–149, hier S. 146f.; ferner WARNS, HARTMUT: Evangelische Frauenbildung. Evangelischer Diakonieverein 1894–1969, Berlin 1969, sowie zur feministischen Kritik MARKERT-WIZISLA, CHRISTIANE: Elisabth Malo. Anfänge feministischer Theologie im wilhelminischen Deutschland, Pfaffenweiler 1997. Die darin behandelte, aus Pratau bei Wittenberg stammende Elisabeth Malo (1855–1930), Theologin und eine der radikalsten Frauenrechtlerinnen des Kaiserreichs, lebte phasenweise in Anhalt, u. a. ab 1923 in Dessau. Die Familie ihrer Schwester Maria Witzig-Malo wohnte 1885–1897 in Klieken und 1897–1923 in Biendorf, wo Friedrich Witzig, Marias Ehemann, Pfarrer war.

6 KAISER: Innere Mission (wie Anm. 3), S. 21–26; JÄHNICHEN/FRIEDRICH: Protestantismus (wie Anm. 3), S. 922–950.

7 KUPFER, TORSTEN: Der Weg zum Bündnis.

Entschieden Liberale und Sozialdemokraten in Dessau und Anhalt im Kaiserreich, Köln/Weimar/Wien 1998, S. 86 f.

8 Bericht über die Zustände und Verhältnisse der evangelischen Landeskirche des Herzogtums Anhalt, Dessau 1892, S. 45.

9 Ebd., S. 46, sowie: Zusammenstellung in Betreff der christlichen Vereine, Anstalten und Thätigkeiten, welche den Bestrebungen der Innern Mission in Anhalt dienen, in: Amtliche Protokolle der dritten ordentlichen Anhaltischen Landessynode vom Jahre 1886 (Beilage zum Anhaltischen Staats-Anzeiger), [Dessau 1887] S. 37–47, hier S. 46 f.

10 Zusammenstellung der Berichte der Diözesanvertreter für innere Mission aus den Jahren 1889, 1890 und 1891, in: Amtliche Protokolle der fünften ordentlichen Anhaltischen Landessynode vom Jahre 1892 (Beilage zum Anhaltischen Staats-Anzeiger), [Dessau 1993], S. 58–62, hier S. 61 f.

11 Vgl. Zusammenstellung (wie Anm. 9).

12 Vgl. LASA, DE, Z 120, Nr. 477.

13 Dieses Motiv wird genannt im Protokoll der Synode 1895: Darstellung der Gründung und bisherigen Entwicklung der Anhaltischen Diakonissenanstalt, in: Amtliche Protokolle der sechsten ordentlichen Anhaltischen Landessynode vom Jahre 1895, Dessau 1895, S. 42–45, hier S. 42.

14 Bericht über die Zustände (wie Anm. 8), S. 45.

15 Teichmüller, Ernst: Die evangelische Landeskirche im Herzogtum Anhalt während des letzten halben Jahrhunderts, Dessau 1905, S. 50; vgl. das Programm und den Bericht der Konferenz in: ArchADA, Nr. 125.

16 Bericht über die siebente Konferenz des Anhalt. Landesvereins für Innere Mission am 16. und 17. August 1892 zu Cöthen, Köthen 1892, S. 12 f. Der Bericht ist u. a. vorhanden in: ArchADA, Nr. 125.

17 Schneider, Bernhard: Konfessionen in den west- und mitteleuropäischen Sozialsystemen im langen 19. Jahrhundert. Ein edler Kampf der Barmherzigkeit? Einleitung und Zwischenbilanz, in: Maurer, Michaela/Schneider, Bernhard (Hg.): Konfessionen in den west- und mitteleuropäischen Sozialsystemen im langen

19. Jahrhundert. Ein „edler Kampf der Barmherzigkeit"?, Berlin 2013, S. 13–37, hier S. 33.

18 Stier, Ewald: Die Verkirchlichung der Inneren Mission, in: Ernste Allotria. Abhandlungen aus Theologie und Kirche von Dienern der evangelischen Kirche in Anhalt. Eine Jubiläumsschrift, Dessau 1896, S. 289–305, hier S. 292, 305.

19 Ebd., S. 296 f.

20 Vgl. ebd., S. 304.

21 Bericht des Diözesanvorstehers für Innere Mission im Kreise Dessau vom 4. Dezember 1895, in: AELKA, B4, M 12, Nr. 2, Bd. III, fol. 185 r–186 v, hier: fol. 185 v.

22 Siehe hierzu den Beitrag von Constanze Sieger in diesem Band.

23 Vgl. den Vertrag in ArchADA, Nr. 125.

24 Vgl. den Brief derselben an Ernst Teichmüller vom 2. Februar 1895 sowie das gedruckte Einsegnungsprogramm in: ArchADA, Nr. 16.

25 Das neue Diakonissen-Mutterhaus zu Dessau, in: Der Armen- und Krankenfreund, eine Zeitschrift für die Diakonie der evangelischen Kirche 1895, September/Oktober, S. 138 f.

26 Vgl. die beglaubigte Abschrift der Urkunde von 1919 in: ArchADA, Nr. 30.

27 Statut für die Anhaltische Diakonissen-Anstalt zu Dessau (1894) (Abschrift), in: ArchADA, Nr. 30.

28 Im Fall der zu wählenden Kreisdirektoren und Bürgermeister durften für den Fall, dass diese nicht evangelischer Konfession waren, nur ihre Stellvertreter gewählt werden.

29 Vgl. Statut für die Anhaltische Diakonissen-Anstalt (wie Anm. 27).

30 Berufs- und Hausordnung für die Diakonissen des anhaltischen Diakonissenhauses zu Dessau, Dessau 1895.

31 Ebd., S. 11.

32 Mitteilungen aus dem anhaltischen Diakonissenhause und der Arbeit der weiblichen Diakonie 1896, Nr. 6, S. 47.

33 Vgl. das Protokoll der Kuratoriumssitzung vom 27. August 1896 (Abschrift), in: LASA DE, Z 109, Nr. 1383, fol. 158 r–v.

34 Ebd.: Der Gemeindekirchenrat an St. Georg stellte der Schwester prompt ein positives Zeugnis aus; Konsistorialrat Grape wies die Entscheidung des Hausvorstandes zurück, da die Vorwür-

fe „geringfügig" seien und die Schwester „nicht genug als Dame behandelt worden" sei. Vonseiten der Oberin und des Vorstehers verlautete, es sei „nicht nur um den einen groben Fall der Unehrerbietigkeit, sondern um ihr oft bewiesenes, unzartes, rücksichtloses, intrigantes Wesen [gegangen], demzufolge sie nicht in gehöriger Weise auf die gegebenen Anordnungen der Vorgesetzten einging, sie sogar direkt übertrat und den ihr unterstellten Schwestern Ärgerniß gab".

35 Ebd., fol. 106 v: „Pastor Loose stellte sich jedoch auf den Standpunkt, daß durch Nachgeben der Diakonissenhaus-Leitung in diesem Fall die Erziehung der Schwestern zum Gehorsam gefährdet würde".

36 Ebd., fol. 159 r–v: Protokoll der Kuratoriumssitzung vom 27. November 1896 (Abschrift).

37 Vgl. den Bericht des Herzoglichen Kreisdirektors und Kuratoriumsmitglieds Ludwig Huhn vom 7. Mai 1897, in: ebd., fol. 143 r–156 r.

38 Ebd., fol. 144 v–145 r: Niebelschütz lehnte das Kuratorium als Entscheidungsinstanz in diesen Fragen insofern ab, „als sie es für bedenklich erachtete, die bei der Entscheidung über Einsegnung und Entlassung von Schwestern möglicherweise in Frage kommenden Umstände innerlicher Art oder vertraulicher Natur in einem größeren Kreise von Männern, welche mit dem innern Leben des Diakonissenhauses weniger vertraut seien, erörtern zu müssen".

39 Dem Begriff nach ist dieses Gremium, das unter anderem Probe- und Feierabendschwestern auswählt und über Entlassungen entscheidet, aus Kaiserswerth entlehnt. Dort besteht es allerdings nur aus der Oberin und Diakonissen; vgl. FELGENTREFF: Diakonissen (wie Anm. 4), S. 205.

40 Jahresbericht der Anhaltischen Diakonissenanstalt in Dessau über das Jahr 1906/07, Dessau 1907, S. 4 f. Vorhanden in: ArchADA, Nr. 125.

41 Über entsprechende Schwierigkeiten berichtet Vorsteher Werner am 20. Juli 1900 an das Kuratorium, das aufgefordert wird, in diesem Sinne auf den Kreisausschuss einzuwirken. Eine Übernahme des Krankenhauses wurde von Werner auch als mittelfristige Lösung der Ausbildungsfrage angesehen. Vgl. ArchADA, Nr. 126.

42 Der Jahresbericht 1911/12 zählt 46 ADA-Kleinkinderlehrerinnen auf und erwähnt, dass vier Absolventinnen nach der Ausbildung Diakonissen geworden seien. Jahresbericht der Anhaltischen Diakonissenanstalt in Dessau über das Jahr 1911/12, Dessau 1912, S. 5.

43 St. Marien, St. Johannis, St. Georg, St. Jakobus, St. Paulus, Arbeitgeberverein und Raffinerie (s.o.) in Dessau, sowie Jeßnitz, Alten und Ziebigk.

44 Vgl. WOLFF, HORST-PETER/WOLFF, JUTTA: Geschichte der Krankenpflege, Basel 1994, S. 192 ff.

45 Vgl. das Sitzungsprotokoll des Erweiterten Kuratoriums vom 12. Juni 1913, in: ArchADA, Nr. 125.

46 Leiter des Schwesternheims war der Diakon an St. Georg im Nebenamt. Seit 1916 hatten die Schwestern einen Anstaltsgeistlichen. Die Gründung erfolgte offenbar unter maßgeblicher Beteiligung der Inneren Mission; vgl. die Ausführungen in: Bericht über die Zustände und Verhältnisse der evangelischen Landeskirche des Herzogtums Anhalt, Dessau 1904, S. 24.

47 Archiv der Petrusgemeinde, Akten Betr. Gemeindeschwester (1903–1922).

48 Siehe die Gutachten und den Schriftverkehr in: ArchADA, Nr. 16.

49 Blätter für die Diakonissenhausgemeinde in Dessau und ihre Freunde 1914, Februar (Nr. 93), S. [2].

50 Siehe DAASE, BRIGITTE: Segen ererben und weitergeben. Aus der Geschichte der Schwesternschaft der ADA, in: Hüneburg, Gotthelf/Werner, Susanne (Hg.): 100 Jahre Anhaltische Diakonissenanstalt (1894–1994). Festschrift, o.O. 1994, S. 6–27, hier S. 11.

51 Georg Fliedner, Marburg, an den Vorstand der ADA, 17. Oktober 1901, in: ArchADA, Nr. 16. Dass Friedrich Werner den Brief laut eigenem Vermerk erst am 4. April des Folgejahres beantwortete, wirft ein Licht darauf, dass die Bedenken so schnell nicht auszuräumen waren.

52 Brief Friedrich Werners an Georg Fliedner vom 10.10.1913, in: ArchADA, Nr. 16, darin: „Anschluss an Kaisersw. Verband".

53 Vgl. das in Anm. 45 zitierte Sitzungsprotokoll 1913.

54 Vgl. die beiden Protokolle vom 12.6.1912 in:

ArchADA, Nr. 125. Werner führte während der Sitzung des Engern Kuratoriums aus: „Daß unter solchen Anregungen [Fortbildungen deutschlandweit, J. B.] und Arbeiten bei den Schwestern auch das Selbständigkeitsgefühl erwacht und die Lust wächst, möglichst viel Selbstbestimmung für das eigene Leben wie für das anvertraute Werk zu gewinnen, ist nicht zu verwundern. Und so waren wir [Vorsteher und Oberin, J. B.] in der letzten Monatsstunde gar nicht zu sehr überrascht, als 19 Diakonissen mit dem Antrag an uns herantraten, der Schwesternschaft durch Bildung eines sogenannten ‚Schwesternrats‘ einen gewissen Einfluß auf die Führung der besonderen Schwesternangelegenheiten im Kuratorium zu verschaffen".

55 Vgl. den Antrag des Schwesternrats vom 11.4.1913 in: ArchADA, Nr. 16.

56 Vgl. das Schreiben des Vorstehers Werner an die Herzogliche Regierung vom 26.10.1915, in: ebd.

57 Das Folgende nach den *Blättern für die Diakonissenhausgemeinde*.

58 Blätter für die Diakonissenhausgemeinde in Dessau und ihre Freunde 1917, September (Nr. 125), S. [2].

59 Zur anhaltischen Kirche im Jubiläumsjahr 1917 vgl. BRADEMANN, JAN: Ein Volk, ein Kampf, ein Reformator: Die anhaltische Landeskirche in Dessau 1917, in: 100 Jahre Lutherchor Dessau, hg. vom Verein zur Förderung der künstlerischen Arbeit des Lutherchores Dessau e. V., Dessau-Roßlau 2017, S. 30–41.

60 Blätter für die Diakonissenhausgemeinde in Dessau und ihre Freunde 1916, Mai (Nr. 117), S. [6].

61 REGENER, RALF: Der Sturz der Askanier in Anhalt, in: Ulbricht, Justus H. (Hg.): Anhalts Weg ins „Zeitalter der Extreme" 1871–1945, Halle 2014, S. 29–49, hier S. 47.

62 „Und unser Diakonissenhaus? Wer wird es nun schützen? Unsere Protektorin [Herzogin Marie von Anhalt, geb. Prinzessin von Baden, J. B.] hat man uns genommen. Unser Kuratorium kann in den Gang der Dinge etwa zu unseren Gunsten nicht eingreifen. Jetzt gibt's auch für uns keine Vorrechte mehr, keine Ausnahmebehandlung. Eher ist zu fürchten, daß man die kirchlichen Kreise geflissentlich zurückdrängt

vor anderen, welche mit der christlichen Religion gar nicht verbunden sind und darum viel leichter in den Großbetrieb eingereiht werden können, weil sie nicht so leicht als Fremdkörper empfunden werden"; Blätter für die Diakonissenhausgemeinde in Dessau und ihre Freunde 1918, November (Nr. 130), S. [3]. – „Die jetzige Zeitlage läßt uns viele Sachen und auch Menschen als recht unsicher erkennen. Und dann weiß man nicht, obs Abend oder Morgen für die Diakonissenhäuser werden will. Das gibt ein banges Gefühl, an dem jetzt alle Diakonissenhäuser kranken"; Blätter für die Diakonissenhausgemeinde in Dessau und ihre Freunde 1919, Oktober (Nr. 133), S. [3].

63 Vgl. das Protokoll des Engeren Kuratoriums vom 12. März 1919, in: ArchADA, Nr. 125.

64 Das 1876 gegründete Versandhaus Seiler gehörte zu den größten Arbeitgebern der Stadt; Seiler hatte den genannten Titel infolge von kirchlichen und sozialen Stiftungen erhalten, war aber aufgrund der schonungslosen Ausnutzung der Arbeitskraft seiner Arbeiter und Angestellten nicht unumstritten. Insbesondere mit den Gewerkschaften hatte er seit 1907 auf Kriegsfuß gestanden; vgl. BRÜCKNER, FRANZ: Häuserbuch der Stadt Dessau, hg. vom Stadtarchiv Dessau, Bd. 19, Dessau [1991], S. 1666–1671.

65 Vgl. das in Anm. 63 zitierte Protokoll. Das Leopolddankstift geriet 1922/23 in der Inflationszeit in eine schwere Krise, da zuvor ein Großteil seines Grundbesitzes veräußert worden war.

66 Die typischen Verbindungen der Diakonie zu sozialkonservativ-besitzbürgerlichen Kreisen ließen sich auch für die ADA durch weitere Beispiele ergänzen. So war bereits der Bau des Marienheims 1905 durch ein zinsloses und mit geringer Tilgung verbundenes Darlehen der Familie von Kotze über 50.000 Mark ermöglicht worden. Im Gegenzug hatte mit dem Fräulein von Kotze eine Angehörige dieser Familie eine geräumige Wohnung im Marienheim und weitere Vorzüge erhalten. Als diese Nutzung endete, mietete die Firma Junkers die Räumlichkeiten 1923 zu Bürozwecken, wodurch, wie das Kuratoriumsprotokoll vom 19. August 1924 festhielt, „dem Hause während der Inflationszeit nicht unerhebliche Zuwendungen von Heizmaterial zuteil wurden"; ArchADA, Nr. 77. Junkers stell-

te 1925–1927 auch seinen leitenden Architekten Ottokar Paulssen für den Erweiterungsbau des Krankenhauses zur Verfügung.

67 Blätter November 1918 (wie Anm. 62), S. [2].

68 BARTH, BORIS: Dolchstoßlegenden und politische Desintegration. Das Trauma der deutschen Niederlage im Ersten Weltkrieg 1914–1933, Düsseldorf 2003, S. 240–259.

69 Zur politischen Geschichte Anhalts in der Weimarer Zeit ZIEGLER, GÜNTER: Die politischen Verhältnisse während der Weimarer Republik und das Wirken des Ministerpräsidenten Heinrich Deist in Anhalt, in: Sachsen-Anhalt. Beiträge zur Landesgeschichte 17 (2000), S. 7–33; KUPFER, TORSTEN: Sozialdemokratie im Freistaat Anhalt 1918–1933, Köln/Weimar/Wien 1996

70 Blätter November 1918 (wie Anm. 62), S. [2].

71 So schreibt Pastor Werner im Verwaltungsbericht 1919/20: „Es heißt immer, daß wir die Segnungen der Revolution noch namentlich im Krankenpflegeberuf zu kosten bekommen würden, und ein Reichsverband zur Wahrung unsrer Sonderinteressen und zum Schutze der Diakonie gegen Eingriffe des Staates hat sich bereits gebildet; es mag auch sein, daß wir es im nächsten Jahr zu erwarten haben, jedenfalls ist bis jetzt durch die Revolution keinerlei Schädigung zu verzeichnen. Ja, die heutige Regierung zeichnet offenbar der Wille aus, der Schwesternarbeit nach Möglichkeit entgegenzukommen"; ArchADA, Nr. 135.

72 Dies wird in dem seit 1921 erscheinenden Publikationsorgan dieser Kirchenpartei *Der Freie Christ* vielfach deutlich.

73 Vgl. KAISER, JOCHEN-CHRISTOPH: Die Diakonie als subsidiärer Träger des Sozialstaats der Weimarer Republik, in: Jähnichen, Traugott/Friedrich, Norbert (Hg.): Protestantismus und Soziale Frage. Profile in der Zeit der Weimarer Republik, Münster 2000, S. 113–128.

74 Vgl. ArchADA, Nr. 79: Hauptanstalt, Krankenhaus, Kinderheim, Marienheim, Seminar, Zufluchtsheim.

75 Für 61 Schwestern in Stationen weltlicher Trägerschaft wurden im Haushaltsplan 1926/27 75.477 Mark veranschlagt, demgegenüber für

17 in kirchlicher und diakonischer Trägerschaft 21.252 und für neun auf der Krankenstation 8.640 Mark; vgl. ArchADA, Nr. 79.

76 Vgl. den Haushaltsplan für die Hauptanstalt 1929/30 in: ArchADA, Nr. 79.

77 Siehe Anm. 74.

78 Genannt werden in den Jahresberichten „heimatlose Mädchen", Mädchen aus zerrütteten Familienverhältnissen, schwangere Mädchen und von der Polizei aufgegriffene, dauerhaft getrennte Ehefrauen mit ihren Kindern.

79 KAISER: Weimarer Republik (wie Anm. 73), S. 124.

80 Vgl. das Protokoll der Sitzung der Statutenkommission am 11.9.1924. Aus dem Kuratorium wurden die Oberin Alfken und der Oberregierungsrat a. D. Gustav Sanftenberg entsandt, von den Kreisen der Zerbster Kreisdirektor Friedrich Türcke, von der Regierung Regierungsrat Karl Lüdicke, aus dem Landeskirchenrat Kirchenrat Regierungsrat Dr. jur. Rudolf Mittelstraß.

81 Blätter Oktober 1919 (wie Anm. 62), S. [4].

82 Mathilde zu Münster, eine Exponentin des konservativen Deutschen Evangelischen Frauenbunds, der sich 1918 gegen das allgemeine Wahlrecht von Frauen aussprach, wirkte zwischen September 1914 und Februar 1928 in der ADA als Erste Büroschwester; vgl. Verwaltungsbericht 1927/28 (Bl. 4), in: ArchADA, Nr. 139.

83 Erläuterung, in: ArchADA, Nr. 30.

84 Der Schwesternrat bestand aus sechs Diakonissen und wurde am Diakonissentag in Urwahl von den Diakonissen und übrigen Schwestern gewählt. 1927 wurden mit Anna Clostermeyer und Elisabeth Grundt die beiden Deputierten für den Verwaltungsrat bestätigt; Verwaltungsbericht 1927/28 (Bl. 12 r), in: ArchADA, Nr. 139.

85 Vgl. die Schreiben in AELKA, B 12 (Superintendentur Dessau, Neuere Abteilung), III A, Nr. 4b.

86 Vgl. das Schreiben des Regierungspräsidenten Mühlenbein vom 22. Januar 1924 in: ArchADA, Nr. 77.

87 Siehe ebd.

88 Vgl. Hoffmanns maschinenschriftliche Memoiren in: AELKA, B 6 (Evangelischer Landeskirchenrat, Generalia, 1945–1970), Beiakte Nr. 5 zu L 11, Nr. 16, Bd. II. Ferner LINDEMANN, ALBRECHT: Die Bekenntnisfrage in der Geschichte des Protestantismus in Anhalt, in: ders./Rausch, Rainer/Spehr, Christopher (Hg.): Toleranz und Wahrheit. Philosophische, theologische und juristische Perspektiven, Hannover 2014, S. 179–200, hier S. 192–197.

89   Kreisoberpfarrer Oskar Pfennigsdorf setzte sich in einem Schreiben an den Landeskirchenrat am 15. Oktober für den unbedingten Verbleib Friedrichs in Dessau ein, um die Interessen des Landesverbandes der Inneren Mission gegenüber den staatlichen Verhandlungspartner weiterhin effektiv durchsetzen zu können. Der Versuch, seine Stelle als Pfarrer für Innere Mission zu einer hauptamtlichen Landespfarrstelle zu machen, war zu diesem Zeitpunkt noch in der Schwebe. Vgl. die Personalakte in: AELKA, B 6 (Evangelischer Landeskirchenrat für Anhalt), F 6, Nr. 10, Bd. I.

90   Art. „Fall Werner" in: Der freie Christ 3 (1924), Nr. 1 (Januar); Mitteilungen der Bekenntnisfreunde in Anhalt (Positive Union), Nr. 1, April 1924, S. 2 (dort das obige wörtliche Zitat); Art. „Bund der Bekenntnisfreunde", in: Der freie Christ (1924), Nr. 8 (August). Die Deutung als Wiederholungstat bezog sich auf den November 1919, als die „Freunde Evangelischer Freiheit" über eine Petition im Landtag ihre Beteiligung am provisorischen Landeskirchenrat erreicht hatten; vgl. Memoiren (wie Anm. 88).

91   KAISER: Innere Mission (wie Anm. 3), S. 31.

92   Vgl. das Protokoll in ArchADA, Nr. 77.

93   Vgl. die Personalakte Hoffmanns in: AELKA, B 6, H 12, Nr. 32, Bd. I.

94   Vgl. den Brief des Schwesternrats vom 26. Dezember 1923 und den von ca. 250 Männern und Frauen der ADA-Gemeinde (die regelmäßig den Gottesdienst in der ADA besuchten) unterschriebenen Brief vom 1. Januar 1924 in ArchADA, Nr. 77.

95   So auf einer auf den 4. September 1924 datierten Mitteilungskarte in den Akten in ebd.

96   „Anfänglich ist das Kuratorium zur Nachgiebigkeit geneigt, um die Statuten unter Dach und Fach zu bringen, solange die jetzige Regierung am Ruder ist. Auch wird geltend gemacht, daß, wenn auch nach Auffassung des Kuratoriums eine staatliche Aufsicht nicht gefordert werden kann, [...] die Staatsregierung auch ohne daß es im Statut zum Ausdruck gebracht wird, sich den-

noch zur Aufsicht berechtigt fühlen könnte. [...] Dennoch in der Sorge, daß namentlich bei Statutenänderung der Staat eine größere Annäherung und Anlehnung der Anstalt an die Kirche, falls etwa die öffentliche Wohlfahrtspflege ganz der weltlichen Gewalt unterstellt würde, verhindern und somit die Lebensinteressen des Diakonissenhauses völlig unterbinden könnte, so wird beschlossen, eine Delegation zum Staatsminister Dr. Rammelt zu entsenden und ein Nachlassen der Forderungen [...] zu erwirken". Protokoll der Sitzung des Weiteren Kuratoriums vom 14. November 1924, in: ArchADA, Nr. 77.

97   Vgl. das Schreiben des Staatsministers Johannes Rammelt an den Vorsitzenden des Engeren Kuratoriums, Geh. Oberregierungsrat Sanftenberg, vom 24.11.1924, in: ArchADA, Nr. 30, mit Bezug auf eine Unterredung beider am 20.11.1924.

98   Die erste Verwaltungsrat nach der Statutenänderung setzte sich wie folgt zusammen: für die Regierung: Regierungsrat Karl Lüdicke, für den Landeskirchenrat: Kirchenrat Rudolf Mittelstraß, für den Verband der Kreise: Kreisdirektor Friedrich Türcke, für die Kirchenkreise: Kreisoberpfarrer Oskar Pfennigsdorf, für den Hausvorstand des Mutterhauses: Pastor Johannes Hoffmann und Oberin Elisabeth Alfken, für die Schwesternschaft: die Diakonissen Anna Clostermeyer und Elisabeth Grundt; hinzugewählt wurden: Oberregierungsrat a. D. Gustav Sanftenberg, Pastor Friedrich Werner (der ehemalige Vorsteher), Fabrikdirektor Spaleck (Dessau) und Gutsbesitzer Klepp (Kleinpaschleben). Jahresbericht 1925, in: ArchADA, Nr. 139.

99   So, mit Blick auf das Henriettenstift Hannover Ende der 1920er Jahre, SCHEEPERS: Umbrüche (wie Anm. 4), S. 73.

100   Die jährlichen Ostermärkte in der ADA erfreuten sich in den 1920ern größter Beliebtheit und spülten jeweils beachtliche Beträge in die Altersversorgung des Hauses; vgl. den Zeitungsbericht im *Anhalter Anzeiger* vom 4. April 1923 (Rubrik „Anhalt und Umgegend").

101   Jahresbericht 1926/27, Bl. 13 f. (ArchADA, Nr. 139).

102   Vgl. Anhaltische Diakonissenanstalt Dessau (Hg.): Das Kindergärtnerinnen- und Hortnerinnen-Seminar 1905–1930, Dessau 1930.

103 Vgl. Verwaltungsratsprotokoll vom 14. November 1927, in: ArchADA, Nr. 77.

104 Die Zunahme der Schwesternzahlen und die noch größere Zunahme der Aufgabenfelder waren typisch für die Mutterhausdiakonie in der Weimarer Republik; SCHEEPERS: Umbrüche (wie Anm. 4), S. 59–69.

105 Verwaltungsratsprotokoll vom 14. November 1927, in: ArchADA, Nr. 77, Bl. 9 r.

106 Vgl. Art. „Vorsicht! Einwohner von Jeßnitz", in: Volksblatt für Anhalt 36 (1925), Nr. 247 u. 255 (partieller Abdruck der Entgegnung Hoffmanns) sowie Art. „Um die Jeßnitzer Gemeindeschwestern", in: Anhalter Anzeiger 1925, Nr. 257 (Beilage) (dort das obige, wörtliche Zitat).

107 Geschlossen wurden 1926/27 Wörlitz, Raguhn, Deetz, Grimme, Lindau, Niederlepte und Steutz; übernommen wurden die städtische Krippe in Bernburg, die Gemeindepflege in Dessau-Alten und die Gemeindefürsorgestationen in Osternienburg, Leopoldshall, Baalberge, Oberpeißen, Güntersberge und Frose; 1927/28: durch Kündigung gingen verloren: die Bezirksfürsorgestationen in Osternienburg und Arensdorf, die Gemeindepflege in Alten (offenbar schon nach einem Jahr!), die kommunale Fürsorge in Nienburg, eine Stelle derselben in Güsten, die Krippe in Zerbst und das Säuglingspflegeheim in Dessau; gewonnen wurden: eine Stelle bei der Polizeifürsorge in Bernburg, der Kindergarten in Kleinkühnau, zwei Plätze im Kreiskrankenhaus in Ballenstedt und die Stelle der Röntgenschwester im Kreiskrankenhaus Köthen; vgl. den Verwaltungsbericht 1926/27 (Bl. 6v) sowie 1927/28 (Bl. 6r) in: ArchADA, Nr. 139.

108 Verwaltungsratsprotokoll 25. Januar 1929, in: ArchADA; Nr. 77.

109 Verwaltungsratsprotokoll 19. März 1929, in: ebd.

110 Verwaltungsratsprotokoll 19. Juli 1929 und 8. November 1929. Vgl. ferner die Durchschriften der Schreiben der ADA an die Kreiskommunalverwaltung Zerbst vom 1. und 2. Juli 1929 (letztere die Kündigung zum 1. Januar 1930 enthaltend) sowie des Vorstands des Kaiserswerther Verbandes vom 1. Juli 1929, in: AELKA, B 12 (Superintendentur Dessau, Neuere Abteilung), II A 3. Das Kündigungsschreiben

argumentiert, es sei zu Tage getreten, „dass der christlich-kirchliche Charakter unseres Hauses und seiner Schwesternschaft einem gewichtigen Teil der kompetenten Instanzen, wenn vielleicht auch nicht anstössig, so doch wenigstens nicht sympathisch ist und die Besetzung durch eine ‚neutrale' Schwesternschaft lieber gesehen würde, während wir den Bitten kirchlicher Arbeitsfelder um Besetzung mit Diakonissen nicht Folge leisten können. Unsere Anstalt ist aber in erster Linie eine kirchliche Anstalt, in ihren Tendenzen kirchlich orientiert und der Kirche verpflichtet".

111 Diese Passage folgt den Verwaltungsratsprotokollen in ArchADA, Nr. 77.

112 Zum folgenden THIERFELDER, JÖRG: Zwischen Anpassung und Selbstbehauptung, in: Röper/Jüllig: Diakonie (wie Anm. 3), S. 224–236; FRIEDRICH, NORBERT/JÄHNICHEN, TRAUGOTT (Hg.): Sozialer Protestantismus im Nationalsozialismus. Diakonische und christlich soziale Verbände unter der Herrschaft des Nationalsozialismus, Münster 2003; SCHMUHL, HANS-WALTER: Evangelische Krankenhäuser und die Herausforderung der Moderne. 75. Jahre Deutscher Evangelischer Krankenhausverband (1926–2001), Leipzig 2002, S. 98–100.

113 HÄUSLER, MICHAEL: Die Gleichschaltung berufsständischer Organisationen im Bereich der evangelischen Wohlfahrtspflege – ein Vergleich, in: Friedrich/Jähnichen (Hg.): Sozialer Protestantismus (wie Anm. 112), S. 41–67, hier S. 45; LAUTERER, HEIDE-MARIE: Liebestätigkeit für die Volksgemeinschaft. Der Kaiserswerther Verband deutscher Diakonissenmutterhäuser in den ersten Jahren des NS-Regimes, Göttingen 1994, S. 65.

114 Zur politischen Geschichte vgl. SPERK, ALEXANDER: Vorgezogene Gleichschaltung? Anhalt unter der ersten NSDAP-geführten Landesregierung im Deutschen Reich, in: Ulbricht (Hg.): Anhalts Weg (wie Anm. 61), S. 141–156; DERS.: Anhalt im Nationalsozialismus (1932–1945). In: 800 Jahre Anhalt. Geschichte, Kultur, Perspektiven, hg. vom Anhaltischen Heimatbund e. V., Dößel 2012, S. 403–423. Zur Geschichte der Landeskirche vgl.: Die Evangelische Landeskirche Anhalts in der Zeit des Nationalsozialismus (1933 bis 1945), hg. von der Kirchengeschichtli-

chen Kammer der Evangelischen Landeskirche Anhalts, Dessau 2019.

115 In der Forschung hat sich das protestantische Sozialmilieu längst „als eine Haupteinbruchstelle der ‚Ideen von 1933' in die Gesellschaft der Zwischenkriegszeit erwiesen"; GAILUS, MANFRED: Keine gute Performance. Die deutschen Protestanten im „Dritten Reich", in: ders./Nolzen, Armin (Hg.): Zerstrittene „Volksgemeinschaft". Glaube, Konfession und Religion im Nationalsozialismus, Göttingen 2011, S. 96–121, hier S. 113.

116 Zentral war eine außerordentliche Tagung der Pfarrer am 28. April 1933 in Köthen, auf der der Landeskirchenrat die Pfarrer auf „die Bereitschaft zu positiver Mitwirkung" einschwor („Wir wollen uns durch nichts den Blick für das Große trüben lassen, das Gott uns und unserem Volk in dieser nationalen Bewegung und Erneuerung geschenkt hat!") und sich diesen Kurs ausdrücklich durch die nahezu vollständig versammelte Pfarrerschaft mandatieren ließ; Christentum der Tat. Kirchliches Gemeindeblatt für Anhalt – Amtsblatt des Ev. Landeskirchenrats 59 (1933), Nr. 10 (14. Mai), S. 2–4 (Zitat S. 3). Die Literatur setzt bislang bei der Erklärung des Wandels 1933 den Akzent auf eine Herbeiführung „von oben". Hinsichtlich der personellen Verhältnisse im Landeskirchenrat ist tatsächlich ein vollständiger Austausch im Juli 1933 festzustellen. Politisch-ideologisch hingegen waren die Schnittmengen zu diesem Zeitpunkt erheblich größer. Während einige führende nationalkonservative Theologen sich dennoch bald in Opposition zum neuen Regime wiederfanden – darunter etwa Willy Friedrich –, trugen andere dasselbe als evangelische Nationalsozialisten mit. Als prominentes Beispiel ist Dr. Oskar Pfennigsdorf zu nennen, der seit 1911 Konsistorialrat, seit 1924 Kreisoberpfarrer gewesen und 1932 Oberkirchenrat sowie stellvertretender Vorsitzender des Landeskirchenrats geworden war. Zwar ging er 1933 dieses landeskirchlichen Leitungsamtes verlustig, bevor er 1936 auch als Kreisoberpfarrer pensioniert wurde. Ursprünglich Vertreter eines (wohl auf der um 1910 entstandenen Theologie der Lutherrenaissance basierenden) konfessionellen Konzepts der „Volkskirche", das um 1920 noch frei von neukonservativ-völkischem

Gedankengut war, ging der 1865 geborene Pfennigsdorf sowohl politisch als auch ideologisch den Weg ins „Dritte Reich" mit und veröffentlichte deutschchristliche, sprich nationalsozialistisch geprägte Religionsbücher; vgl. v. a. PFENNIGSDORF, OSKAR: Die neue Zeitenwende im Konfirmanden-Unterricht. Grundsätzliches und Praktisches zu seinem Neuaufbau im dritten Reich (Aufbau im „Positiven Christentum" 42), Bonn 1938.

117 Vgl. Christentum der Tat. Kirchliches Gemeindeblatt für Anhalt – Amtsblatt des Ev. Landeskirchenrats 59 (1933), Nr. 15 (6. August 1933), S. 7 f.

118 Vgl. GAILUS: Performance (wie Anm. 115), S. 111 f.

119 Schwesternbrief mit einer Predigt vom 14. Mai 1933, in: ArchADA, Nr. 38.

120 Ebd., Predigt vom Sonntag Cantate, d. 14. Mai 1933. Denn so, wie die „Wellen der nationalsozialistische[n] Revolution auch das abgelegenste und stillste Dörfchen erreicht haben, so werden auch die kirchlichen Entscheidungen, um die zur Zeit in Berlin gerungen wird, ausschlaggebend die Zukunft unseres Mutterhauses beeinflussen".

121 Aus einem Personalfragebogen, den Leich 1948 gegenüber dem Konsistorium der Kirchenprovinz Westfalen auszufüllen hatte, geht hervor, er sei „Mitglied der BK seit ihrer Entstehung", also 1933, gewesen. Vgl. Landeskirchliches Archiv der Evangelischen Kirche von Westfalen, Best. 1 neu 1652 (Pers.). In der Tat taucht Leich in der Mitgliederliste des Pfarrernotbundes 1933 auf; vgl. RAUCH, PETER: Dr. theol. Martin Müller, Dessau (Eine biographische Skizze), in: Mitteilungen des Vereins für Anhaltische Landeskunde 12 (2003), S. 60–93, hier S. 72.

122 Zu seiner Person siehe Anm. 116.

123 Vgl. das Schreiben Leichs an Pfennigsdorf vom 22. Oktober 1934, in: AELKA, B6 (Evangelischer Landeskirchenrat für Anhalt), L 15, Nr. 6, Bd. 1 (Personalakte Leich), fol. 36 II r.

124 Wilkendorf lehnte die Innere Mission als Institut des antiquierten, „alten Kirchtums" ab, das, so äußerte er 1942 in einem Brief an den Staatssekretär Hermann Muhs, „dem deutschen Volke nicht mehr zugemutet werden kann. Wir haben alle Mittel dafür abgesetzt, soweit sie nicht unbedingt noch zur Erhaltung von Instituten gebraucht wurden, deren Eingehen nicht zu rechtfertigen wäre (Krankenanstalten, Altersheime)". Zitiert nach: SAMES, ARNO (†): Selbstgleichschaltung oder Selbstbehauptung? Rudolf Wilkendorf und August Körner über den Weg der Evangelischen Landeskirche Anhalts in der Zeit des Nationalsozialismus, in: Die Evangelische Landeskirche Anhalts (wie Anm. 114).

125 Vgl. das Schreiben vom 20. Dezember 1934 in: AELKA, B6, L 15, Nr. 6, Bd. 1, fol. 47 r.

126 So scheint sich das Verhältnis von Leich und Pfennigsdorf 1936 angesichts der Einbußen der ADA wieder gebessert zu haben, wie aus einem Brief des Letzteren aus Anlass seiner Pensionierung (22.10.1936) deutlich wird; als Vorsitzender des Anhaltischen Landesamts (sic) für Innere Mission riet Pfennigsdorf 1939 den Institutionen der Inneren Mission, sich angesichts drohender Gefahren für den Bestand oder zumindest den „evangelischen Charakter" der Anstalten per Vollmacht unter seinen oder den Schutz der Central-Ausschusses resp. seines Vorsitzenden Frick zu stellen; vgl. das Rundschreiben vom 10.11.1939, in: ArchADA, Nr. 79.

127 Vgl. den mit staatlichem Genehmigungsvermerk versehenen Entwurf der Satzungsänderung vom 28. April 1937, in: ArchADA, Nr. 30. Eine weitere Satzungsänderung 1942 sah die Möglichkeit einer „Ansammlung von Fonds für die Aufnahme neuer Aufgaben der Anstalt im Rahmen der satzungsmäßigen Zwecke" vor und präzisierte und erweiterte den Paragrafen 10.

128 Ebd.

129 SCHEEPERS: Umbrüche (wie Anm. 4), S. 96 f.

130 ZIEGLER: Spitzenbeamte (wie Anm. 1), S. 56; ULBRICH, BERND G.: 800 Jahre Dessau-Roßlau. Eine Stadtgeschichte, Bd. 2: Dessau im 20. Jahrhundert, Halle 2013, S. 100.

131 RAUCH: Müller (wie Anm. 121), S. 74. Körmigk hatte bereits zehn Jahre zuvor Pastor Leich juristisch gegenüber dem Landeskirchenrat vertreten.

132 Dies geht aus den nur unvollständig überlieferten Protokollen hervor, aber auch aus einer Bemerkung Renate Langes gegenüber Bürgermeister Neumann in Bezug auf eine anstehende, aber möglicherweise ohne Beschlussfähigkeit

stattfindende Verwaltungsratssitzung Anfang 1941, in der es um die Änderung der Satzung gehen sollte: „[...] die Herren von der Kirche glänzen ja meist durch Abwesenheit" (28.2.1941), in: ArchADA, Nr. 79.

133 Pastor Leich fiel zunächst aufgrund von Kreislaufproblemen und Schwächezuständen entweder ganz aus oder musste seinen Dienst insbesondere bezüglich der seelsorglichen, geistlichen Leitung stark vernachlässigen, bevor er Ende 1939 zum Kriegsdienst einberufen wurde. Aufschlussreich ist der sehr offene, verständnisvolle, aber doch klar die Belange der Anstalt betonende Brief der Oberin an Leich vom 27. Januar 1939 in: ArchADA, Nr. 77.

134 Das Folgende nach den Jahresberichten in ArchADA, Nr. 139.

135 Vgl. z. B. Kuratoriumssitzung 1. Dezember 1923: Das Marienheim wird sich als „Pensionat" absehbar nicht halten können; ArchADA, Nr. 77.

136 Vgl. ebd.

137 SCHEEPERS: Umbrüche (wie Anm. 4), S. 84. Bis in den Krieg hinein blieb es bei diesem Niveau, doch stieg der Anteil von Feierabendschwestern; die 1942 an den Kaiserswerther Verband gemeldete Statistik (die letzte vor 1945, die überliefert ist) führt zum 31. Dezember 1942 55 arbeitende Diakonissen, 18 Feierabendschwestern und vier Jungschwestern an. Vgl. den Fragebogen über die Veränderungen im Mutterhausbetrieb im III. Quartal 1942 (später zum IV. Quartal ergänzt), in: ArchADA, Nr. 94.

138 Das Folgende nach den Jahresberichten in ArchADA, Nr. 139.

139 Personalunterlagen sind nur von verstorbenen Schwestern fragmentarisch erhalten; die Karteikarten der meisten ausgetretenen Schwestern (diese Information steht im Schwesternbuch) enthalten nicht einmal das Austrittsdatum geschweige denn Informationen zu Beweggründen und weiterer Vita. Gleiches gilt selbst für eine 1936 nach zehn Jahren eingesegnete und 1937 ausgetretene Diakonisse.

140 B. W., eingetreten am 16.05.1933, ausgetreten am 01.04.1936; H. B., eingetreten am 15.10.1935 und ausgetreten am 01.03.1936; vgl. Schwesternbuch und Schwesternkartei, ArchADA, Büro der Oberin.

141 E. N. war im Januar 1928 eingetreten und

1930 eingesegnet worden; sie trat am 01.11. (resp. 15.10.) 1937 aus der ADA aus und ging laut ihrer Kartei zum Evangelischen Bund; die Oberin glaubte, dass Schwester E., der sie später ein tadelloses Zeugnis ausstellte, nach spätestens drei Jahren zurückkehren würde, was aber unterblieb; vgl. Schwesternbuch und Schwesternkartei in: ArchADA, Büro der Oberin. Interessanterweise meldete der Vorsteher an den Verband, Schwester E. sei „wegen 1 Strafverfahrens gegen das Heimtückegesetz" ausgetreten und zu keiner anderen Schwesternschaft gewechselt; siehe nächste Anm.

142 Nach DAASE: Segen (wie Anm. 50), S. 15, verließen „nur einzelne" Schwestern die ADA zugunsten der Braunen Schwestern. In den (quantitativ überhaupt nicht repräsentativen) Akten findet sich lediglich ein Fall: Zum IV. Quartal 1937 wurden an den Verband zwei Austritte gemeldet: der oben genannte von E. N. sowie der einer weiteren Schwester F. G.: Sie sei aufgrund von „Differenzen mit dem Mutterhaus" gegangen und in die freie Schwesternschaft der NSV eingetreten (im Schwesternbuch fehlt diese Information wiederum). Vgl. die beiden vom Vorsteher ausgefüllten Bögen für den Kaiserswerther Verband (Dezember 1937) in: ArchADA, Nr. 94.

143 SCHMUHL: Krankenhäuser (wie Anm. 112), S. 99.

144 Siehe den in Anm. 126 zitierten Brief von Oskar Pfennigsdorf sowie, in der gleichen Akte, die Entgegnung Leichs vom 27. Oktober 1936.

145 Bei DAASE: Segen (wie Anm. 50), S. 15, ist ein Brief von Vorsteher Leich aus dem Umfeld der Köthener Vertragskündigung zitiert, den ich leider im ArchADA nicht identifizieren konnte. Leich verlangt darin der adressierten Schwester „klare Entscheidungen" ab und stuft es als „bedenklich" ein, „wenn Sie sich bei jedem Schritt des Mutterhauses aus dem Gleichgewicht bringen lassen".

146 Völlig unklar ist das Verhältnis des Mutterhauses und seiner Teilanstalten zu den im Gefolge der Nürnberger Rassegesetze auch die Wohlfahrtspflege tangierenden Arierparagrafen und damit zu der Frage, ob Menschen „nichtarischer Herkunft" als Schwestern, Mitarbeiter und Fürsorgeempfänger benachteiligt oder ab-

gelehnt wurden. Während die Kirchenleitung hier klar einen antisemitischen Kurs verfolgte, leistete die Bekennende Kirche mehrfach offen Widerstand gegen entsprechende Erlasse des Landeskirchenrats. Unter dem Protestbrief der Bekennenden Kirche gegen den Ausschluss nichtarischer Christen aus der Kirche vom 1. März 1939 – siehe RAUCH: Müller (wie Anm. 121), S. 78 – fehlt allerdings Leichs Unterschrift (der zu diesem Zeitpunkt wohl krank war). Die (in der Forschung vielbeachtete) Umfrage des Evangelischen Bezirkswohlfahrtsamts Berlin-Zehlendorf (Marga Meusel) an die Mutterhäuser des Kaiserswerther Verbandes im April 1935 bezüglich der Aufnahmemöglichkeit von Nichtarierinnen blieb ausweislich der von Röhm/Thierfelder zitierten Akten des Evangelischen Zentralarchivs Berlin ohne Antwort aus Dessau. Von 28 antwortenden Anstalten antworteten damals 16 negativ und nur fünf mit einem bedingten Ja. Vgl. RÖHM, EBERHARD/ THIERFELDER, JÖRG (Hg.): Juden – Christen – Deutsche, Bd. 2: 1935–1938/Teil II, Stuttgart 1992, S. 122–124.

147 Zur Unterscheidung der unterschiedlichen Widerstands- und Kollaborationsstufen vgl. BLASCHKE, OLAF: Die Kirchen und der Nationalsozialismus, Stuttgart 2014, S. 191–202.

148 Schwesternbrief von Renate Lange an die Schwesternschaft 12.08.1942, in: ArchADA, Nr. 37.

149 Vgl. die Kopie beider Schreiben vom 21. und 24. Februar 1939 aus dem Gemeindearchiv der Auferstehungsgemeinde in: ArchADA, Nr. 16.

150 Jahresbericht 1937/38, in: ebd.

151 Vgl. Jahresbericht 1934/35, in: ebd.

152 Beispiele waren die Erbgesundheitspflege, „Aufbau, Aufgabe und Bedeutung der nationalsozialistischen Volkswohlfahrt", „Wie kann die deutsche Frau mithelfen am Aufbau des national-sozialistischen Staates?"; vgl. die Protokolle in: ArchADA, Nr. 63.

153 In der Prüfung am 21. März wurden Themen wie „Die Bedeutung der Rasse für unser Volk", „Wehr- und Arbeitsdienst als deutsche Ehrenpflicht" durch Schwester Anna Werner als Lehrende geprüft; die Ergebnisse der sechs Schülerinnen waren: dreimal mangelhaft (6), zweimal ausreichend (4), einmal befriedigend (3); vgl. ebd.

154 Das folgende nach den Jahresberichten in ArchADA, Nr. 139.

155 Vgl. den Fragebogen über die Veränderungen im Mutterhausbetrieb im I. Quartal 1939, in: ArchADA, Nr. 94. Eine eindeutige Identifikation derselben war nicht möglich. Da die Statistik den jeweiligen Übergang der Stationen vom Vaterländischen Frauenverein des DRK (gemäß DRK-Gesetz von 1937) vorsah, dürfte es sich um die zuvor in Trägerschaft von Frauenvereinen befindlichen Gemeindestationen in Ballenstedt und Bernburg gehandelt haben. Ein solcher Übergang war auch anderswo typisch; vgl. Scheepers: Umbrüche (wie Anm. 4), S. 88.

156 Kiesel, Elena M. E.: Kinderpflege im göttlichen Auftrag. Das Diakonissen-Mutterhaus Cecilienstift in Halberstadt und sein Verhältnis zur Nationalsozialistischen Volkswohlfahrt (NSV), in: Sachsen und Anhalt. Jahrbuch der Historischen Kommission für Sachsen-Anhalt 29 (2017), S. 257–292, hier S. 267.

157 Im Jahresbericht 1933/34 ist bezüglich des Schulkindergartens die Rede von einer im Winterhalbjahr stattfindenden „intensivere(n) Schulung. Fröbelsche Beschäftigungen und Montessorimaterial wurden dazu benützt"; ArchADA, Nr. 139.

158 Bookhagen, Rainer: Die evangelische Kinderpflege und die Innere Mission in der Zeit des Nationalsozialismus, Bd. 2: 1937 bis 1945 Rückzug in den Raum der Kirche, Göttingen 2002, S. 736–742. Zu Halberstadt Kiesel: Kinderpflege (wie Anm. 156), S. 262–287.

159 Vgl. ebd., S. 741.

160 Vgl. den Fragebogen über die Veränderungen im Mutterhausbetrieb im II. Quartal 1941, in: ArchADA, Nr. 94.

161 So meldete die Oberin 1940 an den Verband, dass vier Arbeitsplätze infolge von Invalidität frei seien, „und 2 kirchliche Stationen mußten durch Kündigung anderer Stationen besetzt werden"; Oberin an Kaiserswerther Verband (04.12.1940), in: ArchADA, Nr. 94.

162 Unter „Bestand heute" summierte Lange: 10 im Mutterhaus, 13 auf der Krankenstation, je eine im Kinder- und Zufluchtsheim tätige Schwester, außerdem neun im Zerbster Kreis-

krankenhaus, fünf in drei Altersheimen, 16 in kirchlichen, 10 in „sonstigen" Gemeindestationen, eine im Erholungsheim Ballenstedt sowie 17 im Feierabend. Hinzu kam eine Lazarettschwester. Von den 84 waren 77 Schwestern des Mutterhauses (Diakonissen, Probeschwestern und Novizen) und sieben Verbandsschwestern (= Hilfsschwestern). Gemeindestationen 1944: Dessau St. Marien, St. Georg, St. Johannis, St. Pauli, St. Jakobus, Kühnau, Alten, Törten, Roßlau, Aken, Zerbst St. Bartholomäi und St. Trinitatis. Lange, Werner: Aus der Geschichte der anhaltischen Diakonissen-Anstalt (Manuskript), in: AELKA, Bestand Kreisoberpfarramt Dessau, Nr. 71.

163 Vgl. die masch. Berichte „Erlebnisbericht 1944–1947" des Mathildenheimes anlässlich der Zusammenkunft des Freundeskreises am 28.9.1947" sowie „Einiges über unsere Erlebnisse Frühjahr 1945", in: ArchADA, Nr. 16.

164 Vgl. Schreiben der Oberin an den Centralausschuss für Innere Mission und das Kriegsschädenamt der Stadt Dessau vom 10.04.1945, mit der Bitte um „Vorschuss an flüssigem Geld" und einer exakten Auflisten der verbrannten Gegenstände, in: ebd.

165 Einiges über unsere Erlebnisse (wie Anm. 163).

166 Erlebnisbericht 1944–1947 (wie Anm. 163).

167 Vgl. für das Folgende die Aktennotiz des Verwaltungsratsvorsitzenden Plath zu seinem Treffen mit Kunisch am 29. Januar 1948, die Abschrift des Protokolls der satzungsändernden Verwaltungsratssitzung vom 13. Februar 1948 sowie die staatsaufsichtliche Genehmigung durch Kunisch vom 1. März 1948, in: ArchADA, Nr. 30.

168 Bischof Dibelius an Oberin Lange, Berlin-Dahlem 05.01.1946 (Abschrift), in: AELKA, Bestand Kreisoberpfarramt Dessau, Nr. 71.

169 Kaiser, Jochen-Christoph: Diakonie in der Diktatur. Anmerkungen zur Geschichte der Inneren Mission zwischen 1933 und 1989, in: Hübner, Ingolf/ders. (Hg.): Diakonie im geteilten Deutschland. Zur diakonischen Arbeit unter den Bedingungen der DDR und der Teilung Deutschlands, Stuttgart 1999, S. 62–76.

170 Siehe dazu den Beitrag von Marianne Taatz-Jacobi in diesem Buch.

Marianne Taatz-Jacobi

„Die Findung eines echten fraulichen Berufes im Raume unserer Kirche" – das Dessauer Seminar für Gemeindediakonie 1964–1984

Das Seminar für Gemeindediakonie an der Anhaltischen Diakonissenanstalt (ADA) in Dessau bestand von 1964 bis 1984. Es handelte sich dabei um eine der kleineren Ausbildungsstätten für Gemeinde- und Kinderdiakoninnen auf dem Gebiet der DDR. Organisatorisch und personell war es auf das Engste mit der Evangelischen Landeskirche Anhalts verbunden, die wiederum die kleinste der ostdeutschen evangelischen Kirchen war. Beides zusammen mag bedingen, dass die Geschichte des Seminars bisher jenseits von einer Publikation der Eigengeschichtsschreibung der ADA noch nicht untersucht worden ist.[1] Aufgrund ihrer Größe hat sie vielleicht auch nicht den Bekanntheitsgrad vergleichbarer anderer Einrichtungen wie beispielsweise des Evangelischen Diakonissenhauses in Teltow oder der Pfeifferschen Anstalten in Magdeburg erreicht.

Generell gilt, dass die Geschichte von Diakonie und Hilfswerk in der DDR gut erforscht ist, wenn es um die Entwicklung und Auseinandersetzung mit dem Staat und um die diakonischen Handlungsfelder geht.[2] In erheblich geringerem Maß liegen Untersuchungen der einzelnen diakonischen und kirchlichen Ausbildungsstätten vor, wie es das Seminar an der ADA eine war.[3] Immerhin kann für das Jahr 1958 von 37 vordiakonischen Seminaren und Vorkursen sowie 22 katechetisch-gemeindlichen Vorseminaren ausgegangen werden.[4] In diesem Bereich war auch die ADA tätig. Was Berufsausbildungen anbelangte, existierten in der DDR 35 kirchlich-diakonische Einrichtungen, die solche anboten.[5] Die Gründung des Seminars für Gemeindediakonie in Dessau fällt in eine Zeit der Konsolidierung kirchlicher und diakonischer Arbeit nach den heftigen Auseinandersetzungen mit dem Staat um die Rolle von Kirche und Diakonie in der sozialistischen Gesellschaft in den 50er Jahren. Ab 1958 kam es zu Gesprächen zwischen Staat und Kirche, die im Bereich der diakonischen Arbeit zu Erleichterungen führten, wenngleich diese auch den kirchenpolitischen Bedingungen, die die SED vorgab, unterworfen blieb. Diese Verständigungsversuche betrafen vor allem die Bereiche der Heil- und Heilhilfeberufe. Die Evangelische Kirche suchte nach Wegen, um die evangelischen Krankenpflegeschulen und die Ausbildung des Nachwuchses der evangelischen Schwesternschaften, Krankenhäuser usw. zu sichern.[6]

Darüber hinaus existierte ein weitgefächertes Feld weiterer Ausbildungszweige in der Diakonie wie Diakonenschulen und katechetische Seminare, die zu diesem Zeitpunkt vom Staat zumindest geduldet wurden. Diese Ausbildungsstätten sollten den Nachwuchsmangel an diakonischen Mitarbeitern auffangen. Allerdings führten sie anders als in der Krankenpflege nicht zu staatlich anerkannten Abschlüssen,[7] so dass die Berufsentscheidung einer Einzelperson für einen diakonischen Beruf von großer persönlicher Tragweite war und bedeutete, Einschränkungen der Bildungs-, Berufs- und Karrieremöglichkeiten zu akzeptieren. Zugleich oblag Diakonie und Kirchen diesen Mitarbeitern gegenüber eine besondere Fürsorgepflicht, sie im Anschluss an die Ausbildung möglichst auf Lebenszeit anzustellen und zu versorgen, da sie im staatlichen System kaum mehr Fuß fassen konnten.

Grundsätzlich war die Gemeindediakonie von zwei Seiten unter Druck gekommen. Einerseits kam er vom Staat, der sich vor allem gegen öffentlich wirksame diakonische Arbeit wandte.[8] Um dem zu begegnen, arbeiteten die nach wie vor selbständigen Einrichtungen der Inneren Mission immer stärker Hand in Hand mit den kirchlichen Stellen. Dies wird auch an der ADA zu beobachten sein. Andererseits gerieten insbesondere die diakonischen Schwesternschaften unter Druck, weil ein steigender Nachwuchsmangel die Leistung der bisher übernommenen Dienste in den Mutterhäusern, Altersheimen, Krankenhäusern, Gemeindestationen, Kirchgemeinden und nicht zuletzt in den evangelischen Kindergärten zu gefährden begann. Die Diakonissen in den Mutterhäusern wurden zusehend zu alt für den Dienst, die Zahl der Diakonissen im Ruhestand nahm zu. Dies ging einher mit der Aufgabe von Bereichen und der Schließung von Gemeindestationen.[9] Die Überalterung der Schwesternschaften konnte nicht mehr durch Neueintritte aufgewogen werden. Über die Ursachen dafür – neben dem staatlichen Druck – kann mehr gemutmaßt als konkret etwas ausgesagt werden: Kulturelle und politische Entwicklungen, die mit den Stichworten Modernisierung und Wandel der Geschlechterrollen beschrieben werden können, ließen die Berufung zur Diakonisse als anachronistisch, patriarchalisch, unmodern und unattraktiv gelten. Um diese Entwicklungen aufzuhalten, waren die diakonischen Einrichtungen auf die Zusammenarbeit mit den jeweiligen landeskirchlichen Institutionen angewiesen. Es galt, neue Aus- und Weiterbildungsmöglichkeiten zu entwickeln.

Notwendig waren neue Berufsbilder für weibliches Handeln in Kirche und Diakonie, nicht um die Diakonissen grundsätzlich zu ersetzen, sondern um sie
personell zu ergänzen, ihre Arbeit zu unterstützen und neue Berufsfelder diakonischer Arbeit zu bedienen. Diese Veränderung der Mutterhausdiakonie hat
Rajah Scheepers mit dem Begriff der „Selbstsäkularisierung bei gleichzeitiger
Expansion"[10] beschrieben. Ein Beruf, der die genannten Kriterien erfüllte und
dessen Etablierung daher als Teil dieses Wandels bezeichnet werden kann, war
der der Kinder- und Gemeindediakonin. Zwischen 1951 und 1957 entstanden an
fünf Standorten – Wolmirstedt, Greifswald, Berlin-Weißensee, Bad-Lausick und
Eisenach – sogenannte Seminare für kirchlichen Dienst, an denen kirchlich-
diakonische Mitarbeiter für die evangelische Kinder- und Gemeindearbeit ausgebildet wurden. Wie Iris Ruppin schon 2007 konstatierte, harren diese fünf
Seminare der genaueren Erforschung, die sich jedoch durch eine schlechte
Akten- und Archivlage einer genauen Durchführbarkeit entzieht.[11]

Das Seminar für Gemeindediakonie in Dessau, das 1964 gegründet wurde, gehört ebenfalls zu dieser Gruppe neuerer Ausbildungsstätten. In der Forschung
sei es bisher in der Regel übersehen worden, woraus sich eine geringe Bedeutung in Ausbildungsfragen ableiten ließe, so Ruppin.[12] Diese These von der geringen Bedeutung gilt es zu überprüfen, zuvor aber überhaupt die bisher ver-
nachlässigte Geschichte dieses Seminars darzustellen und einzuordnen.

Die Gründung des Seminars für Gemeindediakonie 1964

Gegründet wurde das Seminar für Gemeindediakonie in Dessau am 1. März
1964. Die Arbeitsaufnahme sollte mit Beginn des Schuljahrs am 1. September
1964 starten.[13] Das Ziel war die Ausbildung von Gemeinde- und Kinderdiakoninnen. In der Tradition der ADA knüpfte man dabei institutionell an das
frühere Kindergärtnerinnenseminar an, das Ende des Jahres 1939 geschlossen
worden war.[14]

Die ersten Informationen über dieses neue Seminar hatte der Vorsteher der
ADA Werner Strümpfel[15] den Pfarrern des Kirchenkreises Dessau bereits im
Februar 1964 mitgeteilt. Am 24. April 1964 trat er erneut mit diesen in Verbindung und bat sie schriftlich: „Bitte, orientieren Sie alle Gemeindekreise und machen Sie auf diese Möglichkeit der Ausbildung und der Findung eines echten
fraulichen Berufes im Raume unserer Kirche aufmerksam."[16] Denn klar war,
dass die Schülerinnen des Seminars, die später als Gemeinde- und Kinderdiakoninnen in den Kirchengemeinden der Landeskirche angestellt werden soll-

*Als Kursushaus diente dem Seminar das ehemalige Pfarrhaus der ADA. Die Unterrichts-
räume befanden sich im Erdgeschoss, die Seminaristinnen wohnten im 1. Stock. Auch die
Seminarleiterin wohnte im Haus, da sie zugleich Internatsleiterin war.*

ten, zunächst einmal in diesen angeworben werden mussten. Das Problem des
Mutterhauses, junge Frauen für den Dienst zu gewinnen, verschob sich insofern nur, obwohl es sich um eine neue Berufsart mit vom Dienst der Diakonisse deutlich unterschiedenen Möglichkeiten der beruflichen und persönlichen
Selbstverwirklichung handeln sollte.

Die ADA kooperierte in der Frage des neu zu gründenden Seminars von Anfang an mit der Landeskirche und beabsichtigte, das Seminar dezidiert als eine
in die Landeskirche eingebundene Institution der ADA zu etablieren. Dieses
Vorgehen wurde von der Kirchenleitung im selben Maße rezipiert. Von Anfang
an wurde das sich noch in einem Status nascendi befindende Seminar deshalb
als Einrichtung der Landeskirche anerkannt. Dies verdeutlicht ein Schreiben
des Landeskirchenrats an alle Geistlichen und Gemeindekirchenräte der Landeskirche vom 26. Mai 1964, mit dem für das Seminar geworben wurde.[17] Das
neue Seminar wurde argumentativ in den Traditionskontext der Ursprünge der
Inneren Mission eingebunden und auf ein prominentes Zitat von Johann Hin-

rich Wichern rekurriert: „Es tut eines not [!], daß die evangelische Kirche in ihrer Gesamtheit anerkenne [...]: Die Liebe gehört mir wie der Glaube."[18] Dieser Gedanke sei in den Gemeinden immer wieder und auch in Situationen der Bedrängnis bekannt worden. Trotz Sammlungen und Kollekten für Innere Mission und Hilfswerk gebe es in den Gemeinden jedoch nach wie vor viele Kranke, Alte und Kinder, die auf ein Zeichen dieser Liebe warteten. Ihnen dieses Zeichen zu geben, sei insbesondere in der aktuellen Zeit – der Aufruf enthielt sich jeder dezidierten politischen Stellungnahme – umso wichtiger, je mehr schon Kinder die Frage „Wo ist nun dein Gott?"[19] hören würden. Den Dienst an den Menschen im Sinne Wicherns zu leisten und den Gemeinden zu helfen, einen ganz wesentlichen Teil ihrer Aufgaben zu erfüllen, sollte nun die Aufgabe des Seminars für Gemeindediakonie sein. Die dort ausgebildeten jungen Frauen sollten „durch eigene Arbeit und ihr Beispiel in der Gemeinde spürbar werden [...] lassen: Der Glaube ist nur lebendig, wenn er tätig wird".[20]

Es ging nun darum, die Selbstrekrutierung aus dem eigenen kirchlichen Milieu zu aktivieren, um das Seminar mit Schülerinnen zu füllen. Die Gemeinden wurden daher aufgefordert, sich nach jungen Frauen bzw. Mädchen umzusehen, die für diesen Dienst geeignet schienen, um sie nach Dessau an das Seminar zu entsenden. Zugleich sollten die Gemeindekirchenräte für die Zukunft die Gemeinde- und Kinderdiakoninnen in der Gemeindearbeit als zusätzliche Hilfe einplanen – und entsprechende Stellen in die Haushaltspläne aufnehmen. Anders als die für die Gemeinden sehr kostengünstigen Diakonissen, die ihre Einkünfte bis auf ein Taschengeld der Gemeinschaft zur Verfügung stellten, sollten die Gemeindediakoninnen nach der kirchlichen Besoldungsordnung bezahlt werden,[21] wie das dem Schreiben beiliegende Merkblatt informierte.

Bewerben konnten sich Frauen im Alter von 18 bis 35 Jahren. Vor der eigentlichen Seminarausbildung mit der Dauer von zwei Jahren stand die Vorausbildung an der ADA: Schülerinnen mit mittlerer Reife sollten ein Jahr das sogenannte Proseminar absolvieren. Für Abgängerinnen der 8. Klasse waren zwei Jahre Vordiakonie und ein Jahr Proseminar vorgesehen.[22] Bewerberinnen mit Facharbeiterbrief benötigten keine Vorausbildung. Für diese intensive Vorausbildung waren sicherlich entwicklungspsychologische und -physiologische Gründe ausschlaggebend: Schulabgängerinnen der 8. Klasse waren 14, der 10. Klasse 16 Jahre alt. Für die Seminarausbildung und den späteren Dienst in der Gemeinde sollten sie zum einen der Pubertät noch entwachsen und zum anderen nicht dem staatlichen Ausbildungswesen überantwortet werden, denn dann wären sie für eine sich anschließende kirchlich-diakonische Arbeit mit hoher Wahrscheinlichkeit verloren gewesen. Die Möglichkeit, ohne schulische oder anderweitige Ausbildung auch nur ein Jahr zu überbrücken, bis das richtige Alter erreicht war, bestand in der DDR zudem nicht.[23]

Die eigentliche Ausbildung sollte zwei Jahre in der ADA und ein praktisches Jahr der sogenannten „Bewährungs- und Aufbauzeit"[24] umfassen. Das erste Jahr sollte seinen theoretischen und praktischen Schwerpunkt in der Krankenpflege, das zweite Jahr in den gemeindlichen Fächern besitzen.

Die enge Verbindung dieser Ausbildung mit der Landeskirche wurde auch dadurch deutlich, dass die Abnahme der Zwischenprüfung nach dem ersten Jahr und der Abschlussprüfung dem Landeskirchenrat oblag. Er trug auf Antrag der Bewerberin auch die finanziellen Aufwendungen: Während der Ausbildung sollten die Schülerinnen zwar in der ADA wohnen und deren Hausvorstand unterstehen. Die Kosten für Wohnung, Verpflegung, Unterricht, Seminarkleidung – die Schülerinnentracht des Kaiserswerther Verbands –, Krankenversicherung und ein Taschengeld sollten jedoch vom Landeskirchenrat als Stipendium übernommen werden. Im Gegenzug sollten die Seminaristinnen sich im Anschluss an die Ausbildung zu einem Dienst von fünf Jahren in den Gemeinden der Landeskirche oder der ADA verpflichten.

Als Einsatzgebiete der Gemeinde- und Kinderdiakoninnen waren Kirchgemeinden, Schwesternstationen, Einrichtungen der Inneren Mission und evangelische Kindergärten vorgesehen. Es bestand die Möglichkeit, dort als zivile Mitarbeiterin, als Verbandsschwester im Auftrag der ADA oder auch als Diakonisse der ADA tätig zu werden.[25] Damit besaß die Ausbildung in der Wahlmöglichkeit des späteren Status eine gewisse Flexibilität, mit der man versuchte, die Tradition der Kaiserswerther Diakonissen in Anhalt mit den zeitgenössischen Anforderungen zu verbinden und gewissermaßen zu transformieren, um den Ansprüchen der Zeit gerecht zu werden.

Bereits zur Eröffnung am 1. September 1964 zeigte sich, dass sich der Schwerpunkt des neuen Seminars in Richtung Kinderdiakonie zu Ungunsten der Gemeindediakonie verschob.[26] Das lag ganz eindeutig an den ersten Seminaristinnen. Dabei handelte es sich um insgesamt fünf Mädchen aus Anhalt, von denen sich drei bereits in einem praktischen Vorbereitungskurs in evangelischen Kindergärten befanden und anschließend die Ausbildung am Evangelischen Diakonissenhaus in Halle (Saale)[27] in der Kirchenprovinz Sachsen beginnen wollten. Nachdem die neue Ausbildung in Dessau bekannt geworden war, waren die Eltern zweier Mädchen bereit, die Kinder nach Dessau zu schicken, auch weil vonseiten des Diakonissenhauses in Halle darum gebeten wurde, da es dort zu Kapazitätsproblemen kam.[28] Ein Vater beharrte jedoch auf der Ausbildung der Tochter in Halle; seinem Ansinnen wurde stattgegeben.[29] Zu den beiden

Wechslerinnen kamen drei weitere Mädchen, die sich ebenfalls bereits in der praktischen Arbeit in Kindergärten befanden, so dass insgesamt fünf Seminaristinnen aus der Evangelischen Landeskirche Anhalts an diesem 1. September die neue Ausbildung aufnahmen, aber ganz klar in die Richtung der Kinderdiakonin strebten.

Drei weitere Mädchen waren ebenfalls für das Seminar angemeldet, mussten aber zunächst das Praktikum im Kindergarten absolvieren. Dieses sollte als Proseminar anerkannt und die entsprechende theoretische Fundierung durch das Seminar durchgeführt werden. Nach einer Prüfung sollte der Übergang in die Ausbildung am Seminar erfolgen.[30]

Doch sollte das Seminar erfolgreich werden und ausgelastet sein, musste es für Teilnehmerinnen aus allen acht evangelischen Landeskirchen auf dem Gebiet der DDR offen sein und entsprechend beworben werden. Oberkirchenrat (OKR) Werner Gerhard wies am 16. Juli 1964 in einem Schreiben an die ADA darauf hin:

> „Nachdem wir der Weiterbildung der jungen Mädchen, die die Ausbildung im Vorpraktikum bereits begonnen haben, in Ihrem Seminar zugestimmt haben, müssen wir Sorge dafür tragen, daß die Ausbildung den von den anderen Landeskirchen und der Erziehungskammer angenommenen Normen entspricht, und die in unserer Landeskirche ausgebildeten Kinderdiakoninnen notfalls auch in anderen Landeskirchen anerkannt werden."[31]

Die Ausbildung musste vor allem den Kriterien der Erziehungskammer der EKD für die Gliedkirchen der DDR[32] entsprechen, um die Anerkennung durch die übrigen Landeskirchen zu erlangen. Um dieser Aufforderung Folge zu leisten, wurden in den folgenden Wochen von verschiedenen diakonischen Häusern auf dem Gebiet der DDR die Richtlinien und Lehrpläne zur Ausbildung zur Kinderdiakoninnen eingeholt und der eigene Lehrplan daran orientiert.[33] Diese Informationsbeschaffung ging nicht von der ADA, sondern vom Landeskirchenrat aus. Darin zeigt sich das große Interesse der Landeskirche an dem neuen Seminar. Es sollte als diakonische Einrichtung der ADA eng in die Landeskirche eingebunden sein.

Die Anerkennung durch die Erziehungskammer und dort durch die Arbeitsgemeinschaft für evangelische Kinderpflege erfolgte rasch. Am 22. August 1964 informierte OKR Gerhard schließlich OKR Olaf Herwig Hafa, den Leiter der Erziehungskammer der Evangelischen Kirche in Berlin-Brandenburg und Leiter der Arbeitsgemeinschaft für evangelische Kinderpflege,[34] über den Seminarstart zum 1. September 1964. Gerhard machte deutlich, dass sich der Ausbildungs-schwerpunkt schon vor Beginn der eigentlichen Seminartätigkeit verschoben habe, weil man die ursprünglich für Halle vorgesehenen Schülerinnen, die das praktische Jahr bereits hinter sich hätten, ordentlich ausbilden wollte. Hafa wur-de deshalb gebeten, bestehende Rahmenlehrpläne nach Dessau weiterzuleiten, damit die dortigen Pläne angepasst werden konnten.[35] Hafa besuchte das Semi-nar schließlich am 29. April 1965 und erkannte es als gleichwertig gegenüber anderen Ausbildungsstätten an. Damit verbunden war eine Zuweisung von 7.000 Mark seitens der Arbeitsgemeinschaft für das Jahr 1965.[36]

Ausbildung zur „Diakonischen Kinderhelferin mit Fachprüfung"

Bei dem Besuch von OKR Hafa in Dessau wurde von diesem der Wunsch der Arbeitsgemeinschaft für evangelische Kinderpflege in der Erziehungskammer der Evangelischen Kirchen in Deutschland Ost übermittelt, an der ADA einen „Ausbildungszweig zu schaffen, der der früheren Kinderpflegerin entspricht und in einem 1-jährigen Kurs Mädchen fördern soll, die die volle Ausbildung zur Kinderdiakonin nicht schaffen".[37] Die Verhandlungen über einen solchen Kurs mit dem Abschluss als Diakonische Kinderhelferin mit dem Einsatzgebiet in den evangelischen Kindergärten zogen sich noch bis in das Jahr 1966 hin. Am 20. Oktober 1965 war in Dessau zunächst ein Lehrplan erarbeitet und an-schließend von der Arbeitsgemeinschaft für evangelische Kinderpflege ergänzt worden. Am 24. Januar 1966 fand dann die Beratung der Arbeitsgemeinschaft in Berlin statt, in der die Ausbildung genau geplant wurde. Von der Dessauer Seite nahmen als Vertreter der ADA Pastor Strümpfel und Schwester Gertrud Kobsch teil.

Zunächst sollten alle Landeskirchen in der DDR über den Lehrplan informiert werden,[38] denn sie sollten die Schülerinnen nach Dessau schicken und den dor-tigen Abschluss anerkennen.[39] Die Bewerbung sollte für Mädchen möglich sein, die in dem Kalenderjahr das 17. Lebensjahr vollendeten. Voraussetzung war ein Jahr Vorpraxis der Mädchen im Kindergarten und im Heim. Jüngere Bewerbe-rinnen mit Schulabgang nach der 8. Klasse mussten ein Jahr Vordiakonie und zwei Jahre Praxis nachweisen, um die Berechtigung zur Ausbildung zu erhal-ten. Für das am 1. September 1966 beginnende Schuljahr hatten diese Kriterien – die also in den Landeskirchen durch die Dienststellen für Kinderpflege bei den Landesstellen für Innere Missionen bereits bekannt gemacht worden sein mussten – bereits zwölf Schülerinnen erfüllt bzw. waren dabei, sie zu erfüllen.

Diese Schülerinnen waren nämlich von den Kirchen für die Ausbildung bereits angemeldet worden. Auch angehende Kinderdiakoninnen, die diese Ausbildung nicht schaffen würden, konnten zum jeweils nächsten Schuljahr in die Ausbildung zur Kinderhelferin wechseln.[40]

Die Ausbildung selbst sollte ein Jahr dauern, wovon ein Monat Praxis geplant war. Die Prüfung stand wie bei den Kinderdiakoninnen unter der Leitung des Landeskirchenrats Anhalts, so dass die Evangelische Landeskirche Anhalts hier eine wichtige Funktion für die übrigen sieben evangelischen Landeskirchen in der DDR übernahm und auf diese Weise der Ausbildung die Anerkennung durch die anderen Kirchen verschaffte.[41] Am 27. Juni 1966 gab der Landeskirchenrat dazu seine Zustimmung.[42]

Darüber hinaus war der Landeskirchenrat in die Ausbildung nicht eingebunden, sondern es handelte sich um eine Aktivität des Mutterhauses,[43] das zunächst den Unterricht, Kost und Logis der Schülerinnen finanzierte. Im Gegenzug sollte die zentrale Stelle, also die Arbeitsgemeinschaft, die Unterrichtskosten von geschätzt 6.200 Mark pro Jahr tragen und die Landesstellen für den Unterhalt der Schülerinnen aufkommen.[44] Der Aufwand lag dennoch deutlich bei der ADA, der Mehrwert bestand in dem Bedeutungszuwachs, den die ADA als Ausbildungsort innerhalb der evangelischen Landeskirchen in der DDR erhielt. Davon profitierte natürlich auch die Landeskirche.

Der unterschiedliche Status der beiden Ausbildungen zur Kinderdiakonin und zur Kinderhelferin zeigte sich auch in der Zuordnung, wie sie auf späteren Merkblättern zu finden ist: Die Ausbildung zur Kinderdiakonin war Teil des Seminars für Gemeindediakonie. Die Ausbildung zur Kinderhelferin wurde unter die anderen Ausbildungen, die die ADA anbot, wie z. B. zur Krankenschwester oder Wirtschaftsdiakonin, subsumiert.[45]

Theorie und Praxis

Nachdem in den ersten fünf Jahren des Bestehens des Seminars 19 Seminaristinnen die Ausbildung abgeschlossen hatten und mehrheitlich in Kindergärten entsandt worden waren, hatte man genügend Erfahrungswissen gesammelt, um die Ausbildung im Jahr 1969 zu modifizieren. Hatte sie bisher vom 1. September eines Jahres (beispielsweise 1970) bis zum 31. August zwei Jahre darauf gedauert (beispielsweise 1972), wurde sie nun bis zum 31. Dezember zwei Jahre darauf (beispielsweise 1972) verlängert. Die Unterstufe, die auch die Diakonischen Kinderhelferinnen besuchten, dauerte weiterhin ein Jahr. Wer die Prüfungen mit dem Prädikat „gut" oder besser bestand, konnte in die neu eingeführte Mittelstufe des Seminars aufsteigen und die Ausbildung zur Gemeinde- und Kinderdiakonin absolvieren. Die Mittelstufe umfasste acht Monate und begann mit einem Gemeindepraktikum von September bis Dezember, um Gemeindearbeit, Kinderkreise und Altenpflege genauer kennenzulernen und diese den Kirchenjahreszeiten entsprechend zu gestalten. An dieses Praktikum sollte sich dann ein theoretischer Kurs von Januar bis April anschließen, der mit einer Prüfung abgeschlossen werden sollte. Es folgte ein erneutes Praktikum von Mai bis Juli im evangelischen Kindergarten, bevor nach einem Urlaubsmonat von September bis Dezember ein weiterer Theorieteil einschließlich der Abschlussprüfungen folgte. Anschließend begann das Bewährungsjahr, das in der Gemeinde oder im Kindergarten abgeleistet werden sollte, bevor es zur Anstellung im kirchlichen Dienst kam.[46]

Diese Umstellung auf einen stärkeren Praxisbezug mit einem klaren gemeindlichen Schwerpunkt sollte das Ziel haben, das Berufsbild der Gemeindediakonin stärker zu etablieren, weil es sich „bisher in der Anhaltischen Landeskirche noch nicht durchsetzen konnte".[47] Dies lag daran, dass die meisten Schülerinnen des Vollseminars in den Dienst der Kinderdiakonin strebten „da dort die dienstlichen Bedingungen günstiger sind und den eigenen Wünschen mehr freien Raum lassen als in der Gemeindearbeit".[48] Die Neuordnung wurde vom Landeskirchenrat und dem Verwaltungsrat der ADA bewilligt und startete mit dem Beginn der Ausbildung am 1. September 1969.

Eine Stichprobe ergibt für das Jahr 1966, dass von fünf Schülerinnen drei als Kinderdiakoninnen und zwei als Gemeindediakoninnen in das Bewährungsjahr starteten. Dazu mussten Stellen für sie gefunden werden, Kirchgemeinden konnten sich um die Diakoninnen bewerben. Dabei ist ein klarer Schwerpunkt im Kirchenkreis Dessau zu erkennen,[49] der zu den späteren Klagen passt, dass das Berufsbild in der Landeskirche nicht ankomme.[50] In Dessau und Umgebung unterhielt man seitens der Kirchgemeinden und ihrer Verantwortlichen dienstliche und persönliche Beziehungen zur ADA und war mit dem Seminar besser vertraut als in Bernburg, in Zerbst oder im Harz.

Die Erfahrungen mit den Einsatzorten wurden im Mai 1967 zwischen Vorsteher Strümpfel, der Oberin Brigitte Daase und Vertretern der Gemeinden unter Leitung von OKR Gerhard ausgewertet. Dabei zeigte sich, dass das Feedback aus den Gemeinden sehr unterschiedlich ausfiel und mit der Anleitung durch die dortigen Verantwortlichen korrespondierte. War in einer Gemeinde die Resonanz auf die Tracht tragende Diakonin sehr positiv und wurde sie vom Pfarrer und dem GKR in verschiedene gemeindliche Arbeitsbereiche eingeführt, fiel bei anderen das Fazit nur sehr allgemein aus, und es ist nicht viel über die ausgeführten Tätigkeiten zu erfahren. Teilweise fand in den Gemeinden auch gar keine Nacharbeitung der verrichteten Tätigkeiten statt, obwohl explizit Leitfäden an die Gemeinden und die dortigen Kindergärten gegangen waren.[51]

Für das Bewährungsjahr 1967/68 sah die Verteilung von erneut fünf Diakoninnen anders aus, immerhin sollten zwei nach Köthen, eine nach Gernrode und zwei nach Dessau entsandt werden. Die Gemeinden gaben sehr klar über die Erwartungen an die Diakoninnen, aber auch über mögliche Schwierigkeiten Auskunft. Kinder- und Jugendarbeit wurde dabei grundsätzlich als missionarisch wichtig und deshalb der neue kirchlich-diakonische Beruf als besonders wertvoll angesehen. Denn zum einen arbeiteten in vielen Gemeinden zwar Gemeindeschwestern, die sich jedoch ihrem Berufsbild entsprechend wirklich nur um die Krankenpflege kümmerten. Zum anderen konnte es in Gemeinden Diakonissen geben, die – womöglich auch aufgrund ihres Alters – nicht offen für neue Formen des Gemeindeaufbaus waren und keine Kinderarbeit entwickelten.[52] Die Diskussion der Erwartungen, Schwerpunkte und auch die Einbeziehung der Wünsche der Absolventinnen konnte dann durchaus zum Verwerfen eines Einsatzortes führen.[53]

Die theoretische Ausbildung am Seminar, die für diese Praxis rüsten sollte, war ausnehmend breit. Es liegen aus dem Jahr 1964 Stoffpläne für insgesamt 25 Fächer vor,[54] in denen genau aufgelistet wurde, was die angehenden Diakoninnen lernen mussten. Insgesamt gab es vier Fachgruppen, in denen jeweils eine Gesamtnote aus den Einzelnoten der Fächer errechnet wurde. Die kirchlichen Fächer umfassten: Bibelkunde, Glaubenslehre, Kirchengeschichte, Kirchenkunde, Gottesdienstlehre, Seelsorge und Diakonie. Bibelkunde, Glaubenslehre und Diakonie waren dabei Hauptfächer.

Die pädagogische Fachgruppe bestand aus: Dienstkunde, Katechetik, Psychologie, Jugendliteratur, Naturkunde, Feste und Feiern, Rechtsfragen. Dienstkunde, Katechetik und Psychologie waren Hauptfächer. Die medizinischen Fächer waren: Anatomie, Krankheitslehre, Krankenpflege, Ernährungslehre und Haushaltskunde. Krankheitslehre und Krankenpflege waren die Hauptfächer. Besonders für die Arbeit mit Kindern waren die musischen Fächer konzipiert: Zeichnen, Basteln, Werken, Nadelarbeit, Musik und Gymnastik.[55]

Mit diesem Fächerkanon sollte die Herausforderung, eine Diakonin, die in der ganzen Breite der gemeindlichen Arbeit eingesetzt werden konnte, auszubilden, gewährleistet werden. Die Fachzusammenstellung entsprach schon in der Anfangszeit in etwa dem Rahmenlehrplan für kinderdiakonische Ausbildungen, der 1983 vom Facharbeitskreis für Kinderpflege und der Kommission

Seminaristinnen der ADA beim Unterricht, um 1970

kirchliche Arbeit mit Kindern und Jugendlichen beim Bund verfasst wurde, allerdings statt einer dreijährigen nun eine vierjährige Ausbildung vorsah. Dies verwundert nicht, da man für den Rahmenlehrplan auf die Erfahrung in den Seminaren zurückgriff.[56] Für das Dessauer Seminar war diese Entwicklung allerdings nicht mehr relevant, da das Seminar 1984 geschlossen wurde.

Die Dozenten kamen zum großen Teil aus der ADA, es handelte sich um Schwestern und ziviles medizinisches Personal. Pfarrer Strümpfel lehrte Krankenseelsorge. Im Bereich der kirchlichen Fächer wurden Dozenten aus dem Landeskirchenamt gewonnen.[57] Die ADA folgte damit den Beispielen der Dozentenrekrutierung an den kirchlichen Seminaren in Greifswald und Eisenach, in denen man auf die Hinzuziehung von Fachkräften beispielsweise in Fächern wie Psychologie oder Gesundheitslehre, die nicht in kirchlichen Institutionen arbeiteten, verzichtete und auf die Selbstrekrutierung aus dem Mutterhaus und der Landeskirche setzte.[58]

Die Ausbildung für die Diakonischen Kinderhelferinnen war schon dadurch, dass sie nur die Unterstufe des Seminars umfasste, einfacher gehalten. Die gelehrten Fächer umfassten: Bibelkunde und biblisches Erzählen, Diakonische Berufskunde, Glaubenslehre und Kirchenkunde, Erziehungslehre, Deutsch-

unterricht,[59] Dienstkunde, Beschäftigungslehre und Naturkunde, Gesundheitslehre, Handarbeit, Werken, Kinderlied und Spiel, Gymnastik und Turnen sowie
Zeichnen.[60] Zur Vertiefung und praktischen Anwendung sollten die angehenden Kinderhelferinnen wöchentlich fünf Stunden im Kindergarten hospitieren.
Einmal in dem Ausbildungsjahr war eine vierwöchige Praxis vorgesehen, die
entweder in einem Kindergarten oder einem Heim absolviert werden sollte.[61]
Damit waren beide Ausbildungen, zur Gemeinde- und Kinderdiakonin oder
zur Diakonischen Kinderhelferin, als kirchlich-diakonische Ausbildungen vollständig Teil des Schutzraums vor staatlichem Zugriff im Sinne der Herstellung
der konformen sogenannten sozialistischen Gesellschaft, den die Kirchen in
der DDR für ihre Mitglieder bilden konnten. Doch mussten die Absolventinnen
ihren Dienst ihr ganzes Berufsleben lang in der sozialistischen Gesellschaft in
einem totalitären Staat und womöglich auch in der Konfrontation mit diesem
verbringen, um einerseits die ihnen anvertrauten Menschen zu versorgen und
um andererseits dem missionarischen Auftrag von Kirche und Diakonie nachzukommen. Um sie für die Begegnung mit dieser Herausforderung zu befähigen, wurde mit dem Schuljahr 1968/69 das Fach „Weltanschauungsfragen"
eingeführt, „in dem in einer Wochenstunde Pfarrer Steckel Probleme in der
Auseinandersetzung mit dem dialektischen Materialismus behandeln soll".[62]
Theorie und Praxis verbanden sich mit dem gemeinsamen Leben der Seminaristinnen in der ADA, dem gemeinsamen Wohnen, Essen und der Freizeitgestaltung. Dies war charakteristisch für derartige Ausbildungsstätten,[63] stellte sie
aber auch vor Probleme. Denn die Seminaristinnen mussten schließlich in dem
immer knapper werdenden Raum der ADA auf dem Dessauer Gelände untergebracht werden. In der Eigengeschichtsschreibung wird dies auf den vielsagen-
den Nenner gebracht: „Auf diese Weise kamen alljährlich ca. 15 Seminaristinnen
ins Haus, sorgten für manchmal unbequeme, aber doch heilsame Unruhe und
bereicherten mit ihren Gaben die Hausgemeinde."[64] Bei der Zahl der jährlichen
Seminaristinnen liegt diese retrospektive Schätzung jedoch nicht richtig – die
wirklichen Zahlen sollten für das Seminar zu einem Problem werden.

Die Entwicklung bis 1980

Von Anfang an kämpfte das Seminar für Gemeindediakonie mit niedrigen
Schülerinnenzahlen. Bereits in der Sitzung des Verwaltungsrats der ADA am
26. November 1965 wird dieses Problem erstmals behandelt: „Allgemein wird
bedauert, dass die Pfarrerschaft Anhalts von diesem kircheneigenen Ausbil-

dungsweg bis her [sic!] kaum Notiz genommen hat. Im Weihnachtsbrief des Mutterhauses soll daher über dieses Seminar ausführlicher berichtet werden."[65] Diese erste Werbemaßnahme scheint jedoch noch nicht gegriffen zu haben: In der Sitzung des Verwaltungsrats am 28. März 1966 schlug Vorsteher Strümpfel vor, auf dem Landeskirchentag in Köthen „die Ausbildungsstätte bzw. die Seminaristinnen irgendwie in das Blickfeld der Gemeinden zu tragen".[66] Das Problem bestand ja nicht nur darin, dass die Zahl der Seminaristinnen gesteigert werden sollte, sondern die Absolventinnen und frischgebackenen Kinderdiakoninnen mussten auch eine Anstellung in den Gemeinden und deren Kindergärten finden. Strümpfel berichtete in der Sitzung von drei Anmeldungen für den Kurs ab 1. September 1966, für Vordiakonie und Proseminar seien es Anmeldungen „in erfreulichem Umfange".[67] Allerdings waren im laufenden Proseminar auch sechs Vorschülerinnen aus im Protokoll nicht angegebenen Gründen abgegangen. Solche Fluktuationen konnten die Existenz des Seminars schnell gefährden, obwohl die laufenden Kurse insgesamt als gut und das Konzept von Strümpfel als tragfähig eingeschätzt wurde.[68]

Des Problems der Kontaktherstellung in die Gemeinden hinein nahm sich wiederum der Landeskirchenrat an. Am 28. April 1966 informierte OKR Gerhard alle Pfarrer und Gemeindekirchenräte per Rundschreiben und pries die Ausbildung wegen ihrer Breite an:

> „Die jetzt laufenden Prüfungen zeigen, daß die jungen Mädchen eine breite und doch solide Ausbildung empfangen. Sie sind für Arbeit an Kindern im Kindergarten, aber auch in freier Kinderarbeit einer Gemeinde ebenso zugerüstet wie für die Pflege von Alten in der Gemeinde, für die Mitarbeit in der Gemeindeverwaltung ebenso wie für den Christenlehreunterricht in den unteren Klassen."[69]

Die Nachfrage nach solchen Mitarbeiterinnen sei vorhanden, aber es fehlten eben die Anmeldungen am Seminar. Daher wurden die Gemeinden gebeten, junge Mädchen für die Ausbildung zu werben und deutlich zu machen, dass es sich um eine vielfältige Ausbildung „bei guten Möglichkeiten späteren Unterkommens"[70] handele.

Ein wenig verbessert hatte sich die Situation gegen Ende des Jahres 1966. Zum einen hatten die ersten drei Absolventinnen gute Examensergebnisse erzielt, zum anderen lagen für den Ausbildungsbeginn zum 1. September 1967 bereits fünf bis sechs Meldungen vor, die Zahl der Seminaristinnen schien sich zu verdoppeln. Zugleich wurde aber deutlich, dass der sozialistische Staat den Zugriff auf die jungen Menschen verstärkte und die Situation für kirchliche Ausbildungen sich dadurch verschlechterte. Der Vorsteher berichtete dem Verwaltungsrat am 19. Dezember 1966:

> „Die neuen Bestimmungen über die Berufslenkung der Schulabgänger[71] machen sich in einem deutlichen Absinken der Meldungen zum Vordiakonischen Kursus bereits bemerkbar. Die weitere Entwicklung auf diesem Gebiet muß mit großem Ernst beobachtet werden, da sie die Nachwuchsfrage entscheidend beeinflusst."[72]

1968 sahen der Vorsteher der ADA Strümpfel und die Oberin Brigitte Daase die Notwendigkeit, den Gemeinden in der Landeskirche das Seminar und alle anderen Ausbildungsberufe an der ADA näherzubringen, weil die Zahlen sich nicht weiter verbessert hatten. Stärker als zuvor der Landeskirchenrat gingen sie auf die zeitgenössische und politische Situation von (jungen) Christen in der DDR ein und argumentierten klar diakonisch im Sinne der der Inneren Mission:

> „Können wir die Berufswahl unserer evang. Jugend dem Selbstlauf, der behördlichen Lenkung oder dem Suchen nach dem pekuniären Vorteil überlassen? So wie es Berufe gibt, die für einen Christen zu einer Anfechtung werden können, so gibt es ebenso Berufe, in denen sich der besondere mitmenschliche Auftrag der Christen ausdrückt: Der unmittelbare Dienst am Menschen um Christi willen muß in das Blickfeld der evang. Jugend gerückt werden."[73]

Für diesen missionarisch-diakonischen Auftrag der Kirche würden die Gemeinde- und Kinderpädagoginnen in Dessau ausgebildet, ebenso Kranken- und Säuglingsschwestern, Hilfsschwestern und Kinderhelferinnen.[74] Anders als in den Schreiben des Landeskirchenrats wird hier die Einbindung des Seminars in die ADA und in die Aufgaben der Inneren Mission grundsätzlich deutlich gemacht. Die Gemeinde- und Kinderdiakonin war *eine* Form diakonischer Arbeit, wenngleich eine wichtige und moderne. Diese Deutung zeigt sich auch in der zeitgenössischen Bezugnahme, warum diakonischer Dienst an Bedeutung gewinnen müsse: Die größte Notwendigkeit für diakonische Arbeit sahen Strümpfel und Daase in der demografischen Entwicklung in der DDR begründet, die die höchste Rentenquote in ganz Europa besitze,[75] welche sich bis 1974 noch verdoppeln sollte. Es würde also zu einem Andrang von alten und pflegebedürftigen Menschen in den Pflegeheimen der Kirchen kommen. Daraus ergebe sich eine Aufgabenstellung für jede Gemeinde, bei deren Lösung die ADA gerne helfend und beratend zur Seite stehen wolle.[76] Alles in allem malten Strümpfel und Daase eine einigermaßen dramatische Situation der ADA, deren Ressourcen durch den zunehmenden Personalmangel zusammenschmolzen.[77] Um die schwierige Situation des Seminars wurde kein Geheimnis gemacht: Für 1969 gäbe es wiederum nur drei Anmeldungen sowie zwei Vormerkungen aus anderen Landeskirchen. Im Proseminar befänden sich 15 Mädchen, davon acht aus Anhalt.[78] Außerdem habe sich gezeigt, dass oft kurz vor dem Start eines Ausbildungsjahres noch Bewerbungen eintrafen, es sich dabei aber oft um sehr schwache Schülerinnen handele,[79] die anderswo abgewiesen worden seien. Stattdessen müssten die Besten gesucht werden und zugleich dem Vorurteil, „in der Diakonie gäbe es nur Mindestlöhne und knappstes Taschengeld",[80] begegnet werden. Dem Schreiben beigelegt war ein ausführliches Merkblatt über sämtliche Ausbildungsmöglichkeiten an der ADA vom Seminar über die Wirtschaftsdiakonin hin zur Kranken- und Säuglingsschwester, das vervielfältigt und verteilt werden sollte.[81]

Trotz dieser Maßnahme verschlechterten sich die Zahlen weiter. Im Verwaltungsrat wurde am 3. April 1970 gefragt, „ob es zweckmäßig sei, das Seminar dem Diakonischen Amt, Innere Mission und Hilfswerk zu unterstellen, da von der neugeschaffenen Kommission für Ausbildungsstätten beim Bund der Evangelischen Kirchen in der DDR (BEK) eine Zusammenlegung der Seminare zu erwarten sei".[82] OKR Gerhard beruhigte die Anwesenden allerdings dahingehend, dass zwar Fragen der Effektivität der Ausbildung aufgeworfen worden seien, dass hiesige Seminar aber „einen besonderen Zuschnitt habe, der wohl erhalten bleiben würde".[83] Eine Veränderung sei deshalb nicht notwendig. Damit konnte nur die Ausbildung zur Diakonischen Kinderhelferin für die Landeskirchen in der DDR gemeint sein, die ja die Unterstufe des Seminars und der Ausbildung zur Gemeinde- und Kinderdiakonin umfasste. Die Helferinnenausbildung garantierte damit die Existenz des Seminars an sich.

Tatsächlich schlugen sich die verschiedenen Werbemaßnahmen erfolgreich nieder, und die Ausbildungszahlen stabilisierten sich in den 70er Jahren. So befanden sich Ende 1976 17 Schülerinnen in der Ausbildung zur Diakonischen Kinderhelferin und 24 in der Ausbildung zur Kinderdiakonin, von denen 19 einen Schulabschluss nach der 10. Klasse nachweisen konnten.[84] Damit hatte sich das von Strümpfel und Daase beklagte niedrige Einstiegsniveau der Schülerinnen nach der 8. Klasse verbessert. Allerdings kann damit noch keine Aussage getroffen werden, ob es sich um eher bessere oder schlechtere Schülerinnen handelte, die ggf. die diakonische Ausbildung als Notlösung gewählt hatten.

Versuch einer Neukonzeption und Schließung im Jahr 1984

Trotz dieser Stabilisierung der Schülerinnenzahlen deutete sich schließlich 1980 eine einschneidende Veränderung an, die ihren Hintergrund in der demografischen Entwicklung[85] und der spezifischen Diasporasituation der Kirche in der DDR besaß. Vorsteher Strümpfel ging in der Sitzung des Verwaltungsrats am 25. November 1980 auf diese Veränderung in der Ausbildung ein. Dazu erinnerte er die Teilnehmer zunächst an die Situation, in welcher und für welche das Seminar 1964 gegründet worden war, nämlich „um den akuten Bedarf der evangelischen Kindergärten, die qualifizierte Mitarbeiterinnen brauchten",[86] zu decken. So habe sich der Schwerpunkt der Kinderdiakonie herausgebildet. Nun, so Strümpfel, sei aber eine andere Situation eingetreten:

> „Da die anhaltischen Kindergärten nur eine geringe Mitarbeiterfluktuation aufweisen, Bewerberinnen für die Ausbildung aber nur aufgenommen werden können, wenn auch ihr späterer Berufseinsatz gesichert ist, hat der Hausvorstand in Zusammenarbeit mit dem Dozenten-Team eine neue Konzeption für das Seminar überlegt."[87]

Der kirchliche Abschluss, der vonseiten des Staates nicht anerkannt wurde, die zahlen- und flächenmäßige Kleinheit der Landeskirche sowie der Rückgang der Kinderzahlen führten zu einem Überangebot an Kinderdiakoninnen, denen gegenüber die Landeskirche und die ADA ihre Versorgungspflicht nicht mehr erfüllen konnten.

Die Neukonzeption entsprach dabei den Interessen der Pfarrer, die an die ADA herangetragen worden seien, hinsichtlich einer „Ausbildung für vielfältige Gemeindedienste".[88] Es handelte sich um das Berufsbild einer diakonischen Gemeindehelferin, die sowohl in der Kinder- und Familienarbeit im Vorschulbereich, in der Gemeindepraxis und im Besuchsdienst als auch in der Altenhilfe und der Gemeindepflege eingesetzt werden konnte.[89] Die Ausbildung sollte drei Jahre umfassen, davon eines in der Krankenpflege, eines im Gemeindedienst und eines in der Kinder- und Familienarbeit. Strümpfel erklärte weiterhin, dass deshalb bereits mit der Ausbildungskommission des BEK sowie mit der Hauptabteilung Ausbildung beim Diakonischen Werk Kontakt aufgenommen worden sei. Für Dezember seien Beratungen in Berlin vorgesehen.[90] Klar war, dass die Ausbildung sowohl von allen Landeskirchen in der DDR als auch von diakonischer Seite anerkannt werden musste. Dabei handelte es sich im Prinzip um die Wiederholung des Prozesses von

1964/65, allerdings in einer vollkommen anderen Situation, wie bald zu bemerken sein würde.

Wie es mit der Ausbildung für die Diakonischen Kinderhelferinnen weitergehen sollte, wurde von Strümpfel nicht mitgeteilt. Durch die Neukonzeption der Ausbildung der Gemeindediakonin wäre womöglich die Unterstufe des bisherigen Kurses wegfallen, den angehende Kinderdiakoninnen und Kinderhelferinnen gemeinsam besuchten und der für die Kinderhelferinnen mit dem Abschluss einer Fachprüfung endete. Über die Sitzung mit dem Sekretär der Ausbildungskommission des Bundes, OKR Konrad von Rabenau, und dem Leiter der Abteilung Ausbildung Innere Mission/Hilfswerk, Pfarrer Christian Petran, am 22. Dezember 1980 berichtete schließlich der neue Vorsteher der ADA, Pfarrer Gotthelf Hüneburg – sein Vorgänger war zum 1. Februar 1981 in den Ruhestand verabschiedet worden –,[91] dem Verwaltungsrat am 3. Februar 1981. Das Ergebnis der Beratungen lautete, dass versucht werden solle, die neue Ausbildung an den Bedürfnissen kleinerer Gemeinden zu orientieren und dabei die bisherigen Ausbildungsmöglichkeiten am Haus zu berücksichtigen.[92] Im Laufe des Jahres 1981 gingen die Diskussionen weiter, und Pfarrer Petran kündigte einen Besuch in Dessau an.[93] Der Charakter einer neuen Ausbildung sollte nun verstärkt auf dem Schwerpunkt der Pflege liegen und sich dabei der gesamten Familie zuwenden. Es müsste darum gehen, „ein fest umrissenes Arbeitsgebiet für die Gemeindediakonin zu bezeichnen, damit sie auch wirklich in der ihr berufsspezifischen Arbeit stehen kann".[94]

Auch die Seite der Gemeinden sollte bei der Entwicklung berücksichtigt werden. Dazu wurde vom Landeskirchenrat in Dessau, der sich damit hinter den Vorschlag der ADA stellte, ein Fragebogen erarbeitet, der an ausgewählte Pfarrämter verschickt wurde, um den Bedarf und die Anforderungen an eine zukünftige Gemeindediakonin zu ermitteln.[95] In der ersten Jahreshälfte 1982 wurde schließlich ein Schreiben an die Diakonischen Werke und die Ausbildungsdezernenten der Landeskirchen des Bundes sowie an die Hausvorstände der Konferenz der Mutterhäuser in der DDR geschickt, in dem diese um Stellungnahme zur Ausbildung einer Gemeindediakonin gebeten wurden. Dazu war der zukünftige Dienst noch einmal stärker definiert worden: Die Gemeindediakonin sollte zum einen pflegerisch, zum anderen pädagogisch in den Familien tätig sein und diesen in Altenpflege und Kindererziehung im christlichen Sinn behilflich sein. Die Ausbildung sollte nun sogar dreieinhalb Jahre dauern. Als Beginn war das Jahr 1984 angedacht,[96] so dass noch anderthalb Jahre zur Umstellung des Ausbildungsbetriebs in der ADA, zur Erstellung der Lehrpläne und zur Gewinnung der Dozenten verblieben.

Die Rückmeldungen aus den Landeskirchen waren jedoch, so das Protokoll des Verwaltungsrats vom 10. November 1982, kritisch und oftmals sogar negativ. In der Sitzung des Verwaltungsrats wurde auf diese Argumente nicht näher eingegangen;[97] auch liegen die Antwortschreiben aus Dessau nicht vor, so dass nur gemutmaßt werden kann, dass die Ausbildung entweder nicht den Bedarf in den Landeskirchen deckte oder gar mit den dortigen Berufsbildern kollidierte bzw. dort als Konkurrenz wahrgenommen wurde. Im Verwaltungsrat wurde demzufolge konstatiert, dass weitere Beratungen mit den Berliner Zentralstellen nötig wären.

Damit war das Seminar in eine kritische Situation geraten, die letztendlich in die Schließung nach Beendigung des Ausbildungsjahres 1984 mündete. Die genaue Entwicklung bleibt in den Akten im Unklaren. Offensichtlich hatte es zunächst den Versuch gegeben, die Anerkennung der neuen Ausbildung zur Gemeindediakonin durch den BEK zu erlangen, der aber abgelehnt worden sei.[98] Anschließend waren Pläne aufgekommen, die Ausbildung zur Kinderdiakonin in Dessau mit der in Wolmirstedt zu koordinieren, was seitens der Berliner Zentrale ebenfalls als nicht zielführend bezeichnet wurde.[99] Da zugleich die Vorschläge für die Ausbildung von Gemeindediakoninnen abgelehnt worden waren, riet Pfarrer Petran dazu „daß wir in eine Pause mit der Ausbildungsarbeit eintreten sollten".[100]

Um das Kurshaus und die Dozenten als Ressource jedoch weiterhin positiv für die diakonische und landeskirchliche Arbeit nutzen zu können, wurde überlegt, eine Ausbildungs-, Weiterbildungs- und Rüstzeitenarbeit anzubieten und Tagungen zu veranstalten. Vorsteher Hüneburg führte aus:

> „Wir stellen uns dabei etwa vor, drei zusammenhängende Tage mit einer Gruppe über diakonisch-missionarische und seelsorgerliche Themen zu arbeiten. Die Absicht dabei ist, das diakonische Bewußtsein in den Gemeinden zu stärken und Hilfen für diakonisches Handeln zu geben. Der Veranstalter dieser Arbeit ist die ADA!"[101]

Im September 1985 hatte sich diese Idee weiter konsolidiert. Dem Verwaltungsrat teilte Hüneburg am 11. September mit, dass zunächst eine Seminararbeit für theologische Mitarbeiter ab dem Winterhalbjahr 1985/86 eingerichtet werden sollte. Das Angebot bestand aus einem halbjährigen Kurs mit biblisch-theologischen und diakonisch-seelsorgerlichen Themen.[102] Inwieweit die Ausfallzeiten der teilnehmenden kirchlichen oder diakonischen Mitarbeiter an ihren eigentlichen Arbeitsstellen kompensiert werden sollten, wurde in der ADA jedoch nicht bedacht. Die unmögliche Umsetzbarkeit dieses Plans – er wurde entweder nicht genehmigt, oder es fanden sich keine Teilnehmer – führte zu einer neuerlichen Modifizierung zum Jahr 1986. Das Seminar sollte „als Rüststätte für unsere Mitarbeiter dienen! Sie sollen zum diakonischen Dienst motiviert werden.“[103] Diese Rüstzeiten sollten den Zeitraum von einer Woche umfassen und in den ersten Monaten des Jahres 1986 beginnen.

Damit war von dem eigentlichen Movens, mit dem das Seminar für Gemeindediakonie einmal gegründet worden war, nicht mehr viel übrig geblieben. War es ursprünglich darum gegangen, ausgehend von der ADA einen diakonischen Impuls in die Gemeinden der Landeskirche Anhalts und die anderen sieben Landeskirchen auf dem Gebiet der DDR zu senden und junge Menschen für die diakonische Arbeit zu gewinnen und auszubilden, richtete sich das neue Rüstzeitheim als ein Ort der Motivation und der geistlichen Rekreation diakonischer Mitarbeiter nach innen. Das war sicherlich eine notwendige und durchaus positive Entscheidung für die Pflege der personellen Ressourcen, bedeutete aber gewissermaßen den Rückzug aus der ursprünglichen Zielsetzung, denn es ging nicht mehr um Innere Mission in den kirchlichen und diakonischen Arbeitsfeldern in Anhalt.

Zusammenfassung

Betrachtet man seine Lebensdauer und seine Größe, war das Seminar für Gemeindediakonie an der ADA keine Erfolgsgeschichte. Mit etwa 200 Schülerinnen in 20 Jahren blieb es eines der kleinsten auf dem Gebiet der DDR.[104] Die Ursache dafür, dass es nicht wuchs und von Anfang an Klagen über die geringe Schülerinnenzahl vorherrschten, lag in seiner Verortung in der kleinsten evangelischen Landeskirche. In Anhalt funktionierte die Selbstrekrutierung aus dem kirchlichen Milieu nur sehr bedingt; die personellen Ressourcen waren rasch erschöpft. Ohne die Einrichtung der Ausbildung zur Diakonischen Kinderhelferin, mit der die anhaltische Landeskirche die Verantwortung im Auftrag des Bundes für diesen diakonischen Ausbildungsberuf übernahm, wäre die Lebensfähigkeit des Seminars hinsichtlich Effizienz und Wirtschaftlichkeit begrenzt gewesen.

Zugleich scheint die Verbindung zwischen dem Mutterhaus der ADA und den Kirchengemeinden mindestens lose, vielleicht zeitweise sogar schwierig gewesen zu sein. Darauf weist zumindest die Klage des Vorstehers Strümpfel gegenüber dem Präses der anhaltischen Synode und Verwaltungsratsvorsitzenden Gerhard Kootz am 7. August 1979 hin:

> „Mir erscheint immer wieder beklagenswert, daß so viele Gemeinden in Anhalt die Existenz des Mutterhauses und seiner Schwesternschaft praktisch ignorieren. [...] Frau Oberin und ich haben uns jahrelang viel Mühe gegeben, Brücken zu den Gemeinden zu schlagen durch Besuche und Angebote von Diensten, es versandete fast alles."[105]

Inwieweit dieses Urteil einer gewissen Resignation zum Ende seiner Amtszeit geschuldet war oder den tatsächlichen Gegebenheiten zwischen ADA und Kirchgemeinden entsprach, bleibt anderen Untersuchungen überlassen. Auf die Situation der Kinderdiakoninnen trifft die Beschwerde sicherlich zumindest in Teilen zu. Aber hätten die Gemeinden der Landeskirche wirklich mehr Mädchen nach Dessau entsenden und mehr Diakoninnen anstellen können, als sie es taten? Der Einsatz des Landeskirchenrates, mit dem die ADA nicht nur in Fragen des Seminars eng zusammenarbeitete, zahlte sich auch im Bezug des Seminars jedenfalls nicht wirklich aus, Werbemaßnahmen für das Seminar erhöhten den Zulauf nicht in ausreichendem Maße.

Dennoch beginge man einen Fehler, würde man die missionarische Wirkungskraft des Seminars aufgrund dieser Befunde unterschätzen. Zwar fehlen Personalakten und genaue Statistiken über die Herkunft der 200 Schülerinnen – ob sie aus Anhalt oder den übrigen Gliedkirchen kamen. Es ist angesichts der Existenz von eigenen Ausbildungsstätten im Bereich dieser sieben anderen Kirchen jedoch davon auszugehen, dass das Gros der Seminaristinnen in Dessau sich aus Anhalt rekrutierte und dann auch beruflich in Anhalt blieb. In einer kleinen Kirche besaßen diese Kinderdiakoninnen zwangsläufig eine große Präge- und Gestaltungskraft, insbesondere im Bereich der diakonischen Kinderarbeit – und das über Jahrzehnte. Denn die christliche Persönlichkeitsbildung, die sie an der ADA zusammen mit der Ausbildung erhielten, nahmen sie in ihr späteres Berufsleben mit.

Das Ende des Seminars kam denn auch nicht aufgrund der problematischen Schülerinnenzahl zustande, sondern weil der Beruf der Kinderdiakonin durch demografische und innerkirchliche Entwicklungen ins Hintertreffen geraten war. Neuordnungskonzepte verliefen im Sande. Dies geschah im Falle der ADA früher, bei anderen Seminaren für kirchlichen Dienst erfolgte diese Entwicklung später, so z. B. in Greifswald.[106] Die Ereignisse 1989/90 führten dann hinsichtlich der Gemeindediakonie im Allgemeinen zur Zusammenarbeit mit den evangelischen Fachschulen in der Bundesrepublik und der Eröffnung solcher auf dem Gebiet der ehemaligen DDR im Zusammenhang mit der Ausbildung zum Gemeindepädagogen oder zur Gemeindepädagogin. Dazu kam, dass die Ausbildung ausschließlich von Frauen unzeitgemäß wurde. Das Ende des Seminars in Dessau sollte daher nur im Zuge dieses Entwicklungsprozesses in der 1980er Jahren betrachtet werden, um der Einrichtung wirklich gerecht zu werden. Geringe Größe und kurze Lebensdauer sagen nichts über seine missionarisch-kirchlich-diakonische Wirksamkeit aus.

Anmerkungen

1 HÜNEBURG, GOTTHELF/WERNER, SUSANNE (Hg.): 100 Jahre Anhaltische Diakonissenanstalt (1894–1994). Festschrift, o. O. 1994, S. 28 f., S. 49 f.

2 Zum Einstieg vgl. REUER, MARTIN: Diakonie als Faktor in Kirche und Gesellschaft, in: Henkys, Reinhard (Hg.): Die Evangelische Kirche in der DDR: Beiträge zu einer Bestandsaufnahme, München 1982, S. 213–242; HÜBNER, INGOLF: Kirche im real existierenden Sozialismus, in: Röper, Ursula/Jüllig, Carola (Hg.): Die Macht der Nächstenliebe. Einhundertfünfzig Jahre Innere Mission und Diakonie (1848–1998). Im Auftrag des Deutschen Historischen Museums und des Diakonischen Werkes der Evangelischen Kirche in Deutschland, Berlin 1998, S. 258–265; HÜBNER, INGOLF/KAISER, JOCHEN-CHRISTOPH (Hg.): Diakonie im geteilten Deutschland. Zur diakonischen Arbeit unter den Bedingungen der DDR und der Teilung Deutschlands, Stuttgart u. a. 1999.

3 Als Überblick bietet sich an GRELAK, UWE/PASTERNACK, PEER: Konfessionelles Bildungswesen in der DDR. Elementarbereich, schulische und nebenschulische Bildung, Halle 2017. Der Arbeitsbericht bezieht sich für die Vorseminare stark auf HOENEN, RAIMUND: Von Schulen, die keine sein durften. Die kirchlichen Proseminare in der DDR, in: Gramzow, Christoph/Liebold, Helmut/Sander-Gaiser, Martin (Hg.): Lernen wäre eine schöne Alternative. Religionsunterricht in theologischer und erziehungswissen-

schaftlicher Verantwortung. Festschrift für Helmut Hanisch zum 65. Geburtstag, Leipzig 2008, S. 333–350.

4 Vgl. GRELAK/PASTERNAK: Konfessionelles Bildungswesen (wie Anm. 3), S. 83.

5 Vgl. ebd., S. 85 f.

6 Vgl. HÜBNER: Kirche im real existierenden Sozialismus (wie Anm. 2), S. 258, 260. Bis 1973 standen die konfessionellen Fachschulen erneut auf dem Prüfstand. Es gelang, eine Vereinbarung auszuhandeln, dass die Ausbildung an diesen Schulen mit einem staatlich anerkannten Fachschulabschluss beendet werden konnte. Dies war der schwierigen Situation in der gesamten Pflege in der DDR geschuldet. Der Staat war auf die konfessionellen Kräfte angewiesen.

7 Vgl. ebd., S. 261.

8 Wie beispielsweise die Bahnhofsmission, deren Arbeit 1956 durch Verhaftungen der Mitarbeiter und Kündigung der Räume in den Bahnhöfen beendet wurde; vgl. ebd., S. 260.

9 Vgl. SCHEEPERS, RAJAH: Transformation des Sozialen Protestantismus. Umbrüche in den Diakonissenmutterhäusern des Kaiserswerther Verbandes nach 1945, Stuttgart 2016, S. 246.

10 Ebd. Scheepers untersucht diesen Prozess anhand der Beispiele des Paul-Gerhard-Stifts in Berlin und der Henriettenstiftung in Hannover.

11 Vgl. RUPPIN, IRIS: Kinderdiakoninnen im Transformationsprozess. Beruflicher Habitus und Handlungsstrategien, Wiesbaden 2007, S. 54.

12 Vgl. ebd., S. 54 f., Anm. 30.

13 Merkblatt über das Seminar für Gemeinde-diakonie, ADA, D18, Nr. 3a, I, unpag.

14 Vgl. URL: http://www.ada-dessau.de/wir-ueber-uns/historisches.html (20.05.2019).

15 Zu Strümpfel vgl. GRAF, HERRMANN: Anhal-tisches Pfarrerbuch, hg. von der Evangelischen Landeskirche Anhalts, Dessau 1996, S. 441.

16 Werner Strümpfel an die Pfarrer des Kir-chenkreises Dessau am 24.4.1964, AELKA, B 13 (Landeskirchenrat 1945–1970), D18, Nr. 3a, Bd. I (unpag).

17 Ebd.: Rundschreiben Nr. 41 des Landeskir-chenrats an alle Geistlichen und Gemeindekir-chenräte am 26.05.1964.

18 WICHERN, JOHANN HINRICH: Rede auf dem Wittenberger Kirchentag 1848 [22.09.1848], in: ders.: Sämtliche Werke, Bd. 1: Die Kirche und ihr soziales Handeln, Hamburg 1962, S. 165.

19 Rundschreiben Nr. 41 des Landeskirchen-rats an alle Geistlichen und Gemeindekirchen-räte am 26.05.1964, AELKA, B 13, D18, Nr. 3a, Bd. I.

20 Ebd.

21 Vgl. Anm. 38.

22 Der vordiakonische Kurs galt als Berufsfin-dungskurs. Die Fächer waren: Hauswirtschaft, Kochen, Bibelkunde, Äußere und Innere Missi-on, Anstandslehre und Literatur. Dazu kam der Praxiseinsatz in verschiedenen Arbeitsfeldern des Mutterhauses. Manche Mädchen verließen nach einem Jahr die Vordiakonik. Diejenigen, die ein zweites Jahr anhängten, erhielten den Namen „Hausschwestern" und konzentrierten sich nun auf die Grundlagen der Kinderpflege und den biblischen Unterricht. Praktika in kirchlichen Kindergärten gehörten ebenfalls zum Standard; vgl. HÜNEBURG/WERNER: 100 Jahre Anhaltische Diakonissenanstalt (wie Anm. 1), S. 51.

23 Es bestand durchaus die Gefahr, dass in einem solchen Fall der fehlenden beruflichen oder schulischen Tätigkeit der sogenannte Aso-zialen-Paragraf zur Anwendung kam. Damit wird der § 249 StGB DDR bezeichnet, der 1968 eingeführt wurde. Doch schon vorher konnten Arreststrafen und Formen von Zwangsarbeit als Arbeitserziehung aufgrund des Straftatbestands „Arbeitsscheu" verhängt werden (§ 361, Nr. 7, StGB DDR); vgl. WILLING, MATTHIAS: „Sozialisti-sche Wohlfahrt". Die staatliche Sozialfürsorge in der Sowjetischen Besatzungszone und der DDR (1945–1990), Tübingen 2008, u. a. S. 251, 263, 315. Insofern hätten Mädchen, die sich im Alter von 14 oder 16 Jahren bereits für das Berufsbild der Gemeindediakonin interessierten, zunächst eine andere Ausbildung antreten müssen, hätte es keine vordiakonischen Kurse gegeben.

24 Merkblatt über das Seminar für Gemeinde-diakonie, AELKA, B 13, D18, Nr. 3a, Bd. I.

25 Vgl. insgesamt Merkblatt über das Semi-nar für Gemeindediakonie, AELKA, B 13, D18, Nr. 3a, Bd. I.

26 In den in der Akte enthaltenen Schriftstü-cken wird nur noch der Begriff „Kinderdiako-nin" verwendet.

27 Unter der Leitung von Schwester Dr. Mar-garete Schlegelmilch wurde 1954 am Diakonis-senhaus in Halle das Seminar für den kirch-lich-diakonischen Dienst zur Ausbildung von Diakoninnen für die evangelischen Kindergär-ten eröffnet, das bis 1976 Bestand hatte. Von 1967 bis 1974 wurde außerdem eine Kleinkind-diakoninnen-Ausbildung für kirchliche Kinder-heime angeboten; vgl. RADBRUCH, CHRISTOPH/ KOCH ELISABETH (Hg.): Von der Diakonissen-anstalt zum Diakoniewerk Halle. Biografie einer kirchlichen Institution in Halle an der Saale. Un-ter Verwendung des von Dr. Christel Butterweck erarbeiteten Materials, Halle 2011, S. 89.

28 Vgl. die Seminarleiterin in Halle Schwester Dr. Margarete Schlegelmilch an OKR Werner Gerhard am 18.04.1964, AELKA, B 13, D18, Nr. 3a, Bd. I.

29 Vgl. Briefwechsel zwischen der Semi-narleiterin in Halle Schwester Dr. Margarete Schlegelmilch und OKR Werner Gerhard am 20.02.1964, am 23.05.1964, am 02.06.1964, AELKA, B 13, D18, Nr. 3a, Bd. I.

30 Vgl. Aktennotiz am 20.05.1964, AELKA, B 13, D18, Nr. 3a, Bd. I.

31 OKR Werner Gerhard an die ADA am 16.07.1964, in: ebd.

32 Die jeweiligen Arbeitsgemeinschaften der BRD und der DDR standen auch nach dem Mau-erbau in engem Austausch und trafen regelmä-ßig in Berlin zusammen; vgl. URL: https://www.diakonie.de/evangelische-kindergartenarbeit/ (28.02.2019).

33 Vgl. Abschnitt vier dieses Aufsatzes sowie u. a.: Schreiben OKR Gerhards an das Landeskirchliche Amt für Innere Mission in Dresden am 14.08.1964; Schreiben OKR Werner Gerhards an die Kirchenkanzlei der EKD, Erziehungskammer, in Berlin am 14.08.1964, AELKA, B 13, D 18, Nr. 3a, Bd. I.

34 „Die Arbeitsgemeinschaft Ost wurde auf der Ostkonferenz in Görlitz beschlossen und kam zu ihrer endgültigen konstituierenden Sitzung am 17. April 1951 in Berlin-Wilmersdorf zusammen. Vorsitzender wurde Dr. Hafa." Jill Akaltin: Neue Menschen für Deutschland? Leipziger Kindergärten zwischen 1930 und 1959, Köln/Weimar/Wien 2004, S. 410, Anm. 1347.

35 OKR Werner Gerhard an OKR Olaf Herwig Hafa am 22.08.1964, AELKA, B 13, D 18, Nr. 3a, Bd. I.

36 Vgl. Protokoll des Verwaltungsrates der ADA am 09.06.1965, S. 2; ArchADA, Nr. 99 (Verwaltungsratsprotokolle 1965–1971), unpag.

37 Ebd.

38 Protokoll der Arbeitsgemeinschaft für evangelische Kinderpflege am 24.01.1966, S. 1 [Durchschrift], AELKA, B 13, D 18, Nr. 3a, Bd. I.

39 Dazu gehörte auch die Gehaltseinstufung der Diakonischen Kinderhelferin in den evangelischen Kindergärten. In der Sitzung am 24. Januar 1966 wurde die Einstufung in die Gehaltsstufe IX mit der Möglichkeit des Aufstiegs nach VIII oder bei besonders großer Verantwortung nach VII vorgeschlagen. Die Kinderdiakonin wurde beim Berufseinstieg bei VIII eingestuft und konnte bis zu VI aufsteigen, wenn sie eine Leitungsfunktion in Kindergärten mit mehr als 100 Kindern übernahm; vgl. ebd., S. 2.

40 Vgl. ebd.

41 Vgl. ebd., S. 1.

42 Vgl. OKR Werner Gerhard an die ADA am 27.06.1966, AELKA, B 13, D 18, Nr. 3a, Bd. I.

43 Über eine weitere Einbindung des Landeskirchenrats herrschte kurzzeitig Unklarheit, wie ein kurzer Briefwechsel zwischen OKR Werner Gerhard und OKR Olaf Herwig Hafa zeigt. Werner zeigte Bereitschaft dazu, Hafa signalisierte, bei einem späteren Besuch in Dessau dieses Thema erörtern zu wollen. Letztlich blieb es bei der Prüffunktion; vgl. OKR Werner Gerhard an OKR Olaf Herwig Hafa am 04.04.1966 und OKR Hafa an OKR Gerhard am 19.04.1966, AELKA, B 13, D 18, Nr. 3a, Bd. I.

44 Vgl. Protokoll der Arbeitsgemeinschaft für evangelische Kinderpflege am 24.01.1966, S. 1 f. [Durchschrift], AELKA, B 13, D 18, Nr. 3a, Bd. I.

45 Vgl. Diakonische Aufgaben und Ausbildungsmöglichkeiten in der Anhaltischen Diakonissenanstalt in Dessau, AELKA, B 13 (Landeskirchenrat 1945–1970), D 27, Nr. 6, Bd. I (unpag.).

46 Vgl. dazu Neuordnung des Seminars für Gemeindediakonie, S. 1 f., ArchADA, Nr. 141 (Schwesternausbildung Direktstudium 1946–1988 (unpag.).

47 Ebd. S. 1.

48 Ebd.

49 Werner Strümpfel an OKR Werner Gerhard am 08.08.1966, ArchADA, Nr. 141.

50 Vgl. dazu auch den Abschnitt „Die Entwicklung bis 1980" in diesem Beitrag.

51 Vgl. Protokoll Erfahrungsaustausch am 05.05.1967 (Sitzung 02.05.1967), S. 1, ArchADA, Nr. 141.

52 Vgl. ebd.

53 Beispielsweise wollte eine Diakonin gern in der Nähe ihrer in Wittenberg lebenden Mutter verbleiben, so dass ein Einsatzort Harz ungeeignet erschien. Der zunächst geplante Einsatzort Gernrode brachte außerdem die Schwierigkeit mit, dass der im Bewährungsjahr notwendige Kontakt zum Seminar aufgrund der mangelhaften Mobilität nur schwer zu halten war. Gernrode wurde deshalb verworfen; vgl. ebd., S. 2.

54 Die Stoffpläne geben detailliert über den Lehrstoff Auskunft; vgl. Stoffpläne ArchADA, Nr. 141 [hier handschriftlich paginiert: S. 23–53].

55 Vgl. alles Aktennotiz Landeskirchenrat, ArchADA, Nr. 141.

56 Vgl. Ruppin: Kinderdiakoninnen (wie Anm. 11), S. 61–67.

57 Vgl. Werner Strümpfel an OKR Werner Gerhard [Eingang] am 03.07.1964, AELKA, B 13, D 18, Nr. 3a, Bd. I.

58 Vgl. Ruppin: Kinderdiakoninnen (wie Anm. 11), S. 57.

59 Die Forderung nach besseren Deutschkenntnissen war auch in den 1960er Jahren bereits groß. Deshalb wurde 1968 der Deutsch-

unterricht auch für die Oberstufe des Seminars beibehalten; vgl. Aktennotiz am 02.09.1968, AELKA, B 13, D 18, Nr. 3a, Bd. I.

60 Vgl. Plan für die Ausbildung zur Diakonischen Kinderhelferin 1966, S. 3, AELKA, B 13, D 18, Nr. 3a, Bd. I.

61 Dies sollte davon abhängen, wo die Schülerin in der Vordiakonie gearbeitet hatte. Handelte es sich dabei um den Kindergarten, musste sie nun im Kinderheim das Praktikum leisten und umkehrt; vgl. ebd., S. 3 f. Es wurde festgestellt, dass die Kinderhelferin nicht mit behinderten Kindern arbeiten sollten, dazu war die Teilnahme an besonderen Kursen notwendig. Außerdem war für das Land Brandenburg, das Krabbelstuben für ein- bis dreijährige Kinder unterhielt, eine Ergänzung der Ausbildung vorgesehen; vgl. ebd., S. 8.

62 Aktennotiz am 02.09.1968, AELKA, B 13, D 18, Nr. 3a, Bd. I. Es handelte sich um Pfarrer Wolfgang Steckel aus Dessau; vgl. GRAF: Pfarrerbuch (wie Anm. 15), S. 438.

63 Vgl. RUPPIN: Kinderdiakoninnen (wie Anm. 11), S. 55 f.

64 HÜNEBURG/WERNER: 100 Jahre Anhaltische Diakonissenanstalt (wie Anm. 1), S. 29.

65 Vgl. Protokoll des Verwaltungsrats am 26.11.1965, S. 2, ArchADA, Nr. 99. In dieser Sitzung informierte Pastor Strümpfel den Verwaltungsrat auch über die Pläne, die Ausbildung zur Diakonischen Kinderhelferin an der ADA anzusiedeln; vgl. ebd.

66 Vgl. Protokoll des Verwaltungsrats am 28.03.1966, S. 2, in: ebd.

67 Ebd.

68 Die Seminaristinnen, die 1964 begonnen hatten, befanden sich im Kindergarten- bzw. Gemeindepraktikum, während die Unterstufe von 1965 im Krankenhauseinsatz war, vgl. ebd.

69 OKR Werner Gerhard an die Pfarrer und Gemeindekirchenräte der Evangelischen Landeskirche Anhalts am 28.04.1966, AELKA, B 13, D 18, Nr. 3a, Bd. I.

70 Ebd.

71 Damit gemeint war die Beschneidung der freien Berufswahl von Jugendlichen durch die Lenkung in die Ausbildung sogenannter Grund-, Mangel- und Spezialberufe, um den Bedarf an Arbeitskräften in bestimmten Berufszweigen si-

cherzustellen und zugleich die Vorstellung von Arbeit als zentrale Bedingung der sozialistischen Persönlichkeitsentwicklung und des sozialistischen Staats zu realisieren. Berufslenkung und Berufsberatung setzten bereits in der 7. Klasse ein. In der 8. Klasse erfolgten Praktika in der sogenannten sozialistischen Produktion, in der 9. Klasse sollte die Berufsfindung im Einklang mit den volkswirtschaftlichen Erfordernissen abgeschlossen sein. Es sollte jedem Jugendlichen ein Ausbildungsplatz zur Verfügung gestellt werden; Schülern, die keinen gefunden hatten, wurde eine Ausbildung zugewiesen. Ähnliche Regelungen galten für die Vergabe von Studienplätzen. Die Möglichkeit, nicht zu arbeiten oder in der Schule zu lernen und Zeit ohne Beschäftigung zu überbrücken, bestand nicht; vgl. zur Einführung DRESSELHAUS, GÜNTER: Deutsche Bildungstraditionen. Warum der Abschied vom gegliederten Schulsystem so weh tut, Dortmund 1997, S. 180–183; vgl. HILLE, BARBARA: Berufswahl und Berufslenkung in der DDR, in: Jaide, Walter/dies. (Hg.): Jugend im doppelten Deutschland, Opladen 1977, S. 26–49. Im Zusammenhang mit der Rückdrängung von Kirche und Diakonie war die Berufslenkung ein Mittel, diesen potenzielle Nachwuchskräfte zu entziehen.

72 Protokoll des Verwaltungsrats der ADA am 19.12.1966, S. 2, VR (1965–1971), unpag.

73 Der Vorsteher der ADA Werner Strümpfel und Oberin Brigitte Daase an die Pastorinnen und Vikare der Landeskirche, Mitarbeiter im katechetischen und diakonischen Dienst im Oktober 1968, AELKA, B 13, D 27, Nr. 6, Bd. I. Der Adressatenkreis war außerdem weiter gefasst als bei den Schreiben des Landeskirchenrats, das sich nur an die Gemeinden wandte.

74 Vgl. ebd.

75 1960 lag die Rentenquote für reine Altersrenten bei 13,8 Prozent bei einer Bevölkerung von rund 17 Millionen Einwohnern. 1970 sollte sie auf 15,6 Prozent und 1980 auf 15,8 Prozent steigen. Insofern lagen die Prognosen, mit denen seitens der ADA gearbeitet wurden, richtig; vgl. SCHWARZER, OSKAR: Sozialistische Zentralplanwirtschaft in der SBZ/DDR. Ergebnisse eines ordnungspolitischen Experiments (1949–1989), Stuttgart 1999, S. 83. Tatsächlich hat von

den europäischen Staaten Deutschland insgesamt die stärkste Verschiebung in der Bevölkerungsstruktur seit 1970 erlebt; vgl. HAUSTEIN, THOMA/MISCHKE, JOHANNA/SCHÖNFELD, FREDERIKE/WILLAND, ILKA (Red.): Ältere Menschen in Deutschland und in der EU, hg. vom Statistischen Bundesamt Wiesbaden, Wiesbaden 2016, S. 14, online: www.bmfsfj.de/blob/93214/95d5fc19e3791f90f8d582d61b13a95e/aeltere-menschen-deutschland-eu-data.pdf (27.05.2019). Dies bedeutete eine enorme Herausforderung für die kleinen kommunalen und kirchlichen Einheiten. Der Einsatz von staatlichen Gemeindeschwestern und Diakonissen setzte hier an.

76 Vgl. der Vorsteher der ADA Werner Strümpfel und Oberin Brigitte Daase an die Pastorinnen und Vikare der Landeskirche, Mitarbeiter im katechetischen und diakonischen Dienst im Oktober 1968, AELKA, B 13, D 27, Nr. 6, Bd. I.

77 Das betraf auch die Versorgung der rund 360 von der Schwesternschaft betreuten Patienten, Behinderten und Säuglinge; vgl. ebd.

78 In der Oberstufe befanden sich 1968 fünf Seminaristinnen, von denen drei in Anhalt verbleiben würden. In der Unterstufe waren sieben Seminaristinnen aufgenommen worden; vgl. Aktennotiz am 02.09.1968, AELKA, B 13, D 27, Nr. 6, Bd. I.

79 Ein Indiz dafür war die erheblich bessere Auslastung des Kurses für Diakonische Kinderhelferinnen, den 1968 15 Mädchen absolvierten, von denen allerdings wieder nur zwei aus Anhalt waren. Die anderen entstammten der Evangelisch-Lutherischen Landeskirche Sachsens, der Evangelischen Kirche der Schlesischen Oberlausitz, der Pommerschen Evangelischen Kirche und der Kirchenprovinz Sachsen.

80 Der Vorsteher der ADA Werner Strümpfel und Oberin Brigitte Daase an die Pastorinnen und Vikare der Landeskirche, Mitarbeiter im katechetischen und diakonischen Dienst im Oktober 1968, AELKA, B 13, D 27, Nr. 6, Bd. I.

81 Vgl. Diakonische Aufgaben und Ausbildungsmöglichkeiten in der Anhaltischen Diakonissenanstalt in Dessau, AELKA, B 13, D 27, Nr. 6, Bd. I

82 Protokoll des Verwaltungsrats am 03.04.1970, S. 2, ArchADA, Nr. 99.

83 Ebd.

84 Vgl. Protokoll des Verwaltungsrats der ADA am 03.11.1976, S. 4, ArchADA, Nr. 146 (Handakten des Verwaltungsratsvorsitzenden), Bd. 1 (unpag.).

85 Zwischen 1950 und 1989 verlor die DDR über 2 Millionen Menschen durch Tod oder Abwanderung. Dazu kam der Geburtenrückgang ab 1965 (mit kurzzeitiger Steigerung zwischen 1980 bis 1985, allerdings auf deutlich niedrigerem Niveau) dessen Ursachen u. a. in steigender Frauenerwerbstätigkeit und Pillenknick gefunden werden können; vgl. WOLLE, STEFAN: Die heile Welt der Diktatur. Alltag und Herrschaft in der DDR (1971–1989), Berlin 1998, S. 171–180.

86 Protokoll des Verwaltungsrats am 25.11.1980, S. 4, ADA, Nr. 146, Bd. 1.

87 Ebd.

88 Ebd.

89 Vgl. ebd.

90 Vgl. ebd.

91 Zu Hüneburg vgl. GRAF: Pfarrerbuch (wie Anm. 15), S. 296.

92 Vgl. Protokoll des Verwaltungsrats der ADA am 03.02.1981, S. 3, ArchADA, Nr. 98 (Protokolle des Verwaltungsrats 1981–1987; unpag.).

93 Vgl. Protokoll des Verwaltungsrats am 27.10.1981, S. 3, in: ebd.

94 Ebd.

95 Vgl. ebd.

96 Vgl. ebd.: Protokoll des Verwaltungsrats am 05.05.1982, 3 f.

97 Vgl. ebd.: Protokoll des Verwaltungsrats am 10.11.1982, S. 2. Um Zeit zu gewinnen, wurde in dieser Sitzung entschieden, 1983/84 einen weiteren Oberkurs durchzuführen und noch einmal volle Kinderdiakoninnen auszubilden.

98 Vgl. ebd.: Protokoll des Verwaltungsrats am 18.09.1984, S. 4.

99 Vgl. ebd.: Protokoll des Verwaltungsrats am 07.05.1985, S. 5.

100 Vgl. ebd.

101 Ebd.

102 Vgl. ebd.: Protokoll des Verwaltungsrats am 11.09.1985, S. 3, 5.

103 Vgl. ebd.: Protokoll des Verwaltungsrats am 20.01.1986, S. 3.

104 Vgl. HÜNEBURG/WERNER: 100 Jahre Anhaltische Diakonissenanstalt (wie Anm. 1), S. 49.

105 Der Vorsteher der ADA Werner Strümpfel an den Präses der anhaltischen Synode Gerhard Kootz am 07.08.1979, S. 1, ArchADA, Nr. 146, Bd. 1.

106 Vgl. 50 Jahre Seminar für Kirchlichen Dienst. Staatlich anerkannte Fachschule für Sozialpädagogik und Familienpflege. Festschrift 2006, o. O. [2006], S. 4, online: http://www. seminar-greifswald.de/fileadmin/Ablage/PDFs/ Festschrift_50_ Jahre_SKD.pdf (28.02.2019).

MARGOT SCHOCH

In Erinnerung

Mit der Zuordnung der Anhaltischen Diakonissenanstalt zum Kirchsprengel der St.-Johannis-Gemeinde in Dessau war, auch wenn davon zunächst noch kein Gebrauch zu machen war, die Zuweisung des Begräbnisplatzes verbunden: der neue Friedhof vor dem Leipziger Tor an der Heidestraße.[1]

Dieser dritte Friedhof in Dessau war bereits am 1. Oktober 1889 eröffnet worden. Mit ihm veränderte sich die städtische Begräbnis- und Erinnerungskultur nachhaltig. Im Vorfeld der Eröffnung wurden die Dessauer durch den *Anhaltischen Staatsanzeiger* über einige Neuerungen informiert.[2] Es sollten keine neuen Grabstätten auf Friedhof I und II – Friedhof I bezeichnet den einst von Fürst Franz unter großer Anteilnahme der Öffentlichkeit angelegten Neuen Begräbnisplatz – mehr vergeben werden. Der neue Friedhof war für die gesamte wachsende Industriestadt konzipiert worden und umfasste eine Gesamtfläche von ca. 80 Morgen resp. 20 Hektar. Bei seiner Planung teilte Gartendirektor Hooff die Fläche in gleich große quadratisch anmutende Quartiere ein. Eine Friedhofkapelle mit würdevoller Ausstattung nahm nun die Trauergemeinde auf, schützte sie vor Wetterunbill und ließ den Alltagslärm für die kurze Zeit des Abschieds vor den Türen.

Neu war auch ein Aufnahmeraum für Verstorbene, in dem sie bis zur Beerdigung verbleiben konnten. Damit sollte das Aufbahren in teilweise beengten Häuslichkeiten entfallen. Auch bat der Magistrat darum, dass der „bisher üblich gewesene Leichenconduct vom Trauerhause aus" unterbleiben sollte.[3] Diese Entscheidung wurde von den Geistlichen der Kirchen St. Marien, St. Georg und St. Johannis unterstützt. Die kirchliche Teilnahme an den Begräbnissen sollte sich in der Regel auf die Trauerfeier in der Friedhofskapelle bzw. am Grab beschränken. Damit wurde in der Tat mit der Tradition, die Leichen vom Trauerhaus zum Begräbnisplatz zu begleiten, gebrochen.[4]

Die feierliche Eröffnung des Friedhofs erfolgte im Beisein von „Vertretern der Geistlichkeit der Stadt, der Spitzen der Behörden, des Magistrats, der Gemeindevertretung, der Presse sowie der Höchsten Herrschaften".[5] Nach einführenden Worten des Oberbürgermeisters Funk wurden „Kapelle und Gottesacker der Geistlichkeit zur Weihe"[6] übergeben. Die „feierliche Einweihung der Totenstätte durch Gebet und Weihespruch"[7] wurde von Herrn Oberhofprediger und Generalsuperintendent Teichmüller vollzogen.

Die vom Herzoglichen Hof-Gartendirektor August Hooff aus Köthen geplante Friedhofsanlage hat über die Jahrzehnte hinweg Wandlungen erfahren. Neu erlassene Friedhofsordnungen sollten auch dem sich wandelnden Zeitgeschmack von Grabgestaltung, Bepflanzung, Denkmalauswahl Rechnung tragen mit dem Ziel, „einen Ort des Friedens, der Stille, Ruhe und Sammlung" zu erhalten.[8]

In den 1960er Jahren gab es Pläne, nach der Eröffnung des Zentralfriedhofs 1968 keine Neuanlagen von Grabstellen mehr zuzulassen. Langfristig sollte aus Friedhof III eine innerstädtische Parkanlage werden. Allerdings konnte sich dieser Plan nicht vollständig durchsetzen, wie nicht zuletzt am Beispiel der Diakonissen zu sehen ist.

Einer schlichten Traueranzeige im *Anhaltischen Staatsanzeiger* von 1898 ist zu entnehmen, dass am Montag, dem 24. Oktober, nachmittags um ½ 4 Uhr die Beerdigung einer Diakonisse stattfinden sollte. Auch wurde um freundliche Teilnahme gebeten.[9] Der Trauerzug für die Diakonisse, die als erste in Dessau beerdigt wurde, begab sich von der Friedhofskapelle zu einer Reihengrabstelle im Quartier 16.

Aus einem Lageplan für Friedhof III ist ersichtlich, dass eine Fläche an der Süd-West-Ecke des Quartiers der Schwesternschaft vorbehalten war. Gemäß der Friedhofsordnung sollten die Reihen der Gräber innerhalb der Quartiere ohne Lücken belegt werden. In Bezug auf die Grabanlage der Diakonissen wurde eine Ausnahme gemacht. Und so konnten in diesem Quartier insgesamt 21 Angehörige der Schwesternschaft in der Zeit von 1898 bis 1934 in einer zusammenhängenden Fläche zur letzten Ruhe gebettet werden.[10] Die für die Beerdigung der Diakonissen frei gehaltene Fläche war im Jahr 1934 belegt. Im gleichen Jahr erfolgte eine Neuzuweisung einer Fläche im Quartier 8.[11]

Mit dem Bau der Kapelle des Diakonissenhauses fanden die Trauerfeiern in dieser statt. Der Trauerzug, gebildet von Pferdefuhrwerk mit Sarg, den im Dienst abkömmlichen Schwestern und dem Geistlichen sowie den Angehörigen der Verstorbenen hatte einen weiten Weg von der ADA am Tivoli vorbei über Amalienstraße und Bernburger Straße zur Heidestraße.

Das Gräberfeld im Quartier 16 besteht nicht mehr; die Gräber wurden auf Veranlassung der ADA bereits 1937 eingeebnet.[12] Am Rande des Gräberfeldes erfolgte eine Neubelegung. Die übrige Fläche ist auch heute noch frei. Nichts erinnert mehr an die Grabstellen der Diakonissen in diesem Quartier.

Im Quartier 8 hingegen wurden ab dem Jahr 1938 die zur Schwesternschaft der Anhaltischen Diakonissenanstalt gehörenden Frauen beerdigt. Es ist eine zu-

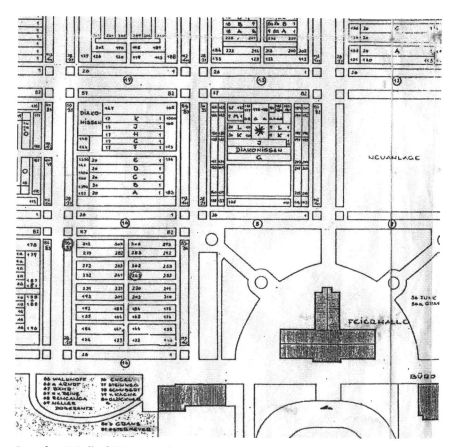

Lageplan Friedhof III, um 1960

sammenhängende Grabanlage, die auch heute noch besteht und weiter genutzt wird. Vier Grabreihen sind ausschließlich der Schwesternschaft vorbehalten. Da eine weitere Ausdehnung innerhalb des Quartiers 8 nicht möglich war, wurden einige Gräber nachbelegt.

An die Verstorbenen aus den Quartieren 16 und 8, deren Grabstellen nicht mehr vorhanden sind, erinnern vier große Steintafeln. Diese sind im jetzt noch genutzten Gräberfeld ebenerdig aufgelegt und im gleichen Stil wie die individuellen Grabplatten gehalten. Drei Platten enthalten die Namen der verstorbenen Schwestern, die im Zeitraum von 1898 bis 1957 auf diesem Friedhof beerdigt wurden. Auf einer vierten Platte, aufgelegt im Jahr 2006, sind die Namen derer zu lesen, die in der Zeit von 1957 bis 1970 hier in einer Reihe ihre letzte Ruhe gefunden hatten und deren Grabstellen im Jahr 2005 auf Veranlassung der ADA aufgelöst wurden.

Gräberfeld von Norden, April 2019

Zum Ende eines Jahres nach der Beerdigung wurde der Tradition gemäß die Grabstelle für eine Verstorbene mit einer Grabplatte versehen. Die Platten sind einheitlich groß und aus dunklem Stein[13] mit weiß ausgelegter Schrift. Im Zeitraum von 1981 bis 1993 wurde infolge von Mangel roter Porphyr für die Platten verwendet und die Schrift nicht mehr farblich unterlegt. Um nicht noch eine weitere Steinart einzusetzen, wurden Platten für eine ganze Gräberreihe beim Steinmetz bestellt und von diesem wohl zwischengelagert.[14]

Auf den Grabplatten ist außer dem Namen, dem Geburts- und Sterbedatum auch der Einsegnungsspruch der Diakonisse zu lesen. Die Grabhügel sind nicht mit Stein eingefasst. Immergrüner Efeu umrankt die Hügel, gibt ihnen Halt und schmückt sie ganzjährig. Die Bepflanzung erfolgt zweimal im Jahr und muss sorgsam bedacht sein. Es empfehlen sich Pflanzen, die von Rehen nicht als Leckerbissen erkannt sind. Pflanzungen, Efeuverschnitt und Einde-

Grabstelle Diakonisse Renate Lange, Oberin i. R., April 2019

ckung zum Ewigkeitssonntag erfolgen durch Auftrag und einheitlich. Schwestern, die die Grabstellen aufsuchen, und Angehörige verstorbener Schwestern ergänzen den Grabschmuck, sorgen für die Pflege zwischendurch.

Doch man darf die Gestaltung der Gräber wie des Gräberfelds symbolisch deuten, denn auch das Leben der Schwestern war durch den Verzicht auf äußere Unterschiede und durch Bescheidenheit geprägt. Wie die Schwestern im Leben gemeinsam Christus nachfolgten, so warten sie auch gemeinsam auf seine Wiederkunft.[15] Die nach Aufgabe der Einzelgräber errichteten und ergänzten Erinnerungsplatten unterstreichen diese Interpretation.

Nicht alle in Dessau verstorbenen Diakonissen der ADA fanden hier ihre letzte Ruhestätte. Einige wurden durch persönliche Verfügungen nach ihrem Tod in ihrer Heimat, in der Nähe ihrer Familien oder an den Orten ihres Einsatzes beerdigt. Andere konnten wegen der Einschränkungen im Zweiten Weltkrieg und der Beeinträchtigungen in der Nachkriegszeit nicht nach Dessau überführt werden.[16]

Im Quartier 8 wurden insgesamt 96 Frauen der ADA beerdigt: Diakonissen, Probeschwestern, Hilfsschwestern, diakonische Schwestern, eine Novizin und eine Schwesternschülerin. Sie alle einte das Wirken für die Kranken und das Leben in der ADA, in der Gemeinschaft der Schwesternschaft. Wer auf eigenen Wunsch aus dieser Gemeinschaft ausgetreten war, hatte keinen Anspruch auf eine Grabstelle in dieser Gemeinschaft.

Zwei Mal im Jahr gedenken in heutiger Zeit die Schwestern sowie weitere Mitglieder der Diakonischen Gemeinschaft der Verstorbenen in einer Trauerandacht auf dem Friedhof: am Tag der Diakonischen Gemeinschaft, dem früheren Jahresfest der Schwesternschaft, und am Ewigkeitssonntag. Doch auch in den wöchentlichen Gebetsstunden, die im Mutterhaus stattfinden, wird am jeweiligen Sterbetag der verstorbenen Schwester gedacht. Die Erinnerung an diese Frauen wird wachgehalten in der Schwesternschaft, in den Familien der Patienten, die sie betreuten, begleiteten, und bei den Besuchern von Friedhof III.

Anmerkungen

1 Bekanntmachung der Friedhofs- und Begräbnisordnung für den neuen Friedhof, in: Anhaltischer Staatsanzeiger Nr. 228 vom 30. September 1889. – Herzlichen Dank an die Schwestern der ADA, insbesondere Hella Frohnsdorf, Oberin i. R., für die freundlichen Auskünfte.

2 Aus Anhalt: Ein Gang nach dem neuen Friedhof, in: Anhaltischer Staatsanzeiger Nr. 228 vom 30. September 1889. Zum Friedhof III vgl. MELLIES, HANS-JOACHIM/BEHRMANN, KLAUS: Personen und Persönlichkeiten. Neue Erkenntnisse zum Dessauer Friedhof III nebst einem Spaziergang über den vergessenen Friedhof II, Dessau 2018.

3 Mitteilung des Magistrats, in: Anhaltischer Staatsanzeiger Nr. 228 vom 30. September 1889.

4 Ebd.

5 Anhaltischer Staatsanzeiger, 2. Beilage Nr. 230 vom 2. Oktober 1889.

6 Ebd.

7 Ebd.

8 KEMPEN, WILHELM VAN: Die neuen Dessauer Friedhofsverordnungen, in: Anhalter Anzeiger Nr. 21 vom 25.01.1924.

9 Anhaltischer Staatsanzeiger Nr. 249 vom 24. Oktober 1898

10 Stadtarchiv Dessau-Roßlau, A 1.7, Belegung Friedhof III, Buch 1 und 4 sowie ArchADA, Büro der Oberin, Meldebuch. – Das Buch enthält die Namen aller in die ADA seit 1895 eingetretenen 341 Schwestern. Es wurde 1903 begonnen; seit dem 6. März 1903 wurden Eintritte und Entlassungen von der Polizeiverwaltung registriert und entsprechend gestempelt (bis 1. Februar 1915). Der Nachweis der Belegung im Quartier 16 ist nicht mehr vorhanden. Die im Lageplan ausgewiesene Fläche scheint maximal 16 Grabstellen zu umfassen. Es kann also angenommen werden, dass auch in diesem Gräberfeld bereits eine Doppelbelegung erfolgte.

11 Stadtarchiv Dessau-Roßlau, A 1.7, Belegung Friedhof III, Buch 1, S. 74, Rubrik Bemerkung: Diakonissenanstalt (Schwesternschaft) angekauft 1308/34 K.

12 Mündliche Auskunft von Frau Willfeld, Leiterin Friedhofswesen, Stadtpflege Dessau-Roßlau am 13.02.2019 über einen handschriftlichen Vermerk in den Akten. Herzlichen Dank für die Unterstützung bei der Recherche.

13 Sowohl die vier großen Grabplatten als auch die sogenannten Kissensteine auf den Einzelgräbern sind aus „Nero Impala", einem Naturstein, der in Südafrika gebrochen wird. Bei der Firma Natursteine Christian Keck in Zerbst möchte ich mich für die freundliche Auskunft bedanken.

14 Eine von der Verfasserin getroffene Annahme; Mengenrabatte wurden in dieser Zeit noch nicht in Dessau gewährt. Eine Rückfrage bei Firma Steinmetzmeister Melchert ist nicht möglich.

15 Die Anklänge an das sehr ähnlich gestaltete Gräberfeld in Kaiserswerth sind offensichtlich; der Begründer der Mutterhausdiakonie, Theodor Fliedner, hatte die Anregung für ein solcherart gestaltetes Gräberfeld von den Herrnhutern bekommen. Vgl. FELGENTREFF, RUTH: Die Anfänge der Mutterhausdiakonie, in: Pietismus und Neuzeit 23 (1997), S. 69–79, hier S. 71 f.

16 Eingabe zur Sitzung des Schwesternrates am 26.11.1969 bezüglich der Errichtung von Erinnerungssteinen für außerhalb Dessaus beerdigte Schwestern, in: ArchADA, Nr. 41. Die Namen der nicht auf Friedhof III beerdigten Schwestern finden sich, bis auf einen, nicht auf den Denkmalplatten im Gräberfeld von Quartier 8.

Hermann Seeber

Die Baugeschichte des Krankenhauses der ADA

In der sich in Deutschland ab 1840 ausbreitenden Diakoniebewegung fanden viele junge unverheiratete Frauen eine Heimstatt, verbunden mit einer christlich fundierten sozial ausgerichteten Ausbildung.[1] Der Wunsch junger Frauen, in der Sozial- und Krankenpflege zu arbeiten, wurde nach 1890 auch in Anhalt gefördert. Vordem gab es in der Nähe schon Diakonissenanstalten in Halle und Berlin. Parallel zu den Gesprächen des Herzoglichen Hauses mit dem Generalsuperintendenten Teichmüller über die Gründung eines Diakonissenhauses in Dessau wurden schon die ersten Schwestern im Diakonissenkrankenhaus in Halle ausgebildet.[2] Dies unterstützte die Verhandlungen um einen Geländekauf in der damaligen Friedrichsallee (heute Gropiusallee) für den Bau eines Diakonissenhauses in Dessau. In dieser Gründungsphase waren die ersten in Halle ausgebildeten Diakonissen vorübergehend in der Dessauer Akenschen Straße 5 untergebracht, um nach der Fertigstellung zwei Jahre später, nach dem Einweihungsfest, als Erste in das Diakonissenmutterhaus einzuziehen. Diese Schwestern waren als Gemeindeschwestern in der Stadt tätig.[3]

Während des Einweihungsfestes am 10. Oktober 1895 wurde die erste Diakonisse nach ihrer Probezeit eingesegnet und als erste Oberin berufen. Sie hieß Martha Chaumontet und kam aus dem Paul-Gerhardt-Stift in Berlin. Weitere Schwestern arbeiteten in Dessau oder in anhaltischen Gemeinden und Stationen; andere hatten sich für eine Tätigkeit am Krankenbett entschieden. Sie wurden in der Pflege in dem der Anhaltischen Diakonissenanstalt benachbarten Kreiskrankenhaus ausgebildet und als Krankenschwestern eingesetzt. Diese Diakonissen arbeiteten ihrer Berufung gemäß ohne Lohn. Der ADA wurde dafür vom Kreiskrankenhaus monatlich Geld überwiesen. Damit konnten die Unterkunft und Verpflegung der Schwestern, die Wochenend- und Urlaubsgestaltung und eine kleine monatliche Summe für den persönlichen Bedarf der Diakonissen bestritten werden. Das Mutterhaus war verantwortlich für die Versorgung der Diakonissen im Krankheitsfall, die Regelung ihrer Freizeit, des Urlaubs sowie der Altersversorgung. Hinzu kamen in grundlegender Weise die medizinische Ausbildung und die weitere medizinische Fortbildung. Besonders die wöchentliche Bibelarbeit und persönliche Aussprachen im Schwesternkreis sollten das Verhältnis der Schwestern zueinander im christlichen Sinne regulieren, Unstimmigkeiten abbauen und eine gewisse Kompensation der tagelangen Dienste von manchmal 12 bis 16 Stunden bieten. Die Arbeitszeit der Diakonissen begann am frühen Morgen und war zumeist erst mit der Nachtruhe der Patienten beendet. Doch viele dieser Schwestern wohnten auf den Krankenstationen und wurden in ihrer Nachtruhe auch gestört, denn Nachtschwestern wurden erst nach dem Ersten Weltkrieg eingesetzt, als die Anzahl der zu versorgenden Kranken zugenommen hatte.

Vorgeschichte

Gepflegt und betreut wurden alle Bedürftigen ohne Ansehen der Person, der Herkunft und des Glaubens. Diese immense Aufgabe verlangte eine sehr fundierte Ausbildung, deren Möglichkeit im Kreiskrankenhaus nicht immer gegeben war. Der Kontrakt der ADA mit dem Kreiskrankenhaus wurde zudem im Mai 1897 aufgrund von Meinungsverschiedenheiten zwischen dem Kuratorium der ADA und der Leitung des Krankenhauses gelöst.[4] Bald schon entwickelte sich der Gedanke seitens des Kuratoriums, ein eigenes Krankenhaus zu betreiben, zum einen, um einer entsprechenden Nachfrage nach Krankenbetten nachzukommen, zum anderen, um vor allem eine Ausbildungsmöglichkeit für die Schwestern der ADA zu schaffen und damit zugleich auch finanziell eine festere Basis zu erlangen.

Durch den Bau und die Unterhaltung eines Betreuungsheimes für Pflegebedürftige, des Marienheims, das 1905 eingeweiht wurde, sollten Einnahmen erzielt werden, die jährlich als Überschuss für einen Schwesternfond angespart werden konnten. Zusätzlich wurde im Mutterhaus 1897 eine kleine Krankenstation mit elf Betten eingerichtet und anfänglich durch den Kreisphysikus Dr. Paul Böttger betreut, später durch den Hausarzt Dr. Müller.[5]

Nach der Eröffnung des Marienheims 1905 wurde es sofort mit Pflegebedürftigen voll belegt, so dass keine Räume mehr frei blieben.[6] An diesen Hilfsbedürftigen konnten die auszubildenden Krankenschwestern jedoch nicht die Krankenpflege in umfänglicher Weise erlernen, so dass der erstmalig 1897 geäußerte Gedanke des Baues eines kleinen Krankenhauses wieder aufgenommen wurde. Aus den Sitzungsakten des Kuratoriums der ADA vom 20. November 1908 geht hervor, dass zu diesem Zeitpunkt bereits über eine Errichtung einer Krankenpflegeschule innerhalb des Kuratoriums und beim Rat der Stadt gesprochen

worden war. Mit dem Votum der Herzoglichen Regierung sollte diese Krankenpflegeschule geschaffen werden, wenn das Kreiskrankenhaus bereit sei, seine
Stationen für die Schülerinnen zu öffnen. Zugleich wurde erneut der Gedanke
einer eigenen Krankenstation besprochen. Aber die Bauausführung wurde nicht
terminiert. Als Ursache können finanzielle Engpässe angenommen werden, obwohl durch die große Anzahl an tätigen Diakonissen – 61 Schwestern waren
auf 30 Außenstationen verteilt – die Einnahmen die Ausgaben deutlich über-
trafen.[7] Doch die langen täglichen Arbeitszeiten verursachten auch einen hohen
Krankenstand, der schwer kompensiert werden konnte, da die Krankheitsdauer
oft Monate betrug und die behandelnden Ärzte bezahlt werden mussten. Das
Kuratorium und der Vorstand des Hauses versuchten, die Krankenkosten möglichst niedrig zu halten.[8]

Als Krankenpflegeschulen waren in Anhalt seit 1909/10 lediglich das Kreiskrankenhaus in Köthen und das in Dessau staatlich anerkannt.[9] Neben der ADA
suchte auch die Schwesternschaft des Evangelischen Bundes nach einer Lösung
für die Ausbildung ihrer Krankenpflegerinnen. Am 27. Mai 1914 wurde in der
Sitzung des Kuratoriums der ADA über das Verhältnis zwischen dem Diakonissenhaus und den Schwestern des Evangelischen Bundes gesprochen. Der
Inhalt des Gespräches sollte nicht an die Öffentlichkeit gelangen. Das Mutterhaus klagte über fehlende Arbeitsplätze, die zur Ausbildung der Schwestern im
Krankenpflegedienst benötigt würden. Ihr Vorhandensein habe zudem großen
Einfluss auf den Schwesternzuzug.[10] Da aber die Bund-Schwestern die Herzogliche Regierung um ein Grundstück für den Bau eines Schwesternheimes
gebeten hatten, wurde seitens der Regierung nach dem Verhältnis der beiden
Schwesternschaften zueinander gefragt. Das Kuratorium gab durchaus eine gewisse Konkurrenzsituation zu, sah aber keinen Grund, die Bund-Schwestern zu
behindern, und lobte mehrfach deren Tätigkeit und den Einsatz für die Kranken, lehnte aber eine direkte Zusammenarbeit mehrheitlich ab. Bereits „vor
Jahr und Tag" sei eine „engere Verbindung mit dem Schwesternheim" des Bundes abgelehnt worden. Hintergrund war die Differenz bezüglich der Lebensform der Schwestern und des zugehörigen Frauenbildes beider Anstalten. Die
Schwestern des 1901 vom Evangelischen Bund gegründeten Diakonievereins
für Privatkrankenpflege waren zwar ebenfalls konfessionell gebunden, traten
aber in keine vergleichbare restriktive Lebensgemeinschaft ein und wurden für
ihre Arbeit entlohnt. Insbesondere für die gebildeteren jungen Frauen stellte
diese Form der Erwerbsarbeit eine attraktivere Alternative dar.[11] Zumal von einem von Beginn an stärker staatskirchlich orientierten Mutterhaus, wie dem

der ADA, wurde daher die Schwesternschaft, die sich in Trägerschaft eines Vereins der Inneren Mission befand, als Konkurrenz empfunden, von der man sich abgrenzen musste. Die ADA musste also den Weg zu einem eigenen Krankenhaus allein gehen.

Vom Lazarett 1914 zum ersten Krankenhausbau 1916

Der Verwaltungsbericht der ADA für 1913/14 weist darauf hin, dass der Bauplan eines Krankenhauses beim Mutterhaus angenommen wurde.[12] Für den weiteren Fortgang des Projektes kamen aber wichtige Impulse aus einer ganz anderen Entwicklung, dem Krieg: Die Erstbelegung des Mutterhauses als Lazarett erfolgte am 19. September 1914, und zwar im Mutterhaus, nachdem der erste Lazarettzug mit Verwundeten Dessau erreicht hatte. Dies bedeutete starke Einschränkungen im Leben und in den eigentlichen Aufgaben der Diakonissen.[13] Noch in der Sitzung des Kuratoriums am 25. September 1914 wurde der Vorschlag unterbreitet, statt eines Krankenhauses lediglich eine feste Baracke im Garten des Marienheims zu erstellen, um Verwundete dort zu pflegen und damit eine Entlastung des Mutterhauses zu erreichen, das sich zunächst auf ein halbes Jahr für die Verwundetenpflege eingerichtet hatte. Dies zeigt, dass ein Krieg von kurzer Dauer erwartet wurde. Nach der Beendigung des Krieges sollte die Baracke abgerissen werden und an ihrer Stelle ein kleines Krankenhaus entstehen, dessen Pläne ein einstöckiges Gebäude mit einer Länge von 31 Metern und einer Breite von 13 Metern, voll unterkellert, mit einer Zentralheizungsanlage, elektrischer Beleuchtung, einer kleinen Isolierstation, einfacher Raumausstattung, mit großen Fenstern und 23 Betten vorsah. Die Kosten waren mit allerhöchstens 50.000 Mark seitens eines Sachverständigen veranschlagt. Man entschied sich für den sofortigen Bau des Krankenhauses.

Auf der Sitzung der Baukommission am 14. Oktober 1914 erkannte man Bauprobleme bei der Errichtung der Isolierstation, die funktionell durch Teilung des Baues in zwei Hälften beseitigt wurden. Offenbar hatte der erste am 19. September 1914 in Dessau eintreffende Verwundetentransport den Beginn des Krankenhausbaues wesentlich beschleunigt, dennoch dauerte es bis zur Einweihung des Hauses 1916 noch über anderthalb Jahre aufgrund kriegsbedingter Schwierigkeiten.[14]

Die Finanzierung des Krankenhausbaues wurde durch die Entnahme von 20.000 Mark aus dem Altersfond der Schwestern, durch Anleihen und Spenden und den Überschüssen der letzten Jahre erreicht. Nach der Fertigstellung

Das Diakonissenkrankenhaus 1917

war die Krankenhausumgebung noch zu gestalten. Die Wiederverwendung des vorhandenen gebrauchten Sandes und der Wiederaufbau der vorhandenen Zäune senkten die Kosten. Aufgrund der kriegsbedingten Teuerungen und der Gestaltung der Zufahrtswege mit Pflasterung kostete der Neubau schließlich 61.000 Mark.

Am 13. April 1916 besichtigte die Baukommission den Neubau zur Übergabe.[15] Strittig blieb die Anlage einer Aschegrube, die in die Nordwestecke des Grundstücks verlagert wurde und eine Geruchsbelästigung der Nachbarschaft zur Folge hatte. Die Kohlen wurden direkt am Haus gelagert und sollten später in einem Schuppen untergebracht werden. Die Witterung setzte den Kohlen zu; das hieraus resultierende Problem der Staubentwicklung belastete noch bis nach 1990 (!) die Belüftung der darüberliegenden Operationssäle.

Am 29. April 1916 wurde das neue Krankenhaus offiziell eingeweiht und ab dem 1. Mai 1916 mit Verwundeten belegt. Es standen hier 20 Betten zur Verfügung. Die lange Bauzeit wurde auf den Mangel an Arbeitskräften, an Material, an Nahrung und Heizungsmaterial zurückgeführt.[16] Im Marienheim hatte man Zimmer für Pflegepatienten geräumt und 24 Betten für Verwundete eingerichtet, so dass dieses Lazarett insgesamt 44 Verwundete aufnehmen konnte.

Die Kosten für die Pflege und Versorgung der Verwundeten im Marienheim wurden von der Armee getragen, die der Verwundeten im Krankenhaus von der ADA bezahlt. Da mit zunehmender Kriegsdauer eine Versorgung so vieler Ver-

161

wundeter mit Nahrung und Unterkunft, mit Heizmaterial etc. immer schwieriger wurde und keine Reserven erschlossen werden konnten, wurde ab Mitte 1917, nach der Entlassung oder Verlegung der Verwundeten ins Marienheim, das Krankenhaus mit zivilen Patienten erster und zweiter Klasse belegt, was die Einnahmen deutlich ansteigen ließ. Die Behandlungen übernahmen die einweisenden Belegärzte. Durch weiteres Freimachen von Zimmern im Marienheim konnten hier, bei beträchtlicher Enge, noch Verwundete versorgt werden, doch weiter zu Lasten der Armee. Gleichzeitig wurde eine räumliche Entspannung im Mutterhaus erreicht. Die letzten Lazarette Dessaus wurden am 1. April 1920 aufgelöst, die in der ADA, d. h. im Mutterhaus und im neuen Krankenhaus, bereits im Oktober 1917.[17] Im Marienheim wurden bis 1919 Verwundete betreut. Nach dem Ende des Krieges kehrten viele der in den Frontlazaretten eingesetzten Diakonissen ins Mutterhaus zurück, doch auch eine größere Anzahl verließ die diakonische Gemeinschaft, was zu einem Personalmangel führte. Die Konzession zum Betrieb einer Krankenanstalt auf dem Grundstück der Anhaltischen Diakonissenanstalt wurde Herrn Pastor Werner nachträglich am 4. Juli 1919 von der Anhaltischen Regierung ausgestellt.[18]

Die Herzogliche Regierung hatte jährliche Kontrollen der Krankenhäuser und Privatkliniken angeordnet, die ab 1919 wieder durchgeführt wurden. Dabei wurde der Umbau der Isolierstation im Krankenhaus als notwendig erachtet, da eine solche nicht mit anderen Stationen unter einem Dach bestehen durfte. Aus den Erfahrungen der Verwundetenversorgung sollte die bestehende Isolierstation in zwei normale Zimmer umgestaltet werden. Ein Raum würde neben der Funktion als Verbandszimmer ein Röntgengerät aufnehmen und der andere als Operationssaal eingerichtet werden. Dieser Plan fand beim Medizinalamt der Stadt Dessau Unterstützung. Der Umbau war mit 2.000 Mark veranschlagt, das Röntgengerät kostete 15.000 Mark. Diese Änderungen wurden durch die Bewerbung eines jungen Chirurgen, der die Räume benutzen wollte, unterstützt.[19]

In der zweiten Jahreshälfte des Jahres 1919 wurde der Umbau durchgeführt. In einem Sitzungsprotokoll des Kuratoriums vom 19. September 1919 wird mitgeteilt, dass durch die Installation einer Wasserleitung und die Anbringung von Beleuchtungskörpern für die Einrichtung eines permanenten Operationssaales etwa 5.600 Mark mehr investiert werden müssten. Man kam auch einem Antrag der Ärzte entgegen, und die Krankenstation erhielt einen Anschluss an das Telefonnetz der Stadt. Zusätzlich wurde in zwei Bodenzimmern elektrisches Licht installiert.[20]

In dem jährlichen Bericht des das Krankenhaus inspizierenden Medizinalbeamten am 13. Juni 1919 wird der Umbau der ehemaligen Isolierstation als den gesundheitspolitischen Anforderungen genügend eingeschätzt.[21] Auch die Erreichbarkeit der Patientenzimmer habe sich dadurch deutlich gebessert. Der Besichtigungsbericht aus dem gleichen Anlass am 3. Januar 1921 hebt hervor, dass eine Treppe von der Nordfront in das Gebäude führt, aber auch ein Ausgang nach Westen besteht. Es werden 14 Krankenzimmer aufgeführt, am 27. April 1922 zudem noch neun Zimmer im Marienheim, ein Entbindungszimmer und ein Operationszimmer. Im Jahr 1923 wird als Zugang in das Krankenhaus eine Rampe für liegende Patienten erwähnt, und 1924 werden 20 Betten im Krankenhaus sowie 34 Krankenbetten im Marienheim gezählt.

Das Marienheim auch als Krankenstation und der Erweiterungsbau 1927

Hier werden Veränderungen in der Kapazität und der Gebäudenutzung deutlich, die in einen größeren Rahmen zu stellen sind. Bereits am 12. März 1919 hatte sich das Kuratorium in einer Sitzung für einen Grundstücksankauf entschieden. An der Nordseite des ADA-Grundstücks in der Friedrichsallee wurde durch das Leopolddankstift Dessau ein größeres Gelände zum Kauf angeboten. Dank der finanziellen Unterstützung durch den Geheimen Kommerzienrat Joseph Seiler konnte der Kauf erfolgen. Er zeitigt seine positiven Auswirkungen bis heute, denn auf dem Gelände steht der dann erfolgte Erweiterungsbau des Marienheims und das Bettenhaus.[22] Zuvor war aber eine Übergangslösung gefunden worden.

Am 27. Februar 1920 diskutierte das Kuratorium über den Bau einer neuen Steinbaracke zur Erweiterung des Krankenhauses wegen eines großen Bettenbedarfs. Im Abrechnungsjahr 1919/20 betrug der Ertrag der Krankenstation 11.600 Mark. Das Bedürfnis nach mehr Betten war deutlich gestiegen, die Pflegekräfte waren vorhanden. Durch die beginnende Inflation stiegen die Kosten im Voranschlag auf 370.000 Mark,[23] so dass die Kasse der Anstalt dafür nicht in Anspruch genommen werden konnte. Schon im Verwaltungsbericht von 1918/19 vom 18. Juni 1919 wurde, durch die allgemeine Teuerung bedingt, über die schwierige Finanzierung geklagt sowie über die neue Schwesternbesetzung, die Probleme bereite, und die Notwendigkeit, die Krankenstation auszubauen. Auch über eine Fusion mit dem Kreiskrankenhaus Köthen wurde nachgedacht, dieser Gedanke jedoch verworfen. Dank der guten Arbeit der Hebammenschwestern und der Kostenfreiheit der Entbindung hatte das Krankenhaus regen Zuspruch von Schwangeren. Auch hier wurde eine räumliche Erweiterung gewünscht. Ihre gute Arbeit hatte auch die Chirurgen bekannt gemacht. Auch sie forcierte den Bettenmangel. Die Finanzlage der Krankenstation wurde besser, doch mit dem Geld mussten die weiteren Aufgaben der ADA, wie im Gemeindeschwesternbereich, gestützt werden. So konnte die angedachte Isolierstation in einer abgesonderten Baracke nicht gebaut werden,[24] die neben der angedachten Steinbaracke hatte entstehen sollen.

Das Kuratorium sprach am 14. Oktober 1920 darüber, ob ein Teil des Marienheims zu einer Krankenstation umgebaut werden könnte. Die Einrichtung derselben würde 50.000 Mark kosten; noch durch zu pflegende Damen belegte Zimmer sollten durch Türen abgegrenzt werden. Diese Umstrukturierung sei zweckmäßig, aber im Augenblick nur bei Bedarf vorzunehmen.[25]

Am 27. Juni 1921 wurde in der Kuratoriumssitzung über die Einnahmen und Ausgaben des Marienheims gesprochen und aufgrund eines großen Defizites von etwa 20.000 Mark der Plan der Umwandlung des Marienheims in eine Krankenstation beraten, der aber wegen der Belegung des Heimes mit Pflegepatienten noch nicht umgesetzt werden konnte.[26] Am 10. August 1921 beschloss das Kuratorium nach einer Erhöhung der Pflegesätze und dem damit verbundenen Freiwerden von Zimmern, diese zu Krankenzimmern – genannt werden zwei kleine Säle – für Patienten dritter Klasse umzuwidmen.[27] Auch in den Blättern für die Diakonissengemeinde in Dessau vom Dezember 1920 wird über die zukünftige Einrichtung von Krankenzimmern im Marienheim berichtet,[28] bevor auch am 24. September 1921 ein Brief an die Kuratoriumsmitglieder mit gleichem Inhalt versendet wurde. Hier heißt es, dass leerstehende Zimmer im unteren Südostflügel, der Krankenpflegeveranda, in zwei kleinere Säle für je sechs Kranke dritter Klasse umgenutzt werden sollen. Die Baukosten wurden mit 52.689,10 Mark veranschlagt.[29] Nach den bereits zitierten Besichtigungsberichten erfolgten die Umbaumaßnahmen im Marienheim zwischen 1922 bis 1924 mit dem Ergebnis einer zeitweiligen Entspannung der Bettensituation.

Bereits am 21. August 1926 wurde von der Anhaltischen Regierung die Konzession für eine nochmalige Erweiterung des Krankenhauses erteilt. Der Plan zeigt einen Grundriss für einen dreigeschossigen Anbau an das vorhandene Krankenhausgebäude mit einer nach Süden weisenden Achsenknickung bei einer Hauptachse nach Osten in Richtung zum Marienheim, so dass der Anbau rechtwinklig zum Marienheim gerichtet ist. Damit hätte auch dieser Anbau später wiederum verlängert werden können, ohne dass schräg gebaut werden müsste. Die Bettenanzahl soll erheblich ansteigen.[30] Die Pläne zeigen einen Balkon, der das Erdgeschoss überdacht und eine Sonnenterrasse bildet, dort, wo heute der Haupteingang zu finden ist. Das Gebäudedach sollte als flaches

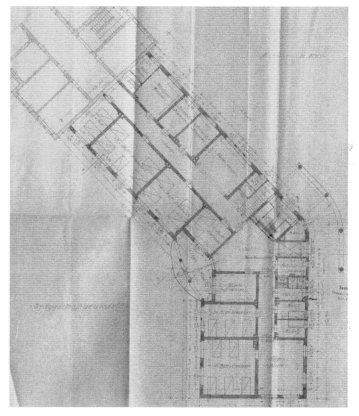

Erweiterungsbau von 1926, Grundriss Erdgeschoss

Walmdach gestaltet werden, die Fenster auffallend groß. Durch die äußere Baugestaltung fügte sich der Anbau harmonisch in das Gesamtbild ein. Im Obergeschoss sollte ein aseptischer OP-Saal eingebaut werden mit einem davorliegenden Vorbereitungszimmer; im Untergeschoss wird der vorhandene OP-Raum für septische Eingriffe benötigt, daneben befindet sich ein Sterilisationsraum und ebenfalls ein Vorbereitungszimmer. Diese OP-Säle wurden planmäßig errichtet und bis 1986 genutzt.

Der Eingang blieb an der Nordseite mit einer kleinen „Halle" für ankommende Patienten, dem Aufnahmezimmer und dem von hier nach oben führenden Patientenaufzug, der sich vom Speiseaufzug abgrenzte, der die Küche im Kellergeschoss mit den Etagen verband. Das Essen wurde aber weiterhin im Mutterhaus bereitet. In den Zimmern gab es keine Waschbecken. Zwei Schwesternzimmer waren auf der unteren Station eingerichtet, in dem die der Station zugeteilten Schwestern wohnten, also auch nachts erreichbar waren. Von der kleinen Halle

Patientenzimmer zweiter Klasse,
1920

aus ging man auf die übrigen Stationen. Dies bedeutete, dass jeder Kranke oder Besucher die Männerstation durchqueren musste, um andere Stationen zu erreichen. Ein ständiger Unruheherd!

Der am 23. Dezember 1926 von der Baupolizei genehmigte Erweiterungsbau des Krankenhauses wurde am 3. Januar des Folgejahres als im Rohbau noch nicht fertig beschrieben, aber den Bauplänen entsprechend erstellt. 1927 wird nach der Besichtigung am 20. Juni über eine Rampe mit dem Eingang an der Nordseite, über zwei OP-Zimmer, ein Entbindungszimmer und 14 Krankenzimmer berichtet. Auch nach der baulichen Erweiterung diente das Marienheim krankenpflegerischen Zwecken: Aus dem gleichen Bericht erfahren wir von einem dort vorhandenen OP-Zimmer und zehn Krankenzimmern. Zwölf Schwestern taten ihren Dienst bei den Kranken, davon vier im Marienheim. Ferner wird von zwei Nachtschwestern berichtet. Die Patienten im Marienheim, also die dritter Klasse, lagen jetzt im östlichen Flügel des Gebäudes.[31]

Der Erweiterungsbau des Krankenhauses wurde am 1. August 1927 eröffnet. Um besser zum Krankenhauseingang zu gelangen, wurde bei einem Umbau der nördlichen Räume des Marienheims mit einer Erweiterung der Bettenanzahl durch den Anbau neuer Räume eine Durchfahrt geschaffen. Durch die Ver-

Krankenhaus mit Erweiterungsbau, 1927

größerung des Krankenhauses konnten sechs Stationen eingerichtet werden: Innere mit 14 Betten, Männer mit 17 Betten, Frauen mit 30 Betten, Klassenstation zehn Betten, Entbindung zehn Betten, Kinder 17 Betten.[32] Bereits 1931 reichten die Krankenbetten wieder nicht aus, und erneut entstand eine Überbelegung, aber die Bauphase war vorerst abgeschlossen.

Krieg und Wiederaufbau

Zwischen 1933 bis 1945 standen bezüglich des Krankenhausbaus Erhaltungsmaßnahmen im Vordergrund und Verstärkungen im Sinne des Luftschutzes. Auch im Zweiten Weltkrieg übernahm das Krankenhaus wieder Funktionen eines Lazaretts, wie zumindest ein Foto nahelegt, auf dem Schwester Minna Klingner und Schwester Erna Tennert mit Soldaten zu sehen sind.[33]
Die Schwestern erlebten gemeinsam mit den Patienten, von denen die gehfähigen in dem benachbarten Bunker in der Schlageterallee (vordem Friedrichsallee) bei Luftangriffen Schutz suchten, die Zerstörung Dessaus am 7. März 1945. Auf dem Gelände der ADA wurde das Mutterhaus vollständig zerstört. Im Marienheim konnte ein kleiner Brand schnell gelöscht werden, und das Krankenhaus war zu einem kleineren Teil, etwa ein Sechstel, verbrannt. Der steinerne Boden des inzwischen ausgebauten Daches hatte weitgehend den Flammen

Wehrmachtsangehörige im Mutterhaus, 1940er Jahre

Die Ruine des Mutterhauses, frühe 1950er Jahre

standgehalten, nur einige Zimmer waren verbrannt. Das Dach wurde provisorisch wiederhergestellt, und die zerstörten Zimmer wurden so bald als möglich wieder benutzbar gemacht, so dass das Krankenhaus schon nach wenigen Tagen wieder für Verletzte und Kranke zur Verfügung stand. Hier konnte sehr bald auch wieder operiert werden. Die wenigen Betten standen allen Ärzten der Stadt zur Verfügung, und neben internistisch Erkrankten lagen die Operierten, dazwischen die Entbindungen, die aber meist im Marienheim untergebracht wurden, die schwerkranken Kinder, die Bombenkriegsopfer. Jeder Fachrichtung wurden nach Möglichkeit Betten zugeordnet. Dazu mussten in den Räumen des Krankenhauses und Marienheims auch Sprechstunden abgehalten werden, weil durch die starke Zerstörung der Stadt sehr viele Ärzte ihr Zuhause und die Praxis verloren hatten (54). Zudem kamen immer mehr Flüchtlinge aus dem Osten und Ausgebombte in die Stadt. Durch die Lösung zahlloser organisatorischer und menschlicher Schwierigkeiten, Belastungen und oft das Suchen nach Auswegen für die stündlich neu auftretenden Probleme erhielten die Diakonissen, die Oberin und die Verwaltung dank ihrer christlich geprägten Zuversicht und Tatkraft viel Anerkennung und Dankbarkeit.[34]

Da es kaum Baumaterialien gab, diese auch der ADA nicht zur Verfügung stan-

Vorsteher Hans Bungeroth fährt die erste Schuttkarre, 1953

den, ist es umso aussagekräftiger, dass der Vorsteher Hans Bungeroth 1953 die symbolischen ersten Schubkarren mit Schutt füllte, um den eigentlichen Wiederaufbau innerhalb der ADA einzuleiten. Eine Wiederaufbautätigkeit im Bereich des Krankenhauses oder des Marienheimes war mit den provisorischen Reparaturen bereits erfolgt. Aber wegen des Materialmangels an Farben, Fensterglas, Sanitärkeramik usw. konnten die Arbeiten nicht ordnungsgemäß abgeschlossen werden.[35] Aus Mangel an einer leistungsfähigen Sterilisationsanlage im Krankenhaus der ADA wurde seit 1946 die der Städtischen Krankenanstalten mitgenutzt. Wegen des Gasmangels – das Kontingent der Städtischen Krankenanstalten war zu klein – wurde diese Zusammenarbeit aber am 4. Dezember 1948 gekündigt.[36] Dies bedeutete, dass die ADA ihr Sterilgut in einem alten, schlechten Dampfsterilisator ohne Gasdeputat oder kleinen Heißluftsterilisatoren sterilisieren musste, was bei den ständig vorkommenden Stromabschaltungen zu einem Geduldspiel ausartete. 1949 teilte der Kreisarzt der ADA mit, dass das Glühbirnenkontingent ausgeschöpft sei. Da diese Leuchten sehr schnell verschleißen, sollten Leuchtstoffröhren installiert werden, deren Lebensdauer ein Vielfaches betrage. Am 22. Juli 1949 teilte der Rat der Stadt Dessau der ADA eine Freigabe von beantragtem Fensterglas mit. Es wurden 400 Quadratmeter benötigt, zugesprochen wurden 100 Quadratmeter. Trotzdem konnten die Fenster in den Patientenzimmern verglast werden; die Scheiben aus Igelit, einem undurchsichtigen, gelblichen Kunststoff, wurden ersetzt.[37] Der Vorgang wiederholte sich, und so waren Ende 1950 alle Fenster des Hauses fertig verglast.

In einem Fragebogen des Central-Ausschusses der Inneren Mission, Abteilung Gesundheitswesen, wird 1950 beantwortet, dass die ADA 80 planmäßige Betten belegen könne; davon entfielen auf die Innere 26, die Chirurgie 34, die Gynäkologie und Geburtshilfe 10, die Kinderstation 6, die HNO 4 und 3 als belegärztliche Betten.

1965 lieferte und setzte eine private Dessauer Hoch- und Betonbaufirma 110 Quadratmeter Wandfliesen in den gynäkologischen OP auf der Gynäkologischen Station ein. Zu diesem Zeitpunkt waren die Entbindungsbetten der ADA bereits in das damalige Bezirkskrankenhaus Dessau integriert worden. Der bis etwa 1946 noch in der ADA tätige Dr. Viktor Ohnesorge, Gynäkologe und Geburtshelfer, war nämlich schon 1945 gemeinsam mit anderen Ärzten von dem sowjetischen Stadtkommandanten beauftragt worden, einen Ersatzbau für die völlig zerstörten Städtischen Krankenanstalten zu finden und eine Frauenklinik einzurichten. Die war dann auf dem Gelände in der Kühnauer Straße ab 1945 im notdürftig wiederhergestellten Haus 2 erfolgt.[38] Dr. Hermann Fleischer führte die Gynäkologische Station der ADA mit sieben Betten bis zu seinem altersbedingten Ausscheiden 1967 weiter. Dies war zunächst nur folgerichtig: Die private Gynäkologische und Entbindungsklinik von Dr. Hanns Wendel am Albrechtsplatz 9a war 1946 an Dr. Hild vergeben worden, hatte aber ohne nennenswerte Entbindungszahlen lediglich bis 1953 bestanden, und die Dr. Börner'sche Klinik in der Mariannenstraße war nach dem Krieg nicht wiedereingerichtet worden. Die Gynäkologie in der ADA wurde 1967 geschlossen und wegen der geringen Bettenzahl nicht unter anderer Leitung weitergeführt. Waren es wirtschaftliche Gründe, oder ist es auch möglich, dass staatliche Stellen ein Weiterbestehen der Entbindungsstation in der ADA bewusst verhinderten? Die Antwort bleibt offen.[39] Am 16. Januar 1967 wurde im Diakonissenkrankenhaus eine Urologische Fachabteilung mit 22 Betten unter der Leitung von Dr. Ulrich Zimmermann eingerichtet. Später enthielt diese urologische Krankenstation 26 Betten. Damit erweiterte sich die Bettenanzahl des Krankenhauses auf 102.[40]

Eine neue Profilierung

In einer Niederschrift des Verwaltungsrats zur Profilierung des Diakonissenkrankenhauses vom 12. Januar 1972 wird der Stadt der Plan der Bildung einer Spezialklinik für Urologie und Chirurgie mitgeteilt. Dies sollte mit der Berufung hauptamtlicher Ärzte und der Erlaubnis zur Ausbildung von Fachärzten erreicht werden, wobei die Urologieprofilierung den Schwerpunkt bildete. Zur Durchsetzung dieser Ideen musste aber ein neues leistungsfähiges Labor gebaut und zusätzlich eine Ambulanz eingerichtet werden. Dieser Gedanke der Umprofilierung wurde vom übergeordneten Bezirksarzt abgelehnt, und der damalige Leiter des Dessauer Gesundheitswesens begründete die Ablehnung mit dem vorgesehenen Neubau am Bezirkskrankenhaus Dessau. Dieser müsse erst fertig sein, um danach eine Entscheidung über die Profilierung der ADA zu fällen; Schwestern würden fehlen, die Stationsverteilung sei offen, und ein

Urologe für die Poliklinik müsse noch gewonnen werden. Voraussetzung war aber noch der Einbau einer neuen Sterilisationsanlage für das Krankenhaus, denn bei einem normalen OP-Betrieb reichten die vorhandenen Sterilisatoren nicht aus. Der Einbau dieser Anlage war für 1972/73 vorgesehen.[41]

Am 20. September 1972 wurde in einem Schreiben an den Sekretär der Gesellschaft für Urologie der DDR, Medizinalrat Chefarzt Dr. Lange, Aschersleben, mitgeteilt, dass der bisherige Leiter der Chirurgie der ADA Herr Dr. Riemann zum Jahresende ausscheide und der Urologe Dr. Ulrich Zimmermann eine große Station für die Vielzahl an urologischen Patienten benötige. Gleichzeitig wolle er die Langzeitpatientenbetreuung in einem urologischen Dispensaire, d.h. ambulant in der Klinik, betreiben, da keine Urologen in Dessau tätig seien. Dieses Dispensaire wurde nicht genehmigt, gegen eine urologische Station hingegen wurde kein Einspruch erhoben. Die Umprofilierung war allerdings erst für 1978 geplant. Durch die Anstellung von Dr. Zimmermann konnte die Profilierung zum urologisch spezialisierten Krankenhaus höchstens bürokratisch verzögert werden. Auch die Ablehnung durch den Bezirksarzt hatte keine Folgen, denn eine urologische Bettenstation wurde in Dessau dringlich benötigt. Der Wechsel von Dr. Ulrich Plettner, einem erfahrenen Facharzt für Chirurgie, 1973 vom Bezirkskrankenhaus Dessau in die ADA stärkte die Bemühungen um die Weiterentwicklung des Krankenhauses zu einer modernen leistungsfähigen Einrichtung mit urologischer und chirurgischer Profilierung. Da seitens des Rates des Bezirkes Halle 1970/71 der Neubau eines Bettenhauses mit 800 Betten im Bezirkskrankenhaus Dessau endgültig abgelehnt worden war,[42] wurden die Vorhaben der ADA seitens der Stadt dann doch unterstützt. Dafür mussten aber durch bauliche Maßnahmen die Grundlagen geschaffen werden. Im Vordergrund stand der Einbau eines neuen Fahrstuhls, verbunden mit einem damit notwendigen Erweiterungsbau des Krankenhauses, da die Bettenauslastung von 91,1 Prozent 1972 auf 96,9 Prozent 1978 gestiegen war, bei gleichzeitiger Senkung der Verweildauer um 8 Tage. Dieses Ergebnis stand im Widerspruch zur ablehnenden Haltung der SED gegenüber den konfessionellen Krankenhäusern.[43] Die Technische Überwachung Dessau teilte am 13. März 1972 wiederum mit, dass der in der ADA betriebene Bettenaufzug technisch so verbraucht sei, dass nur ein Neueinbau dieses Problem lösen könnte.[44] Die Techniker des Krankenhauses hatten seit 1966, als erstmals auf seinen schlechten Zustand hingewiesen worden war, über Jahre die Funktion des Aufzuges aufrechterhalten, doch jetzt wurde eine Neuinstallation notwendig. Täglich wurde mit Ausfällen gerechnet, die schließlich auch eintraten.

Auf den 31. Januar 1972 war der Reparaturbeginn festgesetzt. Die Baugenehmigung stammte vom 29. Oktober 1971, und die Staatliche Bauaufsicht erteilte noch Hinweise im Sinne des Arbeitsschutzes und zur Durchführung des Baues. Das Hauptproblem lag in der Beschaffung des Fahrstuhls, der in Leipzig hergestellt werden sollte. Da aber der alte Aufzug und der Aufzugsschacht von 1926 stammten, passten die neuen Aufzüge nicht in die vorhandene Baufreiheit und mussten den bestehenden Maßen angepasst werden. Es kam seitens der Firma zu Verzögerungen in der Lieferung, und der Vorsteher Pastor Strümpfel begründete sein daraufhin einsetzendes Drängen damit, dass die Rückstellung dieses Bauvorhabens die stationäre Aufnahme und Behandlung von etwa 1.000 Patienten gefährde und damit auch das Ableben von Patienten nicht zu verhindern sei. Die urologischen Betten könnten nicht belegt werden, da der Aufzug fehle, um die Patienten dorthin zu transportieren. Diese Aussagen wurden vom Stadtbaudirektor und dem Stadtrat für Gesundheitswesen unterstützt.

Der alte Aufzug lag mit seinem Eingang im Hof an der Südwestecke des Marienheims. Diese Baumaßnahme hätte nur dem Marienheim genutzt. Deshalb wurde ein Verbindungsbau zwischen dem Krankenhaus und dem Marienheim geplant und gebaut, um den Aufzug ebenso vom Krankenhaus aus zu nutzen. Baubeginn war der 10. März 1972. Dies bedeutete aber, dass die an der Nordseite des Krankenhauses liegende Pforte und Aufnahme jetzt zu klein und zu umständlich zu erreichen waren. Daher mussten eine neue Pforte und Aufnahme an der Nordostecke des neuen Verbindungsbaues zwischen dem Krankenhaus und dem Marienheim eingebaut werden. Letztlich realisierten das Aufzugswerk BEHA KG Leipzig und der VEB Leichtmetallbau Dessau sowie der VEB Stahlbau Dessau die Aufträge bis 1973, so dass die Bauvorhaben im Sommer 1973 abgeschlossen werden konnten.

Die Finanzierung des Projekts wurde weitgehend von der Inneren Mission und dem Hilfswerk der Evangelischen Kirche der DDR übernommen. Pastor Strümpfel hat

Zwischenbau mit neuer Pforte, 1973

te eine Summe von etwa 300.000 Mark eingeplant, beantragte diese jedoch in kleineren, einzeln begründeten Summen. Er wollte vermeiden, dass das ganze Vorhaben durch eine zu hohe Einmalzahlungsforderung gefährdet würde;

zeitgleich wurde für verschiedene andere Bauvorhaben ebenfalls umfangreiche finanzielle Unterstützung angefordert.[45] Das Diakonische Werk steuerte auch Gelder bei, ebenso die Evangelische Landeskirche Anhalts, doch im Vergleich zu den erstgenannten Geldgebern nur geringere Teilsummen. Die Installation von Oberlichtern und der Einbau von Wärmedämmungen an den Eloxalstrukturen der Aufnahme waren ebenfalls Neuland, das es zu erobern galt. Neben der Pforte fand die Telefonzentrale ihren neuen Raum. Der Zugang zu dieser neuen Pforte war durch den im Marienheim 1933/34 eingebauten Torbogen möglich. Doch die Erreichbarkeit der Stationen war weiterhin beengt.

Das gesamte Bauvorhaben wurde zwischenzeitlich seitens des Bezirksbauamtes gestoppt, da laut neuer Anordnung nur noch Bauten bei positiver Baubilanzentscheidung gebaut werden durften. Dagegen erhob Vorsteher Strümpfel am 22. März 1972 erfolgreich Einspruch. Er verwies – neben den erheblichen Einbußen an eingeplanten medizinischen Kapazitäten – unter anderem darauf, dass die Baugenehmigung durch das Stadtbauamt Dessau bereits am 29. Oktober 1971 erteilt sowie der Einbau des Aufzuges für 1972 bilanziert und mit den Firmen bereits verbindlich vereinbart worden war; außerdem sei „die Dringlichkeit des Bauvorhabens [...] vom Stadtrat für Gesundheitswesen wie vom Stadtbaudirektor mehrfach und eindeutig bestätigt worden".[46]

Freilich gilt: Mit sehr großer Geduld, mit hohem, erst in seiner Praxis als Vorsteher angeeignetem Fachwissen, mit überzeugenden Formulierungen, nachhaltigen Begründungen und dem notwendigen Durchhaltevermögen hat es Pastor Strümpfel geschafft, diese Erweiterung des Krankenhauses und die Installation des Fahrstuhles gegen alle Widerstände seitens der Baubehörden und der SED durchzusetzen. Er erwarb sich auch damit einen bleibenden Verdienst für die ADA in schwieriger Zeit.

Der OP-Neubau 1979–1986

Mit dem Einbau des Fahrstuhls, dem Verbindungsbau zwischen dem Krankenhaus und dem Marienheim und der Einrichtung eines neuen Labors waren die ersten Schritte zu einem modernen Krankenhaus heutiger Prägung gegangen worden. Doch die Operationen fanden immer noch in OP-Sälen mit dem Niveau der 1930er Jahre statt. Die räumliche Enge, die schlechte Trennung zwischen steril und unsteril in der Raumstruktur, die unzureichenden Vorbereitungsräume, die ungenügenden Lagerungsmöglichkeiten auch für die Anästhesie entsprachen nicht den Anforderungen einer modernen Chirurgie und für urologische Operationen. Natürlich wurde überprüft, ob die vorhandenen Räumlichkeiten den aktuellen Anforderungen entsprechend verändert werden könnten. Da auch der An- und Abtransport der Patienten über eine Schleuse nur sehr unzureichend möglich war, entschloss man sich unter enger Beratung mit den Operateuren, einen neuen OP an den Krankenhausbaukörper anzubauen.

Hier waren wieder seitens der Baubehörden enge Grenzen gesetzt: Bauanträge konnten nicht genehmigt werden, wenn man nicht in die Pläne der staatlichen Bauwirtschaft aufgenommen war. Privatfirmen gab es kaum; alle Projekte waren dem staatlich vorrangigen Wohnungsbau untergeordnet. Das Material konnte nicht erworben werden, wenn keine Baugenehmigung vorlag. Trotzdem entschlossen sich der Vorstand der ADA und das Bauamt der Evangelischen Landeskirche, einen Initiativbau zu starten. Das bedeutete, dass man zwar die Baugenehmigung erhielt, aber das gesamte Baumaterial, Installationsmaterial und alles Zubehör selbst organisieren musste, ebenso die Firmen, die den Bau erstellen sollten. Das Material konnte aus Überplanbeständen beschafft werden, doch diese waren nur bei wenigen Firmen vorhanden und sehr oft in kleinen Mengen. In einen regulären Investitionsplan wurde man nicht aufgenommen. Einzelne Baubrigaden oder Gruppen konnten offiziell geordert werden, die nach dem Arbeitsrecht auch normal versichert und bezahlt wurden, also keine Schwarzarbeit im heutigen Sinne leisteten. Die Firmen, die ihren Monatsplan schon vor dem Ende des Monats erfüllt hatten und denen noch Material zur Verfügung stand, konnten am leichtesten für diese Arbeiten gewonnen werden. Die Pläne für den Neubau eines OP-Gebäudes, das über zwei Gänge mit dem Hauptgebäude des Krankenhauses verbunden werden sollte, wurden im Planungsbüro des Diakonischen Werkes – Innere Mission und Hilfswerk – der Evangelischen Kirchen in der DDR entwickelt. Ihnen gingen viele Gespräche und Entwürfe der Beteiligten voraus. Die Konstruktionsunterlagen und Entwurfszeichnungen wurden von den Staatlichen Behörden als Initiativbau genehmigt. Daraus entstanden sich auch die Sorgen um die Materialien, Beschaffungsprobleme, Finanzsorgen, technische Schwierigkeiten der Klimatisierung, der Belüftung usw.

Am 85. Jahresfest der ADA, am 10. Juni 1979, fand die Grundsteinlegung statt. Eine tiefe, große Baugrube war in kürzester Zeit ausgehoben worden. 1.500 Kubikmeter umfasste der Aushub für einen Baukörper von 27 Metern Länge und 18 Metern Breite, der in 6 Meter Entfernung vom Baukörper des Krankenhauses erbaut werden sollte. Diese räumliche Trennung ermöglichte den Hoch- und Innenausbau bei normalem Weiterbetrieb der bisherigen OP-Säle und der hier liegenden anderen Einrichtungen. Selbst die Staub- und Lärmbelästigungen konnten auf ein Minimum reduziert werden. Besondere Probleme bereitete die Belüftungsanlage, da eine Wärmerückgewinnungsanlage eingebaut wurde, die Luft aber zu 99 Prozent keimfrei sein sollte. Zudem musste eine neue Sterilisationsanlage angeschafft werden, die in den Nebenraum des OP eingebaut wurde, sowie modernes OP-Inventar (Tische, Beleuchtung usw.). Auch die Heizungsanlage des Krankenhauses musste erweitert werden. Zudem reichte die Stromversorgung des Krankenhauses für die neuen Anforderungen nicht mehr aus. So musste ein neues Transformatorenhäuschen auf dem Gelände der ADA, zur Oechelhaeuser Straße hin, gebaut werden, was den Aufbruch der Straße für ein Kabel auf 50 Metern Länge erforderte. Zeitweilig stand die Baugrube unter Wasser. Ein regenreicher Sommer führte dazu, dass die schon gegossene Grundplatte neu gesichert werden musste.

Es war ein Bau mit vielen Hindernissen. Hierzu gehörte dann auch das altersbedingte Ausscheiden von Pastor Strümpfel Ende März 1981, dessen Engagement und Nachhaltigkeit in allen Fragen fehlte. Und es war ein Bau mit finanziellen Sorgen, da die äußeren Umstände, wie Wasser, Strom, fehlendes Material, fehlende Arbeitskräfte für Spezialaufgaben, mangelnde Erfahrung, mehr Geld erforderten. Das Richtfest konnte dennoch am 30. Oktober 1981 gefeiert werden, wie es die Architektenplanungen vorsahen. Die Außenwände und das Dach sowie die Wände und Decke der Abluftzentrale auf dem Dach waren zu diesem Fest fertiggestellt. Manches Material wurde gegen Ende der Bauphase über Genex[47] gekauft.

Vorgesehen war der Einbau der Inneneinrichtung im Neubau im 1. Quartal 1984; dieses Ziel konnte jedoch nicht erreicht werden. Der Bau wurde durch zahlreiche, kaum vorhersehbare Schwierigkeiten begleitet. Dazu zählten die schwierige Materialbeschaffung, der Einbau der Abluftanlage mit der Rückgewinnung der Warmluft und damit verbundene Planungsänderungen, die fehlenden finanziellen Mittel. Zusätzlich waren viele Nachfolge-Änderungen in der Baustruktur des Krankenhauses durch die Anbindung an den alten Baukörper notwendig. Schließlich konnte der neue OP 1986 in Betrieb genommen werden. Neben dem OP mit allen Nebenräumen waren in dem Neubau die Röntgenabteilung, die Ambulanz und die Aufnahme untergebracht worden. Die Versorgungstechnik, eine Küche, die Physiotherapie und Personalräume fanden im Keller ihr Unterkommen.[48] In dem Verbindungsbau zum Altbau entstand zudem eine Cafeteria für die Patienten und das Personal. Der Haupteingang wurde auf die Seite des OP verlegt, kombiniert mit der Liegendzufahrt. Damit entfiel der Gang aller Besucher und Patienten über die chirurgische Männer-

OP-Anbau, 1986

station, und der Zugang zu allen Stationen ist seither leicht ohne hygienische Probleme erreichbar.

Der Bau war ursprünglich mit 1,1 Mio. Mark veranschlagt worden, kostete aber schließlich über 3 Mio. Mark, damit war er der bis dato teuerste Bau der ADA.[49] Doch die Investition hatte sich gelohnt: Mit dem Neubau konnten moderne hygienische Standards erfüllt und in Folge jene wirtschaftlichen Kennzahlen erreicht werden, die das Überleben der Anhaltischen Diakonissenanstalt mit sicherten. Auch die Einrichtung einer Inneren Klinik mit angeschlossener Geriatrie nach 1990 wurde so überhaupt erst möglich.

Das neue Bettenhaus

Eine letzte wichtige bauliche Veränderung, der Bau des neuen Bettenhauses, stand mit der Übergabe der Inneren Klinik des Robert-Koch-Krankenhauses (ROKO) in die Trägerschaft der ADA in Zusammenhang. Dadurch wurde die Bettenzahl des Diakonissenkrankenhauses auf 170 Betten gesteigert. Damit war aber ein zweiter Standort in der Köthener Straße verbunden, was deutlich mehr Nebenkosten verursachte. Das ROKO entsprach nicht den Anforderungen eines modernen Krankenhauses. Die Bausubstanz und die Gestaltung der Patientenzimmer, die sanitäre Installation in den Zimmern wie auch die Toilettenanordnung mussten dringend erneuert werden, blieben aber mit den eingesetzten finanziellen Mitteln immer ein Provisorium. Auch umfangreiche Baumaßnahmen konnten die Mängel des Hauses nicht beseitigen. Der Gedanke einer räumlichen Integration der Inneren Klinik des ROKO in das vorhandene Krankenhaus der ADA lag nahe, zumal auch das Diakonissenkrankenhaus selbst zu Beginn der 1990er Jahre deutliche Defizite in der Ausstattung der Patientenzimmer und im technischen Bereich aufwies. Mit dem Bau eines neuen Bettenhauses sollte die Möglichkeit der Vereinigung beider Standorte und gleichzeitig die Angleichung der Patientenbereiche an die Erfordernisse der modernen Patientenbetreuung gegeben werden.

Im Frühjahr 1994 wurde die Baugrube ausgehoben, und nach zwei Jahren Bauzeit konnte das neue Gebäude 1996 bezogen werden. Ein neues Bettenhaus war entstanden – mit neuer Zufahrt, neuen Funktionsräumen, neuer Aufnahme mit 170 Betten. Es wurde nach den neuesten Erfahrungen für Krankenhausbauten konzipiert und gebaut. Über fünf Etagen erstrecken sich die verschiedenen Klinikbereiche, Urologie, Chirurgie, Anästhesie, Innere, Geriatrie, die so mit den Altbauten, Funktionsräumen und den OPs verbunden sind, was durch kurze Wege die Arbeit der Schwestern und des übrigen Personals erleichtert wird. Die Baukosten wurden vom Land mit 32 Mio. DM gefördert, die Restsumme

Richtfest des neuen Bettenhauses, 1995

wurde von der ADA selbst aufgebracht. Durch Nachzahlungen seitens der Krankenkassen für schon in den Vorjahren erbrachte Leistungen standen finanzielle Mittel für die Begleichung der Baukosten zur Verfügung.[50] Die Landesförderung schloss eine vorgegebene Bettenstruktur der Stationen mit ein, die eine gewisse Anzahl an Ein- bis Vier-Bett-Zimmern vorschrieb. Aber auch die Fusionierung der zwei Krankenhäuser verlangte ein hohes Maß an vorbereitenden Arbeiten, denn alles sollte stimmen, zusammenpassen und funktionieren. Dieses sehr schwierige Ziel wurde vollständig erreicht.

177

Das Krankenhaus der ADA entwickelte sich über Jahrzehnte zu einer hochmodernen Behandlungseinrichtung und genießt heute eine sehr hohe, auch überregionale Akzeptanz in der Bevölkerung, die mit auf der freundlichen, entgegenkommenden fachlich hochqualifizierten Tätigkeit aller Mitarbeiterinnen und Mitarbeiter beruht.

Anmerkungen

1 Brockhaus Konversationslexikon, 14. Aufl., Bd. 5, Leipzig 1892, S. 243.

2 LANGE, WERNER: Aus der Geschichte der anhaltischen Diakonissen-Anstalt (Manuskript 1944), in: AELKA, Bestand Kreisoberpfarramt Dessau, Nr. 71.

3 DAASE, BRIGITTE: Segen ererben und weitergeben. Aus der Geschichte der Schwesternschaft der ADA, in: Hüneburg, Gotthelf/Werner, Susanne (Hg.): 100 Jahre Anhaltische Diakonissenanstalt (1894–1994). Festschrift, o. O. 1994, S. 6–27, hier S. 6.

4 Siehe dazu den Beitrag von JAN BRADEMANN im vorliegenden Band.

5 Dafür findet sich in den Akten folgendes Genehmigungsschreiben seitens der herzoglichen Regierung: „Zu der beantragten Einrichtung einer öffentlichen Krankenanstalt im hinteren Flügel des hiesigen Diakonissenhauses unter Benutzung der darin vorhandenen fünf Zimmer zu ebener Erde und drei Zimmer im ersten Stock ertheilen wir unsere Genehmigung, erklären uns auch damit einverstanden, daß die Krankenanstalt der Leitung des Herzoglichen Leibarztes, Sanitätsraths Dr. Böttger hier selbst unterstellt wird" (Dessau 15.07.1897); StA Dessau-Roßlau, Akte der Polizei-Verwaltung zu Dessau, 252, Nr. 9, fol. 1.

6 ArchADA, Nr. 125, darin: Verwaltungsbericht der ADA 1905.

7 ArchADA, Nr. 125, darin Verwaltungsbericht vom 04.07.1909 für 1908/09.

8 So legten das Kuratorium und der Vorstand fest, dass schwer erkrankte Diakonissen wegen der hohen Kosten nicht privat behandelt werden durften, sondern im Kreiskrankenhaus 3. Klasse betreut werden mussten. ArchADA, Nr. 125,

darin: Sitzungsprotokoll des Kuratoriums vom 19.03.1914.

9 Vgl. RICHTER, E.: Das Medizinal- und Gesundheitswesen in Anhalt, Dessau 1910, S. 42.

10 ArchADA, Nr. 125. In einem Vertragsentwurf von Pfarrer Oskar Pfennigsdorf über einen Vertrag mit den Schwestern des Ev. Bundes, zugearbeitet für eine Kuratoriumssitzung am 29.09.1910, wird auch über die Konkurrenzsituation gesprochen.

11 Vgl. WINKLER, KERSTIN: Konkurrenz oder Hilfe? Zur Rolle der freien Hilfsschwesternschaften in der Mutterhausdiakonie, in: Kuhlemann, Frank-Michael/Schmuhl, Hans-Walter (Hg.): Beruf und Religion im 19. und 20. Jahrhundert, Stuttgart 2003, S. 210–226, hier S. 212–215.

12 Verwaltungsbericht der ADA von 1913/14, in; ArchADA, Nr. 125. Zum Folgenden auch SEEBER, HERMANN: Dessauer Hospitäler, Krankenhäuser, Kliniken und Apotheken in: Dessau, Porträt einer Stadt, Dössel 2006, S. 325–340, hier S. 333.

13 DAASE: Schwesternschaft (wie Anm. 3), S. 11.

14 ArchADA, Nr. 125, darin: Sitzungsprotokoll des Kuratoriums vom 28.01.1916

15 Ebd., darin: Sitzungsprotokoll der Baukommission vom 13.04.1916. Eine Isolierstation dient der Absonderung von Patienten zum Schutz der Allgemeinheit gegen Weiterverbreitung von Seuchen und Infektionen.

16 ArchADA, Nr. 125, darin: Schreiben an die Mitglieder des erweiterten Kuratoriums des ADA vom 15.02.1916.

17 Ebd.

18 Schreiben der Polizeiverwaltung an Pastor Werner vom 04.07.1919, in: StA Dessau-Roßlau,

Akte der Polizeiverwaltung zu Dessau, 252, Nr. 9, fol. 2.

19 ArchADA, Nr. 79, darin: Sitzungsprotokoll des Kuratoriums vom 12.03.1919.

20 Ebd.: Sitzungsprotokoll des Kuratoriums vom 13.09.1919.

21 Bericht des Medizinalbeamten über die Begehung des Krankenhauses am 13.06.1919, StA Dessau-Roßlau, Akte der Polizeiverwaltung zu Dessau, 252, fol. 5; das Folgende: ebd., fol. 11 (03.01.1921), 15 (30.04.1923), 17 (11.04.1924).

22 Sitzungsprotokoll des Kuratoriums vom 12.03.1919, in: ArchADA, Nr. 79.

23 Sitzungsprotokoll des Kuratoriums vom 27.02.1920, in: ebd.

24 Verwaltungsbericht der ADA 1918/19 vom 18.06.1919, in: ebd.

25 Sitzungsprotokoll des Kuratoriums vom 14.10.1920, in: ebd.

26 Sitzungsprotokoll des Kuratoriums vom 27.06.1921, in: ebd.

27 Sitzungsprotokoll des Kuratoriums vom 10.08.1921, in: ebd.

28 Blätter für die Diakonissengemeinde in Dessau, Nr. 135, Dessau, Dezember 1920.

29 Brief an Kuratoriumsmitglieder vom 24.09.1921, in: ArchADA, Nr. 79.

30 Schreiben der Anhaltischen Regierung an den Vorsteher des Verwaltungsrates der ADA vom 21.08.1926, in: ebd.

31 Bericht des Medizinalbeamten über die Begehung des Krankenhauses am 20.06.1920, StA Dessau-Roßlau, Akte der Polizeiverwaltung zu Dessau, 252, Nr. 9.

32 Nach dem Besichtigungsprotokoll vom 03.11.1930; ebd.

33 Die zugehörigen Unterlagen im Landesamt für Gesundheit und Soziales in Berlin, Lazarettbücher, konnten bisher wegen Schimmelbefalls nicht eingesehen werden.

34 DAASE: Schwesternschaft (wie Anm. 3), S. 16 ff.

35 ArchADA, Nr. 91.

36 Schreiben vom 04.12.1948, in: ebd.

37 Schreiben vom 22.07.1949, in: ebd.

38 SEEBER: Dessauer Hospitäler (wie Anm. 12), S. 330.

39 SEEBER, HERMANN: Die Entwicklung des Städtischen Klinikums, in: Festschrift zur Grundsteinlegung des Städtischen Klinikums – Ersatzneubau – Dessau, am 16. März 1994, Dessau 1994, S. 20, 25.

40 Brief des Vorstehers an die Verwaltungsleitung der Sozialversicherung Dessau vom 18.01.1967, in: ArchADA, Nr. 91.

41 Ebd., Schreiben: Profilierung des Diakonissenhauses Dessau vom 12.01.1972.

42 SEEBER: Dessauer Hospitäler (wie Anm. 12), S. 330.

43 Bereits Mitte der 1950er Jahre war deutlich geworden: „[...] wenn man das verfassungsmäßig gewährleistete Existenzrecht der konfessionellen Krankenhäuser nicht unmittelbar in Frage zu stellen wagt, so spricht man doch offen aus, daß für das Wirken caritativer Einrichtungen auf dem Gebiet der Gesundheitsfürsorge keine Notwendigkeit mehr besteht, da die Werktätigen der DDR auf mildtätige Gaben nicht mehr angewiesen seien“; SCHEFFLER, R. TH.: Aktuelle Fragen der evangelischen Krankenhäuser in der DDR, in: Die evangelische Krankenpflege 6 (1956), Heft 3, S. 6.

44 Zum Folgenden vgl. ArchADA, Nr. 71, darin: Krankenhaus: Anbau, Aufzug, Ambulanz, 1970–1974: Schachtgenehmigung vom 28.02.1972, Baubeginn am 10.3.1972.

45 Ebd., darin: Bericht vom 21.12.1973.

46 Ebd., darin: Brief Strümpfels an den Rat des Bezirkes Halle, Bezirksbauamt, vom 22.03.1972; ferner vgl. die die Reaktion des Bezirksbauamts gegenüber dem Stadtrat für Gesundheitswesen vom 17.04.1972, in: ebd.

47 Genex: von 1957 bis 1990 bestehendes Staatsunternehmen der DDR, dass zollfrei gegen konvertible westliche Währung westliche und DDR-Produkte an DDR-Bürger verkaufte und zumeist für Geschenksendungen aus der BRD in die DDR genutzt wurde.

48 Vgl. Bundesarchiv der Schweiz, Sign. J2.233-01#1999/248#337, darin: HALL, B.: Kleiner Bildbericht über die Bauarbeiten am OP-Trakt der Anhaltischen Diakonissenanstalt in Dessau.

49 Vgl. hierzu weiterführend die Dokumentation in: ArchADA, Nr. 146 sowie 81.

50 Ebd.

Manfred Seifert

Der Bau der Laurentiushalle in den Jahren 1968 bis 1971

Die Laurentiushalle als geistliches Zentrum der ADA

Ein Diakonissenmutterhaus bedeutet: Hier lebt eine Glaubens-, Lebens- und Dienstgemeinschaft. Und dafür braucht es Räume, um die grundlegenden Aufgaben von Kirche wahrnehmen zu können.[1] Im Einzelnen sind das die Verkündigung *(Martyria)*, wozu das Zur-Sprache-Bringen des Wortes Gottes genauso gehört wie das persönliche Glaubenszeugnis sowie die Bildung und Erziehung der Heranwachsenden im Licht des Evangeliums. Als Nächstes geht es um die Feier des Glaubens *(Liturgia)* in der Gegenwart Gottes und seiner liebevollen Zuwendung zum Menschen in Jesus Christus und in der Kraft des Heiligen Geistes. Als dritte Wesensäußerung von Kirche ist die praktizierte Nächstenliebe *(Diakonia)*, so wie Jesus sie gelebt und in seinen Gleichnissen beschrieben hat, zu nennen. Und schließlich geht es um Gemeinschaft *(Koinonia)* durch Teilhabe. Hier wird gesagt, dass Gott auch in der Gemeinschaft der Glaubenden, die das Leben miteinander teilen, gegenwärtig ist, was für eine Diakonissen-Schwesternschaft in besonderer Weise der Fall ist. Oberin Diakonisse Brigitte Daase formulierte das 1984 so:

> „In der Anhaltischen Diakonissenanstalt leben und arbeiten Diakonissen und diakonische Schwestern in einem gemeinsamen diakonischen Werk der Kirche. Ihr Dienst steht unter dem Auftrag und der Sendung durch unseren Herrn Jesus Christus und gilt insbesondere den Kranken und Alten in Anstalt und Gemeinde sowie den Kindern im Heim und Kindergarten. Die Diakonissenschaft ist eine geistliche Gemeinschaft von Schwestern, die für diesen Dienst berufen, eingesegnet und beauftragt sind. Um des Auftrages willen leben sie im ehelosen Stand, bringen den finanziellen Ertrag ihrer Arbeit in die Schwesternschaft und deren Aufgabengebiete ein

und halten sich in Mitverantwortung für die gemeinsam erkannten Aufgaben verfügbar."[2]

So ist es nur folgerichtig, dass es neben dem Mutterhaus, dem Krankenhaus, dem Kursushaus und den Kindereinrichtungen auch einen geistlich-spirituellen Ort braucht. Dieser Ort ist bedeutsam für die Glaubens-, Lebens- und Dienstgemeinschaft der ADA – sowohl nach innen als auch nach außen für die Menschen, für die die ADA da sein will. Und zugleich ist dieser Ort, hier: die 1971 eröffnete Laurentiushalle, ein sichtbares und greifbares Glaubenszeugnis und Identitätsmerkmal mit Ausstrahlung. Die Baugeschichte der Laurentiushalle sollte daher auch wesentliche Arbeits- und Lebensumstände der Diakonie unter den Bedingungen des real existierenden Sozialismus in der DDR deutlich werden lassen.

Vorgeschichte

Im März 1945 verlor die Schwesternschaft durch Kriegszerstörung den einzigen großen Versammlungsraum, über den sie verfügte. Dieser Raum hatte nicht allein der Schwesternschaft, sondern auch den Zusammenkünften der anderen Mitarbeitenden der ADA gedient. Als Ersatzlösung wurde eine gebrauchte Holzbaracke angeschafft, denn beim Wiederaufbau der ADA in den Jahren 1954 bis 1958 wurde der Einbau eines neuen Gemeinschaftsraumes durch die staatlichen Behörden nicht genehmigt.[3]

Im Februar 1965 wurde im Protokoll des Verwaltungsrates der ADA unter dem letzten Tagesordnungspunkt festgehalten, die Suche nach einer Alternative für einen Kirchsaal fortzusetzen, weil mehr Platz für die Schülerinnen gebraucht wurde: „Der Hausvorstand bittet den LKR [Landeskirchenrat], die Verhandlungen mit der Patenkirche wegen des Geschenks einer Holzkirche bei sich bietender Möglichkeit weiterzuführen. Das Mutterhaus wird im Herbst des Jahres unter großer Raumnot leiden. Um die Frage des weiteren Ausbaus des jetzigen Kirchsaals zu Schülerinnenzimmern bald entscheiden zu können, wäre eine Klärung der Angelegenheit sehr wichtig."[4]

In diesem Zusammenhang muss etwas weiter ausgeholt werden. Die ADA unterhielt Mitte der 60er Jahre neben dem Diakonissenkrankenhaus mit 100 Betten das Marienheim als Alters- und Pflegeheim mit etwa 70 Plätzen. Dazu kamen, und das ist bemerkenswert, das Kinderheim in Dessau für 30 Heim- und

Tageskinder sowie das Kinderheim „Elisabeth" in Ballenstedt als Säuglings- und Kleinstkinderheim mit 50 Plätzen. Es befanden sich in vordiakonischen Kursen sowie in der Ausbildung zu Diakoniehelferinnen bzw. als Schwesternschülerinnen rund 30 Teilnehmerinnen. Sobald es um Bildung und Erziehung der heranwachsenden Generation ging – und die Tätigkeit der ADA reichte in diesen hochsensiblen Bereich hinein, denn SED und Staat beanspruchten hier eine Monopolstellung – wurde die Angelegenheit grundsätzlich und berührte die „Machtfrage", die Grundfrage der „Diktatur der Arbeiterklasse".
Darum gehört zur Vorgeschichte auch, dass es 1953

> „eine viele Schwesternschaften unmittelbar berührende Veränderung gab [...], als durch staatliche Maßnahmen die gesamte kirchliche Arbeit an bildungsfähigen Kindern und Jugendlichen untersagt wurde. Nur die dem Gesundheitswesen unterstehenden Säuglingsheime für Kinder bis zu drei Jahren durften weiter bestehen. Größere Kinder und Jugendliche durften nur in der Obhut der Kirche bleiben, soweit sie bildungsunfähig oder förderungsfähig oder bildungs- und förderungsunfähig waren. Die Weiterführung der evangelischen Kindergärten war nur dadurch möglich, dass ihr Bestand ausdrücklich im Potsdamer Abkommen erwähnt und damit gesichert war. Auch die Ausbildung an den evangelischen Krankenpflegeschulen war von dieser neuen Bestimmungen nicht berührt."[5]

Bis zum Ende der DDR änderte sich daran nichts Wesentliches.
Diese drastische Einschränkung kirchlich-diakonischer Bildungs- und Erziehungsarbeit durch den Staat sollte noch einmal eine Rolle spielen, als es um den Neubau einer Anstaltskirche bzw. einer Mehrzweckhalle ging, wie aus dem Protokoll der 150. Sitzung des Verwaltungsrates der ADA vom 26. April 1966 zu erfahren ist:

> „Der Vorsteher berichtet von seiner Berufung in die ständige Kommission für Gesundheitswesen beim Rat der Stadt Dessau und von dem in der Sitzung dieses Ausschusses am 1. April ausgesprochenen Wunsch, die ADA möge auf ihrem Gelände einen Kinderhort für schwachsinnige Kinder schaffen. In einer örtlichen Verhandlung, an der der Kreisarzt und die Vertreter der Abteilung Volksbildung teilnahmen, wurde festgestellt, dass der Kirchsaal zu solcher Einrichtung sehr geeignet sei. Schwesternschaft und Hausvorstand sind bereit, solchem Anliegen zu entsprechen, wenn die Hausgemeinde dafür einen neuen gottesdienstlichen Raum erhält und

die staatlichen Behörden die Einfuhr der von der Patenkirche geschenkten Holzkirche genehmigen. Die Mitglieder des Verwaltungsrates begrüßen die eingeleiteten Verhandlungen, verkennen aber auch nicht die Schwierigkeiten, die sich der Verwirklichung dieser Pläne entgegenstellen werden."[6]

Im Klartext hieß das: Wenn die Kirche sich um die geistig behinderten Kinder kümmert, die nur eine Last für die sozialistische Gesellschaft sind, dann kann sie doch auch ihren Kirchsaal dazu verwenden, denn dann erfährt er wenigstens eine vernünftige Nutzung. Die angeführte „Schwachsinnigkeit" der Kinder zielte im Kern auf ihre Bildungsunfähigkeit, und das bedeutete, dass das Bildungs- und Erziehungsziel im Sozialismus, die allseits gebildete sozialistische Persönlichkeit, aller Voraussicht nach mit diesen Menschen nicht zu erreichen war. Aus dieser „Zumutung" heraus wollten die Schwesternschaft und der Hausvorstand sich durchaus auf ein „Wenn-dann"-Geschäft einlassen: „Wenn wir euch die Kinder abnehmen, dann solltet ihr uns eine Kirche genehmigen." Doch schon in der nächsten Sitzung des Verwaltungsrates der ADA am 19. Dezember 1966 wurde unter Tagesordnungspunkt 1 „Arbeitsbericht über das Gesamtwerk" deutlich, dass daraus nichts werden würde, da die Einfuhr der Holzkirche weiterhin von den DDR-Behörden verwehrt wurde.[7]

Im Jahre 1967 veränderte sich die Situation der Finanzierung kirchlich-diakonischer Arbeit grundlegend. Bisher hatte die Arbeit mit Kindern, alten und behinderten Menschen dadurch finanziert werden müssen, dass die Betroffenen einen Eigenbeitrag leisteten, der weit unter den kostendeckenden Pflegesätzen kalkuliert war. Die Differenz wurde dann ausgeglichen durch die Leistungen der Diakonissen in erster Linie und der anderen Mitarbeitenden, die ihrerseits deutlich unter dem üblichen Tarif bezahlt wurden. Die nun aber erfolgende Einführung kostendeckender Pflegesätze hatte zur Folge, dass jetzt auch Überschüsse angespart werden konnten, die direkt wieder für Investitionen zur Verfügung standen. Dieser Umstand sollte für die Finanzierung der Mehrzweckhalle, wie sie nun genannt wurde, eine große Rolle spielen, wie aus Protokollen des Verwaltungsrates ersichtlich wird.

Bauplanungen

Anfang 1968 wurde der Plan der Generalreparatur des Kirchsaals fallen gelassen und stattdessen die Errichtung eines neuen Kirchsaals angestrebt. Bereits im Mai 1968 lag dem Verwaltungsrat ein Entwurf für einen neuen Kirchsaal vor. Diesen Entwurf hatte Baurat Alfred Müller (1904–1987)[8] angefertigt. Er sollte zunächst dazu dienen, beim Rat der Stadt Dessau für 1969 die entsprechenden Baukapazitäten (Firmen und Material) zu beantragen. Diese Entwurfsskizze fand allgemeine Anerkennung und die Zustimmung der Verwaltungsratsmitglieder.

Baurat Müller genoss das Vertrauen der ADA, denn nach dem Krieg hatte er den Wiederaufbau des Diakonissenmutterhauses in Dessau geplant und die entsprechenden Entwürfe erarbeitet.

Der 1907 in Leipzig geborene Müller verfügte darüber hinaus über einiges Renommee: Als junger Architekt war er an der Planung des Völkerbundpalastes in Genf beteiligt gewesen (gebaut 1929 bis 1936). Nach dem Krieg war er von 1950 bis 1959 an der Hochschule für industrielle Formgestaltung in Halle – Burg Giebichenstein Lehrbeauftragter für architektonische Formenlehre und Tektonik, danach künstlerischer Oberassistent mindestens bis Ende 1961.[9] In Dessau hatte Müller als leitender Architekt bereits Mitte der 1950er Jahre den Umbau des Palais Waldersee zur Anhaltischen Landesbücherei projektiert, der bis 1962 umgesetzt worden war.[10]

Im Protokoll des Verwaltungsrates der ADA vom 21. Mai 1968 erfahren wir erstmals auch etwas über konkretere Finanzierungspläne des Vorhabens. Unter Tagesordnungspunkt „2. Vorlage eines Entwurfes für den neuen Kirchsaal" ist lesen:

> „Bei der Frage der Finanzierung dieses Neubaus weist Herr OKR Gerhard darauf hin, daß für 1969 bereits mehrere andere Projekte im Raum der Landeskirche vorlägen, sodaß mit wesentlichen Zuschüssen durch Innere Mission oder Hilfswerk nicht gerechnet werden könne. Auch für Anträge an den Kollektenausschuß der EKU [Evangelischen Kirche der Union] sind schon andere Schwerpunkte in Anhalt vorgemerkt. Einem sofortigen Beschluß über die Bauausführung könne er darum nicht zustimmen. Pastor Strümpfel gab zu bedenken, daß eine Rücklage von 20.000,– M bereits gebildet ist, und daß bei Einhalten der Zusagen von Regierungsseite auf Genehmigung kostendeckender Pflegesätze im Altenheim und im Kinderheim ab 1.1.1968 um rund 84.000,– M höhere Einnahmen zu erwarten seien, die einen hohen Überschuss im Jahre 1968 bringen müssten. Die mit 75.000,– M veranschlagten Baukosten für den Kirchsaal würden also vermutlich selbst aufgebracht werden können. Da mit den Vorarbeiten für die Projektierung insbes. die statischen Berechnungen nicht gewartet werden kann, bis die Baukapazitätsgenehmigung erteilt und die Finanzie-

rung geklärt ist, stellt er den Antrag, zunächst Herrn Baurat Müller mit der Ausarbeitung des Projektes zu beauftragen und den Beschluß über die Inangriffnahme des Baus bei einer späteren Sitzung zu fassen. Herr Präses Kootz begrüßt diese Beschränkung auf die zunächst vordringliche Projektierungsaufgabe und stellt diesen Antrag zur Abstimmung. Diese ergibt volle Einmütigkeit. Herr Baurat Müller nimmt den Auftrag zur Ausarbeitung des Projektes an und sagt zu, diesen bis August des Jahres vorzulegen, damit er gegebenenfalls rechtzeitig dem Stadtbauamt eingereicht werden kann. Mit herzlichen Dankesworten für seine bisherige überaus wertvolle Hilfe bei den baulichen Veränderungen wird Herr Baurat Müller von Herrn Präses Kootz verabschiedet."[11]

In diesem Zusammenhang muss auch erwähnt werden, dass gerade das Mutterhaus aufgestockt worden war (1966) und am Krankenhaus ein Erweiterungsbau hatte realisiert werden können (1968), was eine enorme personelle und finanzielle Belastung bedeutete.

Umso mehr ist bemerkenswert, wie der Vorsteher hier den aus Rücksicht auf weitere Fördermaßnahmen innerhalb der Landeskirche vorgetragenen Bedenken des Oberkirchenrats Gerhard in einer Mischung aus Pragmatismus und Optimismus entgegentrat. Mitten in die Baugeschichte hinein fielen grundlegende Veränderungen in Staat und Kirche. Gehörten bisher die Landeskirchen auch in der DDR der Evangelischen Kirche in Deutschland an, so bestimmte die neue DDR-Verfassung 1968, dass Organisationen, welche die Grenze der DDR überschritten, illegal waren. Von der Einheit der deutschen Nation war keine Rede mehr. Daraufhin trat sehr schnell eine Kommission zusammen, die den Rahmen für einen Kirchenbund in der DDR beschrieb, welcher dann im Juni 1969 gegründet wurde. Damit wurde einerseits einer Forderung der SED entsprochen, die seit 1957 die Lösung der evangelischen Kirchen in der DDR aus der EKD forderte, aber andererseits wurde damit auch deutlich gemacht, dass die Kirche in der DDR ihr Existenzrecht in Anspruch zu nehmen gedachte. Bei gleichzeitiger Betonung der besonderen Gemeinschaft mit den Kirchen der EKD wurde dieses Existenzrecht zusammengefasst unter der Formel „Kirche im Sozialismus". Einige kirchliche Kräfte haben diese Formulierung auch als eine Anpassungsformulierung verstehen wollen und sie darum begrüßt oder abgelehnt, je nach eigener Haltung gegenüber dem sozialistischen Staat.

Nachdem dann 1968 erneut ein Antrag an den Rat der Stadt Dessau auf Zuweisung von Material- und Baukapazitäten über 94.000 Mark zur Errichtung eines Gemeinschaftsraumes gestellt worden war, musste die ADA feststellen, dass das Projekt Gemeinschaftsraum in der Objektliste für 1969 beim Rat der Stadt Dessau nicht enthalten war. Noch bevor eine Entscheidung offiziell mitgeteilt wurde, erhob Vorsteher Pastor Strümpfel bereits im August 1968 Einspruch gegen diese erneute Ablehnung. Dabei betonte er, dass die Baumaßnahmen in den Jahren 1966 und 1967 allein der Kapazitätserweiterung des Krankenhauses gedient hatten und damals die Schaffung eines neuen Gemeinschaftsraumes nicht hatte realisiert werden können. Er hob gegenüber dem Rat der Stadt Dessau hervor, dass solch ein Gemeinschaftsraum dringend notwendig sei, auch schon deshalb, weil die Zahl der „zivilen Mitarbeiter" zugenommen habe. Es ginge darum, dass, wie in jedem größeren Betrieb, solch ein Gemeinschaftsraum für betriebliche Versammlungen und Veranstaltungen der kulturellen Betreuung notwendig sei. Und dabei verwies Strümpfel besonders darauf, dass es sich hier zum größten Teil um Bürger handele, die sich ihr ganzes Leben in den Dienst der Krankenpflege gestellt hätten und damit ein zutiefst humanistisches Lebensziel verfolgten.[12]

Er vergaß nicht zu erwähnen, dass ein großer Teil der Arbeiten durch eigene Betriebshandwerker und andere Mitarbeiter des Hauses ausgeführt werden würde. Man würde auch nach anderen Wegen suchen, um die Bau- bzw. Materialkapazitäten der Stadt so weit wie möglich zu entlasten. Hier ging es darum, einen Ersatz zu finden für die schwer zu erlangende Kapazitätszuweisung. Denn ohne diese Zuweisung bzw. den Ersatz würde es keine Baugenehmigung geben.

Pastor Strümpfel zögerte nicht und handelte unmittelbar. Dennoch standen die Chancen sehr schlecht für die ADA, doch noch auf die Objektliste zu kommen. Priorität hatten Rekonstruktionsmaßnahmen der Stadt Dessau gegenüber einer kirchlich-diakonischen Einrichtung von vornherein. Man musste sich daher mit der Alternative, nämlich ohne Kapazitätszuweisung zu bauen, anfreunden. Im Protokoll des Verwaltungsrates vom 17. Dezember 1968 finden wir dazu die Bestätigung, und gleichzeitig wird erstmals die Erweiterung des Projektes über einen reinen Kirchsaal hinaus deutlich. Man dachte jetzt an ein vollständig neues Gebäude, welches unterkellert sein sollte und im Keller Werk- und Seminarräume aufnehmen könnte für die Ausbildungsstätte der ADA.

Über die veränderte Situation bezüglich der staatlichen Maßnahmen und der Idee, ein neues Gebäude zu errichten, wurde in der 157. Sitzung des Verwaltungsrates der ADA Folgendes verhandelt:

„Der Hausvorstand informiert den VR [Verwaltungsrat] über die in den letzten Wochen eingetretene Situation um den Kirchsaal. Bei der Abnahme der in den Jahren 1965 bis 68 durchgeführten Neubauten durch die staatl. Bauaufsicht wurde der bisherige Kirchsaal wegen Baufälligkeit und Einsturzgefahr zum 30.4.1969 gesperrt. Eine schriftliche Verfügung des Stadtbauamtes Dessau vom 26.9.1968 liegt vor. Der neue Stadtbaudirektor, Herr Grundmann, hat dem Vorsteher gegenüber am 10.12. versichert, dass eine Baugenehmigung erteilt würde, und zwar bereits für 1969, soweit wir keine staatlichen Fonds in Anspruch nähmen. Die ersten Verhandlungen mit dem VEB Plattenwerk, Dessau, und dem VEB Betonkombinat Merseburg und Fa. Strunck bezüglich Materiallieferung und Arbeitskapazität verliefen positiv. – gegenüber dem im Mai vorgelegten Entwurf für einen Kirchsaal, der am bisherigen Standort errichtet werden sollte, wurde nach Anhörung der Schwesternschaft und eingehender Abwägung der Notwendigkeiten ein erweitertes Projekt ausgearbeitet. Das neue Gebäude soll unterkellert werden, um Räume für den Werkunterricht des Seminars und für den Gymnastikunterricht der gesamten Jugend des Hauses zu schaffen. Als Standort ist der zentrale Platz zwischen Mutterhaus, Kursushaus, Altersheim und Krankenhaus vorgesehen. Herr Baurat Müller erläutert die von ihm gefertigten Bauzeichnungen und Skizzen. Die Finanzierung dieses Projektes würde ca. 200.000,– M erfordern. Vom Vorsteher wird auf die schwierige räumliche Situation für einen geordneten Seminarbetrieb hingewiesen, das Haus würde dafür bestimmt keine Baugenehmigung erhalten. Eine Verbesserung könnte nur im Zuge des Kirchsaalneubaus erfolgen.

Nach sorgfältiger Beratung wird das von Herrn Baurat Müller vorgelegte Projekt einmütig gebilligt und der Bau einer Mehrzweckhalle beschlossen. Dabei bleiben zunächst die Finanzierungsfragen offen.

Zur Deckung der Baukosten wird die Anstalt selbst eine Eigenleistung von rund 130.000,– M erbringen können. Für die Restsumme werden Zuschüsse vom Kollektenfonds der EKU, vom Schwerpunkt-Programm der IM [Inneren Mission] und vom Landesverband der IM Anhalts erhofft und erbeten. Da noch ein genaues Leistungsverzeichnis erstellt werden muss und die Materialhilfe durch das Hilfswerk, Berlin, noch nicht geklärt ist, ist ein förmlicher Beschluss über die Finanzierung z.Zt. noch nicht möglich. Die vorhandenen Reserven und die gebildeten Rücklagen bieten genügend Gewähr dafür, dass das Bauvorhaben ein weites Stück vorangetrieben werden kann."[13]

Pastor Strümpfels Insistieren – offenbar auch der Verzahnung des Bauprojekts mit dem Betrieb des Seminars für Gemeindediakonie geschuldet – hatte demnach Erfolg gehabt: Die Stadt kam der ADA entgegen, indem sie eine Baugenehmigung in Aussicht stellte, insofern die ADA keine staatlichen Kapazitätszuweisungen für Material und Bauleistungen beantragen würde. Und wieder wurde darauf vertraut, dass die Finanzierung zustande kommen würde. In der Aussprache zum Haushaltsplan 1969 wurde dann bezüglich der Einführung von kostendeckenden Pflegesätzen 1968 noch bemerkt: „Die Einnahmen haben sich dadurch im Laufe des Rechnungsjahres so erhöht, dass erhebliche Rücklagen für den Bau der Mehrzweckhalle geschaffen werden konnten."[14]

Bauausführung

Nach Abschluss der Projektierung durch Architekt Alfred Müller wurden am 3. Januar 1969 der Staatlichen Bauaufsicht Dessau die Projektierungsunterlagen und der entsprechende Bauantrag vorgelegt. Gleichzeitig wurde zwecks Materialbeschaffung im Ost-West-Handel eine Bestätigung erbeten, dass mit der Baugenehmigung für das Jahr 1969 zu rechnen sei. Und so geschah es auch. Eine Baugenehmigung für den ersten Bauabschnitt – Herstellung der Fundamente – wurde am 18. April 1969 und für den zweiten Bauabschnitt – Fertigstellung – am 30. Mai 1969 erteilt. Dazwischen erfolgte am 10. Mai 1969 die Grundsteinlegung für die Mehrzweckhalle, die spätere Laurentiushalle.
Die Grundsteinlegung fand ohne den offiziell eingeladenen Vertreter der Pfälzischen Landeskirche, der Patenkirche, wie es damals hieß, statt. Oberkirchenrat Fritz Roos aus Speyer erhielt keine Einreisegenehmigung.
Im Protokoll der 158. Sitzung des Verwaltungsrates der ADA vom 19. Mai 1969 zu „4. Stand der Bauaufgaben" wurde festgehalten:

„Herr Präses Kootz berichtet dankbar von der am 10. Mai stattgefunden Grundsteinlegung zum neuen Mehrzweckgebäude. Die Materialtransporte der Betonfertigteile sind nahezu alle eingetroffen, wesentliche Materialhilfe durch das diakonische Werk über Intrac bzw. Bergbauhandel, Berlin, wurde von der Berliner Stelle schriftlich zugesagt. Für die Durchführung der Fundamentierung konnten Verträge mit einer Feierabendbrigade und mit der Mischstation des WBK, Dessau, geschlossen werden. Auch für die Montage liegt durch das Bau- und Montagekombinat Chemie, Halle, eine schriftliche Zusage vor[.] Schwierigkeiten sind bisher nur durch den hohen Grundwasserstand eingetreten."[15]

Grundsteinlegung der Laurentiushalle am 10. Mai 1969

Die Dachschalen vor der Montage, 1970

Der hohe Grundwasserstand sollte sehr viel später, nämlich nach dem Jahrhunderthochwasser 2002 nochmals eine Rolle spielen.[16] Am 28. August 1969 teilte das Stadtbauamt Dessau der Anhaltischen Diakonissenanstalt zunächst überraschend mit, dass die Arbeiten an der Laurentiushalle aufgrund des nahenden 20. Jahrestages der DDR einzustellen seien. [17] Trotz dieses verfügten Baustopps wurde unbeirrt weitergearbeitet, denn man arbeitete ja ohne Inanspruchnahme von verplanten staatlichen Baukapazitäten, weshalb man diese Anordnung für gegenstandslos hielt, was letztlich faktisch auch akzeptiert wurde. Bei der Beratung des Haushaltsplanes 1970 während der Sitzung des Verwaltungsrates am 24. Oktober 1969 wurde eine günstige Entwicklung der Rücklagen der ADA festgehalten[18]. Unter dem Tagesordnungspunkt 4. ist dann zu lesen:

> „Die Mehrzweckhalle konnte bereits bis auf die Montage der großen Dachschalen im Rohbau errichtet werden. Die Bereitstellung von Material durch das Diakonische Werk Berlin über Intrac und Bergbauhandel erfolgte termingerecht. Die Dachmontage soll im November beendet werden, ein Invest-Leistungsvertrag mit dem BMK Chemie Halle liegt vor. Neben Herrn Baurat Müller als leitenden Architekt ist Herr Ganzer als Bauführer tätig. Die Feierabendbrigaden sind regelmäßig im Einsatz. Herr Präses Kootz würdigt die erreichte Bauleistung, die auch ohne die Inanspruchnahme von Material und Arbeitskapazität geschafft wurde.“[19]

Ende Januar 1970 erfuhr Pastor Strümpfel über die Firma H. Baehr telefonisch, dass der zwischen der ADA und der Firma Baehr geschlossene Vertrag über die Heizungsinstallation nicht realisiert werden könne, da der Firma Baehr auf dem Stadtbauamt eröffnet worden sei, dass das Bauvorhaben „Mehrzweckhalle“ für das Jahr 1970 stillgelegt werden würde. Pastor Strümpfel wandte sich daraufhin sofort an Stadtbaudirektor Grundmann und legte ihm dar, dass die Fortführung der Bauarbeiten an der Mehrzweckhalle in keiner Weise die städtischen strukturbestimmenden Objekte, wie sie genannt wurden, stören würde. Da die ADA das Material selbst beschaffe, teilweise auch über besondere kommerzielle Vereinbarungen, die ganz und gar nicht zum Schaden des Staates und seiner Wirtschaft gereicht hätten, und die Feierabendbrigade und die Mitarbeiter des Hauses mit betrieblicher Genehmigung tätig seien, würde der Weiterbau auch keinen Ausfall für die städtischen Vorhaben bedeuten. Es gebe also keine objektiven Gründe, in dieser Weise den Bau zu behindern, auch kein Katastrophenfall wurde geltend gemacht, für den Pastor Strümpfel durchaus Verständnis zeigen würde, wenn dann in dessen Folge andere Projekte Vorrang hätten. Das Besondere an diesem Vorgang ist auch, dass die Stadt lediglich die Baubetriebe von diesem Baustopp informiert hatte, aber nicht die ADA selbst, so ersichtlich aus dem Brief Strümpfels an Stadtbaudirektor Grundmann vom 30. Januar 1970.[20] Man könnte nun denken, es handelt sich hier um einen typischen Fall von Versagen im Bereich der Verwaltung. Aber so ist es nicht. Man sieht an diesem Vorgang sehr gut, gegen welche Kräfte der staatlichen Repression sich eine diakonische Einrichtung durchsetzen musste, wenn es um Bau und Erweiterung, also um Wachstum ging. Hier wurde etwas Wesentliches im Kirchenverständnis der marxistisch-leninistischen Weltanschauung der SED berührt, nämlich, dass die Kirche nur absterben kann, langsam, aber sicher, und dass sie keinesfalls wachsen und gedeihen könne. Das war keine politische Meinung, das war aus Sicht von Regierung und Partei Stand der Wissenschaft und damit Teil der objektiven Realität, und man musste alles tun, damit diese auch Wirklichkeit wurde.

Christian Morgenstern hätte gesagt: „Weil nicht sein kann, was nicht sein darf."[21] Denn kirchliches Wachstum war unter sozialistischen Verhältnissen eine „unmögliche Tatsache" im morgensternschen Sinne. Die SED befand sich hier in einem Dilemma: Einerseits sollte das Absterben der Kirche gefördert werden, notfalls auch mit Repression, andererseits war man bereit, für Westgeld einiges in Kauf zu nehmen, auch einen Kirchenneubau. Einerseits störte die Kirche bei einem reibungslosen und diskussionslosen Aufbau der sozialistischen Gesellschaft, andererseits wurde sie „gebraucht" für die Reputation nach außen und die Erlangung internationaler Anerkennung. Und es gab die leider nicht unbegründete Hoffnung, die Kirche auch nach innen im Sinne der Staatsräson benutzen zu können. In diesem Konfliktfeld den Bau voranzutreiben, war eine große Herausforderung, so richtig nach dem Geschmack von Pastor Strümpfel, obwohl er gerne auf diese „Knüppelwürfe" zwischen die Beine verzichtet hätte. Im Februar reagiert der stellvertretende Stadtbaudirektor auf Strümpfels Bitte, die negative Entscheidung nochmals zu überdenken, folgendermaßen:

> „Ihr Objekt wurde unter der Gruppe B in den VW [Volkswirtschaftsplan] 1970 eingeordnet. Das beinhaltet, dass ihr Bauvorhaben erst durch Baubetriebe der Stadt Dessau weitergeführt werden kann, wenn die Strukturvorhaben abgesichert sind. Die Baubetriebe sind durch eine entsprechende Direktive hinreichend informiert worden. Danach können Sie entsprechende Bestellungen bei den Baubetrieben tätigen, jedoch dürfen Verträge für 1970 nur nach Zustimmung durch das Stadtbauamt abgeschlossen wer-

den. Bereits abgeschlossene Verträge sind auf der Grundlage der Direktive zur vorrangigen Absicherung von Strukturvorhaben auf einen neuen Baubeginn zu verändern. Sollten ihre Vertragspartner die Strukturvorhaben entsprechend o. g. Verfahrensweise abgesichert haben, steht ihrem Bauvorhaben nichts im Wege."[22]

Das hieß im Klartext: Wenn die Betriebe ihre Verpflichtungen gegenüber der Stadt erfüllen bzw. erfüllt haben, dann dürfen sie auch für die ADA weiterhin tätig werden. Letztlich hing damit auch zusammen, dass für einen Kirchenneubau in der DDR unterschiedliche Sprachregelungen nach innen und außen wirksam wurden. So finden wir in den Unterlagen folgende Bezeichnungen: Anstaltskirche (1966 Holzkirche aus Fertigteilen), Kirchsaal, Mutterhauskapelle, Mehrzweckhalle, Zweckbau, Mehrzwecksaal. Schließlich ist nach Fertigstellung des Gebäudes in der „Bauaufsichtlichen Gebrauchsabnahme"[23] vom 10. Juni 1971 von einem „Mehrzwecksaalgebäude" die Rede. Der Begriff „Kirche" wurde seitens der ADA im Sprachgebrauch nach außen aus verständlichen Gründen strikt vermieden.

Den praktischen Bau mit seinen alltäglichen Schwierigkeiten begleitete der ständige Kampf um die Materialbeschaffung und die vertragliche Bindung der Lieferfirmen. Einige Materialien wie z. B. Zinkblech und Klinkersteine konnten nur aus dem bzw. über den Westen beschafft werden. Das geschah in der Regel über das Diakonische Werk – Innere Mission und Hilfswerk in Berlin nach Vermittlung über den Anhaltischen Landesverband für Innere Mission, Hilfswerk der Evangelischen Kirche in Anhalt. Bei den Klinkersteinen war es aber so, dass sie eigentlich ein Re-Import von DDR-Exportsteinen waren. Anders gesagt, die ADA erhielt Inlandsprodukte gegen Devisen, genauer gesagt gegen D-Mark. Ähnlich verhielt es sich mit dem Copilith-Profilglas und Profilstahl für die Gestaltung der Fensterfront. Wie genau diese Finanzierung vonstattenging, ist aus den Unterlagen, über die die ADA und die Anhaltische Landeskirche verfügen, nicht ersichtlich. Aber immer kommt dabei die Firma Intrac ins Spiel. Hierbei handelte es sich um ein Außenhandelsunternehmen der DDR. Nicht zuletzt im Rahmen kirchlicher Bauprogramme und der darin gegebenen (und eben oft auch erzwungenen) Möglichkeit des durch westdeutsche Partner geförderten Erwerbs in der BRD wurden dem SED-Staat über den Warenimport erhebliche Summen an Devisen beschafft, und hier griff die SED bereitwillig auf die Kirche zurück.[24] Das Projekt Laurentiushalle bewegte sich damit ganz im Rahmen des deutsch-deutschen Netzwerks kirchlich-diakonischer Hilfe, den die SED beeinflusste und von dem sie profitierte, den sie aber doch nicht so einzudämmen vermochte, als dass nicht auch die Kirchen in der DDR daraus ihren Nutzen hätten ziehen können.

Im Protokoll der 160. Sitzung des Verwaltungsrates am 3. April 1970 schlägt sich dies deutlich nieder; hinzukommt das Problem der Feierabendbrigaden, auf die die ADA in grundlegender Weise angewiesen war. Unter Punkt 4 „Situationen der Bauvorhaben" wird festgehalten:

> „[...] durch den langen Winter sind die Arbeiten an der Mehrzweckhalle nur sehr langsam weitergekommen. Die neuen Verordnungen über die Feierabendarbeit werden voraussichtlich die Beendigung des Baues nicht beeinträchtigen. Die wichtigsten Baumaterialien sind vorhanden, weitere werden über die Berliner Dienststelle der IM für uns beschafft werden. Die Finanzierung konnte bisher restlos aus eigenen Mitteln geschehen, es wurden rund 200.000,– M Barmittel aufgebracht. – Im Jahr 1970 muss noch der Rohbau für den neuen Aufzug am Krankenhaus errichtet werden, da 1971 im Frühjahr die Montage des neuen Aufzugs erfolgen soll."[25]

Für jedes einzelne Mitglied der Feierabendbrigade mussten nun im April 1970 Kontrollkarten ausgegeben werden, die zuvor unter Angabe der Personalien der Arbeiter beim Rat der Stadt, Abteilung Gesundheit- und Sozialwesen, beantragt werden mussten. Aus den entsprechenden Unterlagen geht hervor, dass die „Brigade Skupien" des WBK (Wohnungsbaukombinats) Dessau aus zwölf Mitgliedern bestand. Darunter waren Zimmerleute, Maurer, Elektriker und ein Heizungsmonteur. Diese Feierabendbrigade arbeitete unter Leitung von Ernst Skupien. Daneben war noch eine weitere Feierabendbrigade der PGH Baustein tätig. Dazu kamen Verträge mit sieben ortsansässigen Firmen.

Pastor Strümpfel schreibt zum Einsatz der Feierabendbrigaden an das Diakonische Werk – Innere Mission und Hilfswerk – in Berlin:

> „Unsere heutige Verhandlung mit dem Stadtbaudirektor von Dessau, Herrn Dipl. Ing. Grundmann ergab, dass wir auch nach Inkrafttreten der Verordnung über die Feierabendarbeit an der Fertigstellung unserer Mehrzweckhalle weiterarbeiten dürfen. Obgleich der Bau infolge seiner Größenordnung nicht unter die Rubriken der Anordnung untergebracht werden kann [...] hat der Rat der Stadt Dessau dennoch beschlossen, unser Bauvorhaben weiterhin zu genehmigen, da er annähme, dass wir ,genügend Glaubensbrüder in Dessau fänden, die unseren Bau zu Ende bringen würden'. [...] Damit ist die Weiterführung unseres Baus offiziell gesichert. Natürlich

werden wir alle Möglichkeiten ausschöpfen, damit die Glaubensbrüder von Dessau unseren Bau nun auch wirklich zu ihrer Sache machen. Es ist doch bewegend zu erleben, wie selbst staatliche Stellen uns allen aufhelfen müssen, ein Werk gemeinsam zu treiben und voranzubringen. Gott bewahre uns davor, dass diese echte Chance durch Bequemlichkeit oder Kurzsichtigkeit vertan wird."[26]

Zum einen griff auch hier wieder das Verhandlungsgeschick Strümpfels. Zum anderen aber ist die Mobilisierung für die Brigaden zu unterstreichen, die sich keineswegs auf Kirchenmitglieder beschränkte. Die Nachwirkungen der Enttäuschung über die Zerschlagung des Prager Frühlings im August 1968 mag mit dazu beigetragen haben, dass sich Menschen, Feierabendarbeiter, Handwerker und Betriebsleiter bewusst für eine Unterstützung eines kirchlich-diakonischen Zwecks entschieden und damit gewissermaßen eine ablehnende Haltung gegenüber Staat und Regierung zum Ausdruck brachten. Engagement für Diakonie und Kirche konnte und sollte oft auch als Systemkritik verstanden werden.

Zur Unterstützung dieser Feierabendbrigaden wurde in den evangelischen Kirchengemeinden Dessaus und Umgebung dazu aufgerufen, Jugendliche aus den jungen Gemeinden mögen sich doch bitte zum Beispiel bei den Schachtarbeiten für das Fundament beteiligen. Der Hintergrund für diesen Aufruf war der, dass sich 1970 aufgrund von staatlichen Anweisungen die Bedingungen für den Einsatz von Feierabendbrigaden verschlechtert hatten. Es musste deshalb mit Verzögerungen im Bauablauf gerechnet werden. Dem versuchte die ADA gegenzusteuern durch die Arbeitseinsätze am Fundamentbau und bei Aufräumungsarbeiten auf der Baustelle durch kirchlich verbundene Jugendliche. Pastor Strümpfel versuchte sie mit einer Frage zu motivieren: „Wie lange aber sollte dann das Mutterhaus mit seinen 60 Schwestern, 60 Jugendlichen, 90 Mitarbeitern, 60 Heiminsassen und 100 Krankenhauspatienten ohne Kirchsaal bleiben?"[27] Dieser Aufruf fand Gehör, und es beteiligten sich tatsächlich 29 junge Männer aus sechs Jungen Gemeinden Dessaus an diesen Arbeiten. Zusammen leisteten sie etwas mehr als 400 Arbeitsstunden.

Erste Nutzung während des Baus

Nachdem der Rohbau stand, musste an den Innenausbau gedacht und die entsprechenden Festlegungen getroffen werden. Von diesen Planungen berichten die Verwaltungsratsprotokolle vom 5. Juni 1970 und vom 3. November 1970 ausführlich.

Zum Tagesordnungspunkt 1 „Baubericht" wurde Folgendes notiert:

„Die Sitzung des Verwaltungsrates wurde am Bauplatz begonnen, wo Baurat Müller vom Vorsitzenden begrüßt und um Informationen über den Bauablauf gebeten wurde. Von ihm wurde betont, dass er mit den Bauarbeiten sehr zufrieden sei, auch wenn das Tempo unter den Schwierigkeiten der Feierabendarbeit leidet. An Ort und Stelle wurde geklärt, wie die Außen- und Innengestaltung der Mehrzweckhalle gedacht ist und welche Arbeiten dazu geleistet werden müssen. Die Erdarbeiten zur Auffüllung der Baugrube sind nahezu beendet und die gärtnerischen Neuanlagen bereits begonnen. Näher erörtert wurden die Fragen der Akustik und der Beleuchtung. Der Vorsitzende des Verwaltungsrates, Herr Kootz, dankte dem Baurat für seine Ausführungen, für die Verantwortung bei der Bauleitung und wünschte guten Fortgang bis zur Vollendung des Gebäudes."

Am 3. November 1970 wurde festgehalten:

„Der Vorsteher berichtet von dem Fortschritt der Bauarbeiten beim Innenausbau der Mehrzweckhalle und über die eingetretenen Schwierigkeiten bezüglich der Beheizung. Nach dem Einsetzen der großen Fensterfront kann nunmehr mit den Putz-, Elektro- und Malerarbeiten begonnen werden. Auch die Verlegung der Kabel für die Übertragungsanlage kann nun eingeleitet werden. Die Fenster für das Kellergeschoß sind zur Zeit in Arbeit, danach wird der Tischler die Trennwand setzen und die Türen fertigen. Für Monat November hat Fa. Baehr die Verlegung der Heizungsanlage zugesagt.

Die Beheizung der Mehrzweckhalle hat zu erheblichen Schwierigkeiten geführt, da die vorhandenen Schornsteine für den Anschluß eines neuen Heizkessels nicht ausreichen und der Bau einer neuen Esse auf objektive Schwierigkeiten stößt. Mündliche Verhandlungen mit der Gasenergieverteilungszentrale in Leipzig haben die Möglichkeit einer Gasheizung eröffnet. Überraschend ist jedoch vom Rat der Stadt Dessau mitgeteilt worden, daß die gesamte Einrichtung an einer Hochdruckdampf-Trasse angeschlossen werden könne, die jetzt vom VEB Gärungschemie zum Institut für

Impfstoffe verlegt wird. P. Strümpfel hat darüber mit der Oberbauleitung Fernwärme verhandelt und trägt die Informationen über dieses Projekt vor. Nach den dort erhaltenen Auskünften wird ein jährlicher Leistungspreis von 76.000 M gezahlt werden müssen, wozu die abgenommene Wärmemenge tritt die, nochmals ca. 60.000 M kosten wird. Die gesamte Beheizung der Einrichtung wird demnach rund 140.000 M jährlich betragen. Es ist fraglos, daß diese erhöhten Versorgungskosten in die Pflegesatzabrechnung aufgenommen werden können, so daß die eintretende Verdopplung der Heizungskosten abgefangen und ausgeglichen werden wird. Die Glieder des Verwaltungsrates sind grundsätzlich mit dem Anschluß an die Fernwärmeversorgung einverstanden, es wird festgelegt, daß vor vertraglichen Abschlüssen bzw. vor dem Beitritt zu einem Konsortium der Vorsitzende des Verwaltungsrates informiert wird und daß der Vertragsabschluß in seiner Zuständigkeit liegt.

Die Finanzierung der Mehrzweckhalle konnte bisher in vollem Umfang durch die Anstalt selbst erfolgen und benötigte bisher rund 300.000 M. Der Verwaltungsrat nimmt dankbar davon Kenntnis, daß der Kollektenausschuß der EKU aufgrund der Befürwortung durch den Landeskirchenrat eine einmalige Baubeihilfe von 25.000 M gewährt hat.“[28]

Entgegen der bisherigen eher hinderlichen Haltung der Stadt gegenüber dem Bauprojekt machte die Stadt nun in einer schwierigen Situation ein überraschendes Angebot. Mit dem Anschluss der ADA insgesamt an die Fernheizung der Stadt könnte das Heizungsproblem gelöst werden, und die Mehrkosten der Heizung würden in die Pflegesatzabrechnung einbezogen werden.

Was zuvor schon über den künftigen Einsatz der Feierabendbrigade an das Diakonische Werk mitgeteilt wurde, findet nun auch seinen Niederschlag im Verwaltungsratsprotokoll vom November 1970:

„Aufgrund einer Anfrage von Herrn Bankdirektor Schönig nach dem Einsatz von Feierabendbrigaden nach dem generellen Verbot vom 1.5.1970 erklärt P. Strümpfel, dass ihm auf seine offizielle Anfrage an das Stadtbauamt Dessauer vom Stadtbaudirektor Grundmann vor Zeugen die Antwort gegeben worden sei: ‚Der Rat der Stadt Dessau hat sich eingehend mit ihrem Bauvorhaben beschäftigt und hat die Weiterführung der Arbeiten beschlossen. Er geht davon aus, dass sie genügend Glaubensbrüder in Dessau haben, die Ihnen bei der Fertigstellung ihrer Mehrzweckhalle helfen werden.‘ Aufgrund dieser offiziellen Aussage ist weitergearbeitet worden, die Mitarbeiter der staatlichen Bauaufsicht haben mehrfach die Baustelle besichtigt und sich äußerst anerkennend über die bauliche Gestaltung und Ausführung geäußert. Rückfragen oder Beanstandungen sind nie gekommen."[29]

Am Ende waren neben den Feierabendbrigaden, den hauseigenen Mitarbeitern und Jugendlichen aus den Jungen Gemeinden Dessaus 18 Firmen, davon 15 aus Dessau, an den Bauarbeiten beteiligt.[30]

Während der Verwaltungsrat sich schon mit den Einzelheiten der Einweihung befasste, warennoch wesentliche Gestaltungsfragen besonders des Innenraumes zu klären. Dabei ging es um Altar, Kreuz, Leuchter und ein textiles Element in dem zurückgesetzten Teil der Klinkerwand. Auch Fragen der Übertragungstechnik waren zu beantworten, damit die Beschallung des Raumes sowie die Übertragungsmöglichkeit der Gottesdienste, Andachten und von Musiken und Konzerten in die Einrichtungen der ADA optimal ermöglicht werden konnten. Aufgrund der „günstigen Witterungsbedingungen des Winters" sah der Verwaltungsrat im Februar 1971 dem Abschluss der Bauarbeiten bis Ostern entgegen; aus Terminrücksichten auf den Kirchenkreis Dessau wurde aber die Einweihung auf das 77. Jahresfest am 12./13. Juni festgelegt.[31] Kreisoberpfarrer Leopold Voigtländer sollte die eigentliche Einweihung vollziehen, die Sonnabendnachmittag stattfinden würde, wobei der Vorsitzende der Konferenz der Mutterhäuser in der DDR, Rektor Wolfgang Höser – Eisenach, die Festpredigt halten sollte. Für das anschließende 77. Jahresfest am 13. Juni sollte der Direktor des Diakonischen Werkes in der DDR, Oberkirchenrat Dr. Gerhard Bosinski, um den Predigtdienst gebeten werden. Landeskirchenrat, EKU und andere Stellen sollten bei der Einweihung durch Grußworte beteiligt werden.

In der Sitzung des Verwaltungsrats, in der diese Fragen besprochen und entschieden wurden, sind dem Verwaltungsrat auch die bisherigen Gedanken innerhalb der Schwesternschaft über die Namensgebung der Mehrzweckhalle mitgeteilt worden. Neben dem Vorschlag „Haus der Hoffnung" ist an ein „Laurentius-Haus" gedacht worden. Der Verwaltungsrat legte diese Frage bewusst in die Hände des Schwesternrates bzw. der Schwesternschaft, erklärte aber, dass er diesen letzteren Vorschlag einmütig begrüßen würde.

Am 10. Juni 1971, genau zwei Jahre und einen Monat nach der Grundsteinlegung, wurde durch die staatliche Bauaufsicht die bauaufsichtliche Gebrauchsabnahme vorgenommen und damit das Bauvorhaben zur Ingebrauchnahme freigegeben, wie es in dem amtlichen Dokument heißt.[32]

Fertiggestellte Laurentiushalle, Innenansicht Richtung Osten, 1971 oder wenig später

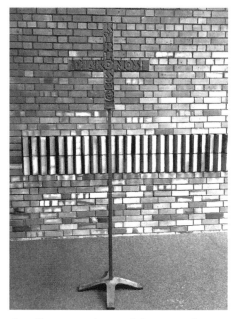

Standkreuz „Kyrios – Diakonos" (Johann-Peter Hinz), 1970

Nachdem nun die Bauarbeiten abgeschlossen waren und die Indienstnahme auch durch die entsprechende Genehmigung möglich war, musste die Innenausstattung vorgenommen werden. Der Kirchsaal sollte gleichzeitig nicht nur als Gottesdienstraum, sondern ebenfalls als Konferenzraum und damit Veranstaltungsort der Landessynode eingerichtet werden können. Dazu wurden spezielle Tische bestellt, vermittelt über die Beschaffungsstelle der evangelischen Kirche der Kirchenprovinz Sachsen und angefertigt in einer Werkstatt in Ilmenau. Die Beschaffung von 150 Stapelstühlen, sie sollten gepolstert sein, erwies sich als deutlich schwieriger als erwartet.

Der Auftrag, den Altar, ein Standkreuz und das Sprechpult zu gestalten und herzustellen wurde an den Halberstädter Metallkünstler Johann-Peter Hinz (18. März 1941, Kolberg/Pommern – 11. Februar 2007, Halberstadt) vergeben. Hinz hatte von 1965 bis 1970 Metallgestaltung (u. a. bei Irmtraud Ohme) an der Hochschule für industrielle Formgestaltung Halle, Burg Giebichenstein studiert. Eines seiner bekanntesten Werke ist das Kruzifix mit dem herabsteigenden Christus in der hallischen Marktkirche Unser Lieben Frauen (1976).

Logo der ADA

Das Standkreuz in der Laurentiushalle trägt die Inschrift „Kyrios / Diakonos", wobei „Kyrios" von oben nach unten zu lesen ist und unten mit einer Krone und einer Dornenkrone abgeschlossen wird. „Diakonos" ist waagerecht zu lesen, also steht der Diakonos, der Diener, auf Augenhöhe zum Nächsten. Hier findet der Hausspruch der ADA „Christus spricht: Der Menschensohn ist nicht gekommen, dass er sich dienen lasse, sondern dass er diene und gebe sein Leben zu einer Erlösung für viele" (Matthäus 20,28) seine inhaltlich und gestalterisch kompakteste und zugleich überzeugendste Zusammenfassung.

Aus diesem Standkreuz heraus wurde später auch das Logo der ADA entwickelt. Gotthelf Hüneburg, Vorsteher der ADA von 1981 bis 1998, führte diesen Zusammenhang anlässlich des 100. Jahresfestes der ADA 1994 folgendermaßen aus:

> „Unser Zeichen ist zunächst eine doppelte Ortsbeschreibung. ADA – das
> ist die geographische und geistliche Ortsbestimmung: Anhaltische Diako-
> nissen Anstalt Dessau: damit wird gesagt: Diese Einrichtung hat nicht ‚die
> Welt zu ihrer Parochie'. Der Anspruch ist bescheidener: Sie will für Anhalt

da sein und im täglichen Vollzug des Dienstes – heute jedenfalls – ist es Dessau und sein Umfeld, für das die ADA da ist.

Zum anderen enthält unser Zeichen eine weitere geistliche Standortbestimmung. Die Taube mit dem Ölzweig ist das Zeichen von Kaiserswerth – dem Kaiserswerther Verband. Von der durch Pfarrer Theodor Fliedner begründeten weiblichen Diakonie her versteht sich die Diakonissenschwesternschaft als Glaubens-, Lebens- und Dienstgemeinschaft.

Die Taube – so in der Sintflut/Noah-Geschichte des Alten Testaments – bringt den Ölzweig als Zeichen dafür, daß Gott diese Welt erhalten will und ihr neues Leben ermöglicht. Ein Zeichen der Hoffnung ist darum dieses Bild. Im Zeichen dieser Hoffnung soll hier von den Schwesternschaften (Diakonissen und Diakonische Schwestern) und der ganzen Mitarbeiterschaft der Dienst getan werden

Und nun wird dieser Dienst begründet. Das Kreuz in der Mitte unseres Zeichens steht dafür. Es beschreibt den Grund unseres Auftrages und nennt den Auftraggeber: Das Kreuz – man kann es auch kunstvoll geschmiedet in der Laurentiushalle sehen – ist gleichschenklig. Es ist also das Symbol des gekreuzigten und auferstandenen Christus. Der aber wird als Kyrios (Herr) auf dem vertikalen Balken beschrieben und bekannt. Er kommt vom Vater her, ist und bleibt der Herr, der Christus Gottes, der Sohn – auch in der Niedrigkeit! Es bleibt der Kyrios auch als Diakonos (der Diener). Er ist sich nicht zu schade, der Welt und uns allen zu dienen."[33]

Einweihung – Namensgebung – Indienstnahme – Innenausstattung

Ende Mai 1971 befasste sich der Verwaltungsrat vorwiegend mit der festlich zu gestaltenden Einweihung der Halle und bestätigte zugleich den Namen „Laurentiushaus", welcher sich im Laufe der Zeit in „Laurentiushalle" wandelte.[34]
Wie bereits erwähnt, hatte sich die Schwesternschaft für den Namen „Laurentiushaus" entschieden, und der Verwaltungsrat stellte sich hinter diese Entscheidung. Die Schwesternschaft wählte diesen frühchristlichen Märtyrer zum Namenspatron, weil er gewissermaßen die Klientel der ADA zum „wahren Schatz der Kirche" erklärte. Er war der Überlieferung nach gerade wegen seiner Freigiebigkeit gegenüber den Armen und Schwachen gefoltert und ermordet worden.[35] Darin lag – neben der Wertschätzung der Menschen, an die sich die Diakonissen und auch die übrigen Mitarbeiterinnen und Mitarbeiter gewiesen sahen – auch eine kritische Spitze gegenüber der herrschenden Macht im Staa-

te, aber ebenso in der Kirche selbst. So verstand – und versteht – sich Diakonie immer auch wieder als Korrektiv der Kirche aus der Mitte des Evangeliums heraus, aus der Nächstenliebe.

Nach der Grundsteinlegung am 10. Mai 1969 konnte nach nur zwei Jahren Bauzeit die Laurentiushalle feierlich eingeweiht werden. Noch war nicht alles so, wie es sein sollte. Die bestellten Stühle waren noch nicht da, die Orgel noch nicht fertig, aber das tat der Einweihungsfreude keinen Abbruch. An Stelle der Orgel spielte ein Posaunenchor.

Die Einweihung wurde am Vortag des 77. Jahresfestes, am Sonnabend, dem 12. Juni 1971, um 14:30 Uhr gefeiert. Zunächst versammelte man sich in dem alten Kirchsaal zu einer kurzen Begrüßung und einem Abschiedswort. Danach zogen alle Teilnehmer durch das Mutterhaustor ein kurzes Stück auf der Thälmannallee (heute Gropiusallee) entlang zum bisherigen Baueingang. Vor dem Eingang des Gebäudes fand dann die Schlüsselübergabe statt. Nachdem der Choral „Nun jauchzt dem Herren, alle Welt!" verklungen war, sprach als Erster Baurat Müller und übergab den Schlüssel an den Vorsitzenden des Verwaltungsrates, Herrn Gerhard Kootz, als Vertreter des Bauherrn mit den Worten: „Nachdem wir durch Gottes Gnade den Bau dieses Hauses glücklich vollendet haben, übergebe ich als Baumeister dem Vorsitzenden des Verwaltungsrates den Schlüssel zu diesem Gebäude."[36]

Herr Kootz nahm den Schlüssel entgegen und sprach: „Im Namen des Verwaltungsrates der Anhaltische Diakonissenanstalt gebe ich den Schlüssel weiter an

Einweihung der Laurentiushalle am 12. Juni 1971: Zug der Gemeinde zur Halle

Einweihung der Laurentiushalle am 12. Juni 1971: Schlüsselübergabe

den Kreisoberpfarrer unseres Kirchenkreises, auf daß dieses von uns erbaute Haus nunmehr zum ersten Gottesdienst geöffnet werde. Der Herr, unser Gott, walte mit seiner Gnade über diesem Bauwerk und lasse es ein Haus des Segens sein für die Gemeinde von Geschlecht zu Geschlecht."
Daraufhin nahm Kreisoberpfarrer Voigtländer den Schlüssel und reichte ihn an Pastor Strümpfel mit folgenden Worten weiter: „Im Namen der Evangelischen Landeskirche Anhalts übernehme ich den Schlüssel dieses Gebäudes, das aufgerichtet worden ist zur Ehre des dreieinigen Gottes und zur Erbauung dieser seiner Gemeinde. Ich überreiche den Schlüssel zum Kirchsaal dem Hausvorstand der Anhaltischen Diakonissenanstalt. Öffnet die Tür, dass die Gemeinde Einzug halte." Pastor Strümpfel nahm den Schlüssel in Empfang und sprach: „Unser Herr Jesus Christus spricht: Ich bin die Tür. Wenn jemand durch mich eingeht, der wird gerettet werden und wird ein und ausgehen und Weide finden. In seinem Namen schließe ich diese Tür auf."[37] Mit dem Lied „Großer Gott, wir loben dich" zog die Gemeinde in den Kirchsaal ein. Der Schwesternchor sang: „Dies ist der Tag ...".
Kreisoberpfarrer Voigtländer las den Eingangspsalm, und daraufhin übergaben Schwestern die Bibel, die Agende, die Taufschale und die Abendmahlsgeräte dem Einweihenden. Es folgte eine kurze Ansprache über die Tageslosung Hosea 6,3, die ebenfalls von Kreisoberpfarrer Voigtländer gehalten wurde. In seiner Auslegung stellt er fest: „Uns umgibt hier auf dem Gelände des Anhalti-

schen Diakonissenhauses wie ein Kreis das Mutterhaus, die Ausbildungsstätte für die Jugend, das Marienheim, das Krankenhaus. Ob wir dieses Gebäude bezeichnen können als den sichtbar gewordenen Ausdruck für die Arbeit, die hier seit 77 Jahren im Segen getan worden ist, ein Mittelpunkt, von dem die Kraft des göttlichen Wortes ausgehen soll auf alle, die hier in besonderer Weise ihren Dienst tun und für die, denen hier an Leib und Seele geholfen wird."[38] Dem Gesang des Chorals „Ach bleibt mit deiner Gnade bei uns, Herr Jesus Christ" folgten die Schriftlesungen aus dem Hebräerbrief und Johannesevangelium.

Nach dem „Einweihungsakt", der nun, nachdem sich die Gemeinde erhoben hatte, erfolgte, der aber in den Unterlagen nicht näher beschrieben ist, kamen nach dem Gesang des Chores der Jugend eine weitere Schriftlesung aus dem Römerbrief, 11. Kapitel, und das Glaubensbekenntnis. Die Predigt hielt, wie geplant, Direktor Pfarrer Wolfgang Höser aus Eisenach. Nach dem Predigtlied wurden Grußworte gesprochen von Kirchenpräsident Eberhard Natho für die Evangelische Landeskirche Anhalts, von Oberkirchenrat Dr. Gerhard Bosinski für das Diakonische Werk in der DDR aus Berlin und von Konsistorialpräsident i. R. Robert Grünbaum, der die EKU vertrat. Die Reihe der Grußworte wurde durch ein Dankeswort des Verwaltungsratsvorsitzenden abgeschlossen. Nach dem Einsammeln der Kollekte, dem Fürbittgebet und dem Vaterunser ging der Gottesdienst zu Ende mit dem gemeinsamen Gesang des Chorals „Nun danket alle Gott mit Herzen, Mund und Händen" und dem abschließenden Segen.

Anschließend wurde im Mutterhaus ein Imbiss eingerichtet. Es gab Gelegenheit, weitere Grußworte zu überbringen. Davon scheint reichlich Gebrauch gemacht worden zu sein. Es sind auch etliche schriftliche Grüße von anderen Diakonissenmutterhäusern eingegangen. Die Oberbürgermeisterin Thea Hauschild war zwar eingeladen, aber sie erschien nicht. Stattdessen wurden vom Rat der Stadt Dessau Grüße zur Einweihung übermittelt, die der Stellvertreter des Vorsitzenden für Inneres, Herr Tandetzki, unterschrieben hatte. Zwei kurze Absätze daraus seien hier wiedergegeben, weil ihr affirmativer Grundtenor nicht nur die Konflikte im Vorfeld und während des Baus gleichsam überdeckt, sondern die Leistung und das Anliegen der Verantwortlichen der ADA quasi in den Horizont der planwirtschaftlichen Zielstellungen des Staates stellt:

„Die Förderung, Erhaltung und Wiederherstellung der Gesundheit der Bürger ist eine gemeinsame Aufgabe der gesamten Gesellschaft. Diesem großen humanistischen Anliegen zu dienen, gilt das Schaffen und Wirken Ihrer Anstalt. Diese hervorragenden Leistungen sind eine wesentliche Voraussetzung, um den zukünftigen Aufgaben, wie sie in der Direktive des Zentralkomitees der SED zum Fünfjahresplan 1971/75 genannt werden, ‚zur weiteren Erhöhung des materiellen und kulturellen Lebensniveaus des Volkes, auf der Grundlage eines hohen Entwicklungstempos der sozialistischen Produktion, der Erhöhung der Effektivität des wissenschaftlich-technischen Fortschritts und das Wachstum der Arbeitsproduktivität', gerecht zu werden."[39]

Nach der festlichen Einweihung, zu der neben der Schwesternschaft und dem Mitarbeiterkreis nur geladene Gäste zugegen sein sollten, wurden alle, die praktisch am Bau mitgearbeitet hatten, zum tags darauf stattfindenden Jahresfest eingeladen und extra noch einmal am 18. Juni 1971 zu einem Handwerkernachmittag in den Speisesaal des Mutterhauses. Beim Festgottesdienst am 13. Juni predigte Oberkirchenrat Dr. Bosinski.

Die vielfältige Beteiligung an den Einweihungsfeierlichkeiten und am 77. Jahresfest unterstreicht die besondere Bedeutung, die dieser Kirchneubau über die Stadtgrenzen Dessaus hinaus für die Kirchen in der DDR hatte. Sie lag nicht nur in der besonderen Baugeschichte als Initiativbau – also einem Bau, der vollkommen mit kircheneigenen Kräften gegen den verdeckten staatlichen Widerstand, der dennoch offensichtlich war, ausgeführt wurde. Nein, es wurde zugleich eine besondere Gestaltungskraft deutlich bei der Planung und Ausführung, denn es ging ja nicht nur um die Errichtung eines umbauten Raumes, sondern eben um einen Sakralbau mit vielfältiger Nutzungsmöglichkeit von hoher ästhetischer und liturgischer Qualität.

Nach der Indienstnahme des Hauses erfolgt die Abrechnung aller Kosten. Im Protokoll der 165. Sitzung des Verwaltungsrates der ADA am 2. November 1971 wird unter Punkt 5. als Gesamtkosten für das Laurentiushaus die Summe von 427.627,94 Mark genannt, wovon rund 350.000 Mark vom Hause selbst aufgebracht wurden. Die EKU gab 25.000 Mark aus Kollektenmitteln dazu, und der Rest waren Materiallieferungen, die über die Vermittlung des Diakonischen Werkes in Berlin über die Intrac in Westgeld im Umfang von rund 47.000 DM bezahlt wurden. Ein großer Teil der Inventarkosten ist aber in dieser Summe noch nicht enthalten.

Und dann erfahren wir im gleichen Protokoll von einem geplanten Konzert. „Unter Verschiedenes lädt Pastor Strümpfel zum Abend des 12. November ein, an dem Herr Generalmusikdirektor Prof. Dr. Röttger und der erste Konzertmeister am Landestheater Lüttge in der Laurentiushalle ein Konzert geben werden."[40]

Mit dieser Erwähnung enden die Eintragungen über den Bau der Laurentius-halle in den Protokollen des Verwaltungsrates der ADA. Damit wird symbolisch der Segen deutlich, der auf diesem Bau gelegen haben muss, denn die Schwie-rigkeiten waren immens, und es hätte viele Gründe gegeben, dass das ganze Vorhaben in Dissonanzen auseinanderbricht. So aber klang das ganze Unter-nehmen in einem Konzert aus.

Diesem ersten folgte eine ganze Reihe weiterer Konzerte. Anfang 1976, bei re-gelmäßigen Beratungen von Klinikseelsorger Pfarrer Eberhard Dutschmann mit den Ärzten Dr. Ulrich Plettner und Dr. Ulrich Zimmermann, entstand die Idee, eine „Abendmusik im Diakonissenhaus" als Konzertreihe zu etablieren. Später (1998) gründete Dr. Dorrit Burghausen das „Kammerorchester St. Lau-rentius", in dem sie mit Talent und Ausdauer Laien- und Berufsmusiker zusam-menführte. Die ADA stellte die Laurentiushalle als Probenraum zur Verfügung – daher der Name – und die Leitung übernahm Friedemann Neef.[41]

Für die Gestaltung eines Wandbehanges, der in dem zurückgesetzten Teil der Altarraumwand angebracht werden und Bezug auf die Heiligenlegende des Laurentius nehmen sollte, war die ADA mit zwei hallischen Textilgestalterinnen im Gespräch, aber es gelang keine Einigung auf einen bestimmten Entwurf, so dass das Vorhaben erst einmal fallen gelassen wurde. Dazwischen gab es noch die Idee, hinter dem Altar an gleicher Stelle einen Behang aus den Beständen des Halberstädter Domschatzes auf dem Wege einer Dauerleihgabe zu zeigen. Dazu aber war man in Halberstadt aus nachvollziehbaren Gründen nicht bereit. Letzlich wurde ein Holzrelief mit der Darstellung des Abendmahls an dieser Stelle angebracht.

Die Paramente wurden 1973 bei Gottfried Hensen im Weberhof Lübz (Mecklen-burg) in Auftrag gegeben. 1974 baute die Orgelbaufirma Reinhard Adam aus Halle (Saale) die Orgel aus Reinsdorf, die in der dortigen Kirche nicht mehr be-nötigt wurde, über dem Eingang in die Laurentiushalle ein. Die Orgel verfügte über zwei Manuale und Pedal, eine Schleifladen-Windlade und war mit einer elektrischen Traktion versehen. Heute verfügt die Laurentiushalle über eine elektronische Orgel mit ebenfalls zwei Manualen und Pedal. Das ursprüngliche Orgelprospekt hat nur noch dekorative Funktion und nimmt die Lautsprecher auf.

Abschließend muss noch bemerkt werden, dass die Gestaltung des Gebäudes im Inneren wie auch in der Außenansicht höchsten architektonischen und äs-thetischen Ansprüchen entsprach, was besonders bemerkenswert für die Pla-nung und Bauausführung sowie die Innenausstattung unter den Bedingungen der DDR-Mangelwirtschaft war. Hier haben der Architekt Alfred Müller, Vorste-

Laurentiushalle nach Installation der Orgel, Innenansicht Richtung Westen, 1974 oder wenig später

her Werner Strümpfel und Oberin Brigitte Daase sowie die beteiligten Künstler kongenial zusammengewirkt. Die Laurentiushalle kann sich in unmittelbarer Nähe zum Bauhaus, welches 2019 sein 100-jähriges Jubiläum feiert, getrost sehen lassen.

In der Zeitung *Neue Zeit*, dem Zentralorgan der Christlich-Demokratischen Union Deutschlands, vom Sonnabend, dem 29. Juli 1972, wurde mit Hinweis auf den Jahresbericht 1971 des Diakonischen Werkes festgestellt: „Vielfältig sind die Möglichkeiten diakonischen Wirkens in der DDR. Daß sie im Einsatz für das Wohl des Menschen verantwortungsbewußt wahrgenommen werden, ist ebenso bekannt wie die Förderung, die die christliche Liebestätigkeit an Kranken, Behinderten und Alten seitens unserer sozialistischen Gesellschaft erfährt." In diesem Zusammenhang wurden auch vier Fotos der Laurentiushalle veröffentlicht, ergänzt durch den Text von Dr. Christian Rietschel, wie er auch im *Werkbericht. Kunst und Kunstwerk im Raum der Kirche* vom Juni 1972, herausgegeben von der Pressestelle der evangelisch-lutherischen Kirche in Thüringen, erschienen war.[42] Mit dieser Pressemeldung rundet sich auch ein Bild ab, das wir vom Verhältnis des Staates zum Projekt hier haben gewinnen können: Erst wurde dem Vertreter eines wichtigen Förderers, dem pfälzischen Oberkirchenrat Fritz Roos, die Einreise zur Einweihung verweigert, und dann spielte man sich selbst als Förderer auf, obwohl man eher zu den Verhinderern gezählt werden müsste. Der Vollständigkeit und einer Abrundung halber nun noch der Werkbericht Rietschels im Wortlaut, denn hier wird in einer sehr guten Zusammenfassung das entstandene Bauwerk beschrieben:

„Durch eine breite Eichentür betritt man den lichtdurchfluteten Raum des Kirchsaales, der auf seiner rechten Seite durch drei breite Copelith-Glas-felder (je 4×6 m) abgeschlossen wird. Links zieht sich eine geschlossene Trennwand hin, die mit finnischer Birke belegt ist und das Licht gut reflektiert. Hinter dieser Trennwand befinden sich Sakristei, Abstellraum für Tische, Garderobe, Toilette und Waschraum sowie eine kleine Teeküche. Die viergliedrigen Türen zur Sakristei und zum Abstellraum können geöffnet werden und dienen damit der Erweiterung des Saales. Die Stirnseite des Raumes bildet eine Klinkerwand, die durch die etwas zurückgesetzte, verzahnte Fläche und durch schräggestellte Steinlagen sehr lebendig wirkt. Dagegen besteht die Rückwand am Eingang des Saales aus ungeputzten Lochziegeln, die nur etwas farbig gespritzt wurden und so die Struktur des Materials für die Gestaltung des Raumes wirksam einsetzen. In alle Wände wurden akustische Zellen eingebaut, so daß der große Raum über eine ausgezeichnete Akustik verfügt. Die Decke wird durch zehn 15 Meter lange HP-Schalen gebildet, die mit ihrer konkaven Form das Regenwasser ableiten und im Innenraum gleichzeitig eine schallschluckende und wärmedämmende Wirkung haben; auch ergeben sie eine lebendige Deckenstruktur. Alle Farben zwischen Decke und Parkettfußboden sind bestens aufeinander abgestimmt und geben dem Saal von vornherein eine große Wärme. Zum eigentlichen Kirchsaal wird die weite Halle durch die Gestaltung des zwei Stufen höher liegenden Altarraumes. Aus Stahl geschmiedet stehen dort ein 2,60 m breiter Tisch, ein Lesepult und ein Standkreuz. Durch seine eigenwillige Schönheit und klare geistliche Aussage fällt besonders das Kreuz ins Auge. Eine geschlossene und überzeugende künstlerische Leistung wurde hier ebenso erreicht wie bei der Ausgestaltung des ganzen Innenraumes. Ursprünglich war daran gedacht, an die Stirnwand einen Wandteppich mit der Darstellung des Heiligen Laurentius anzubringen. Die große Geschlossenheit des Raumes läßt jedoch ein solches zusätzliches Werk überflüssig erscheinen.

Der Name Laurentius-Haus wurde dem Gebäude auf Wunsch der Diakonissen gegeben. Die Schwesternschaft hat unter der Leitung ihrer Oberin, Diakonisse Brigitte Daase, und ihres Rektors, Pfarrer Strümpfel, das Baugeschehen durch ein hohes Maß von Einsatzbereitschaft, Geduld und Hilfe begleitet. Sie betrachtet das Laurentius-Haus als die Mitte ihres Dienstbereiches. Im Untergeschoß befinden sich Turnhalle, Werkraum und Lehrsaal. Bei der Einweihung des Gebäudes zum 77. Jahresfest der Anhaltischen Diakonissenanstalt konnte man nur staunen, welche große Arbeit in den Feierabendeinsätzen geleistet worden war und wie geschickt und harmonisch die Räume gestaltet werden konnten."[43]

Bis zum heutigen Tag steht die Laurentiushalle in der Mitte des Campus der ADA, umgeben von den unterschiedlichen Einrichtungen, an denen die ADA beteiligt ist. Sie bildet ein geistliches Zentrum nach innen und eine Schnittstelle sowie einen Begegnungsraum für viele Menschen, die auf unterschiedlichen Wegen und unterschiedlichen Gründen über den Campus unterwegs sind. So ist sie Raststätte und Herberge für viele. Auch haben seit der Indienstnahme die allermeisten Tagungen der Landessynode in dieser Halle stattgefunden. Man hat sie deshalb hin und wieder auch „die gute Stube der Landeskirche" genannt.

Anmerkungen

1 Im Sinne der Grundordnung der Evangelischen Kirche in Deutschland von 1948 ist Diakonie auch Kirche. Vgl. Artikel 15 (1): „Die Evangelische Kirche in Deutschland und die Gliedkirchen sind gerufen, Christi Liebe in Wort und Tat zu verkündigen. Diese Liebe verpflichtet alle Glieder der Kirche zum Dienst und gewinnt in besonderer Weise Gestalt im Diakonat der Kirche; demgemäß sind die diakonisch-missionarischen Werke Wesens- und Lebensäußerung der Kirche." Siehe URL: https://www.kirchenrecht-ekd.de/pdf/3435.pdf (05.03.2019).

2 So in dem als Festschrift gedachten, von Vorsteher Gotthelf Hüneburg herausgegebenen Weihnachtsbrief 1983, der zugleich einen Gedenkkalender für das Jahr 1984 enthält: „Anhaltische Diakonissen-Anstalt Dessau 1894–1984", vorhanden in: AELKA, Dienstbibliothek, Sign. Md 562.

3 STRÜMPFEL, WERNER: Erinnerungen an den Bau der Laurentiushalle von 1968 bis 1971, in: Festschrift zum 120. Jahresfest im Jahr 2014, Dessau 2014, S. 16–19, hier S. 16. Vorsteher Pastor Werner Strümpfel macht in seinen Erinnerungen wertvolle Ausführungen, die die damalige Zeit und deren Problemlagen erhellen. Damit ist er dem Verf. zu einem unverzichtbaren Zeitzeugen geworden.

4 ArchADA, Nr. 99 (Protokolle Verwaltungsrat 1965–1971) (unpag.).

5 STRÜMPFEL, WERNER: Die Diakonissenmutterhäuser Kaiserswerther Prägung in der DDR im Spannungsfeld zwischen ihrem kirchlichen Auftrag und der Entwicklung des staatlichen Gesundheits- und Sozialwesens, in: Übergänge – Mutterhausdiakonie auf dem Wege, hg. vom Präsidium der Kaiserswerther Generalkonferenz, Breklum 1984, S. 119–131, hier S. 123.

6 ArchADA, Nr. 99.

7 Ebd.: „Leider haben die Bemühungen um die Einfuhr einer Holzkirche keinen Erfolg gehabt, auch die Verhandlungen mit dem stellv. Staatssekretär Flint am 15. Dezember blieben ohne Ergebnis. Darüber berichtet Herr Präses Kootz nähere Einzelheiten, der zusammen mit dem Vorsteher in Berlin vorstellig wurde. Mit der Versagung der Einfuhrgenehmigung entfällt der in der April-Sitzung vorgetragene Plan der Einrichtung einer Imbezillenstube im jetzigen Kirchsaal der Anstalt. Unabhängig von dieser neuen Situation muss im Jahr 1967 der Kirchsaal im Zuge einer Generalreparatur feste Wände bekommen, da die Holzbarackenteile zu faulen beginnen".

8 In der Altmeldekartei der Stadt Dessau findet sich folgender Eintrag: „Alfred Paul Georg Müller, Architekt, geb. 6.3.1904 in Leipzig, gest. 29.11.1987 in Dessau. Er war verheiratet mit Frieda-Helene Müller, geb. Moreitz. Die Eheschließung fand am 21.6.1932 in Genf statt." Stadtarchiv Dessau-Roßlau, Altmeldekartei der Stadt Dessau. Helene Müller soll eine Bauhausschülerin gewesen sein.

9 Auskunft Hochschularchiv, Burg Giebichenstein Kunsthochschule Halle.

10 ZWIETASCH, MARTINE: Anhaltische Landesbücherei Dessau, Dessau 1998, S. 23 f.

11 ArchADA, Nr. 99.

12 ArchADA, Nr. 68, Bd. 2, Brief Strümpfels an Rat der Stadt Dessau vom 19. August 1968.

13 ArchADA, Nr. 99.

14 Ebd.

15 Ebd.

16 Im Zuge der Sanierung der Laurentiushalle nach dem Hochwasser 2002, bei dem das Kellergeschoss unter Wasser gesetzt wurde, entschloss man sich, statt eine aufwändige Sanierung des Kellergeschosses vorzunehmen, den Keller zu verfüllen.

17 ArchADA, Nr. 68 (Bau Laurentiushalle), Brief des Stadtbauamts Dessau an den Verwaltungsrat der ADA vom 28. August 1969: „Aufgrund einer Dienstbesprechung der Vorsitzenden der Räte der Kreise bzw. Städte beim Rat des Bezirkes Halle zur Auswertung der Ministerratssitzung vom 7.8.1969 sind alle Initiativbauvorhaben bis zum 20. Jahrestag unserer Republik

zurückzustellen. Die Bauarbeiten an ihrem obigen Objekt sind daher ab sofort einzustellen. In der Zeit bis zum 10.10.1969 erhalten Sie von uns Nachricht, wie und in welcher Form die Bauarbeiten weitergeführt werden können".

18 „Die weitere Finanzierung des Mehrzweckgebäudes sowie des Aufzugschachtes kann durch die gebildeten Rücklagen sowie die zentral zugewiesenen Mittel erfolgen"; ArchADA, Nr. 99.

19 Ebd.

20 ArchADA, Nr. 68.

21 MORGENSTERN, CHRISTIAN: Die unmögliche Tatsache, in: Ausgewählte Werke, Leipzig 1975, S. 290 f.

22 ArchADA, Nr. 68.

23 Ebd.

24 NEUKAMM, KARL HEINZ: Das Netzwerk kirchlich-diakonischer Hilfen in den Jahrzehnten der deutschen Teilung, in: Röper, Ursula/ Jülling, Carola (Hg.): Die Macht der Nächstenliebe. Einhundertfünfzig Jahre Innere Mission und Diakonie 1848–1998, Ausst.-Kat., 2. Aufl., Stuttgart 2007, S. 266–273, hier S. 270: „Die Abwicklung dieser Maßnahmen fand wie beim Transfer über Warenlieferungen von westdeutschen Handelsfirmen an das Außenhandelsunternehmen der DDR, die Intrac-Handelsgesellschaft mbH in Berlin statt. Der Gegenwert wurde nicht in Mark der DDR bereitgestellt, sondern verblieb bei der Intrac Handelsgesellschaft auf einem Konto in harter Währung. Dadurch war die Möglichkeit gegeben, die Bauvorhaben über das damals übliche Verfahren ‚Export ins Inland', das heißt Begleichung in harten Devisen, errichten zu lassen. Die für die Bauprogramme und die Bereitstellung notwendiger Baumaterialien aufgebrachten Mittel lagen in den Jahren von 1966–1990 bei 153.049.263,36 DM. […] Trotz aller Kirchenfeindlichkeit wusste die DDR-Führung die Kirche als Devisenbeschaffer zu schätzen".

25 ArchADA, Nr. 99.

26 ArchADA, Nr. 68, Bd. 2, 8. April 1970.

27 Ebd.

28 ArchADA, Nr. 99.

29 ArchADA, Nr. 68, Bd. 1.

30 Ebd., Bd. 2 (Protokoll des Verwaltungsrats vom 2. Februar 1971).

31 Ebd.

32 Ebd.

33 HÜNEBURG, GOTTHELF: Unser Zeichen, in: ders./Werner, Susanne (Hg.): 100 Jahre Anhaltische Diakonissenanstalt (1894–1994). Festschrift, o. O. 1994, S. 4–5, hier S. 4.

34 ArchADA, Nr. 68, Bd. 2. Beiläufig wird hier erstmals auch eine Gesamtsumme von 400.000 DDR-Mark für die Bau- und Einrichtungskosten der Halle genannt.

35 Nach der Überlieferung war Laurentius als Archidiakon von Rom zuständig für die Verwaltung des Vermögens der Kirche in Rom und für die Verwendung desselben zu sozialen Zwecken. Nachdem Papst Sixtus II. im Jahr 258 auf Veranlassung von Kaiser Valerian enthauptet worden war, wurde auch dessen Vermögensverwalter und Schatzmeister Laurentius ausgepeitscht und aufgefordert, den Kirchenschatz innerhalb von drei Tagen herauszugeben. Daraufhin verteilte Laurentius diesen an die Mitglieder der Gemeinde, versammelte eine Schar von Armen und Kranken, Verkrüppelten, Blinden, Leprösen, Witwen und Waisen und präsentierte sie als „den wahren Schatz der Kirche" dem Kaiser. Laurentius wurde daraufhin mehrfach gefoltert und schließlich auf einem glühenden Rost getötet.

36 ArchADA, Nr. 102, darin: „Ordnung zur Einweihung des Laurentius-Hauses am 12. Juni 1971".

37 Ebd.

38 Ebd.

39 Ebd.

40 ArchADA, Nr. 68, Bd. 1.

41 DUTSCHMANN, EBERHARD: Abendmusiken in der Anhaltischen Diakonissenanstalt, in: Festschrift zum 120. Jahresfest im Jahr 2014, hg. von der Anhaltischen Diakonissenanstalt Dessau, Dessau 2014, S. 22 f.

42 ArchADA, Nr. 102.

43 RIETSCHEL, CHRISTIAN: Das Laurentiushaus der Diakonissenanstalt Dessau, in: Werkbericht. Kunst und Kunstwerk im Raum der Kirche 100 (1972), Juni, S. 692–698.

Matthias Zaft

„Nicht imstande, uns zu vertreten" – literarische Annäherungen an lebensweltliche Erfahrungen ostdeutscher Diakonissen in den 1960er Jahren

Der vorliegende Beitrag stützt sich auf Akten der ADA, insbesondere die Berichte der Gemeindeschwestern.[1] Die in Briefform abgefassten Texte wurden *nicht* von den Diakonissen verfasst. Sie sind das Resultat eines literarischen Rekonstruktionsversuchs zeitgenössischer lebensweltlicher Erfahrungen.

Brief von Schwester Margarete an ihre leibliche Schwester Clara in Halberstadt

Bernburg, 25. Januar 64

Liebes Clärchen,

wie sehr haben mich Eure Geburtstagswünsche gefreut, auch und besonders der beigelegte Brief von Marie, die mich pünktlich zum Donnerstag erreicht haben, und doch finde ich erst heute Abend die Zeit, Euch zu schreiben. Nun hat der liebe Herr mich auch durch ein weiteres Jahr begleitet, und ich kann ihm nicht genug danken für seinen Beistand und will auch mein neues Lebensjahr in seine guten Hände legen. Ist es bei Euch auch so bitterkalt? Der Ofen in unserer Schwesternwohnung muß dringend umgesetzt werden, nur an den Zügen wird er noch warm. Schwester Lieselotte wollte schon selbst Hand anlegen, sie ist das Abwarten leid, doch ich versprach ihr, erneut bei Pfarrer Giese nachzufragen. Beharrlichkeit und Gottvertrauen. Die Fenster wurden im Herbst erneuert, ebenso das Dach und die Rinnen. Der Schuppen für die Kohlen und das Moped, mit dem Schwester Lieselotte ihren Dienst versieht, brauchen auch dringend Zuwendung, es regnet durchs Dach. Derzeit ja nicht, denn nun liegt Schnee darauf, so muß auch Lieselotte die Besuche zu Fuß angehen, es ist zu glatt und nicht gut geräumt. Die rote Asche auf den Gehsteigen zeigt zwar an, daß jemand noch vor uns auf den Beinen war, doch rutschig bleibt es doch. Als gäbe es nicht schon genug Frakturen und geprellte Knochen, die Menschen ans

Bett binden und uns zur Pflege rufen. Bei den Brüchen sind es vor allem Frauen, zumal bei den Älteren, die sind ja in der Überzahl, bei den Männern ist's oft der Schlag oder der Schnaps. Oder es ist das Grau, darf ich Dir etwas anvertrauen? Manchmal habe ich das Gefühl, die Menschen werden von Tag zu Tag grauer. Seit gut 13 Jahren versehe ich nun meinen Dienst in der Gemeindestation Bergstadt, und ich liebe jeden Tag, an dem ich mich bewähren kann und meine Kraft in den Dienst am Nächsten stellen kann. Und doch fällt es mir von Jahr zu Jahr schwerer, diese Kraft aufzubringen, den Menschen nicht nur

Eine Bernburger Gemeindeschwester auf dem Moped, 1964 oder wenig später

ihre Wunden zu versorgen, die Verbände zu wechseln und Nachteimer zu leeren, sondern in ihr Herz vorzudringen. Ob er denn jetzt mit mir beten müsse, fragte mich am 3. Advent ein neuer Patient, und er schaute auf meine Haube. Ich erwiderte, daß wir seine Sorgen in ein gemeinsames Gebet legen könnten oder daß wir auch warten könnten, bis die Stadtgemeindeschwester wieder im Dienst sei, sie ist lange schon herzkrank, weshalb wir sie vertreten und ihre Krankenbesuche zusätzlich zu den unseren mit übernehmen.

Wir bekommen einiges zu sehen. Sie ist kein schlechter Mensch, um Himmels willen, wenn wir uns unterwegs begegnen, tauschen wir Gedanken aus, sie hat es nicht leicht zu Hause und mit ihrem Herzen. Doch selbst wenn sie vollständig gesund wäre, ist sie nicht imstande, uns zu vertreten. Dann waren wir beide still, und ich habe sein Auge fertiggespült, und er hat sich nickend bedankt, und ich habe mich geschämt. Bei ihm weiß ich es nicht. Früher wäre mir so etwas niemals in den Sinn gekommen oder ich es hätte es nicht auf der Zunge getragen. Meine Liebe, ich wollte mich ja noch nach Euch erkundigen und nach den Kindern. Was macht der Rücken? Ich hoffe und bete, daß ihr wohlauf seid. Jetzt werde ich schließen, morgen früh muß ich bis zum Gottesdienst mit der ersten Runde fertig sein. Bitte grüße Georg recht herzlich von mir und Eure Susanne und ihre Marie, wenn ich es schaffe, dann möchte ich ihr morgen ebenfalls schreiben. Bleibt allesamt behütet.

Deine Marga

Brief von Schwester Margarete an die Enkelin ihrer Schwester Clara

Bernburg, 27. Januar 64

Meine liebe Marie,

über Deinen langen Brief, der an die Glückwunschkarte Deiner Eltern beige-heftet war, habe ich mich sehr gefreut, und ich wollte mich gestern während der Sprechstunde, eigentlich unsere Mittagsruhe, gerade dransetzen, Dir zu antworten, als ich zu einem Notfall in die Talstadt gerufen wurde. Nach 35 min Fußmarsch durch den festgetretenen Schnee war ich bei Schwester Marie-Lui-se angekommen, sie wohnt im Gemeindehaus der Mariengemeinde direkt gegenüber der katholischen Kirche und hatte sich den rechten Fuß und das Schienbein verbrüht, auch sie kocht die Wäsche weiter auf dem Herd. Ich habe ihr Bein und Fuß versorgt und ihr Beistand geleistet gegen die Schmerzen, und wir sprachen über ihre Rüstzeit im vergangenen Jahr und noch weiter zu-rück über ihre Kindheit, und ich mußte an Dich denken Marie, nicht nur weil ihr den gleichen Namen tragt, sondern weil die Schwester ebenfalls wie Du aus Halberstadt herstammt. Sie ist 10 Jahre jünger als ich und erst seit 14 Mo-naten in Bernburg im Dienst. Nach dem Krieg war sie 14 Jahre als Gemeinde-schwester in Köthen gewesen. Während Schwester Lieselotte und ich für die Bergstadt Verantwortung tragen, kümmert sich Schwester Marie-Luise auf der Marktseite um all jene Gemeindemitglieder, die krankheitsbedingt Hilfe, Bei-stand und Versorgung brauchen. Die Menschen sind meistens schon älter oder sind schon länger krank, 46 waren es bei ihr im vergangenen Jahr, darunter ein Kind. Schwester Lieselotte und ich hatten 169 Kranke zu versorgen, dazu kommen noch Besucher in die Sprechstunde, das waren 508 im letzten Jahr. Dafür singt Schwester Marie-Louise im Kirchenchor. Sie tut mir ein bißchen leid, obwohl sie fest im Glauben steht, findet sie kaum Ruhe. Im November sind wohl neue Mieter ins Gemeindehaus gezogen, und seitdem sei auch an Mittagsruhe nicht zu denken, und nächtens wären es häufig Betrunkene, die sie keinen Schlaf finden lassen. So oft es ihr möglich ist, besucht sie zwei ihrer alten Schwestern im Mutterhaus, das gibt ihr Kraft, und außerdem ist ihr der Büchertisch eine große Freude. Sie stammt aus einem Pfarrhaus und wurde im August 1949 eingesegnet. Zu dieser Zeit war ich schon in meinem 32. Jahr Diakonisse, und ich war sehr froh. Es ist ein Geschenk, jemanden zu haben, dem man sich anvertrauen kann und der einem beisteht. Sie hat ein bißchen geweint und dann haben wir zusammen gebetet, und ich habe ihr einen Tee gekocht und mich dabei fast selbst verbrüht, und abends konnte ich dann selbst nicht schlafen.

Ich mußte an die Zeit auf der Kinderstation denken und wie gern ich die Kinder versorgt habe und dann an das Zöglingsheim mit viel Verwahrlosung und schönen gemeinsamen Momenten. Und ich habe mich gefragt, woran es wohl liegt, daß im Laufe der Jahre auch die Menschen, für die man sorgt, immer älter werden. Und schwächer.

Hast Du schon eine Vorstellung, was Du mit Deinem Leben anfangen möchtest? Du schreibst, daß Dir die Schule leichtfällt und ihr darüber nachdenkt, später die Erweiterte Schule zu besuchen. Das freut mich sehr für Dich, daß es so viele Möglichkeiten gibt. Du kannst mich auch gern einmal besuchen kommen, vielleicht über die Sommerferien, aber das müßte ich rechtzeitig wissen, weil es keine Vertretungen gibt bei Urlaub oder Krankheit, so daß die übrigen Schwestern den Dienst mit übernehmen müssen. Im Kurpark ist es im Sommer recht angenehm, und zum Abkühlen gibt es das Aderstedter Bad, die Saale kommt dafür nicht in Frage. Ich könnte Dir meine Gemeindekirche zeigen oder St. Aegidien mit dem Schloß gleich nebenan, man hat einen schönen Blick auf die Saalemühle und die Schleuse und auf die Altstadt gegenüber, und wir könnten uns über Deine Konfirmation im nächsten Jahr unterhalten. Freust Du dich, oder bist Du aufgeregt? Dann wird es genau 50 Jahre her sein, daß ich konfirmiert wurde und Glied der Gemeinde. Bitte schreibe mir, wenn Du Zeit findest, und richte Deinen Eltern und Deiner Oma Clara herzliche Grüße von mir aus.

Deine Großtante Margarete

Brief von Schwester Margarete an die Enkelin ihrer Schwester Clara

Bernburg, 18. Mai 64

Liebe Marie,

gesegnete Pfingstgrüße für Dich und deine Familie, und möge die Kraft des Heiligen Geistes auf Dich kommen und Dir Kraft geben an jedem Tag. Gerade bin ich vom Gottesdienst zurück, die Martinskirche war nicht annähernd so gut besucht wie gestern zum Konfirmationsgottesdienst, aber das ist sie ohnehin selten. An Pfarrer Giese mag es nicht liegen, er sprach über Samson und über die Bergpredigt, und ich bin immer wieder erstaunt, wie klar er die Ereignisse der Heiligen Schrift auf unser Leben beziehen kann. So wenig wie Samsons Eltern wußten, wie und worauf zu sie ihren Sohn erziehen sollten, denn sie wußten nichts von Gottes Plan, so sicher war doch Samson, der die Kraft des Heiligen Geistes spürte und die ihm zu großen Taten verhalf.

II.

14. Hat die Schwester Versetzungswünsche? Ich habe nur den Wunsch,dass Gott mir
Wie lange möchte sie noch dort bleiben? meine Arbeitskraft noch etwas erhal-
Wann denkt die Schwester an ihren Feierabend? ten möchte,und möchte solange
Dienst tun,solange mir Gott diese Bitte erfüllt.

I. **Stationsfragen:**

1. Gründungstag und -jahr der Station (wenn bekannt)? 1.Juli 1896 - *Träger zuerst*
Vaterländischer Frauenverein, dann NSV, seit 1945 kirchliche Gemeindestation

2. Rechtsträger (Kirchengemeinde oder Parochialverband
Parochialverband) der Station?

Pfarrer Giese für die Martinsgemeinde
seit 1961 in der "
3. Name des geschäftsführenden Pfarrers Kreisoberpfarrer Wessel
und wie lange dort im Amt? seit 1.1o.64 Kreisoberpfarrer
für den Parochialverband

4. Umfang der Tätigkeit der Schwestern:
Zahl der betreuten Gemeindeglieder 1963 umseitig
(nach Männern, Frauen, Kindern)

Zahl der betreuten Gemeindegl. Jan.-Aug. 1964
(nach Männern, Frauen, Kindern) umseitig

Zahl der Hausbesuche 1963?
An wieviel Tagen?(d.h.abzügl.Urlaub,Kur,Krankheit) umseitig

Zahl der Hausbesuche Jan.-Aug. 1964?
An wieviel Tagen?(d.h.abzügl.Urlaub,Kur,Krankheit) umseitig
Größe der politischen Gemeinde schätzungsweise:Bernburg-Stadt 51000
Seelenzahl der Kirchgemeinde Schlosskirche *10000* Bernburg-Bergstadt 34000
Martinskirche *10000* Bernburg-Talstadt 17000
Ausdehnung des Pfarrbezirks in Kilometern *Kalkreuth - Friedenshall wirklich*
benutztes Verkehrsmittel Fussgänger *10 km*
(wessen Eigentum, wer bezahlt Reparaturen?) 5

durchschnittl.tägliche Dienstzeit u.Wegstrecke? *immer im Dienst* 8-10 *km?*
in Ordnung Einige Zimmer sind nass,aber was geschehen konnte,
5. Zustand der Stationsräume? ist geschehen,das Dach umgedeckt,die Rennen erneu-
Zahl der Zimmer, Größe? Mansardenwohnung - Grössenangabe anliegend er-
Seit wann als Stationsräume benutzt? seit 1938

Alter der Möbeleinrichtung? ist mir nicht bekannt
Besitz der Schwester oder der Kirchgemeinde? teils,teils
Ist das Mobiliar ausreichend? ja
Welche Stücke haben Holzwurm etc.? einige;werden nach und nach ersetzt

Wohnt die Schwester allein in separater Wohnung? ja
Im Pfarrhaus, Mietshaus, Kirchgemeindehaus? Kirchgemeindehaus
Mit wem zusammen?
Verhältnis zueinander? sehr gut mit der Schwester der Schloss-
kirchengemeinde

6. Wann wurden Zimmer u.Küche zuletzt instandgesetzt? Es wird in jedem Jahr etwas
Wie ist der Zustand der Fenster und Türen? instandgesetzt.In diesem Jahr
Was ist für 1965 vorgesehen? Wohnzimmer und alle Fenster.1965 soll
Was wäre unbedingt nötig? der Ofen umgesetzt werden.Alles ander-
Welche Mittel würden gebraucht? steht noch nicht fest.

Ist polit.Gemeinde an der Finanzierung
der Station beteiligt? nein

dürfen
Welche Inventarstücke oder Haushaltgeräte Wenn wir wünschen sollen,dann möch-
müssen angeschafft oder erneuert werden? ten wir eine elektr.Waschmaschine u.
Seit wann fehlen sie? einen Kühlschrank.Wir haben den
Wurden sie schon früher beantragt? Für 1965? unbescheidenen Wunsch noch nie ge-
äussert und werden uns auch weiter-
Welche Mittel würden gebraucht? hin behelfen,da wir wissen,dass die An-

Jahresbericht einer Bernburger Gemeindeschwester 1964 (Ausschnitt)

215

schaffung die Mittel einer Kirchgemeinde und eines Parochialverbandes übersteigen.Vielleicht wird uns unser Wunsch auch einmal von einer Seite erfüllt,wie es schon mit anderen Sachen geschehen ist.Wir durften wünsch aber wir können uns auch bescheiden und wollen auch ohne die Erleichte- ungen der modernen Technik unsere Arbeit und unsern Dienst treu verrich- ten.

Zu 4:Wir können die Statistik nicht so beantworten,wie gewünscht.Unser Tagebuch wird geführt für eine Statistik,die wir dem Gesundheitsamt ab- geben mussten.In den letzten Jahren ist sie nicht mehr verlangt.Trotzdem haben wir das Tagebuch so weitergeführt,weil wir dem Gesundheitsamt un- terstehen.Danach führen wir nur die Kranken namentlich,alle anderen,die wir betreuen,werden nur zahlenmässig geführt.Darum können wir die Tei- lung Männer,Frauen,Kinder nicht daraus ersehen.Sollte des öfteren die Statistik in der Weise nötig sein,müssten wir unser Tagebuch anders füh- ren.

1963

169 Kranke aufgeteilt Frauen:123-Männer:38- Kinder:3
5639 Hilfeleistungen in der Krankenpflege
1282 Besuche ausser den Hilfeleistungen in der Kr.Pfl.
 508 Spechstundenbesucher
an 365 Tagen

1964 Januar -August

 107 Kranke aufgeteilt Frauen:79- Männer:28
5155 Hilfeleistungen in der Krankenpflege
 963 Besuche ausser den Hilfeleistungen in der Kr.Pfl.
 308 Sprechstundenbesucher
an 244 Tagen

Und so unsicher sind die Menschen noch immer, daß sie wie Salz sind, das seinen Geschmack verloren hat. Oder sie sind es heute wieder. Und das in einer Stadt, die so lange und so tief mit dem Salz verbunden ist, er sagte das beinahe wütend. Die einstmals stärkste Sole kam aus Bernburg! Die gestrige Predigt handelte vom Leib Christi und von der Zugehörigkeit zur Gemeinde, und er sprach auch von den verschiedenen Gemeinden im Ort, deren Glieder verbunden sind im Glauben an den Herrn Jesus Christus. Die Gemeindekirche von Schwester Marie-Luise ist mit Abstand die älteste, sie ist über 600 Jahre alt und diente anfangs über viele Jahre neben den Gottesdiensten auch als Handelshaus und Warenlager, während die Martinskirche in diesem Jahr erst ihre 80jährige Grundsteinlegung feiern kann. Allerdings wurde unsere Kirche ja ausschließlich für die Verkündigung des Wort Gottes erbaut, und auch das hat mit dem Salz zu tun, weil vor allem durch den Bau der Soda-Werke die Gemeinde in der Bergstadt so stark anwuchs, daß es eine neue Kirche brauchte. Schwer vorstellbar in heutigen Tagen, wo viel von Wohnungsmangel die Rede geht, und niemand fragt nach der Behausung der Seele. Neue Kirchgebäude werden wir so bald nicht brauchen, die Erhaltung der bestehenden Kirchen und der Pfarr- und Gemeindehäuser ist an Herausforderung genug. Pfarrer Giese müht sich nach Kräften, daß auch die Gemeindestation instand gehalten werden kann, ebenso spielt er im Posaunenchor. Bevor er die Martinsgemeinde übernahm, war er über Jahre Pfarrer der Paulusgemeinde in Dessau, wo er auch herstammt, es war seine erste Gemeinde. Im April ist er 50 geworden, und es scheint lange

Gemeindehaus Bernburg, Hallesche Straße 34, 2019

schon eine besondere Verbindung zu bestehen zwischen Dessau und Bernburg. So stammt die Stifterin des Pfau'schen Stifts aus Bernburg, während ihr späterer Ehemann ebenfalls in Dessau zur Welt kam und zur Schule ging und später in Halle studierte. Das Gemeindehaus der Stiftung grenzt direkt an unsere Gemeindestation, und Schwester Marie-Luise hat mir erzählt, daß sie im Jahr 1941 im Stift eingesetzt war und daß im Gemeindehaus ein Reservelazarett eingerichtet worden war. Ich kann aber nicht sagen, ob sie auch im Lazarett beschäftigt war. Von Schwester Gerda aus dem Krankenhaus des Mutterhauses weiß ich aber, daß sie selbst kurzzeitig in Köthen im Reservelazarett im Einsatz war. Und ich weiß, daß sich im Kurhaus lange Zeit ein Lazarett befunden hat, und danach war es noch eine Zeit lang Krankenhaus, Raum war auch damals knapp. Schwester Marie-Luise läßt Dich übrigens schön grüßen, ich habe ihr von Dir erzählt, und daß Du mich vielleicht im Sommer besuchen kommst. Ihrem Bein geht es wieder besser, mit der Wohnsituation ist sie noch immer unzufrieden, aber wie sagt Schwester Lotte immer so schön: Solange jemand noch die Holzwürmer hören kann, solange braucht er sich keine Gedanken um seine Ohren zu machen. Liebe Marie, wenn wir uns sehen, dann kannst Du die beiden selbst einmal kennenlernen, sie fragen mich gelegentlich, ob ich etwas Neues von Dir wüßte. Ich freue mich auf Deinen nächsten Brief und bitte Dich, auch Deine Eltern und meine Schwester Clara herzlich von mir zu grüßen.

Deine Großtante Margarete

Anmerkungen

1 ArchADA, Nr. 9 (Jahresberichte der Gemeindeschwestern 1963–1981) sowie ArchADA, Büro der Oberin: Ordner Verstorbene Schwestern. Verwendet wurden außerdem: Chronik der Kanzler von Pfau'schen Stiftung, in: URL: http://www.kanzlerggmbh.de/index.php?histo risch (16.05.2019); Evangelische Landeskirche Anhalts: Newsletter, Nr. 5, Mai 2010, in: URL: https://www.landeskirche-anhalts.de/assets/fil es/newsletter_10-05.pdf (16.05.2019); WEIGELT, JÜRGEN: Ein Rundgang durch das alte Bernburg, Eisenach 2000.

Dorothea Kinast

„Wenn jeder mit zufasst" – Zeitzeugenbefragung zum Arbeits- und Lebensalltag von Diakonissen in den 1960er bis 1980er Jahren

Einleitende Bemerkungen

Zur Anhaltischen Diakonissenanstalt (ADA) in Dessau gibt es nur sehr wenig Literatur. Umso wichtiger sind daher jene Texte, die unter der Federführung der ADA selbst erstellt wurden.[1] Sie sind insofern stark von Zeitzeugenschaft geprägt, als die Vorsteher, Oberinnen und Schwestern darin über die Geschichte der ADA und ihre Arbeit berichten. Die hier vorgelegte Zeitzeugenbefragung[2] unterscheidet sich dadurch von ihnen, dass Fragen nach dem Arbeits- und Lebensalltag an Vertreterinnen der Schwesternschaft von außerhalb der ADA herangetragen wurden.

Die Interviewten
In Absprache mit dem Vorsteher der ADA, Pfarrer Torsten Ernst, erklärten sich zwei der acht Schwestern bereit, sich als Zeitzeuginnen befragen zu lassen. Zum Zeitpunkt des Interviews war Schwester Ilse (Interview 2) 89 Jahre, und Schwester Margot (Interview 1) war 76 Jahre alt. Beide leben im Diakonissenmutterhaus in Dessau und gaben ihr Einverständnis, dass sie hier unter ihren Klarnamen erscheinen.

Die Interviews
Beide Schwestern bekamen einen Interviewleitfaden mit den Fragen im Vorhinein zur Vorbereitung. Die Interviews fanden am 22. Juni 2018 statt. Es handelte sich um thematische Interviews mit einem biografischen Einstieg. Im Gespräch nahm ich mir im Interesse des fortlaufenden Erzählflusses die Freiheit, von meinem Leitfaden abzuweichen, d. h. die Reihenfolge der Fragen zu variieren und thematische Schwerpunkte zu setzen.

Schwester Ilse, 2018   *Schwester Margot, 2018*

Zur Wiedergabe der Interviewtexte

Die Texte der Interviews sind für die Publikation sprachlich überarbeitet und um einige nachträgliche Ergänzungen der Schwestern erweitert worden. Sie werden unter Verweis auf den Text der Transkriptionen der Aufnahmen wiedergegeben. Längere Sprechpausen werden mit „...“ gekennzeichnet, Kürzungen mit „[...]“, Ergänzungen stehen in eckigen Klammern. Die Darstellung der Interviews folgt der ursprünglichen Reihenfolge der Fragebereiche, um eine Vergleichbarkeit der entsprechenden Passagen zu gewährleisten. Eingefasst vom Fragebereich zum Biografischen und dem Ausblick zum Schluss, sind die einzelnen Fragen den Bereichen Arbeit, Gemeinschaft und Glaube zugeordnet. Dabei ist davon auszugehen, dass diese drei Lebensbereiche nicht streng voneinander zu trennen sind, sondern sich gegenseitig durchdringen.

Besondere Ereignisse innerhalb der ADA in den 1960er bis 1980er Jahren

In die Zeit unmittelbar vor dem näher untersuchten Zeitraum fällt die Einweihung des Mutterhauses nach dem Wiederaufbau im Jahr 1958.[3] Während der sechziger und siebziger Jahre wurden verschiedene neue diakonische Ausbil-

dungsgänge in der ADA eingerichtet, z. B. wurde 1964 das Seminar für Gemeindediakonie eröffnet.[4] An Baumaßnahmen sind in den siebziger Jahren die
Grundsteinlegung für die Laurentiushalle 1969 und die Einweihung des Kirchsaals 1971 zu nennen[5] und die Grundsteinlegung für den OP-Bau des Krankenhauses 1979, der 1986 eingeweiht wurde.[6]

Biografisches: Die Entscheidung für das Leben als Diakonisse und ihre Gründe

Biografische Eckdaten bis zur Einsegnung

Schwester Ilse wurde 1928 in Broczkow/Dolina in Galizien geboren, kam 1940
in das Gebiet des Deutschen Reiches und dann nach der Flucht 1945 aus dem
Warthegau nach Bad Düben. 1948 kam sie als Verbandsschülerin in die ADA
nach Dessau und wurde 1959 eingesegnet. Schwester Margot wurde 1941 in
Leipzig geboren und ging dort auch zur Schule. Sie wollte Krankenschwester
werden, und ihre Mutter meldete sie in der ADA in Dessau zum vordiakonischen Kurs an.[7] 1956 kam sie als Vorschülerin[8] nach Dessau und trat 1959 als
Probeschwester in die Schwesternschaft ein. Sie wurde nach ihrer Berufsausbildung und weiteren Stationen 1968 eingesegnet.

Gründe für die Entscheidung, Diakonisse zu werden

▪ *Schwester Ilse erzählte, es sei bereits ihr Kindheitswunsch gewesen, eine Schwester*
zu werden, die Schwestern aus der Bezirkshauptstadt hätten sie als Kind sehr beein-
druckt:

„Dann habe ich zu meiner Mutter gesagt: ‚Ach, solch eine Schwester möchte ich
auch mal werden.‘ Da hat sie gesagt: ‚Wenn du artig bist und den lieben Gott
bittest, dann wirst du es vielleicht werden.‘ Aber ich habe ja damals als Kind
nicht gewusst, was Diakonisse überhaupt bedeutet, aber Schwester wollte ich
werden."[9]

▪ *Später rief ihr der Einsegnungsspruch diesen Wunsch wieder in Erinnerung:*

„Ich will also den Spruch auswählen, den Einsegnungsspruch, und der war nicht
angenehm. Da hat der Pfarrer gesagt: ‚Ich such Ihnen einen aus.‘ Und da habe
ich gesagt: ‚Ja.‘ Da hat er ein paar herausgesucht, aber einen extra.[10] Und da hat
er gesagt: ‚Opfere Gott Dank und bezahle dem Höchsten deine Gelübde. Und
rufe mich in, an in der Not, so will ich dich erretten. Du sollst mich preisen.‘"[11]

• *Die dann noch einmal direkt gestellte Frage, warum sie sich entschieden habe, eine* *Diakonisse zu werden, brachte Schwester Ilse auf ganz pragmatische Erwägungen:* „Ich glaube, ich konnte gar nicht anders. [...] Aber ich denke auch, damals hatten wir eine ganz reizende Oberin und Obermeisterin, als ich herkam und mich vorstellte. Und wir hatten gleich so einen guten Kontakt. [...] [Ich fühlte mich gleich angenommen]. Und ich hatte das Gefühl, du hast sie gerne, also kannst du bleiben, obwohl ich das erste Jahr, das halbe Jahr sehr viel geweint habe [, weil ich Heimweh hatte]. Dann habe ich mir gesagt: ‚[...] Gefällt dir. Willst du wieder auf die Wanderschaft gehen? Nein.‘ Und dann habe ich mir gesagt: ‚Wenn es nachher nicht geht, kann ich immer noch gehen.‘ Ja, die Möglichkeit hatte man ja. Na ja, inzwischen sind es gleich siebzig Jahre.“[12]

• *Sie beschrieb, wie der Vorsteher Wilhelm Brink die Einsegnungskandidatinnen bei* *ihrer Rüstzeit dazu brachte, sich zu prüfen, ob sie wirklich Diakonisse werden wollten:* „Er hat uns, [...] wir hatten doch die Einsegnungsrüstzeit und da hat er immer gesagt: ‚Schwestern, überlegen Sie sich‘s!‘ Jeden Tag hat er das zu uns gesagt. Nicht einmal, sondern ein paar Mal gepredigt: ‚Überlegen Sie sich, ob Sie Diakonisse werden wollen! Wenn Sie heute kommen, dass Sie Diakonisse werden wollen, zieh ich einmal den Hut. Aber wenn Sie heute kommen und sagen: ‚Herr Pastor, ich werde doch nicht Diakonisse, ich werde heiraten.‘ Dann ziehe ich nicht nur einmal vor Ihnen den Hut, sondern dann ziehe ich ihn dreimal.‘ Aber er hat es nicht geschafft. Ja, aber da hat er uns irgendwie damals so in die Zwickmühle gebracht.“[13]

Im späteren Verlauf des Gesprächs, nachdem es um die äußerlichen Erkennungszeichen Kleid, Haube und Kreuz und im Anschluss daran um die Einsegnung gegangen war, sagte Schwester Ilse, dass sie ihre Einsegnung als Abschluss eines Weges empfand, als dessen letzter Abschnitt ihr die Einsegnungsrüstzeit besonders wichtig war.[14] Die Einsegnung selbst war ihr ebenfalls wichtig: [„Nun gehöre ich ganz dazu, und ich bin dankbar.“]

• *Schwester Margot beschrieb, wie sie nach einer längeren Zeit des Mitlebens mit der* *Schwesternschaft zu der Entscheidung kam, Diakonisse werden zu wollen:* „In der Zeit, im dritten Jahr, also in meinem zweiten Hausschwesternjahr, da reifte bei mir dieser Entschluss, Diakonisse zu werden. Und da bin ich dann nach meinem achtzehnten Geburtstag 1959 in die Schwesternschaft eingetreten. Da wurde man erst Probeschwester. Probeschwester war man damals noch so ein bis zwei Jahre, dann wurde man Novize, und später kam dann die Einsegnung. Also, man hatte viel Zeit, sich zu prüfen. [...] Aber damit, dass man in die Schwesternschaft eintrat, trat erst mal die Berufsausbildung noch ein bisschen zurück, weil man erst mal lernen sollte, Schwester zu werden. [...] Sich in die Gemeinschaft einzuleben, einzufügen und so weiter, so dass ich dann erst mit dreiundzwanzig in die Krankenpflegeausbildung kam."[15]

▪ *Als Gründe für die Entscheidung gab sie ihre Begeisterung für die Gemeinschaft der Schwestern und deren Aufbauleistung an:*
„Also, mich hat das sehr beeindruckt, dass so eine große Gemeinschaft von Schwestern so zusammenlebte und dass die Verdienste der Schwestern in eine gemeinsame Kasse kamen. Auch unsere Renten kommen in eine gemeinsame Kasse, und jede Schwester erhält das gleiche Taschengeld, Urlaubsgeld und was so gebraucht wird, ob jung oder alt, ob krank oder gesund, spielt keine Rolle. Alles, was darüber geht, damals blieb ja viel übrig, wurde mit in den Aufbau des Werkes investiert. Da gab es ja wenig staatliche Zuschüsse oder Ähnliches. Das hat mich beeindruckt: mit einer Gemeinschaft an einer Sache zu sein. [...] Da spielte die Überlegung nach einem Partner und der Ehe bei mir in der Zeit noch keine Rolle. Also, das war keine Überlegung für mich, da irgendwie zu sagen: ,Ach, dann musst du ehelos bleiben.' Ja, diese Überlegungen waren da überhaupt nicht, aber mich hat das fasziniert, dass man das machen kann, wenn sich viele zusammentun, dass man so ein Werk aufbauen kann. [...] Dass man gemeinsam was voranbringt und sich auch darüber einigen kann, was man will. Diese Zusammenhänge habe ich natürlich auch erst im Lauf der Zeit gelernt und verstanden, aber so war der erste Eindruck, wir lebten ja mit den Schwestern zusammen. Wir mussten an Gottesdiensten, Andachten und allem als Schülerinnen auch schon teilnehmen. Da wurde gar nicht diskutiert, ob wir das wollten oder nicht. Aber ich war auch christlich zu Hause aufgewachsen, so dass mir manches vertraut war, nicht so ganz fremd."[16]

Im weiteren Verlauf des Gesprächs kam Schwester Margot, nachdem sie die Frage nach dem Verhältnis der ADA zu den Dessauer Kirchengemeinden beantwortet hatte, noch einmal auf die Erfahrungen von Gemeinschaft beim Verarbeiten der Erntegaben aus den Gemeinden um Dessau herum und beim mittäglichen Steineklopfen[17] oder Verladen von Steinen für den Wiederaufbau zu sprechen.

Arbeit: Einsatzorte und Tagesstruktur

Die ersten Fragen zum Arbeitsalltag betrafen die jeweiligen Einsatzorte der Schwestern und die Tagesstruktur an Werktagen.

Einsatzorte im Vergleich

Beide Schwestern waren Krankenschwestern und arbeiteten lange Zeit ihres Berufslebens als Gemeindeschwestern.

Vor ihrer Tätigkeit als Gemeindeschwester war Schwester Ilse im Krankenhaus in Dessau und für ein Jahr im Kinderheim in Ballenstedt eingesetzt. Als Gemeindeschwester war sie dann zunächst allein in Dessau in der Jakobusgemeinde im Süden der Stadt tätig, später ebenfalls allein in Jeßnitz. Mit 55 Jahren ging sie in Frührente und arbeitete halbtags im Marienheim in der ADA in Dessau.

Schwester Margot wurde nach ihrer Zeit als Vorschülerin und Probeschwester 1960–1962 bei den Gemeindeschwestern in Bernburg zum weiteren Lernen untergebracht. 1962–1964 war sie zur Berufsausbildung zur Krankenschwester im Diakonissenhaus Halle. Nach dem Examen 1964 wurde sie erst als Urlaubsvertretung in die Gemeinde in Köthen geschickt, danach ins Krankenhaus in Dessau. Später war sie für zwei, drei Jahre Hausschwester und übernahm die Wirtschaftsleitung im Mutterhaus. 1972 wurde sie Gemeindeschwester in Dessau. Zusammen mit einer anderen Krankenschwester, die keine Diakonisse war, versorgte sie drei Gemeinden: die Georgengemeinde in der Stadtmitte, die Paulusgemeinde im westlichen Stadtgebiet und die Jakobusgemeinde im Süden. Danach war sie ab 1981 für vier Jahre Gemeindeschwester in der Petrusgemeinde im Norden von Dessau. Von 1985 bis 2009 arbeitete sie im Büro des Mutterhauses.

Schilderung der Einsatzorte und Aufgaben

▪ *Schwester Ilse erwiderte auf die Frage nach den Einsatzorten, dass sie gern Gemeindeschwester war und auch in Jeßnitz eine gute Verbindung zum Mutterhaus aufrechterhielt:*

„Ich bin mein ganzes Leben hauptsächlich Gemeindeschwester gewesen. Natürlich habe ich zwischendurch auch im Krankenhaus gearbeitet und im Kinderheim ein Jahr gearbeitet, aber das war nicht so ... meine Welt. [...] Gemeindeschwester war meins. Und ich bin auch sehr gerne Gemeindeschwester gewesen. Da war ich erst hier zehn Jahre in der Jakobusgemeinde. [...] Die Kirche steht nicht mehr, die wurde damals gesprengt, wegen dem Neubaugebiet. Und da hatten wir eigentlich ein gutes Verhältnis, und da war ich auch viel in der ADA. Was auch damals sehr schön war, wir hatten damals noch die alte Oberin. Das war hier so Sitte, da wurden die Gemeindeschwestern immer alle eingeladen, oder einmal im Monat, jedes Mal bei einer anderen Schwester oder Gemeindeschwester, da wurde dann Kaffee getrunken, Bibelarbeit gemacht, über alles gesprochen, was einen so bewegte, was einem Sorge machte, und da hatte man die Runde im Haus. Das war immer sehr schön. Auch als ich nachher in Jeßnitz war, habe ich auch noch an den Treffen teilgenommen. Die sind dann auch mal zu mir nach Jeßnitz gekommen. [...] Ich hatte alles vorbereitet dafür, bei mir zum Treffen zu kommen. Und ich habe mich gewundert, warum sie nicht kommen. Ich war ganz unruhig und hab Kaffee gekocht und es war alles fertig. ... Und dann rief Pfarrer Strümpfel an und sagt: ‚Sie wundern sich sicherlich, dass wir nicht kommen.‘ – ‚Ja.‘ – ‚Wir stehen in Raguhn. Wir kommen nicht weiter. Es ist Hochwasser.‘ – Da mussten sie unverrichteter Dinge abziehen. Ja, dann saß ich da mit meiner Torte und meinem Kaffee. Da wurde dann eine Krisensitzung einberufen vom Rat der Stadt. Da habe ich meine Torte genommen und meinen Kaffee und bin in die Sitzung gegangen.“[18]

- *Sie wurde auf Anfrage der Stadt Jeßnitz vom Mutterhaus als Gemeindeschwester dorthin geschickt:*

„Ich habe da gerade ein Jahr bei uns im Kinderheim gearbeitet in Ballenstedt. Ich habe gesagt: ‚Das ist hier nicht mein Platz.‘ Ich hatte so das Gefühl: ‚Da wirst du nicht bleiben.‘ Dann kam die Anfrage vom Mutterhaus, ob ich nicht nach Jeßnitz wollte. Da habe ich gesagt: ‚Nein.‘ Ich hatte keine Vorstellung von Jeßnitz. Wir hatten noch eine Gemeindeschwester hier, in Natho bei Zerbst. Da sollte ich zu ihr hingehen oder zu meiner Mutter und mich beraten lassen. [...] Meine Mutter wohnte in Bad Düben, wir sind 1945 nach Bad Düben gekommen. Da bin ich zur Mutter gegangen und habe gesagt: ‚Was soll ich denn machen?‘ – Sie hat gesagt: ‚Weißt du Ilse, ich werde ja auch immer älter und kann dich nicht mehr so oft besuchen kommen, es wäre mir schon lieb, du bist in der Nähe. Auch gerade, wenn es mir mal nicht so gut geht.‘ – Dann habe ich gesagt: ‚Gut.‘“[19]

- *Schwester Margot nannte auf die Frage nach ihren Einsatzorten verschiedene Arbeitsstellen:*

„Da gab es verschiedene. Als ich in die Schwesternschaft eingetreten war und junge Schwester war, da war eine etwas schwierige Zeit. Drei junge Schwestern traten aus. [...] Dann gab es noch Schwierigkeiten im Wechsel der verantwortlichen Schwester, damals nannte man das Probemeisterin. [...] Es gab immer

Spannungen. [...] Jedenfalls hatten sie Angst, ich könnte auch noch weglaufen. Da haben sie mich als junge Schwester ohne Ausbildung nach Bernburg 1960 bis 1962 zu den Gemeindeschwestern geschickt, und da sollte ich erst mal zur Ruhe kommen und auch ein bisschen lernen. Das war eine wunderbare Zeit. Ich war da ja noch sehr schüchtern und alles Mögliche, aber ... die zwei Jahre haben mich doch ganz schön weitergebracht. Und das hat auch die Verantwortliche gemerkt, es waren zwei Schwestern, die in der Bergstatt in Bernburg waren, jede für eine Kirchgemeinde zuständig, von denen habe ich viel gelernt, und die ältere, die hat dann im Mutterhaus dafür gesorgt, dass sie mich endlich in die Ausbildung schicken, in die Berufsausbildung."[20]

▪ *Als sie gemeinsam mit einer jungen Krankenschwester, die keine Diakonisse war, in Dessau anfing, ging es darum, die Struktur der Gemeindeschwester für die Innenstadtgemeinden von Neuem wiederaufzubauen:*

„Das Erste war, dass es ja keine Übersicht gab über irgendeinen Patientenstamm oder Ähnliches. Also haben wir uns aus den Pfarrämtern Adressen geben lassen. Die Pfarrer wussten, wo ältere Menschen, kranke Menschen lebten, die von Angehörigen versorgt wurden. Dann haben wir uns in den damaligen Polikliniken bei den leitenden Ärzten vorgestellt und haben gesagt, wenn sie Patienten hätten, von denen sie meinten, dass wir uns um sie kümmern sollten, könnten sie sich an uns wenden und so weiter. Dann ging das ... verhältnismäßig schnell, dass wir ... viele pflegebedürftige Menschen hatten.

Wir hatten erst lange keine Wohnung und haben in der Stadtmission gewohnt, jeder hatte ein Zimmerchen. [...] Später haben wir dann nach anderthalb Jahren eine Wohnung zusammen bezogen, in der vierten Etage eines Wohnhauses hatte jeder ein Zimmer, eine Küche und da haben wir zusammen ganz gut gewirtschaftet.

Wir haben das dann immer so eingeteilt, dass jeder eine Richtung in der Stadt hatte. Der eine machte mehr die Stadtmitte, der andere fuhr nach Richtung Westen. Wir mussten ja damals alles mit dem Fahrrad machen, da gab es kein Auto ... und da war man darauf bedacht, dass [man immer möglichst nicht zu lange Anfahrtswege hatte]. Wir kannten beide alle unsere Patienten, aber wir haben immer mal gewechselt, damit sie mit jedem vertraut waren und wir mit jedem vertraut waren. ... In den Kirchengemeinden haben wir uns natürlich engagiert. Jeden Sonntag ist jeder in eine andere Kirche gegangen, damit man in drei Kirchengemeinden auch immer mal herumkam. [...] Auch so in den Kirchengemeinden haben wir uns dann engagiert. S. hat dann einen Vorschulkinderkreis eingerichtet, sie war da ausgebildet durchs Seminar, ich habe bei den Seniorenkreisen mitgemacht, und wir haben im Chor mitgesungen, im Flötenkreis mitgespielt ...

Mit den Ärzten in den Polikliniken und den Schwestern, das war eine einwandfreie Zusammenarbeit. Das hat sich so gut entwickelt. Wir konnten da kommen und gehen. Und wenn wir ein Anliegen hatten, sind wir dahin gegangen.“[21]

- *Auf die Zwischenfrage, ob es auf dieser Arbeitsebene Vorbehalte gab, weil sie eine Diakonisse war, verneinte Schwester Margot:*

„Nein, überhaupt nicht. Der eine Doktor, [...] er grüßt mich heute noch, wenn wir uns treffen. ... Das war einer. Dann später noch, als ich in Petrus war, gab es noch einen Arzt, da konnte ich auch hingehen, wenn es nicht unbedingt ein dringendes medizinisches Problem war, aber wenn ich dann gesagt habe: ,Also Herr Doktor, ich denke, Sie müssten da einfach mal hingucken, der braucht Sie jetzt irgendwie,‘ dann klappte das. Da gingen sie. ... Zwar nicht jeder, aber es gab solche Ärzte.

1981 bin ich dann in die Petrusgemeinde gekommen, das ist im Norden der Stadt, die hatten keine Schwester mehr. Da hat dann S. eine andere Schwester, eine jüngere, die Schwester D. als zweite dazubekommen und ich wurde in die Petrusgemeinde geschickt und da war ich dann für vier Jahre. In dieser Zeit, so in dem Anfang der achtziger Jahre bis Mitte der achtziger Jahre, da haben dann die Stadt und die Polikliniken angefangen, Gemeindeschwestern aufzubauen, die waren dann den Polikliniken zugeordnet. Die machten aber nur Verbände und Spritzen, die wuschen nicht, die machten auch nicht hauswirtschaftliche Dinge, die waren immer nur für das Medizinische. Es gab dann kuriose Situationen, dass ... ich zum Beispiel gebeten wurde zur Pflege, aber die staatliche kam zum Spritzen. [...] Dann habe ich gesagt: ,Sie kann das doch dann auch gleich machen‘, aber das machten sie nicht. Sie hatten so ihre Vorschriften.

Da war ich bis September 1985, und dann wurde ich ins Mutterhausbüro versetzt. Die Ausbildung für die Verwaltung, auch für Sekretariatsarbeiten für die Oberin und den Vorsteher, hatte ich in meinem Leben nie gelernt. Einen Schreibmaschinenkursus, den habe ich noch gemacht und da meine Prüfung im Zehnfingersystem, und das war die ganze Ausbildung, die ich für die Verwaltungstätigkeit absolvierte. Im ersten Jahr bin ich ,geschwommen‘: Ich kannte auch [vieles] dadurch, dass ich nun so viele Jahre zwar immer mal zu Veranstaltungen gekommen bin, aber ich kannte die inneren Zusammenhänge nicht, oder wenn da Probleme auftraten, kannte ich die Vorgeschichte nicht. Da mussten sie erst mal dahinterkommen. Und die Schwester, die vorher da war, die musste nach Hause fahren, [...] weil sie da eine ihrer Schwestern pflegen musste, so dass ich eigentlich keinen hatte, der mich da richtig eingewiesen hat. [...] Ja, das war schon gar nicht so einfach. Ja, da war ich bis 2009, vierundzwanzig Jahre. In den ersten Jahren kam ich mir wie eingesperrt vor. Da in so einem Büro sitzen ..., und sonst war ich immer unterwegs gewesen."[22]

Tagesstrukturen

▪ *Die Frage nach dem Tagesablauf führte Schwester Margot zuerst auf die Abläufe innerhalb der ADA in Dessau, die sie als Schülerin erlebt hatte,[23] dann auf die Tagesstruktur in ihrer Zeit als Gemeindeschwester:*

„In der Gemeinde war es unterschiedlich. Wir mussten ja bedenken, wenn wir Diabetiker hatten, sie mussten vor ihrem Frühstück die Spritze bekommen. Aber zu DDR-Zeiten war das noch so, dass die Ärzte und die Beratungsstellen Wert darauf legten, dass jeder Diabetiker sich selbst spritzen konnte. Und wenn das nicht möglich war, musste es ein Familienangehöriger lernen. Sie sollten nicht auf fremde Hilfe angewiesen sein. Das hat dann später erst nachgelassen. So dass es nur wenige waren, zu denen man als Gemeindeschwester hinmusste, weil da keiner war. [...] Dort musste man natürlich möglichst zuerst anfangen, man musste wissen, wann sie aufstehen und wann sie frühstücken, dass man eine halbe Stunde vorher da war. Mit den anderen war das immer so unterschiedlich, aber man musste eigentlich spätestens halb acht aus dem Hause, das war das Allerspäteste, manchmal schon um sieben, und dann hatte man bis in den späten, frühen Nachmittag erstmal seine Runde zu tun.

Dann hat man gegen Abend oder am späten Nachmittag bei Schwerstkranken noch einmal eine zweite Runde gemacht. Das war unterschiedlich. Da gab es ja auch alle die Sozialdienste noch nicht. Es gab aber die Volkssolidarität, mit der hatte ich in der Petrusgemeinde einen guten Kontakt. Da konnte ich anrufen, dass sie das Mittagessen brachten. Aber sie hatten keinen für die Hauswirtschaft. Da habe ich oft Patienten gehabt, dort habe ich den Ofen angeheizt, da gab es ja noch keine Zentralheizung, das waren ja die Kachelöfen, die brauchten dann eine Stunde. Wenn ich ging, habe ich bei einer Nachbarin geklingelt und habe gesagt: ,In einer Viertelstunde, zwanzig Minuten müssten Sie bitte mal die Ofentür zudrehen.' Das klappte. Oder von Konfirmanden aus der Gemeinde oder von der Jungen Gemeinde habe ich die Kohlen hochtragen lassen zu den Leuten, zum Pfarrer gesagt: ,Haben Sie nicht mal ein paar Jungs, die da zweimal in der Woche die Kohleneimer füllen können und zu der Dame da hochtragen?' [...] Das hat oft geklappt. Mit der Volkssolidarität mit dem Mittagessen und so, das hat auch geklappt."[24]

• *Schwester Ilse schilderte zunächst ihre Aufgaben, u. a. die Fürsorgebesuche:*[25]
„Das war in Jeßnitz auch insofern eine schöne Zeit, denn da hatte ich auch mehr Aufgaben, hier in Dessau hatte ich hauptsächlich Altenpflege. In Jeßnitz, da war ich in der Mütterberatung dabei, Kinderwiegen und so weiter, dann war ich im Jugend- und Sozialamt mit drin, so dass ich auch Fürsorgebesuche machen musste, was ja zwar auch in Dessau war, aber das war anders. [...] Also, die Arbeit in Jeßnitz war sehr viel vielseitiger. Nicht nur durch die Mitarbeit, sondern auch durch die Pflege, die Sterbenden und was alles so dazu gehörte."[26]

• *Auf die Frage nach dem Arbeitsbeginn und den Abläufen beschrieb sie ihren Arbeitsalltag wie folgt:*
„Ich habe eigentlich nie vor halb acht angefangen. Fast jeden Tag war Waschen, Pflegen, Bettbeziehen, auch mal Heizen oder mal Essenmitbringen. Das war so, Jeßnitz ist zweigeteilt: Die Stadt und die Vorstadt, die sind beinahe so zwei Kilometer auseinander. Da war man eben länger unterwegs. Dann waren die Fürsorgebesuche. Dann hatte ich mit Schulimpfung, die Gemeindeschwestern haben ja die Polio-Impfung in der Schule mitgemacht, da gab es auch die Tropfen, das durften wir mitmachen. Was anfiel. Hatte man Sterbende, ist man zum Sterbenden gegangen. Wurde man nachts geholt, ist man hingegangen."[27]

• *Auf den Einwurf hin, dass sie dann ja sozusagen immer im Dienst gewesen sei, bestätigte sie das zunächst und erzählte dann, wie ihr freie Tage ermöglicht wurden:*
„In Jeßnitz haben sie immer versucht, dass ich wenigstens immer mal den Sonnabend frei habe, was in Dessau nicht war. Also das war irgendwie nicht möglich. Warum, weiß ich nicht. Wir mussten auch sonntags in Dessau immer die Zuckerpatienten spritzen. Das wurde nachher so gemacht, dass der Bürger dann selbst dazu verpflichtet war, dass wir eigentlich gar nicht die Zuckerpatienten spritzen mussten. Da wurden die Angehörigen angeleitet, dass sie das machen konnten. Da hat man wenigstens versucht, dass ich immer mal einen Tag frei hatte, dann habe ich mich mit der Nachbarschwester abgelöst. Dort habe ich sie manchmal vertreten, und sie hat mich vertreten."[28]

Arbeit: Die Helferin und die Hilfe Empfangenden

Im Abschnitt „Arbeit" des Interviews ging es allgemein darum, wie die Schwestern ihr Verhältnis zu den Menschen, denen sie halfen, wahrnahmen. Zugleich wurde nach außergewöhnlichen oder besonders schwierigen Situationen im

Berufsleben gefragt. Zudem kam das Verhältnis zwischen Vertretern und Vertreterinnen des DDR-Staates und der Kirche in den Blick.

Die Hilfe Empfangenden: Grundsätzliche Dankbarkeit

▪ *Schwester Ilse beschrieb die Menschen, denen sie half, als dankbar und die manchmal aufkommenden Meinungsverschiedenheiten als lösbar:*

„Wissen Sie, wenn die Menschen einen brauchen, ... dann sind sie ja im Großen und Ganzen dankbar. [...] Mit manchen kam man nicht so klar, aber man hat ja so seine eigene Art, und die Leute haben auch ihre eigene Art, aber im Großen und Ganzen kann ich nicht sagen, dass man so große Differenzen hatte. Manchmal meinten sie, das könnte man anders machen, aber wenn man es ihnen dann gesagt hat, warum man das so und nicht anders macht, da ... hatte man sich geeinigt. Zum Beispiel hatte ich eine ganze Zeit lang einen Patienten, den musste man abends um halb zehn spritzen. Normalerweise geht man da nicht und setzt sich noch zum Patienten, wenn man den ganzen Tag auf den Beinen ist. Aber haben wir uns geeinigt, dass man gesagt hat: ‚Ich komme um neun, statt um halb zehn.' Das macht schon was aus."[29]

Helfen lernen: Die erste Verstorbene

▪ *Im Anschluss an ihre Schilderung des Gemeinschaftsgefühls innerhalb der Schwesternschaft[30] ging Schwester Margot auf das selbstverständliche Einüben der Lebensgemeinschaft und das Lernen durch Mitleben bzw. das Lehren durch Vorleben ein und erzählte von einer außergewöhnlichen Situation in ihrem frühen Berufsleben:*

„Das haben Sie in der Praxis gelernt. [...] Das habe ich auch nicht unbedingt begriffen, als ich in der Situation war, als Schülerin, das kommt Ihnen später erst, wie das eigentlich gelaufen ist. Und woher Sie das alles wissen und haben, das ist einfach das Vorleben gewesen ... und das Mitleben. [...] Man wächst dann hinein, ja. Ich weiß noch, ich war sechzehn, und es war meine erste Krankenstation. Es war eine ältere Diakonisse, die da Stationsschwester war, und eines Tages, ich war auf dem Flur und wollte irgendwohin, in ein Zimmer, nimmt sie mich bei der Hand und zieht mich in ein Einzelzimmer hinein ... und fängt an, einer alten Dame, die da im Bett lag, die Haare zu kämmen und das Bett schön zu machen ... und das Vaterunser zu beten und als ich wieder aus dem Zimmer heraus war, dann hab ich gewusst, dass das meine erste Verstorbene war. ... Sie hat keinen Ton gesagt, und ich habe mich hinterher nicht getraut zu fragen. Aber ich habe gewusst, jetzt hast du das erste Mal erlebt, wie man mit einen verstorbenen Menschen umgeht. [...] Sie hat mich einfach bei der Hand genommen und mittun lassen, und dann war die Sache erledigt, dann konnte ich meinen Tagesablauf weitermachen. ... Ah, das hat mich damals fast umgehauen. Mit sechzehn. [...] Aber dann wusste ich, wie es geht, und hatte auch keine Angst davor. Es war ja nichts Erschreckendes, ich wusste auch nicht, als ich in das Zimmer kam, dass die Frau tot ist. Dass sie so blass war und ... Das waren manche Patienten ... So in dem Stil konnte man noch viel lernen."[31]

Hilflos als Helferin: Krebstod und Suizid

▪ *Schwester Ilse berichtete von einer für sie als Helferin sehr belastenden Situation im Zusammenhang mit zwei aufeinanderfolgenden Todesfällen:*

„Etwas ganz Schweres habe ich mal erlebt in der Gemeinde. Da hatten wir einen jungen, kräftigen Mann. [...] Und der hatte Krebs. Der war ganz jung, gerade vierunddreißig. Und der hatte solche Schmerzen, da musste ich sehr oft hingehen, Spritzen geben. Aber zum Glück wohnte er nicht weit von mir, so konnte ich auch gut nachts alleine hingehen. [...] Ich habe nachts den Mann manchmal schreien hören vor Schmerzen. [...] Dann habe ich meistens gedacht: ‚Na, Ilse, es wird nicht lange dauern, dann liegen die Leute wach.' Und dann habe ich meistens gedacht: ‚Steh mal auf und geh, auch wenn die nicht kommen, du wirst hingehen.' Ich hatte die Vollmacht, so oft zu spritzen, wie er es braucht. Da habe ich ihn dann versorgt, und dann bin ich wieder gegangen. Da brauchte ich nicht geholt oder gebracht zu werden, das war um die Ecke. [...] Und das Tragische nach seinem Tod war nachher das: Die Schwiegereltern waren mit der Schwiegertochter nicht einverstanden. Sie haben sie so ein bisschen behandelt, als wäre sie ein bisschen unbedarft und haben ihr die Kinder entzogen. Ich hatte mich eigentlich sehr um die Frau bemüht und versucht, ihr Halt zu geben, weil sie bei den Schwiegereltern keinen Halt hatte, dabei wohnte sie bei den Schwiegereltern. Und dann hat sie sich Neujahr das Leben genommen. Das hat mich so belastet. [...] Man hat auch irgendwie abgewiegelt, wenn ich kam: ‚Sie ist nicht da.' ... Da habe ich gesagt: ‚Dann sagt ihr einen schönen Gruß. Sie soll mich doch mal besuchen kommen.' – Es kam nichts. Und dann kamen sie zu mir, als sie sich das Leben genommen hatte, haben gesagt: ‚Sie hat sich das Leben genommen. Jetzt sind die Kinder Vollwaisen.' – Ich habe gesagt: ‚Warum habt ihr ihr die Kinder weggenommen? Ich habe euch gebeten, lasst sie.' – ‚Na ja, wir dachten, das ist zu viel.' – Sagte ich: ‚Und jetzt?' [...] Wie gesagt, das hat mich lange sehr belastet. Aber, dass man nicht helfen konnte. ... Aber zum Glück waren das alles nicht solche Fälle, Todesfälle. Das hätte ich wohl auf die Dauer nicht verkraftet."[32]

Kirchliche Helferin, staatlicher Arbeitgeber: „Denken Sie an unsere Abmachung"

▪ *Zwischen der Stadt Jeßnitz und ihrer Gemeindeschwester gab es laut Schwester Ilse die Abmachung, dass man den Standpunkt des jeweils anderen zu respektieren hatte:*[33]

„Es war Auflage, es war eine Abmachung zwischen dem Rat der Stadt und mir. Ich durfte den Rat der Stadt nicht bekehren, und der Rat der Stadt durfte mich nicht überreden, in irgendeine Partei zu treten. [...] Der Bürgermeister hat mal vor einer Wahl gesagt: ‚Schwester Ilse, reden Sie doch mit dem Pastor. Ich würde gerne in die Kirche kommen, nach dem Gottesdienst und würde gerne eine Rede an mein Volk halten.' – Und da habe ich gesagt: ‚Na ja, ich kann ja mal horchen, was er sagt, aber ich mache Ihnen noch einen besseren Vorschlag: Sie kommen zum Gottesdienst, hören sich den Gottesdienst an, und dann können Sie hinterher eine Rede halten, wenn der Pfarrer damit einverstanden ist.' – [Der Bürgermeister sagte:] ‚Denken Sie an unsere Abmachung.' – Ich habe gesagt: ‚Herr Bürgermeister, denken Sie an unsere Abmachung.'

In der Gemeinde hatte ich keine Schwierigkeiten, also in beiden, in Dessau und in Jeßnitz, nicht. Allerdings, was ich nicht gemacht habe – als ich in der Jakobusgemeinde war, hatte ich Christenlehre gegeben –, aber in Jeßnitz habe ich es nicht gemacht. Das wäre nicht gegangen. Denn ich war ja von dem Rat der Stadt angestellt, da konnte ich nicht in der Kirche unterrichten. Aber in den Gottesdienst und in die Bibelstunde oder in den Chor bin ich gegangen, das war ja Privatsache.'"[34]

Kirchliche Helferin, hilfsbedürftiges Parteimitglied: Anruf bei der Kreisleitung der SED

▪ *Im Interesse einer hilfsbedürftigen Frau suchte Schwester Margot Kontakt mit staatlichen Stellen in Dessau:*

„Als ich in der Stadtmitte war, da habe ich sogar mal die Kreisleitung der SED angerufen. Das hätte ich mir in mein Leben nicht vorstellen können, das war in den siebziger Jahren, Ende der siebziger Jahre. Da gab es in der Straße, wo eigentlich ganz solide ... Wohnhäuser standen, ein Grundstück, da war bloß ein kleines Häuschen, das hatte weder innen noch außen ein Klo. Die Frau, die benutzte einen Eimer und schüttete das auf ihre Grünfläche und sonst war da nichts. Sie war völlig verlassen und verkommen in ihrem Haus und irgendjemand hatte gesagt: ‚Da müssen Sie mal hingucken, das ist ganz katastrophal.' ‚Und dann', sagte sie noch, ‚und dann ist sie Parteigenossin und keiner kümmert sich.' Und dann habe ich mir die Sache angeguckt und hab da versucht zu machen, was ich konnte, und dann habe ich gedacht: ‚Na warte, jetzt machst du es aber.' Und dann habe ich mir die Telefonnummer, die Kreisleitung hier der Stadt und des Kreises Dessau gesucht. Ich habe da angerufen und habe mich als evangelische Gemeindeschwester vorgestellt. Ich sage: ‚Ich bin heute auf die und die Dame aufmerksam geworden und mir wurde gesagt, dass sie Mitglied bei Ihnen in der Partei ist, und ich habe mir gedacht, das wird Sie interessieren und Sie sind sicher darauf bedacht, dass es Ihren Leuten gut geht' – und so weiter und so fort. Damals bekam man keinen ins Pflegeheim, das hat Jahre gedauert. Sie war in drei Tagen im Pflegeheim. ... Aber habe ich gedacht: ‚Nein, jetzt jubele ich euch mal was unter.' Und habe so ganz dumm getan. Ich sage: ‚Ja, ich habe gedacht, sie wären dankbar, wenn Sie jemand darauf hinweist, weil Sie ja nicht alles wissen können.' Ja, man musste sich da Tricks einfallen lassen ... und erfinderisch sein.'"[35]

Gegenseitiges Helfen zwischen Vertretern des DDR-Staates und Akteuren der ADA

• *Zum einen hatte die Leitung des Mutterhauses offenbar gute Beziehungen zu Leuten, die in den staatlichen Strukturen verankert waren:*

„Altvorsteher Strümpfel [...] konnte mit der Stadt gut umgehen. Er war clever ... Er konnte rausholen, was nur rauszuholen war, und hatte so auch Beziehungen zu einigen Leuten, wo er dann wusste, wenn was war, konnte er sie ansprechen, und sie konnten dann dafür sorgen, dass irgendwo in einer Nische von einem Betrieb doch noch etwas zu holen war. So wie diese Nullserie von unserm Dach, das waren diese Betonschalen, die da auf das Dach der Laurentiushalle kamen – jeder sagt: ‚Sieht aus wie eine Sporthalle' –, aber das war eine Nullserie, die war noch gar nicht verplant. Und ich weiß nicht mehr, aber da waren auch wieder ein paar Leute involviert, die dafür gesorgt haben, dass wir die dann tatsächlich bekamen.'"[36]

• *Zum andern wurde die Arbeit des Diakonissenkrankenhauses von Leuten wertgeschätzt, die in staatliche Strukturen eingebunden waren:*

„Es kamen ja auch zu DDR-Zeiten die ganzen Parteibonzen, die legten sich in unser Krankenhaus, nicht ins städtische Klinikum. Nein, die kamen ins Diakonissenkrankenhaus, da war es hier viel besser. [...] Also, da war viel Zweiseitiges, zum einen ... hatte man mit der Kirche nichts am Hut, aber man achtete das, was getan wurde, und sorgte dafür, dass das auch getan werden konnte.'"[37]

Arbeit: Die ADA und die Kirchengemeinden in Dessau

▪ *Auf die Frage nach dem Verhältnis zu Kirchengemeinden in Dessau ging Schwester Margot zuerst auf ihr persönliches Verhältnis zu den Gemeinden ein, dann auf das der Gemeinden zur Institution Mutterhaus:*

„Also, als Privatperson und als Gemeindeschwester war das gut. Wir hatten zwei Gemeindepfarrer, da waren wir sehr in die Familien mit eingebunden, weil sie auch heranwachsende Kinder hatten. Sie haben uns dann immer mal eingeladen zum Spieleabend und Ähnlichem. Und dann hatte man Pfarrer, da war das ein freundlicher, korrekter Umgang, [...] aber man hatte auch Gemeindeglieder, mit denen man besser konnte, als mit andern ... Ich hatte immer einen Vertrauensvorschuss, das kann ich nicht anders sagen. [...]

Aber das Verhältnis Kirchengemeinde – Mutterhaus, also hier die ganze Einrichtung, das war in den ... DDR-Jahren oft sehr gespannt. Die Gemeinden hatten ja nur die Gelder, die durch Kirchensteuern einkamen, die mussten sie ja selber einziehen. Und wenn einer keine bezahlte, dann bezahlte er eben nicht [...]. Da war immer: Wir armen Kirchengemeinden und ihr reiches Mutterhaus. [...] Weil wir ja Pflegegelder bekamen für das Krankenhaus. Damals bekamen wir kostendeckende Pflegesätze, das heißt, man hat gearbeitet, und am Jahresende wurde die Rechnung zu den Krankenkassen eingereicht und bis zu einem gewissen Punkt wurde das dann erstattet. Und jetzt müssen sie ja vorher aushandeln, was sie kriegen oder nicht kriegen und so, also das war ein andres System. Auch im Marienheim die Pflegesätze, es war ja alles sehr gering, aber es war wesentlich mehr als die Gemeinden zur Verfügung hatten, aber nicht so viel, wie sie sich vorstellten, dass wir haben. [...] Da ist ja auch viel Geld aus der Schwesternschaft hineingeflossen, sonst hätte das ja gar nicht so funktionieren können. Aber das können Sie doch nicht jedem immerzu auseinanderklamüsern. [...] Wir haben ... Besuche in den Gemeinden gemacht, in den Frauenkreisen, in den Gemeindegruppen, vom Mutterhaus her und haben berichtet und sie eingeladen zu uns, zu den Jahresfesten haben wir dann immer einen Kirchenkreis ganz besonders eingeladen ... oder irgendwas versucht, wieder bessere Kontakte herzustellen ... Das lag natürlich auch an der Einstellung der einzelnen Pastoren, was die von Diakonissen hielten oder nicht hielten. Für manche war das ja eine überholte Einrichtung, was ja auch nicht so ganz falsch war, aber die Entwicklung war eben noch nicht so weit, wie wir heute sind. Ob das nun alles so gut war oder nicht gut, das sei mal noch dahingestellt [...]. Also da gab es schon Probleme, aber gut war es, dass damals die Gemeinden hier um Dessau herum, die ganzen Landgemeinden ihre Erntegaben, alles zu uns brachten."[38]

Arbeit und Gemeinschaft: Entsendung an die Arbeitsstellen und Umgang mit Konflikten

Charakteristisch für die Dienstgemeinschaft der Schwestern war das Prinzip der Entsendung an die Arbeitsstellen, für die Lebensgemeinschaft von grundlegender Bedeutung war die Art und Weise des Umgangs mit Konflikten.

Entsendung an die Arbeitsstellen

Der neben Ehelosigkeit und dem Einzahlen in die Gemeinschaftskasse geforderte Gehorsam gegenüber der Leitung des Mutterhauses machte sich bei der Entsendung der einzelnen Schwestern auf ihre Arbeitsstellen bemerkbar in der Weise, wie sie für bestimmte Aufgaben angefragt wurden. Sowohl Schwester Ilse als auch Schwester Margot beschrieben eine Mischung aus Fremdbestimmung durch die Leitung des Mutterhauses bei der Entsendung einerseits und Rücksichtnahme auf individuelle Fähigkeiten, Grenzen und Bedürfnisse der Schwestern an ihren jeweiligen Arbeitsstellen andererseits.

Schwester Ilse thematisierte die jeden Widerspruch per se ausschließende Begründung, die ihr mitgegeben wurde, wenn sie auf eine Arbeitsstelle geschickt wurde: Es sei Gottes Wille.[39] Als sie jedoch bei Nachtdiensten an ihre Grenzen kam und bei der Oberin mit ihrem Anliegen auf Verständnis traf, war eine Befreiung von diesen Diensten für sie möglich.[40] Schwester Margot schilderte die Lage der einzelnen Schwester, für die bestimmte Aufgaben seitens der Mutterhausleitung vorgesehen waren, ebenfalls als eine Zwickmühle, in der man zwar zu nichts gezwungen war, einem aber doch die Aufgabe sehr ans Herz gelegt wurde; zugleich fühlte sie sich aber mit ihren Gaben und Vorlieben gut wahrgenommen.[41]

Umgang mit Konflikten

Zum Umgang mit den Konflikten der Schwestern untereinander betonte Schwester Ilse, dass dieser sich nicht groß von dem innerhalb einer Familie unterscheide: Man streite sich, sage sich die Meinung und versöhne sich wieder.[42] Die Frage nach Konflikten, die am Ende durch die Oberin oder den Vorsteher hätten entschieden werden müssen, ließ Schwester Ilse an die Entscheidungen über das Ausscheiden aus der Schwesternschaft denken, die von der Leitung nicht transparent gemacht wurden.[43] Schwester Margot meinte einerseits, je größer und heterogener die Gruppe, desto unkomplizierter verflüchtigten sich darin eventuelle Konflikte, schilderte andererseits das Aufeinanderprallen verschiedener Frömmigkeitsstile innerhalb der Schwesternschaft.[44]

• *Darauf beschrieb sie ein Beispiel eines Konflikts mit ihrer eigenen Beteiligung:*
„Ich weiß, dass ich einmal aus einem gemeinsamen Abend weggegangen bin und die Tür geknallt habe, weil ich gesagt hab: ‚Das kann ich jetzt nicht mehr.' Ich hatte so Schwierigkeiten. Früher war das ja so, dass wir jüngeren Schwestern die älteren Schwestern betreut und versorgt haben, wenn die alt wurden und zum Sterben kamen. [...] Und als das dann nicht mehr ging, dann kamen sie ins Marienheim. Aber wir hatten sie auf dem Gelände. Und jetzt war das erste Mal die Sache, dass eine Schwester weggegeben werden sollte. Sie hatte einen Schlaganfall gehabt, konnte nicht mehr sprechen und so weiter. Im Marienheim war kein Platz. Sie sollte in ein Pflegeheim gegeben werden, und das ging mir so gegen den Strich. S. als Oberin, die fand nun gar nichts dabei, und ich sage: ‚Das kann doch wohl nicht sein, dass wir Schwester G. ... da in die Fröbelstraße geben.' Ich sage: ‚Da mach ich nicht mit, das muss doch eine andere Lösung geben.' [...] Und die andern waren alle ganz stille. Irgendwie haben wir beide uns so hochgeschaukelt, dass ich dann gegangen bin. [...] Wir wohnten damals beide im Kursushaus drüben, Schwester H. und ich. Sie war krank, sie war gar nicht mit dabei gewesen, und ich kam nach einer halben Stunde schon wieder, und sie guckte heraus und sagte: ‚Ist es denn schon zu Ende?'– ‚Nein', sage ich, ‚ich bin gegangen.' – Und dann blieb ihr auch die Spucke weg, und dann habe ich ihr bloß kurz gesagt: ‚Lass mich gehen, ich muss jetzt zu mir rein.' – Aber später haben wir dann geredet, und es hat sich nachher noch eine andere Lösung gefunden. G. musste dann nicht ins städtische Heim."[45]

Gemeinschaft: Freizeitgestaltung

• *Beide Schwestern skizzierten kurz ihre persönlichen Freizeitaktivitäten, beschrieben dann etwas ausführlicher die gemeinsamen Urlaubsaktivitäten der Schwesternschaft. Schwester Ilse spielte den Ball zurück an die Fragende:*
„Meistens hatte man was im Haus zu tun oder war einkaufen, oder man ging ein bisschen auf die Wiese spazieren, sich einen schönen Blumenstrauß pflücken im Sommer oder sich mal auf den Damm setzen und dann die Sonne genießen und den Thymian riechen, die Lerche singen hören. Na und im Winter, da habe ich meistens so ein bisschen gestickt oder gelesen, gerätselt, Plätzchen gebacken, Kuchen gebacken. Das, was Sie normal machen. Also nichts Besonderes. Was so jede Frau macht, die im Beruf steht. Was, wenn ich sagen würde: ‚Was machen Sie in Ihrer Freizeit?'"[46]

▪ *Über die gemeinsamen Urlaube und Rüstzeiten erzählte sie:*

„Ich bin auch in den Urlaub gefahren, und zwei- oder dreimal war ich an der Ostsee. Dann hatten wir auch einmal Feriengemeinschaft mit Schwester B. in Bad Saarow, das war herrlich. Davon hat sicherlich schon Margot erzählt. [...] In den Harz bin ich auch mit M. ein paar Mal gefahren. Auch früher als junge Schwestern hatten wir sehr viel Freude, jedes Jahr eine Rüstzeit von acht Tagen. Da sind wir immer weggefahren, sehr oft nach Stecklenberg in den Harz. Stecklenberg ist herrlich. Dann haben wir manchmal mit M. eine Wanderung gemacht durchs Bodetal, da mal sechzehn Kilometer und achtzehn wieder zurück und auf den Hexentanzplatz. [...] Aber der Zusammenhalt aus jungen Schwestern, wenn man dann zu vielen jungen Schwestern war, war herrlich."[47]

▪ *Schwester Margot beschrieb den Freizeitbereich in drei Schritten, zuerst die individuelle Freizeit, dann die gemeinsamen Urlaube und schließlich die gemeinsamen Rüstzeiten:*

„Man hatte anderthalb Tage in der Woche frei. Wenn man sonntags Dienst hatte, dann konnte man in der Woche einen freien Tag nehmen. Dann hat man erstmal ausgeschlafen. Sonntags war ja die Zeit vorgegeben mit dem Gottesdienst. [...] Dann ist man mal in die Stadt gegangen, hat Besorgungen gemacht oder hat gelesen oder hat Handarbeiten gemacht oder hat sich mit andern getroffen oder was man ... so macht. Aber zu den Mahlzeiten musste man schon da sein, wenn man etwas zu Essen haben wollte. [...]

Im Urlaub konnte man natürlich auch ... wegfahren. Das war sehr begrenzt. Wir konnten ja nur innerhalb der DDR, oder wenn Sie viel Glück hatten, konnten Sie mal nach Ungarn an den Plattensee, da mussten Sie dann aber Beziehungen haben zu irgendwelchen Leuten, oder auch mal in die Tschechei ... bin ich mit einer Schwester, die in Ballenstedt eingesetzt war und da ein Dienstauto hatte, da sind wir mal ins Riesengebirge gefahren für zwölf Tage. Dann gab es natürlich auch kirchliche Erholungsheime. Als man jüngere Schwester war, da hat das dann die Oberin vermittelt, dass man da einen Platz kriegte ... und da dann Urlaub machen konnte. Da gab es im Erzgebirge dann eines in Bärenfels, da gab es in Brandenburg Buckow und Bad Saarow und so alles an den Seen da ... Und eine Zeit lang haben wir auch ein paar Jahre mit der Oberin Daase, die dann Mitte der sechziger Jahre kam, Feriengemeinschaft in Bad Saarow gemacht. Da war es so, das war eigentlich ein großes Tagungshaus, und dann hatten die so einen Flachbau, der wurde für Retraiten, also für Schweigerüstzeiten genutzt, und da konnten wir auch acht bis zehn Tage Feriengemeinschaft machen. Das hatten wir dann immer so gemacht, dass am Vormittag jeder machen konnte, wie er wollte, was er wollte, und nachmittags haben wir dann oft Gemeinsames gemacht und gewandert, gesegelt, da hatten wir eben jemanden, den wir immer engagieren konnten, der ein Segelboot hatte, und haben eben im See gebadet. Und Spiele und was man so macht zusammen. ... Da war immer so eine Gruppe von acht bis zehn Schwestern zusammen. Das haben wir ein paar Jahre gemacht.

Dann gab es ja auch in den Jahren, als es noch viele Schwestern waren, also einmal im Jahr gab es eine Schwesternfreizeit von einer Woche. Es gab immer eine, dort sind sie weggefahren, irgendwohin in ein Tagungshaus, und eine für die, die nicht mehr reisen konnten, für die Feierabendschwestern oder die, die nicht mitwollten, die konnten sich dann für eine Rüstzeit hier im Haus eintragen. Man konnte sich dann zu dieser oder zu jener Rüstzeit eintragen. Da hatten wir ja noch so einen kleinen Bus und Autos und Kraftfahrer hier eingestellt, und da sind wir immer durch die Gegend gefahren. ... Jetzt machen wir nur noch eine Rüstzeit für so drei, dreieinhalb Tage hier im Haus, das hatten wir jetzt in Juni, Anfang Juni, für die Diakonische Gemeinschaft, sind ja jetzt alle zusammen hier, Diakonissen, Diakonische Schwestern und Diakonische Mitarbeiter."[48]

Gemeinschaft: Erkennungszeichen Kleid, Haube, Kreuz

▪ *Für beide Schwestern gehörte das Tragen der Tracht selbstverständlich zu ihrem Leben als Diakonisse dazu. Erleichtert zeigten sie sich über die Veränderungen, die Kleid und Haube betrafen. Schwester Ilse sprach über die Wünsche der Schwestern nach leichterer Kleidung:*

„Wir haben die getragen, auch gern getragen. Nachher war es so heiß manchmal. Man wurde auch so ein bisschen angepöbelt auf der Straße. Dann sind vier junge Schwestern auf die Barrikaden gegangen. Wir hatten ja auch damals noch die Baumwollkleider, die blauen mit den Punkten, lange Ärmel, also es gab kein kurzärmeliges Kleid. Da hatten wir darum gebeten, man möchte doch an der Haube die Schleife wegmachen, weil das ja sehr warm ist und eben hinten etwas zum Verschließen haben und wir möchten gern im Sommer leichte Kleider haben, so graue. Oder meinetwegen, wenn es schon die blauen sein müssen, dann kurzärmelige."[49]

▪ *Schwester Margot ging zunächst auf die Funktion der Tracht als Zeichen der Verbundenheit mit der Schwesternschaft und als Erkennungszeichen nach außen mit möglichen Missverständnissen ein, bevor sie auf die Veränderungen der Tracht in Laufe der Zeit zu sprechen kam:*

„Auf einer Seite ist es natürlich ein Zeichen der Verbundenheit untereinander, und es ist Erkennungszeichen nach außen hin. [...] Aber, Sie können sich auch nicht verstecken, wenn Sie sie anhaben. Zum Beispiel Schwester H., die ja auch mehrere Jahre unserer Oberin war, sie ist ja eigentlich von Beruf aus Lehrerin, sie hat ein Lehrerstudium gemacht und hat ja auch in der Schule gearbeitet, in den Jahren dann später. Sie sagte: ‚Wenn ich mit der Haube unterwegs bin und sehe von weitem schon einen Unfall, dann mach ich, dass ich um die nächste Ecke komme. Ich bin keine Krankenschwester.‘ [...] Aber jeder hält eine Diakonisse für eine Krankenschwester. Die muss doch jetzt hier helfen. Das meine ich. Sie sind erkennbar. [...] Sie sind natürlich auch für Pöbeleien erkennbar. [...][50] Ich weiß, dass Schwester E. immer erzählt, wie sie einmal durch den Bahnhof gegangen ist, und da hat irgend so ein Halbwüchsiger ihr nachgerufen: ‚Gott ist tot!‘ Und da hat sie gesagt – ich war so, die ist sonst kein spontaner Mensch – die hat gesagt: ‚Denkste!‘ [...]

Die Tracht hat sich natürlich auch verändert im Lauf der Zeit. Als ich eingetreten bin, 1959, gab es nur langärmlige Kleider, blau gepunktet und noch die Haube mit der Schleife hier vorne. Und ... man hatte lange Haare natürlich, das war auch praktisch, weil die Haube sozusagen auf dem hochgesteckten Zopf so ein bisschen Halt hatte und nicht gleich wieder vom Kopf herunterrutschte, je nachdem, wie, was der Mensch für eine Kopfform hatte. [...] Damals durfte man den Ärmel nicht weiter wie bis hierher hochkrempeln, nicht? Das war dann nicht schicklich und so weiter. Waren auch noch lang. Aber im Lauf der Jahre hat sich das verändert. Dann kamen die kurzärmeligen Kleider, das war schon eine Revolution. Wir waren ja immer zu DDR-Zeiten angewiesen auf unsere Partnermutterhäuser, die uns die Stoffe für die Kleider geschickt haben, die uns die Hauben und die Kragen geschickt haben. Dann fing das ja im Westen an, dass sie die Schleife abschafften, da hatten wir die noch lange. Wir Jüngeren haben dann immer gemault. Das war vor allem in der Gemeinde, wenn das Wetter schlecht war, war das unpraktisch mit der Haube. Die Oberin sagte immer: ‚Schwester Ilse und du, ihr habt die schlechtestgezogenen Hauben.‘ Ich sage: ‚Ja, ist doch kein Wunder, wir müssen ja bei Regen und so mit dem Regencape drüber, da geht doch jede Haube flöten.‘ Ich sage: ‚Ihr im Mutterhaus wisst doch gar nicht, was ihr habt.‘ Jedenfalls ging das jahrelang. Speyer und Augsburg, das waren unserer Partnermutterhäuser, hatten schon lange die andere Haube, also ohne Schleife, aber das wurde immer schwieriger, dass sie uns nun noch Hauben schicken konnten, die so nach unserm alten Stil waren. [...] Und immer,

wenn alle zusammen befragt wurden, dann hieß es: ‚Nein, wir wollen die alte.'
Die alten Schwestern. Dann war eine Schwesternrüstzeit, in Gernrode war das.
Da habe ich noch zu einer jüngeren Schwester gesagt: ‚Weißt du, jetzt frage ich
jede einzeln ab, und dann werden wir mal sehn.' Dann sind wir still und leise
zu jeder Einzelnen gegangen und haben gesagt: ‚Was meinst du denn, wollen
wir die neue Haube, oder bist du für die alte Haube?' Wenn man sie einzeln
abfragte, waren ja natürlich viel mehr für die neue Haube. Dann haben wir am
gemeinsamen Abend gesagt: ‚Also wir haben jetzt alle befragt und soundso viele
sind dafür und soundso viele sind dagegen.' Und dann wurde beschlossen, dass
wir doch die neue Haube einführen wollen. Wer wollte, konnte aber die alte behalten. Dann gab es einzelne Schwestern, die gesagt haben: ‚Ja, wenn du mir
gesagt hättest, dass andere auch noch dagegen sind, wäre ich auch dagegen gewesen.' Aber wir waren froh, dass wir das endlich durchhatten. In dem Jahr darauf an einem bestimmten Sonntag haben aber dann die, die wollten, die neue
Haube bekommen, und die andern konnten noch die alte behalten. Die Oberin
hat noch bis zum ersten Advent gewartet, und dann hat sie auch die neue Haube genommen, damit sie sozusagen vermittelte zwischen den beiden Gruppen.
[...] Das war in den achtziger Jahren. [...]
Früher musste man ja auch im Urlaub die Tracht tragen. Es war nur erlaubt, an
der Ostsee ein Strandkleid oder so was zu tragen, aber man musste natürlich in
der Tracht reisen. [...] Ende der achtziger Jahre, da sind wir dann schon in Zivil
verreist."[51]

- *Vom Kleid und der Haube kam das Gespräch auf das Kreuz:*
„Ja, das bekommt man zur Einsegnung. [...] Hier auf dem Kreuz steht ‚Anhaltische Diakonissenanstalt' und hinten drauf, die Bibelstellen unserer Haussprü-
che[52] [...] Und dieses Kreuz hat bestimmt schon eine andre Schwester vor mir
getragen, aber ich weiß nicht, welche. Denn wenn eine Schwester verstirbt, wird
das Kreuz wieder in die Schatulle getan [und es bekommt die nächste Schwester. Es ist sozusagen eine Weitergabe von einer Schwester an die nächste]."[53]

Glaube: Frömmigkeitspraxis
- *Die direkte Frage nach der persönlichen Frömmigkeit stellte ich nur im Gespräch
mit Schwester Ilse. Nachdem das Gespräch auf ihre Einsegnung als Abschluss ihrer
Entscheidung für das Leben als Diakonisse gekommen war,[54] schilderte sie, wie viel ihr
die Abendmahlsfeiern im Kreis der Schwestern bedeuteten:*
„Was ich immer sehr schätzte und auch versuchte, ganz gleich, wo ich war,
wenn es einzurichten möglich war, dass ich zum Sonnabend vor dem ersten

Advent zum Abendmahl der Schwesternschaft kam. Und das war so schön. Und das liebte ich. Aber es wurde nachher leider wegrationalisiert. [...] Und wo ich [außerdem] immer zusah am Abendmahl teilzunehmen, wenn es möglich war, das war an Gründonnerstag und Silvester."[55]

▪ *Gefragt, wie sie ihre persönliche Frömmigkeit habe leben können, meinte sie über die individuelle Freiheit in diesem Bereich:*
„Die hat man gelebt, wie man will. [...] Da gibt es keine Regel. Nach Möglichkeit habe ich immer, wo ich zur Arbeit ging, beim Frühstück meine Losung gelesen und gebetet und abends auch immer, aber das war individuell. Aber ich meine, wenn ich heute Nacht nicht schlafen kann, dann hole ich mir meine Bücher herunter und lese sie und dann leg ich sie wieder hin. Da hat man uns eigentlich nie Vorschriften gemacht. Und das finde ich auch gut so. Manche macht es früh, manche macht es abends, manche macht es am Mittag, das ... ist individuell. Ich finde eben immer, es ist nur gut, wenn man es macht."[56]

Glaube: Orte

▪ *Schwester Ilse erzählte im Zusammenhang mit den Jahresfesten, wie sehr sie die alte Baracke mit Kirchsaal und Ess-Saal mochte. Um sich schließlich auch mit der neu gebauten Laurentiushalle anzufreunden, brauchte sie Zeit:*
„Und als die Laurentiushalle eingeweiht wurde, nahmen wir Abschied von der Kapelle, da sagte der Pastor Strümpfel: ‚Also, jetzt nehmen wir Abschied von der Kapelle, die so niedrig war und warm' – und was weiß ich nicht alles er erzählte – ‚und gehen rüber in die Laurentiushalle, die hoch ist und luftig' – und das war ein heißer Tag kann ich Ihnen sagen, und diese alte Frontfenster, und die waren nicht zum Aufmachen! ... Und ich saß da mitten drinnen und es war nichts mehr mit Fenster auf. [...] Also, die Kapelle, die Laurentiushalle, mit der konnte ich mich nicht anfreunden. Das haben sie nachher irgendwie gemacht mit diesen Fenstern, dass man die aufmachen kann, aber so ein bisschen konnte man sie aufmachen, jetzt kann man sie ja richtig aufmachen, so bestimmte Fenster, aber das, nein, die gefiel mir überhaupt nicht. [...] Jetzt habe ich mich inzwischen angefreundet, aber es war nicht meine Kirche."[57]

Glaube und Gemeinschaft: Feiern und Feste

Jahresfeste

▪ *Schwester Ilse verneinte auf die Frage, ob sie sich an ein besonderes Jahresfest erinnere:*

„Wissen Sie, kann ich eigentlich nicht sagen. Sind immer schön gewesen. [...] Das Einzige, was ich beschreibe, da kam es, dass wir den Ess-Saal eingeweiht haben [...] Wir hatten doch erst eine Baracke, da wo jetzt die grüne Fläche ist. Und am ersten Advent wurde der Kirchsaal eingeweiht. Das war schön, und ich liebte den Kirchsaal!"[58]

▪ *Nach der Einweihung der Laurentiushalle gefragt, erinnerte sich Schwester Margot:*

„Viel mehr noch erinnere ich mich da daran, wie wir das Jahresfest in der unvollendeten gehalten haben, da waren noch keine Seitenwände drin, da standen nur die Pfeiler, und das Dach war darüber, und dann haben wir da ein Theaterstück von Fliedner gespielt. Da saß die Gemeinde im offenen Raum.

Ja, die Einweihung war schön. Die Altargeräte von der alten Baracke wurden von Mitarbeitern, also von einer Diakonisse, von einer Diakonischen Schwester, auch von einem aus dem Handwerkerbereich und von der Oberschwester des Krankenhauses im festlichen Zug mit dem Pastor herübergetragen, da war dann die Ansprache, bis man dann aufschloss, dann wurde das alles zum Altar gebracht. Das war schon beeindruckend. Die Art und Weise, wie das entstanden ist, war auch beeindruckend in den Jahren. Unsre Bauarbeiten haben ja alle immer ewig gedauert in den ... DDR-Jahren. Dass wir das überhaupt bauen durften. [...] Alles mit Feierabendbrigaden."[59]

Einsegnung

▪ *Schwester Ilse sagte über ihre Einsegnung, dass sie „normal" verlaufen sei.[60] Nachdem es im Gespräch um die äußeren Erkennungszeichen der Diakonissen, zuletzt um das Kreuz gegangen war, erzählte Schwester Margot über ihre Einsegnung:*

„Es ist mir schon wichtig, erstens mal ist es ein Zeichen. Wenn man es bekommt und eingesegnet wird, ist das ein sehr emotionaler Moment, weil man da dann wirklich dazugehört. [...] Früher waren ja meistens die Einsegnungsgruppen größer, es waren immer mindestens zwei oder drei Schwestern. Wir hatten sogar Einsegnungsgruppen, in denen fünf oder sechs Schwestern gleichzeitig eingesegnet wurden. [...] Ich war ganz alleine. Eigentlich war es früher immer so, dass eine Schwester vor der Einsegnung oder die Schwestern vor der Einsegnung eine Woche Rüstzeit hatten, und zwar gesondert von den anderen, also extra genommen wurden, damit sie sich gut vorbereiten konnten. [...] Ich bin 1968 eingesegnet worden, es war eine ziemlich lange ... Zeit, weil da eben die Berufsausbildung lag, dann kam der Oberinnenwechsel. Die Oberin, bei der ich eingetreten bin, die ging dann in Ruhestand, sie war ja die ganze Kriegszeit und Vorkriegszeit hier. Dann kam Oberin Daase 1965, und für sie war ich die erste, die unter ihrer Verantwortung eingesegnet wurde, und ich war ganz alleine. [...] Man war noch schüchtern und wusste auch nicht so ganz, was auf einen zukommt, man hatte das ja noch nicht erlebt. Ich wusste auch nicht, was von mir erwartet wird. Wenn sie zu mehreren sind, können sie ja mal untereinander sagen: ‚Wie siehst denn du das, oder wie machst denn du das?' Dann hatten wir eine Schwesternrüstzeit in Halberstadt für ... vier Tage. Das war der Beginn meiner Rüstzeit, da war ich sozusagen in der Gruppe. Und dann haben sie noch mit mir allein hier drei Tage im Mutterhaus Rüstzeit gemacht, die Oberin und der Herr Pastor. Und ich saß da immer und hab gedacht: ‚Sollst du nun mitschreiben, was wir besprechen, oder nicht, oder was erwarten sie?' Ich habe nichts mitgeschrieben, aber meine Oberin hat mir hinterher alles Wichtige zur Einsegnung geschenkt, so ein Heftchen, [...] da konnte man es sich noch einmal genau überlegen ... wie das so ist. Eigentlich war das sonst üblich, dass sie oft bei Jahresfesten eingesegnet haben ... und bei mir war es so, ich bin im Mai eingesegnet worden, und da war Synode. Synoden waren ja hier immer bei uns in unseren Räumen im Mutterhaus, und Pfarrer Strümpfel wollte unbedingt, dass der Abschluss-Synodengottesdienst mit einer Einsegnung einer Diakonisse stattfindet, und das sollte in der Auferstehungskirche sein. Wir hatten ja da die Laurentiushalle noch nicht, sondern nur unsre alte Holzbaracke. Und ich wollte nicht, ich wollte in unsrer Kirche eingesegnet werden, in der Baracke. [...] Aber es war nichts zu machen, ich musste in die Auferstehungskirche, zu dem Synodengottesdienst. Da sind sie alle hingepilgert, und dann sind wir zurückgepilgert, und den festlichen Nachmittag, den haben wir dann in der Baracke gemacht. Aber nicht die Einsegnung. ... Na ja, das war ein festlicher Gottesdienst und auch ein festlicher Nachmittag und Abend. Einer meiner Brüder hat immerzu im Gelände gestanden und Posaune gespielt. [...] Der lebt jetzt schon gar nicht mehr, ja. [Es war für mich ein sehr bewegender Tag.]"[61]

Glaube und Gemeinschaft: Krankheit und Sterben

▪ *Beide Schwestern wussten als Krankenschwestern, die für bestimmte Zeiten im Marienheim eingesetzt waren, von der Pflege der alten Diakonissen im Mutterhaus und später im Marienheim zu berichten. Das Damals und Heute der Pflege kranker und sterbender Diakonissen schilderte Schwester Ilse folgendermaßen:*

„Früher, als wir noch viele Schwestern waren, haben wir unsere Schwestern bis zum Letzten in ihren Zimmern gepflegt. [...] Ich habe es ja erlebt im Marienheim. Da haben wir erst gewohnt, bevor das Mutterhaus hierherkam. Und wir haben keine Schwester, wenn es nicht nötig war, weggegeben. Also, sie wurde bis zum Schluss im Zimmer gepflegt. Da haben die anderen Schwestern mitgeholfen. Also nicht nur die Diensthabende, sondern es war ganz klar, da bist du mal hingegangen, hast mal eine Handreichung gemacht oder mal gefüttert oder wenn die andere nicht konnte, das haben schon die Freundschaften mit abgedeckt. Also, was so normal ist, was man zu Hause auch macht. Es wurde erst, als wir hier im Mutterhaus waren und keine Nachtwache mehr hatten, [...] da sind die Schwestern ins Marienheim gekommen. Aber vorher nicht. Erst als wir keine Nachtwache mehr hatten. Als keine Schwestern mehr da waren, die das abdecken konnten. Früher gab es das nicht. Und ich muss sagen, unsere alten Schwestern haben zum Teil darunter gelitten, andere haben gesagt: ‚Ich bin gerne hier und ich fühle mich wohl.‘"[62]

- *Schwester Margot berichtete über die Pflege der alten und kranken Diakonissen im Mutterhaus und im Marienheim und kam dann auf die Grabstätte der Diakonissen auf dem Dessauer Friedhof III zu sprechen:*

„Bis zur Wende hatten wir ja im Marienheim drüben, in dem alten, in dem jetzt das Servicewohnen ist, die untere Etage, also das Erdgeschoss, das war die Feierabendstation. Da haben die Schwestern gewohnt, die sehr betagt waren, und wenn sie zu pflegen waren, dann blieben sie auf der Station, da war eine Diakonisse als sogenannte Stationsschwester, und dann hatte sie noch so zwei, drei Helfer, und die Nachtwache vom Marienheim versorgte die Station mit. Jetzt kam die Wende und [...] dann mussten alle eine Pflegestufe haben, das hatten die Schwestern ja nicht [...]. Da musste im Mutterhaus der Aufzug her, damit unsere Schwestern hier oben, wo jetzt noch Schwester Ilse als Letzte wohnt, [...] in die Etage ziehen konnten. Das war ja früher die Internatsetage für das Proseminar [...] und dann musste das umgebaut werden, die große Lehrküche und der Schulsaal, das musste alles in Zimmer umgebaut werden und so weiter, und dann konnten die Schwestern umziehen. Dann war wieder eine Schwester da, die sich um diese Schwestern, die da lebten, kümmerte. Aber unterdessen ... sind wir nicht mehr in der Lage dazu. [...]

Aber das ist eben das, was wir nicht mehr können. Früher war das selbstverständlich, und wenn eine Schwester im Sterben lag, dann haben wir da jeden

Abend gesungen und gebetet, und wenn sie gestorben war, dann ... haben wir in der Leichenhalle noch eine Andacht gehalten, wenn sie eingesargt wurde. Die Trauerfeiern sind ja in der Laurentiushalle, und die Beerdigung, da haben wir ja auf dem Friedhof eine besondere Stelle, unsere Schwesterngrabstelle. [...] Wir haben da bloß ein paar Gräberreihen, zwei Reihen aufgenommen. [Die Namen der Schwestern sind auf großen Steinplatten erhalten, aber die Grabstätte kann wieder belegt werden, wenn sie abgelaufen ist.]"[63]

Ausblick: Was vorbei ist, ist vorbei, doch es wird weitergehen

Sowohl Schwester Ilse als auch Schwester Margot sprachen davon, dass die Zeit der Diakonissen der alten Ordnung und Lebensform vorbei ist, zeigten sich dennoch überzeugt, dass es mit einer wie auch immer gearteten Form diakonischen und evangelisch geistlich geprägten Lebens in der ADA weitergehen wird. Schwester Margot sagte: „Ach, es wäre doch ganz schön, wenn noch ein paar nach uns kämen ..."[64]

Die Frage, was sie einer jungen Frau, die in der ADA Diakonisse werden möchte, mitgeben würde, ließ Schwester Margot einerseits auf ihre Nachfolgerin im Mutterhausbüro zu sprechen kommen und andererseits auf die Tatsache, dass vorbei ist, was vorbei ist: die Lebensgemeinschaft.[65] Danach ging sie auf die Ausbildung der Diakonissen nach der neuen Ordnung und die jährlichen Treffen der Schwestern nach der neuen Ordnung ein und meinte dann zu meiner fiktiven einzelnen jungen Frau, sie solle sich vor allem Mitstreiterinnen suchen, um etwas Neues aufzubauen.[66]

Nach meinem Zugeständnis, dass diese Frage recht konstruiert sei und gestellt, um zum Schluss noch einmal in Richtung Zukunft zu denken, machte Schwester Margot klar, dass die Zeit der Diakonissen alter Form unweigerlich abgelaufen ist. Sie zeigte sich gleichwohl zuversichtlich, dass es mit einem geistlichen Leben in der ADA weitergehen wird.[67]

▪ *Gefragt, ob sie sich als Diakonisse als eine aussterbende Lebensform bezeichnen würde, reagierte sie mit Humor und Selbstbewusstsein:*

„Ich habe schon oft so etwas provoziert, als ich zum Beispiel meine Rente beantragte, da ging es ja darum, dass wir nicht arbeitsvertraglich gebunden sind, sondern unsere ... Arbeitsverträge sind immer mit dem Haus, also mit der Einrichtung gemacht worden [...] Das Haus bezahlt natürlich für uns Rentenbeiträge. [...] Da habe ich zu der Rentenbearbeiterin dann gesagt: ‚Na ja, Sie haben eine aussterbende Spezies vor sich.' Ich sage: ‚Zwei kommen noch, dann haben Sie uns durch.' So in dem Stil. Und zu unserm Beerdigungsinstitut [...] habe ich das letzte Mal gesagt: ‚Na, achtmal müssen Sie noch kommen und uns unter die Erde bringen.' Er sagt: ‚Schwester, sagen Sie nicht so was!' Ich sage: ‚Na, das ist doch wahr!' Ja, aber ich sehe das so realistisch, dass diese Form, so wie wir leben und gelebt haben, [...] anders geworden ist. Auch die Breite der Berufe, was heutzutage junge Menschen werden können, ist ja viel breiter geworden als, noch als ich aus der Schule kam, geschweige denn, als die älteren Schwestern aus der Schule kamen.“[68]

▪ *Nach einem Blick auf die im Laufe der Zeit seit Beginn der Mutterhausdiakonie veränderten beruflichen Möglichkeiten für Frauen kam Schwester Margot zu dem Fazit:* „Ich weiß nicht, wie es weitergeht. Ich mach mir auch keinen, sagen wir mal, so einen großen, furchtbaren Kummer darum, dass wir nun die Letzten unserer Art sind. Das zerreißt mir nicht das Herz. [...] Manchmal denke ich: Ach, es wäre doch ganz schön, wenn noch ein paar nach uns kämen, aber es ist nun so und ...“[69]

▪ *Schwester Ilse meinte: „ Und wenn's keine Alten, keine Diakonissen mehr gibt, dann gibt's andere Schwestern.“[70] Die Schlussfrage brachte sie auf die Veränderungen, die diese Lebensentscheidung inzwischen erfahren hat:*
„Na ja, heute ist es ja nicht mehr so problematisch, aber früher war das schon eine Lebensentscheidung. Ich meine, auch noch heute, aber anders. Gucken Sie mal, als wir damals kamen, wurde uns vorher gleich gesagt: Lebensgemeinschaft, Glaubensgemeinschaft und Dienstgemeinschaft.“[71]

▪ *Auch sie machte deutlich, dass die Lebens- und Dienstgemeinschaft, so wie sie selbst sie gelebt hat, zum Ende gekommen ist.[72] Ich fragte sie, wie es ihr damit gehe. Schwester Ilse meinte:*
„Ja, wissen Sie, ... es wandelt sich alles, und es ist ja nie etwas von Dauer. Es war eben die Zeit, wo es das gab, und dafür bin ich dankbar. Als ich in der Jakobusgemeinde war, da habe ich einmal sonntags, da kam es mir so in den Sinn, ich guckte mir so die Gemeindeglieder an und dachte: ‚Mein Gott, alles alte Leute! Wenn die sterben, wer kommt denn dann? Wer kommt denn dann?' Denn das sind alles Todeskandidaten, wenn Sie so wollen. Nach Jahren bin ich mal wieder in die Jakobusgemeinde gekommen. Die Leute von damals waren weg. Aber es waren andere alte Leute da. Und wenn es keine Alten, keine Diakonissen mehr gibt, dann gibt es andere Schwestern. Wenn die in dem Geiste arbeiten und die-

nen, warum nicht? Ist genauso. Ist es nicht so? [...] Und wenn's der liebe Gott will, dass es mal wieder anders wird, dann wird er es anders machen. Da ist mir nicht bange drum. [...] Dann sind sie eben nicht mehr Diakonissen, sondern dann ist es meinetwegen eine Diakonische Gemeinschaft oder was weiß ich. [...] Ist's nicht so?"[73]

Schlussbemerkung

Zum Abschluss möchte ich die Aufmerksamkeit auf einige charakteristische Aspekte des Arbeits- und Gemeinschaftslebens der befragten Schwestern richten, von denen sich einige während der 1960er bis 1980er Jahre verändert haben. Von den Möglichkeiten, die Frauen damals in ihrer Berufswahl zur Verfügung standen, sollen die Aufgaben in der pflegerischen Tätigkeit, das Entsendungsprinzip bei der Zuteilung der Arbeitsstellen und die Öffnung von einigen die Schwesternschaft betreffenden Entscheidungsprozessen innerhalb der ADA in den Blick genommen werden und nicht zuletzt die Normalität und Besonderheit des Lebens als Diakonisse.

Weibliche Arbeit: Helfend oder erzieherisch

Beim vom Ausblick angeregten Rückblick kamen beide Schwestern auf den Unterschied zwischen der eigenen, stark begrenzten beruflichen Perspektive als junge Frau und den Möglichkeiten für junge Frauen heutzutage zu sprechen. Schwester Margot stellte nach Jahrzehnten bei einem Klassentreffen fest, dass fast alle aus ihrer Klasse in sozialen Berufen tätig geworden waren.[74] Sie erinnerte sich an die Aus- und Weiterbildungsmöglichkeiten, die ihr durch die ADA auf diesem Gebiet eröffnet wurden.[75] Die eigene Situation nach der Schule auf dem Weg in den Beruf in der zweiten Hälfte der 1950er Jahre oder gar die beruflichen Möglichkeiten der Frauen in den Anfangszeiten der weiblichen Diakonie im 19. Jahrhundert hielt sie mit den heutigen beruflichen Möglichkeiten von Frauen für nicht vergleichbar.[76]

Auch Schwester Ilse stellte den Unterschied heraus zwischen den Anfangszeiten im 19. Jahrhundert und der Zeit unmittelbar nach 1945 einerseits und der Situation heute andererseits. Sie hielt sie ebenfalls für grundverschieden. Nach dem Zweiten Weltkrieg war die Lage der Frauen und auch ihre eigene von der Not geprägt, während den Frauen heute alle Möglichkeiten offenstünden:[77] „Heute? Sie können ja werden, was Sie wollen."[78]

Reduktion der Tätigkeit auf die Pflege

Das allmähliche Auseinandertreten der seelsorgerlichen und der medizinischen oder sozialfürsorglichen Aufgaben der Diakonissen wird in den Schilderungen aus dem Arbeitsalltag der Schwestern indirekt sichtbar. Die Diakonisse als Pflegekraft für den Leib und zugleich als Seelsorgerin ist noch zu erahnen in der Beschreibung von Schwester Margots erster Begegnung mit einer Verstorbenen im Krankenhaus: Das Kämmen der Toten ist ein letzter, respektvoller Dienst an ihrem Leib, das dann gebetete Vaterunser ist der letzte Dienst an der Seele der Verstorbenen.[79]

Die in der Kirchengemeinde als Gemeindeschwester mitlebende Diakonisse hatte eine geistliche Funktion, zum einen als Bindeglied zwischen der Kirchengemeinde und der Schwesternschaft der ADA, zum anderen in der Erfüllung von bestimmten Aufgaben; z. B. gab Schwester Ilse in ihrer Zeit als Gemeindeschwester in Dessau Christenlehreunterricht.[80] Als mit Ärzten zusammenarbeitende Gemeindeschwester war Schwester Margot offenbar eine respektierte Mitarbeiterin. In ihrer Funktion übte sie, wie auch Schwester Ilse, ärztliche Hilfstätigkeiten aus wie das Setzen von Spritzen. Schließlich wurde Anfang bis Mitte der 1980er Jahre staatlicherseits in Dessau ein Netz von Schwestern aufgebaut, nun kam die staatliche Krankenschwester zum Spritzen, und die Diakonisse war für die Pflege und Haushalt zuständig.[81]

Entsendung auf die Arbeitsstelle

Bei der Zuweisung der Arbeitsaufgaben hatte sich eine einzelne Schwester in die Gemeinschaft der Schwesternschaft einzufügen. Sie hatte sich zur Einhaltung der Regeln bezüglich Ehelosigkeit, zur Einzahlung des Verdienstes in die gemeinsame Kasse und zum Gehorsam gegenüber der Leitung des Mutterhauses verpflichtet. Dieser Gehorsam bestand aber nicht einfach aus Befehl und Ausführung. Bei der Entsendung der einzelnen Schwestern auf ihre Arbeitsstellen ergab sich vielmehr eine Art gegenseitiger Abhängigkeit von Mutterhaus und Schwester: Die einzelne Schwester war in der Pflicht, aber man konnte sie nicht zum Dienst zwingen, da sie frei war, die Gemeinschaft zu verlassen. So waren beide Seiten aufeinander angewiesen, und daraus entstand die in beiden Interviews beschriebene Mischung aus einer gewissen Fremdbestimmung der Einzelnen und zugleich aufmerksamer und nach Möglichkeit rücksichtsvoller Wahrnehmung ihrer individuellen Fähigkeiten, Grenzen und Bedürfnisse.[82]

Öffnung von Entscheidungsprozessen?

Die Öffnung von Entscheidungsprozessen innerhalb der Schwesternschaft bzw. des Mutterhauses lässt sich aus den Interviews nur indirekt mutmaßen. Laut Schwester Ilse wurden ihr zu ihrer Anfangszeit in der ADA wie allen anderen auch die Entscheidungen der Mutterhausleitung über den Austritt oder das Wegschicken von Mitschwestern nicht transparent gemacht.[83] Andererseits konnten Schwestern in den 1980er Jahren von der Basis her über eine Befragung der einzelnen Schwestern eine Entscheidung über die Einführung einer moderneren Haube herbeiführen, wie Schwester Margot es schilderte.[84] Angesichts des unterschiedlichen Gewichts der Entscheidungsgegenstände muss an dieser Stelle offenbleiben, wie weit die vermutete Öffnung der Entscheidungsprozesse ging.

Normalität und Besonderheit der Lebensform Diakonisse

Die Balance zwischen dem „Normalen" und dem Besonderen im Leben der Schwestern und ihrer Gemeinschaft ist immer wieder neu zu suchen und zu finden. Das wurde in verschiedenen Gesprächsabschnitten sichtbar, als es erstens um die individuelle Freizeitgestaltung ging, zweitens um die äußeren Erkennungsmerkmale der Zugehörigkeit zur Schwesternschaft und drittens um die biografische Verankerung der Entscheidung für ein Leben als Diakonisse.

Schwester Ilse betonte die Normalität ihrer Freizeitaktivitäten,[85] Schwester Margot in etwas schwächerer Form ebenfalls.[86] An dieser Stelle wollten die beiden Schwestern sich offenbar nicht groß durch die Präsentation außergewöhnlicher Hobbys von anderen Menschen unterscheiden. Das Vorhandensein der Tracht mit Kleid, Haube und Kreuz stellt jedoch neben der schlichten Gruppenzugehörigkeit das Besondere dieser Zugehörigkeit und Lebensform heraus. Dazu ergänzend dienten, zumindest in weiter zurückliegenden Jahrzehnten, weitere Verhaltensregeln der Abgrenzung, wie z. B. das Untersagen von Freundschaften mit Gemeindegliedern.[87]

In dieses Zugleich von allgemeinen, alltäglichen und von besonderen Eigenschaften gehören zudem die individuellen Erzählungen der beiden Schwestern darüber, warum sie sich für ein Leben als Diakonisse entschieden haben. Neben das von beiden als anziehend beschriebene gemeinschaftliche Leben in der Schwesternschaft tritt eine individuelle Kindheitsgeschichte in Bezug auf den Berufswunsch: Schwester Ilse wollte schon immer eine Schwester werden,[88] und Schwester Margot wollte schon immer Krankenschwester werden.[89]

Hier spielt auch der Einfluss der jeweiligen Mutter für die eigene Entscheidung eine Rolle, als Vertraute, die den Wunsch des Kindes positiv aufnahm,[90] oder als diejenige, die den ersten Impuls gab.[91] Die Entscheidung selbst fiel dann nach eingehender Selbstprüfungszeit in eigener Verantwortung. Für die beiden Schwestern unterschied sich ihre Entscheidung für das Leben als Diakonissen möglicherweise nicht groß von den Lebensentscheidungen anderer Frauen in Bezug auf die Berufs- und Partnerwahl. Aus heutiger Sicht wirkt diese Entscheidung jedoch für Außenstehende, die nicht zur Schwesternschaft gehören, als etwas sehr Besonderes, denn diese Lebensform der Diakonisse des alten Stils ist im Vergehen bzw. im Umbruch begriffen. In den Jahren nach dem Krieg entschieden sich die beiden Schwestern für eine Gemeinschaft, in der jede für die gemeinsamen Ziele der Schwesternschaft mit zufasste, sei es beim mittäglichen Steineschlagen für den Wiederaufbau des Mutterhauses oder als Krankenschwester im Dienst am Nächsten.

Anmerkungen

1 Herausgeber sind in der Regel die Vorsteher der ADA: POLZIN, ANDREAS: Die Anhaltische Diakonissenanstalt Dessau (ADA) und das Diakonissenkrankenhaus Dessau (DKD GmbH), in: 100 Jahre Siedlungsgeschichte in Dessau. Zwischen Bahnhof und Kienfichten. Schrift aus Anlass des 75. Kirchweihjubiläums der Dessauer Auferstehungskirche im Jahr 2005, Dessau 2005, S. 20–24; HÜNEBURG, GOTTHELF/WERNER, SUSANNE (Hg.): 100 Jahre Anhaltische Diakonissenanstalt (1894–1994). Festschrift, [Dessau] 1994; HÜNEBURG, GOTTHELF (Hg.): Anhaltische Diakonissenanstalt Dessau 1894–1984, [Dessau] 1984; STRÜMPFEL, WERNER (Hg.): 70 Jahre Anhaltische Diakonissenanstalt Dessau. Berichte aus der Arbeit, [Dessau] 1964; BRINK, WILHELM (Hg.): 65 Jahre Anhaltische Diakonissenanstalt Dessau (1894–1959), [Dessau] 1959.

2 Die Transkriptionen der Interviews sind verfügbar im Archiv der Evangelischen Landeskirche Anhalts. Zitat in der Überschrift: Interview 1, Z. 521 f.

3 Vgl. BRINK: Diakonissenanstalt (wie Anm. 3), S. 9 f.

4 Vgl. HÜNEBURG/WERNER: 100 Jahre (wie Anm. 1), S. 20.

5 Vgl. ebd., S. 31.

6 Vgl. ebd., S. 25.

7 Schwester Margot schilderte die Situation, aus der heraus ihre Mutter sie ohne ihr Wissen zum vordiakonischen Kurs anmeldete: „Na, da war ja an Diakonisse noch nicht zu denken, als ich aus der Schule kam. [...] Dann war meine Mutter durch eine Bekannte, eine Mitarbeiterin im Jugenddienst in Leipzig [...] hier auf diesen vordiakonischen Kursus aufmerksam geworden. [...] Ich wollte Krankenschwester werden. Das hatte aber mit Diakonisse ja gar nichts zu tun. [...] Und das durfte man aber erst mit achtzehn beginnen in den fünfziger Jahren. Also man war gezwungen, vorher noch vorbereitende Berufsschulen oder sonstiges zu besuchen. [...] Da gab es hier den vordiakonischen Kursus, und da hat mich meine Mutter angemeldet. Eines Sonntags, als wir dann zum Gottesdienst kamen, dann sagte die Frau L.: ‚Also Frau G., das klappt, ich habe Margot angemeldet, und sie wird aufgenommen.' Und ich wusste von nichts, und dann habe ich auf dem Heimweg zu meiner Mutter gesagt: ‚Wie kannst du mich ohne meinen Willen anmelden, ich bleibe da nur ein Jahr, weil das so vereinbart ist, aber dann mach ich, was ich will!' [...] Und nun sitze ich immer noch hier." Vgl. Interview 1, Z. 11, 25–40.

8 Schwester Margot über ihre Zeit als Vorschülerin: „Wir waren da dreißig Schülerinnen im Kurs, und der war geteilt, die eine Hälfte hatte ein viertel Jahr Unterricht und die andere ein viertel Jahr Praxis und dann wurde gewechselt, so dass man insgesamt ein halbes Jahr Unterricht hatte und ein halbes Jahr Praxis. [...] und ich muss sagen, das war eine ausgezeichnete Weiterbildung. Wir hatten sowohl kirchlich diakonische Fächer, also Bibelkunde, Altes Testament, Neues Testament und Diakonie, Geschichte, aber auch Kunstgeschichte, Literatur und Literaturgeschichte, Zeitgeschichte und so weiter. Auf den Stationen war man eingesetzt in allen möglichen Bereichen. Ich war zuerst in der Küche, und dann war ich in der Wäscherei, und dann war ich im Altenpflegeheim. Ins Krankenhaus kam man erst, wenn man dann das zweite und dritte Jahr noch hierblieb. [...] Wir waren internatsmäßig untergebracht, hatten eine Diakonisse als Schwester für uns, die Hausmutter war, so nannte man das damals, [...] und durften nur alle vier Wochen nach Hause fahren, ein Wochenende, weil wir als Gemeinschaft zusammenwachsen sollten. Wir hatten also gemeinsame Wochenenden und konnten ein Wochenende dann nach Hause. Ein Wochenende hatte man Dienst, auf der entsprechenden Station, auf der man eingesetzt war. Die, die Unterricht hatten in dem Vierteljahr, die waren immer alle vierzehn Tage an einem Wochenende auf den Stationen, während die andern dann frei hatten, die eigentlich im Dienst waren, so dass die Stationen immer Schülerinnen hatten zum Helfen. [...] Da waren ja noch hier mit im Haus ... sechzig bis siebzig Diakonissen. Außer den Diakonissen lebten ja hier noch ein paar einzelne zivile Mitarbeiter und vereinzelte Diakonische Schwestern und fünfzig junge Leute im Haus. Wir lebten mit der Hausgemeinde mit, das war selbstverständlich, wir wuchsen da hinein und wurden natürlich beobachtet und erzogen. [...] Nach dem Jahr Vordiakonie konnte man noch als Hausschwester bleiben, bis man achtzehn Jahre alt war, oder

man ging in eine andere Berufsausbildung. [...] Man war schon mehr eingesetzt auf den Krankenstationen und hatte aber einen Nachmittag in der Woche Unterricht, das war dann mehr so auf medizinische Vorbereitung ausgerichtet, also, wir hatten dann schon Krankheits- und Gesundheitspflege, häusliche Krankenpflege, Kinderpflege usw., ein bisschen Anatomie schon." Vgl. ebd., Z. 43–54, 56–72, 76–80, 88–92.

9 Vgl. Interview 2, Z. 39–43.

10 Psalm 50,14–15.

11 Vgl. Interview 2, Z. 46–50.

12 Vgl. ebd., Z. 82, 85–92.

13 Vgl. ebd., Z. 554–561.

14 Schwester Ilse darüber, wie ihre Einsegnung für sie war, über deren Ablauf und die Einsegnungsrüstzeit vorher: „Normal. Es war eine große Feier. Was ich einfach immer wieder dabei so schön finde ist, dass am Vorabend gemeinsames Abendmahl ist und zusammen gegessen wird, mit denen, die schon da sind. Das ... ist was Besonderes. Dann war Gottesdienst, da wurde man aufgerufen, bekam sein Kreuz, den Spruch, wurde eingesegnet, ging. Natürlich wird nachher Kaffee getrunken und belustigt und was, was so üblich ist. [...] Vorher war aber auch die Rüstzeit. Da waren Bibelarbeit und Singen und Gespräche und Wanderung und Einzelgespräche. Das war wichtiger. [...] Nicht, dass die Einsegnung nicht wichtig war, sondern sie war schon etwas Besonderes. [...] Der Abschluss." Vgl. ebd., Z. 591–595, 598–601, 606.

15 Vgl. Interview 1, Z. 101–112.

16 Vgl. ebd., Z. 115–116, 119–139.

17 Schwester Margot über das Gemeinschaftsgefühl beim Arbeitseinsatz: „Das war ja auch so, als ich als Schülerin herkam. Da mussten wir noch nach jedem Mittagessen zwanzig Minuten Steine klopfen. Da waren die alten Steine von der Ruine. Die Steine, die gut waren, die haben wir abgeschlagen und dann geschichtet, von der Oberin bis zur jüngsten Schülerin haben wir da hinter dem Mutterhaus, wo jetzt die Terrasse ist, gesessen und Steine geklopft, zwanzig Minuten jeden Tag. ... Und die Klinkersteine, die wir über den Westen bekamen, die kamen auf dem Güterbahnhof in Güterwagons an. Dann ging die eine Truppe zum Güterbahnhof und lud die Steine aus von dem Wagon auf LKWs. Die kamen hier ans Haus, da stand eine andere Gruppe, die musste die Steine abladen und schichten. Aber da hat jeder mitgemacht, auch als Schüler. Wir haben ja gesehen, die Schwestern von der Ältesten bis zur Jüngsten haben da alle mitgearbeitet. Da hat keiner gemault. Das war so und da … ging das so. Aber nur auf die Art und Weise ist das dann auch wieder so geworden. [...] Wenn jeder mit zufasst, so. Und dieses Gemeinschaftsgefühl, das wurde eben schon an die Jüngeren so weitergegeben, und das ist jetzt ja [doch so schwer zu vermitteln]. [...] Das ist dann immer so gekonnt, so aufgesetzt. Es ist nicht mehr so natürlich. [...] Dieses Familienprinzip: entweder macht die ganze Familie mit oder gar keiner. So ungefähr. [...] Das bedaure ich, denn das war eine Schulung, da brauchten sie keine Theorie dazu. Das haben sie in der Praxis gelernt. [...] Das habe ich auch nicht erst unbedingt begriffen, als ich in der Situation war, als Schülerin, das kommt Ihnen später erst, wie das eigentlich gelaufen ist. Und woher Sie das alles wissen und haben, das ist einfach das Vorleben gewesen … und das Mitleben." Vgl. ebd., Z. 509–537. Hieran anschließend erzählte Schwester Margot als Beispiel für das Lernen durch Mitleben, wie sie den Umgang mit Verstorbenen im Krankenhaus kennenlernte, indem eine ältere Schwester sie im Stationsalltag zu einer Verstorbenen mitnahm und sie sehen ließ, was sie tat. Vgl. Arbeit: Die Helferin und die Hilfe Empfangenden, Helfen lernen: Die erste Verstorbene, S. 230 ff.

18 Vgl. Interview 2, Z. 106–131.

19 Vgl. ebd., Z. 136–145.

20 Vgl. Interview 1, Z. 143–148, 153, 156–164.

21 Vgl. ebd., Z. 206–213, 217–236.

22 Vgl. ebd., Z. 239–267, 276–279.

23 Schwester Margot über die Tagesabläufe für die Schwestern und die Schülerinnen: „Früher, bis in die siebziger, achtziger Jahre hinein, gab es für die Schwestern, die hier im Hause waren, gemeinsames Frühstück, gemeinsames Mittagessen, gemeinsames Abendbrot. Das war zu festgesetzten Zeiten. Da gab es dreimal in der Woche eine Morgenandacht, zweimal in der Woche eine Abendandacht und dann die Wochenschlussandacht und den Gottesdienst. Damit war das schon vorgegeben. Das Frühstück war um halb neun oder um acht, aber die Schwes-

tern, die im Krankenhaus arbeiteten, die aßen natürlich auf der Station miteinander und im Altenpflegeheim, die aßen auch miteinander und mit den Damen, die da noch aufstehen konnten und in einer Runde.

Wir als Schülerinnen hatten ganz vorgegebene Zeiten. Wir bekamen schon früh, ehe wir auf Station gingen, um halb sieben ein Marmeladenbrot. Da mussten wir antreten zum Muckefuck und Marmeladenbrot, und um neun war das richtige Frühstück. Aber es durfte keiner mit nüchternem Magen auf die Station gehen. So in dem Stil lief das. [...] Und in meiner Zeit, als ich im Krankenhaus und im Altenpflegeheim gearbeitet habe, bin ich sehr früh aufgestanden, da musste man um sechs spätestens auf der Station sein. Im Marienheim hatte ich drei Jahre lang die Leitung von einer Station, da musste ich schon immer ein bisschen vorher da sein, da bin ich um fünf herum aufgestanden und empfand das in der Gemeinde dann wunderbar, dass ich erst um sechs, halb sieben aufstehen musste, denn sie konnten nicht schon früh um sechs bei den Leuten antreten.

Hier im Haus war es dann so, dass man in der Schwesternschaft die Freizeit unter Mittag hatte. Wir hatten ja immer … Teildienst. Die wenigen zivilen Mitarbeiter, die hatten Schichtdienst entweder früh oder am Nachmittag, aber die Diakonissen hatten Teildienst. Sie hatten vormittags bis Mittag, und dann gingen sie zwei Stunden in die Freizeit und kamen dann wieder. Damit sie bis zum Abend da waren. Und manchmal wechselte das, denn es musste ja auch über Mittag jemand da sein, der ging dann später in die Freizeit. Und diese Freizeit war, solange ich hier lebe, nicht mehr gemeinsam gestaltet, da konnte man wirklich in sein Zimmer gehen und sich hinlegen und ausruhen.

Aber an den Abenden, da war viel gemeinsam. Es war Bibelstunde einmal in der Woche, dann waren Leseabende, da hat die Oberin vorgelesen, alle anderen haben Handarbeiten gemacht. Es waren Konvente und … wie gesagt, zweimal in der Woche Abendandacht, die war dann abends um halb acht, damit alle daran teilnehmen konnten. Die Morgenandacht war um halb neun, und danach gab es Frühstück für alle um neun. Die Teilnahme an der Morgenandacht konnten sie vom Krankenhaus her oft nicht einrichten, sie konnten höchstens Einzelne schicken. Da aber haben sich alle Schwestern, die von den Stationen abkommen konnten, am Wochenanfang früh um sechs auf einer Station versammelt zur Morgenandacht, und dann war so zehn Minuten eine Wochenbeginnandacht, und dann wurde auf der Station noch auf dem Flur gesungen für die Patienten, und dann konnten sie alle wieder gehen. [...] Das Stationssingen das war ja sehr üblich, sowohl im Krankenhaus wie im Marienheim. Wir hatten auch einen Schwesternchor und einen Flötenkreis." Vgl. ebd., Z. 301–343. Hier schließt sich der im Haupttext wiedergegebene Abschnitt über den Tagesablauf als Gemeindeschwester an.

24 Vgl. ebd., Z. 344–371.

25 Schwester Ilse über die Fürsorgebesuche, bei denen sie im Auftrag ihres städtischen Arbeitgebers bei Bedürftigen nach dem Rechten sehen sollte, zudem über ihr Verhältnis zu einer bedürftigen Familie gleichen Namens: „Da ist man auch zu den Leuten gegangen und hat nach dem Rechten geguckt, und da waren ja so die Kinderreichen oder die Asozialen, die wurden ja unterstützt vom Staat. [...] Da hatten wir mehrere Familien, die keinen rein ließen. Dann hat man gesagt: ‚Da schicken wir die Schwester hin.‘ Dann haben sie gesagt: ‚Und wenn die Leute Sie nicht rein lassen wollen, dann stellen Sie den Fuß zwischen, zwischen die Tür.‘ Und habe ich gesagt: ‚Nein, das mache ich nicht. Das kommt gar nicht infrage. Wenn die mich nicht reinlassen wollen, akzeptiere ich das, da geh ich weg. Kann ja wiederkommen. Aber wenn sie mich reinlassen, da kann ich reden.‘ [...] Bevor ich nach Jeßnitz ging, wurde ich gefragt, ob ich in Jeßnitz Verwandte hätte. ‚Verwandte? Habe keine Verwandte in Jeßnitz.‘ – ‚Ja, wir haben eine Familie in Jeßnitz‘, das war damals, da hatte man mit Pfarrer Strümpfel gesprochen oder gefragt: ‚Ist sie Asoziale?‘ Also, da hatten die Angst, sie kriegen hier eine asoziale Schwester, die mit denen verwandt ist. Hieß es dann: ‚Nein, sie hat keine Verwandten.‘ Diese Familie hörte, dass sie eine neue Gemeindeschwester bekommen. Sie hatten auch schon ein Schild angebracht, wie ich heiße. [...] Da sind sie hingelaufen, gucken, ob ich wirklich so heiße wie sie und mich auch so

schreibe wie sie. Da waren die überglücklich. Sie [die Kollegen] sagten immer: ‚Schwester Ilse, Sie gehen zu Ihrer Familie.‘ – ‚Ja, geh ich hin.‘ Dann bin ich mal abends hingegangen dort, Spätnachmittag. Ich wurde hingerufen. Da hieß es: ‚Da brauchst du gar nicht gehen.‘ Habe ich geklopft, habe mich gemeldet, habe gesagt: ‚Ich bin Schwester Ilse, Sie haben mich gerufen, ich soll kommen.‘ – ‚Ja.‘ – Es war herrlich, die hatten einen Küchentisch voll mit allen Sachen. Und die Katze mitten drauf. Die waren beim Abendbrotessen. Die Katze wurde runtergejagt. Der Stuhl wurde geräumt: ‚Nehmen Sie bitte Platz!‘ – Als ich das erzählte am nächsten Tag, die waren ja so gespannt, was da wird, also die haben es nicht geglaubt. Wir waren die besten Freunde. So kann es auch sein." (Vgl. Interview 2, 260–269, 275–290).

26 Vgl. ebd., Z. 256–260, 308–310.

27 Vgl. ebd., Z. 312–319.

28 Vgl. ebd., Z. 323–330.

29 Vgl. ebd., Z. 382–383, 385–394.

30 Vgl. 2. Biografisches, S. 223.

31 Vgl. Interview 1, Z. 533–537, 539–554.

32 Vgl. Interview 2, Z. 198–209, 212–226.

33 Vgl. im Folgenden: Interview 2, Z. 235–237, 243–255.

34 Vgl. ebd., Z. 235–237, 239–255.

35 Vgl. Interview 1, Z. 371–390.

36 Vgl. ebd., Z. 737–745.

37 Vgl. ebd., Z. 751–756.

38 Vgl. ebd., Z. 454–461, 468–494.

39 Schwester Ilse über den Anspruch, mit dem sie losgeschickt wurde: „Und was mich immer dann am meisten empörte, das war aber schon von jeher, wenn wir irgendwo hingeschickt werden sollten, dann hieß es, es wäre Gottes Wille. Und mit diesem Satz, der hat mich immer so aufgeregt. [...] Da habe ich gedacht, warum sagt ihr nicht: ‚Ilse, es ist da und da die Not, überleg dir oder geh, wir möchten dich dahin schicken!‘ [...] Da ging ich irgendwie auf Opposition." Vgl. Interview 2, Z. 146–148, 150–151, 154–155.

40 Schwester Ilse darüber, dass die Oberin sie auf ihre Bitte hin von den Nachtwachen im Krankenhaus freistellte: „Also, ich habe mir, glaub ich, nie eine Station ausgesucht. [...] Was ich eigentlich ganz schwer machen konnte, war Nachtwache. Also, ich habe glaube ich, in mei-

nem Leben, wenn ich vier Wochen am Stück Nachtwachen gemacht hab, dann ist das viel. Weil ich nachts Angst hatte. [...] Das hat sie [die Oberin] gemacht. [Die Freistellung von Nachtwachen.] Bin ich ihr heute noch dankbar, dass sie das gemacht hat. ... Aber dafür in der Gemeinde nachher, habe ich fast, soweit das möglich war, keinen in der Nacht allein sterben lassen. Bin noch dageblieben. Da habe ich gesagt: ‚Ihr könnt mich zu jeder Tages- und Nachtzeit holen, aber holen und nach Hause bringen.' Aber wenn die nachts gestorben sind, meinetwegen um zwei oder um drei, dann konnte ich natürlich zu den alten Leuten nicht sagen: ‚Bringt mich nach Hause.' Dann habe ich mich bei denen so lange aufgehalten, bis es hell wurde und ich nach Hause gehen konnte." Vgl. ebd., Z. 162, 165–169, 185–191.

41 Schwester Margot: „Na, man wurde nicht gezwungen, irgendwas zu machen. Aber sie haben auch ein bisschen geguckt nach den Gaben und Fähigkeiten der einzelnen Schwester. Das war selbstverständlich, wenn an irgendeiner Stelle Druck war oder etwas gebraucht wurde, wurde man angefragt und so angefragt, dass man eigentlich ohne einen ganz triftigen Grund nie hätte Nein sagen können. [...] Die Art und Weise, wie man angesprochen wird und wie dann sozusagen die Sache verhandelt wird, gibt ja schon immer den Rahmen vor, da hätte man schon wirklich sehr triftige Gründe auffahren müssen, warum das nun so überhaupt nicht geht. ... Also mich hätten sie in keine Kinderarbeit schicken können. Das hat auch nie einer versucht. Wahrscheinlich wussten sie das, dass das bei mir nichts wird. [...] Es wurde einem sehr nahegelegt. Und es wurde daran appelliert, dass man doch um der Sache willen da sich doch vielleicht einmal einarbeiten könnte und das einmal versuchen könnte, und wenn es dann gar nicht geht, dann kann man ja weitersehen." Vgl. Interview 1, Z. 282–291, 293–295.

42 Schwester Ilse über Streit und Versöhnung unter den Schwestern: „Entweder man zankt sich und sagt sich die Meinung, und dann guckt man sich mal nicht an [...] Wie normal. Sind Sie verheiratet? Nein? [...] Haben Sie Geschwister? [...] Sehen Sie. So ist das auch bei uns. Sie ärgern sich über den Bruder oder die Schwester

und sagen denen die Meinung und sagen: ‚Du kannst mich gerne haben, ich gehe!' [...] Und nach einer Weile, wenn es heute nicht ist, dann kommt sie morgen [...] Man reicht sich die Hand, oder man ignoriert sich ein paar Tage [...], und dann wird es von alleine. Da [...] soll man gar nicht so großes Brimborium drum machen. Das renkt sich von alleine ein. Eine von den beiden kommt. [...] Und da wird überhaupt nicht gesprochen, die Hand und fertig. So ist es doch. Oder? Und so ist es auch nicht anders bei uns. Oder man sagt sich die Meinung und hört sich an die Meinung von dem andern, und der hört sich auch seine Meinung an." Vgl. Interview 2, Z. 648–659.

43 Vgl. ebd., Z. 673.

44 Schwester Margot über das Konfliktpotenzial der verschiedenen Frömmigkeitsstile: „Also, unsere Schwesternschaft hatte ja das große Plus, dass wir nicht alle aus einem spezifischen ... Landschaftsraum kommen, [...] Wir hatten welche aus Ostpreußen, aus Schwaben [...], aus Sachsen-Anhalt, aus Sachsen, Thüringer, ... da aus der Stettiner Gegend her, also, was jetzt Polen ist, und so weiter. Das macht ja schon sehr viel aus an Charakter oder Temperament [...] und auch an Frömmigkeitsstil. Wir hatten Schwestern, die sehr evangelikal geprägt waren, das waren aber so Einzelfiguren, [...] und [...] das wurde alles respektiert. Ich weiß, einmal ist eine richtig ausgeflippt und hat die Oberin zur Schnecke gemacht, weil die nach ihrem Verständnis das Wort Gottes nicht richtig ausgelegt hatte. [...] Sie hat gesagt: ‚Nein, Schwester B., so ist das nicht, und ich kann das so nicht hinnehmen, und so und so muss man das sehn.' Dann war eine ganze Weile Ruhe. Alle hielten die Luft an. Und die Oberin sagt: ‚Na ja, Schwester A., nun sieh mal das so', und dann hat sie nochmal versucht, ihre Sicht zu erklären und ist auch auf sie eingegangen. Also das war immer mal, in theologischen Fragen war das sehr [...] diffizil, wie wir das so sahen. [...] Die einen waren sehr vom Gemüt und vom Herzen her geprägt, die andern waren mehr rationale Leute, aber richtig entzweit wurde sich nicht. Man ließ das dann da stehen. [...] Also, ich meine, respektieren muss man alle, aber dass man dann nicht unbedingt den freundschaftlichsten Umgang sucht, das ist

auch klar. Aber je kleiner die Gruppe wird, umso schwieriger wird das." Vgl. Interview 1, Z. 777–785, 787–794, 798–800.

45 Vgl. ebd., Z. 815–833.

46 Vgl. Interview 2, Z. 414–420.

47 Vgl. ebd., Z. 424–426, 428–433, 436–437.

48 Vgl. Interview 1, Z. 406–412, 421–448.

49 Vgl. Interview 2, Z. 537–544.

50 Vgl. Interview 1, Z. 558–569.

51 Vgl. ebd., Z. 571–573, 575–610, 613, 618–622.

52 Matthäus 20,28: Der Menschensohn ist nicht gekommen, dass er sich dienen lasse, sondern dass er diene und gebe sein Leben zu einer Erlösung für viele. – Johannes 12,24–26: Wenn das Weizenkorn nicht in die Erde fällt und erstirbt, bleibt es allein; wenn es aber erstirbt, bringt es viel Frucht. Wer sein Leben lieb hat, der verliert es; und wer sein Leben auf dieser Welt hasst, der wird's bewahren zum ewigen Leben. Wer mir dienen will, der folge mir nach; und wo ich bin, da soll mein Diener auch sein. Und wer mir dienen wird, den wird mein Vater ehren. (Beide Stellen zitiert nach: Die Bibel nach Martin Luthers Übersetzung, revidiert 2017.)

53 Vgl. Interview 1, Z. 647–653.

54 Vgl. Biografisches, S. 222 u. 251, Anm. 14.

55 Vgl. Interview 2, Z. 608–613, 617–618.

56 Vgl. ebd., Z. 623, 627–633.

57 Vgl. ebd., Z. 490–495, 497–500, 502.

58 Vgl. ebd., Z. 464–469.

59 Vgl. Interview 1, Z. 724–734, 736. Im Anschluss hieran kam Schwester Margot auf den Vorsteher Pfarrer Werner Strümpfel und seine Kontakte zur Stadt Dessau zu sprechen (vgl. Arbeit: Die Helferinnen und die Hilfe Empfangenden, Gegenseitiges Helfen zwischen Vertretern des DDR-Staates und Akteuren der ADA, S. 233). Zum Bau der Laurentiushalle vgl. den Beitrag von Manfred Seifert im vorliegenden Band.

60 Vgl. 2. Biografisches, Anm. 14, S. 251.

61 Vgl. ebd., Z. 679–704, 710–722.

62 Vgl. Interview 2, Z. 736–746, 753–756.

63 Vgl. Interview 1, Z. 840–846, 648–856, 868–872, 882–884. Vgl. zum Gräberfeld auch den Beitrag von Margot Schoch in diesem Band.

64 Ebd., Z. 983–984.

65 Vgl. ebd. 1, Z. 901–903.

66 Schwester Margot: „Also, eine einzelne Frau denke ich, würde in unserm Haus ... irgendwie untergehen. Es müssen mindestens zwei oder drei sein. Ich würde immer erst mal raten, dass sie sich mal mit Witten, Eisenach in Verbindung setzt. Speyer hat jetzt auch die neue Form eingeführt, dass sie mit denen Kontakt aufnimmt und erstmal aussondiert, wie das laufen könnte. Dann müsste sie auch eine entsprechende theologisch-geistliche Ausbildung machen, wenn sie nicht in dem Bereich schon ausgebildet ist. Gibt's ja auch. Aber so als einzelner Mensch in die Form hier reinzukommen, wie wir sind, das geht erst mal gar nicht mehr und in der anderen Form zu ... irgendwas aufzubauen, ich kann mir nicht vorstellen, dass das ein Mensch alleine durchhält. [...] Also, ich kann da ganz schwer, eigentlich gar nicht raten, was sie machen soll. Ich würde sagen, sie muss sich kundig machen in Häusern, wo das schon läuft. Und muss sich Gleichgesinnte suchen, wenigstens eine oder zwei. Sonst geht das vor den Baum." Vgl. ebd., Z. 909–921.

67 Schwester Margot über die Zukunft des geistlichen Lebens in der ADA: „Wir sagen ja auch immer, dass es sich ganz anders entwickelt, aber die Sache weitergehen wird, doch in einer anderen Form. Aber wie die Form aussehen kann und was die Menschen dann daraus machen, ob das nur Weiblein, ob das Männlein sind ... Ich meine, unsere Diakonische Mitarbeiterschaft ist ja auch schon so eine Vorstufe. Ich denke, das muss sich aus denen, die das wollen, entwickeln." Vgl. ebd., Z. 924–928.

68 Vgl. ebd., Z. 939–942, 945–948, 951–956.

69 Vgl. ebd., Z. 981–984.

70 Interview 2, Z. 839–840.

71 Vgl. ebd., Z. 782–787.

72 Vgl. ebd., Z. 813–831.

73 Vgl. ebd., Z. 833–846.

74 Vgl. Interview 1, Z. 956–965.

75 Schwester Margot: „Ich durfte, als ich von der Ausbildung zurückkam, ging das ja nachher weiter mit den Qualifizierungen, dann kam das mit der Fachschwester, und dann musste man einen Zehnteklasseabschluss haben. Da hat die Berufsfachschule hier im Bauhaus über zwei oder drei Jahre Lehrgänge angeboten, dass wir die zehnte Klasse nachmachen konnten in

den mathematisch-naturwissenschaftlichen Fächern. Da sind wir ein halbes Jahr in die Berufsfachschule ins Bauhaus gegangen und haben unseren Abschluss gemacht. Und dann konnte man jede Weiterbildung mitmachen, da habe ich die Fachschwester gemacht und die Gemeindeschwesterqualifizierung." Vgl. ebd., Z. 967–974.

76 Vgl. ebd., Z. 978–981.

77 Vgl. Interview 1, Z. 797–801, 806–811, 822–828.

78 Ebd., Z. 827.

79 Vgl. Interview 1, Z. 539–546, vgl. auch Arbeit: Die Helferin und die Hilfe Empfangenden. Helfen lernen: Die erste Verstorbene, S. 230 f.

80 Vgl. Interview 2, Z. 250–252.

81 Vgl. Interview 1, Z. 248–253, vgl. auch Arbeit: Einsatzorte und Tagesstruktur. Schilderung der Einsatzorte und Aufgaben, S. 227.

82 Vgl. Arbeit und Gemeinschaft: Entsendung an die Arbeitsstellen und Umgang mit Konflikten. Entsendung an die Arbeitsstellen, S. 235.

83 Vgl. Arbeit und Gemeinschaft: Entsendung an die Arbeitsstellen und Umgang mit Konflikten. Umgang mit Konflikten, S. 235.

84 Vgl. Gemeinschaft: Erkennungszeichen Kleid, Haube, Kreuz, S. 239 f.

85 Vgl. Gemeinschaft: Freizeitgestaltung, S. 236.

86 Vgl. ebd., S. 237.

87 Vgl. Interview 2, Z. 698–699.

88 Vgl. ebd., Z. 40, vgl. auch Biografisches. Gründe für die Entscheidung, Diakonisse zu werden, S. 221.

89 Vgl. Interview 1, Z. 26–28, vgl. auch Biografisches. Biographische Eckdaten bis zur Einsegnung, Anm. 10, S. 250 f.

90 Vgl. Interview 2, Z. 40–41, vgl. auch Biografisches. Gründe für die Entscheidung, Diakonisse zu werden, S. 221.

91 Vgl. Interview 1, Z. 33–35, vgl. auch Biografisches. Biographische Eckdaten bis zur Einsegnung, Anm. 10, S. 250 f.

HELLA FROHNSDORF

Ansehen ist Ansichtssache

Als ich 1972 nach dem Ausstieg aus dem Schuldienst in die ADA kam, füllte mich die neue Aufgabe am Seminar für Gemeindediakonie so aus, dass ich die Diakonissen nur von weitem wahrnahm. Trotz des Abstandes fielen mir drei Merkmale auf, die man als Außenstehende sehen konnte: ihre Tracht, ihre Dienstbereitschaft und ihr geistliches Leben. Das zusammen ließ sie auch für mich Außenstehende als eine Gemeinschaft erkennen. Auf diese drei Aspekte möchte ich auch Ihren Blick jetzt richten, damit wir uns später über die verschiedenen Ansichten austauschen können.[1]

Die Tracht

Als Theodor Fliedner und seine erste Ehefrau Friederike vor mehr als 180 Jahren das Amt der Diakonisse erneuerten und in Kaiserswerth das erste Diakonissenmutterhaus entstand, versammelten sich bald in ganz Deutschland ledige Frauen evangelischen Glaubens zu Glaubens-, Lebens- und Dienstgemeinschaften. Mit ihnen mobilisierte er nicht nur brachliegende Kräfte, das Elend zu mildern, das die Industrialisierung mit sich brachte. Ihr Amt und die dazu eigene Tracht verhalfen ihnen auch zu neuem Ansehen: Mit Kleid und Haube waren sie der verheirateten, bürgerlichen Frau der damaligen Zeit gleichgestellt. Mit einer beruflichen Ausbildung als Erzieherin oder Krankenschwester erlangten sie zudem einen Bildungsstand, der für eine Frau damaliger Zeiten nicht selbstverständlich war. Mit dem Mutterhaus und der Schwesternschaft bekamen sie einen Ort der Sicherheit und der geistlichen Heimat. Bei ihrem Dienst an den Brennpunkten sozialer Not erwarben sie sich durch ihre Zuverlässigkeit und stete Verfügbarkeit hohe Achtung. Bis ins 20. Jahrhundert hinein blieb ihr Markenzeichen die Tracht als äußeres Erkennungszeichen, zumeist positiv besetzt. Als ich zum ersten Mal zu einem Klassentreffen in Tracht kam, sagte mir meine beste Freundin: „Was ihr da macht, finde ich gut, aber dazu muss man doch nicht in einer so hässlichen Kluft rumlaufen."
Das ist Ansichtssache.

Man kann der Tracht durchaus auch Positives abgewinnen: Sie ist öffentlich-keitswirksam! Man wird damit nicht übersehen! Zweitens müssen wir Tracht-trägerinnen uns nicht nach dem Aufstehen fragen: Was ziehe ich denn heute bloß wieder an? Das vereinfacht die Entscheidung, mit denen andere Frauen unter Umständen Stunden verbringen. Die Tracht spart Zeit. Drittens: Wir geben kein Vermögen aus für Mode, die morgen schon nicht mehr gilt. *Das* Geld kann besser angelegt werden. Sie spart Geld. Viertens: Wir leben nicht mehr in Armut, aber in relativer Bescheidenheit und möchten das auch nach außen zeigen, uns nicht von denen abheben, die sich keine teure Kleidung leisten können. Sie übt Solidarität. Schließlich ist die Tracht Teil unserer Tradition, sie wurde von denen getragen, die sie vor uns zu Gottes Ehre anzogen.

Trachtgegner haben auch ihre Argumente: Sie wollen nicht auffallen; Erkennbarkeit macht angreifbar. Das Kreuz lässt manchen schon auf Abstand gehen, schafft Distanz. Die Haube ist nicht autofreundlich und auch sonst schon mal hinderlich und im Weg. Heute werden die Kleider nicht mehr fabrikmäßig vorgefertigt. Es gibt auch keine Nähstuben mehr, die für die Schwesternkleidung sorgen könnten. Und noch ein Nachteil: Im Alter haben wir Mühe beim Anziehen. Sie wird dann leider unpraktisch! Sie ist eben auch nicht mehr die Tracht der heutigen verheirateten Frau. Sie ist unzeitgemäß.

Ungeachtet dessen stehen die meisten von uns zur Tracht, weil sie die Verbundenheit untereinander, die Zusammengehörigkeit mit Gleichen demonstriert. Weil sie ein Bekenntnis ist zum *Diakonos*, dem Diener Jesus, der unser Auftraggeber ist. Weil sie immer noch Vertrauen schaffen und schützen kann. In manchen Gemeinschaften des Kaiserswerther Verbandes wird es der Schwester heute freigestellt, ob sie Zivil oder Tracht trägt. Andere haben sich eine eigene, neue entworfen oder zeitgemäße Konfektionskleidung besorgt. Am Gemeinschafts-zeichen, dem Kreuz oder einer Brosche halten aber alle fest. Ist die Tracht nötig oder überflüssig?

Das ist Ansichtssache!

Der Dienst

Wenn ich heute in der Stadt unterwegs bin, rufen mir übermütige Jugendliche nach: „Halleluja!" „Amen!" oder „Iii, 'ne Nonne!!!" Das klingt weniger anerkennend, eher spöttisch, manchmal auch verachtend, auf jeden Fall zeugt es von Unkenntnis. Die jungen Leute kennen Ordensschwestern oft nur aus Filmen. Sie leben meistens kirchenfern und wissen nichts von Konfessionen, biblischen

Die Dessauer Diakonissen im Mai 2019

Traditionen oder diakonischer Motivation. Ihnen fehlen die persönlichen Begegnungen. In den Ortschaften gibt es nicht mehr die Gemeindeschwester, die manchem Mädchen früher Vorbild war und den Anstoß gab: „So will ich auch mal werden." In unserem Krankenhaus erinnert nur noch der Name an die Zeiten, da dort Diakonissen und Diakonische Schwestern Dienst taten. Wir werden heute noch darauf angesprochen, wie gut die Versorgung durch sie damals war. Oft wohnten die Schwestern mit im Krankenhaus bzw. in der Kindereinrichtung, so dass sie jederzeit erreichbar waren, Tag und Nacht. Ihre Kompetenz und ihre Einsatzbereitschaft brachten der Einrichtung den guten Ruf. Mir scheint, von dem leben wir noch heute.

Das hatte aber auch Gründe: Diakonissen arbeiteten nach Pastor Löhes Vorgabe: „Mein Lohn ist, dass ich darf!" Das hielt die Kosten niedrig. Es gab keinen Personalmangel. Die Verfügbarkeit ließ Versetzungen nach Bedarf zu. Heute sind die Tätigkeiten dafür viel zu spezialisiert. Die wenige Habe ermöglichte einen Umzug von A nach B ohne viel Aufwand in kürzester Zeit. Abgesehen davon, dass heutige Gesetze vieles davon gar nicht mehr erlauben würden, möchte heute niemand mehr so leben: Mit so strenger Disziplin, mit so viel Pflichterfüllung, mit so wenig Freiraum für Eigenes, mit so wenig Privatatmosphäre, mit einem Tagesplan, auf dem jede Stunde zwischen 6 Uhr und 22 Uhr vorgegeben und ausgefüllt war. Mit so viel Einüben in Gehorsam und Verzicht! Stellt sich die Frage: Definierte man sich da nicht zu sehr über die Leistung? Ich habe übrigens schon weit mildere Bedingungen vorgefunden. Da wurde dann schon mal aus: „Eine Diakonisse ist immer im Dienst" – „1 Diakonisse ist immer im Dienst!" Eins aber blieb: Nicht um mein Ansehen ging es, sondern um das Ansehen Gottes. Meine älteren Mitschwestern schwärmen von dieser Zeit: wie groß der Zusammenhalt war, wie reichlich und schön gefeiert wurde, dass dieses vergleichsweise strenge Leben ihnen Sicherheit, Halt und Bestätigung gegeben hat, ihrer eigenen Entwicklung gut tat. Ob Außenstehende das auch so beurteilten, die Familien etwa, denen eine Tochter durch die Bindung an das Mutterhaus für eigene Pläne und Wünsche verlorenging? Oder die, die wieder fortgeschickt wurden?

Die Voraussetzungen, um Diakonisse zu werden, sind: 18 Jahre alt sein, einen abgeschlossenen Beruf haben und der evangelischen Kirche angehören. Als Diakonisse gehört zum Dienst aber auch, anderen Menschen über den eigenen Glauben Auskunft zu geben. Bibelstunden, Gebetszeiten, Andachten und Gottesdienste, Schwesternkurse, und Fortbildungen geben das Rüstzeug dafür. Die Regelmäßigkeit darin gibt bis heute nicht nur dem Tag eine Struktur, sondern der Schwester selber auch Ruhe, Besinnung und Zuspruch. In den geistlichen Versammlungen fallen trennende Unterschiede weg. Alle brauchen Trost und Vergebung, die Oberin wie die Schülerin. Diese Ausrichtung des Dienstes auf den Herrn hat man in jedem Hause an einem ausgewählten Bibelspruch festgemacht. Für die ADA lautet der Hausspruch: „Der Menschensohn ist nicht gekommen, um sich dienen zu lassen, sondern dass er diene und gebe sein Leben zu einer Erlösung für viele." Die Ausrichtung auf den eigenen Dienst wurde ergänzt durch das Johanneswort: „Wer mir dienen will, der folge mir nach, und wo ich bin, da soll mein Diener auch sein. Und wer mir dienen wird, den wird mein Vater ehren." Dienst ist für Diakonissen Antwort auf ihre Berufung, sie beschränken ihn nicht auf die Arbeit als solche, sondern verstehen ihn als Gottesdienst in vielfacher Weise. Deshalb bleiben sie auch „Dienerinnen Gottes", wenn ihr Arbeitsleben zu Ende ist. Die stete Verknüpfung von Beten und Tun, Leben und Zeugnisgeben halte ich für unaufgebbar. Aber macht Dienerin sein nicht unfrei? Kann man das so ideal überhaupt durchhalten?
Ist das Ansichtssache?

Das Leben in geistlicher Gemeinschaft

Mir hat dieses tägliche Ausrichten auf unseren Auftraggeber den Weg in die Schwesternschaft geöffnet. Nirgendwo sonst habe ich das biblische Wort mit dem eigenen Weg so nahe mit der praktischen Arbeit verknüpft gesehen wie hier. Mir gefiel der Lebensstil, weil er eine Alternative zu dem Immer-mehr-immer-besser-und-immer-teurer-haben-Wollen anbot. Ich fand Gleichgesinnte, die sich nicht nur um sich selber drehen wollten, sondern übrige Kraft, Zeit und Geld einsetzten, um für andere da zu sein. Ich begriff, dass Gott für mich hier einen Ort und eine Aufgabe hatte. Ich konnte etwas von dem spüren, was geschieht, wenn Gott einen Menschen ansieht: Ich war wie Zachäus, den Jesus sah und von seinem Ausguck auf den Boden der Tatsachen stellte. Ich konnte Maria verstehen, die sagen konnte: „Mir geschehe, wie du gesagt hast!" Ich fühlte mich angesehen und angesprochen und zu einer Antwort bereit. In einer geistlichen Gemeinschaft geht die einzelne Schwester nicht unter, sie findet ihren Platz. In dieser Gewissheit habe ich mich 1987, zugegebenermaßen spät, nach einer Vorbereitungs-, Probe- und Ausbildungszeit einsegnen lassen. Hat das mein Ansehen verändert? Unterschiedlich: Meine Mutter war einverstanden, weil sie meine bis dahin etwas für ihre Begriffe zu lockere Lebensführung ängstlich verfolgte und in der Bindung an die Schwesternschaft für mich eine gewisse Absicherung sah. Mein Vater äußerte sich nicht dazu, aber er hatte bestimmt von meinem Werdegang ganz andere Vorstellungen. Meine Geschwister verstanden diese Entscheidung gar nicht. Ihr Kommentar war: „Wir hätten doch besser auf sie aufpassen müssen ...“

An entscheidenden Wegkreuzungen stellt eben ein ganz anderer die Weichen für uns. Ich war froh und dankbar über die Entdeckung, dass ich genau hierher gehöre, mit meinem Beruf, mit meinen Fragen, mit der Neugierde auf Antworten, mit der Freude an der Vielfalt, mit dem Mut, Risiken einzugehen, mit dem Vertrauen, dass Gott mitgeht und uns sieht.

Als Oberin konnte ich Kontakte zu anderen Diakonissenhäusern unseres Verbandes pflegen. Sie haben die Zeit nicht verschlafen. Ausgehend von den kleiner und älter werdenden Schwesternschaften hat man Ordnungen modernisiert, Mitarbeiterinnen und Mitarbeiter zum Diakonat geführt, die Ausbildung zur „Diakonisse neuer Form" begonnen und internationale Vernetzungen vorangetrieben. Trotzdem sagen manche: „Die Mutterhausdiakonie ist gestorben." Um die diakonischen Träger kleiner Einrichtungen steht es schlecht. Die Versorgung der Schwestern wird finanziell schwieriger. Ungebunden zu leben ist heute, im Gegensatz zu früher, möglich und wird von jungen Leuten bevorzugt.

Es gibt reichlich andere Möglichkeiten, Beruf und Gemeinschaft zu finden. Auf ein religiöses Bekenntnis legt man sich meistens lieber nicht fest. Der Pflegeberuf ist kein Wunschberuf mehr, denn Einsatz am Wochenende, zu Feiertagen oder im Schichtdienst ist unbeliebt in einer Gesellschaft, die vorgibt: „Hauptsache, ihr habt Spaß!"

Andere laden zum Mitgestalten von Erneuerung ein, weil für sie „Diakonie in Gemeinschaft" kein veraltetes Modell ist, zumal heute viele Menschen Werteverlust, Arbeitslosigkeit, Vereinsamung durch wachsenden Egoismus und Profitgier beklagen. Erneuerung setzt aber Loslassen voraus. Das fällt in jeder Hinsicht schwer. Zulauf braucht Quellen: neue Menschen, neue Mittel, auch die Nutzung der Errungenschaften unserer Zeit. Mut zur Öffnung für neue Formen. Aber auch Besinnung auf die alten Wurzeln: Die Gründung der ADA geht auf den Wunsch der Erbprinzessin Marie und ihrer Schwiegermutter, der Herzogin Antoinette, zurück. Kirchliche und staatliche Behörden waren sich damals darin einig, dieser Anregung zu folgen. Ich würde mir für die heutige Zeit und die Zukunft solche Einigkeit wünschen: Einigkeit im Suchen und Nachdenken über Erneuerung von Diakonie in Gemeinschaft. Auch davon wird es abhängen, ob Mitarbeiter und Mitarbeiterinnen hier künftig allein ihrem Verdienst nachgehen oder miteinander bekennen: „Gott loben, das ist unser Amt." Diakonie in Gemeinschaft, das ist nicht Ansichtssache, davon lebt unser Ansehen in Kirche und Diakonie.

Anmerkungen

1 Dieser Beitrag gibt einen Vortrag wieder, den die Autorin am 25. Mai 2017 im Rahmen des „Kirchentags auf dem Weg" in der Laurentiushalle gehalten hat.

INA KILLYEN

„Wer seine Hand an den Pflug legt und sieht zurück, der ist nicht geschickt für das Reich Gottes" (Lukas 9,62) – zur Diakonischen Gemeinschaft der ADA und ihrer Zukunft

Im Jahr 2019 hat seit 125 Jahren die Lebens-, Glaubens- und Dienstgemeinschaft der Diakonissen in Dessau ein Zuhause. Die abwechslungsreiche Geschichte des Hauses und das persönliche Zeugnis der Schwestern werden an anderer Stelle dargestellt. Im Folgenden soll die seit 2010 bestehende Diakonische Gemeinschaft der Anhaltischen Diakonissenanstalt vorgestellt und ein Blick in die zukünftigen Aufgaben geworfen werden.

Zurzeit leben acht Diakonissen auf dem Gelände der ADA. Die letzte Einsegnung einer Diakonisse des Kaiserswerther Verbandes konnte im Jahr 1987 gefeiert werden und 2009 letztmalig die Einsegnung einer Diakonisse neuer Form.[1]

In den Jahren nach der politischen Wende 1989 und dann besonders in der Jahrtausendwende erlebte die ADA viele Veränderungen – sowohl räumlicher als auch struktureller und konzeptioneller Art. Ab 2002 waren das u. a. Umstrukturierungen in der Verwaltung, bei der Technik und im Service. Für den Unterricht der Krankenpflegehilfeschule wurden Räume der Volkshochschule angemietet. Der Bedarf an Wohnraum für die Diakonissen sinkt. Gleichzeitig steigt der Bedarf an Büroräumen. Konzeptionell wurde mit der Gründung der Anhaltischen Hospizgesellschaft (AHG) 2006 ein neuer Schwerpunkt in der Arbeit auf dem Gelände der ADA gesetzt. Über Jahre prägten Umbau und Sanierung (etwa des Kindergartens, Hortes und Pflegeheims) den Alltag in der ADA. 2003 folgte mit der Ausgliederung des Diakonissenkrankenhauses (DKD) aus der Stiftung eine grundlegende strukturelle Veränderung.

All das hat bis in die Gegenwart Folgen für die Organisation der Arbeit in der ADA und für die Mitarbeitenden. Grundsätzlich kann festgestellt werden, dass die Mehrzahl von ihnen heute keine oder kaum Erfahrungen mit Diakonie oder Kirche hat. Geistliche Begleitung im weitesten Sinne ist vielen fremd. Früher wurde etwa mit der Fachschulausbildung (Große Krankenpflegeschule) ab 1974 das fachliche Wissen, aber auch das Wissen um christliche Werte und geistliche Rituale und Traditionen weitergegeben. Eine intensive Begleitung der Auszubildenden und die Erfahrung der Dienst- und Glaubensgemeinschaft im Zusammenleben auf dem Gelände ADA prägten die Ausbildung und den Dienst in der ADA.

Gleichzeitig ist die Schwesternschaft der Diakonissen gemeinsam mit engagierten Mitarbeitenden auf der Suche nach einer den neuen Arbeits- und Dienstbedingungen entsprechenden Form des geistlichen Lebens. Im Jahr 2000 gründete sich nach vielen Überlegungen und Gesprächen die Gemeinschaft Diakonische Mitarbeiterschaft. Frauen und Männer aus der Mitarbeiterschaft finden sich in der Gemeinschaft zusammen, um das geistliche Leben der ADA mitzugestalten. Orientierung geben dabei das Vorbild der Glaubensgemeinschaft der Diakonissen und auch die benediktinische Regel des „ora et labora". Rückblickend kann gesagt werden, dass die Gründung der Diakonischen Mitarbeiterschaft ein wichtiger Schritt hin zur Gründung der Diakonischen Gemeinschaft (DGA) zehn Jahre später gewesen ist.

Diese wurde in der Anhaltischen Diakonissenanstalt mit einem Gottesdienst am 19. Februar 2010 gefeiert. In der DGA haben sich Diakonissen, Diakonische Schwestern und die Diakonische Mitarbeiterschaft zu einer geistlich-diakonischen Gemeinschaft zusammengeschlossen. In der Satzung heißt es:

> „[Sie] öffnen sich für neue Mitglieder, für Frauen und Männer, die sich in Kirche und Diakonie engagieren und die Arbeit in unseren Einrichtungen ADA (Anhaltische Diakonissenanstalt Dessau), DKD (Diakonissenkrankenhaus gemeinnützige GmbH) und AHG (Anhaltische Hospizgesellschaft) unterstützen. Dazu gehören Ehrenamtliche, Ruheständler und Freunde sowie Mitarbeitende aus allen Arbeitsbereichen, die einer Kirche der ACK (Arbeitsgemeinschaft Christlicher Kirchen in Deutschland) angehören. Die Angehörigen der Mitglieder werden einbezogen und sind herzlich willkommen." [2]

Heute gehören zur DGA acht Diakonissen, eine Diakonisse neuer Form, fünf Diakonische Schwestern und 22 Diakonische Mitarbeitende. Die DGA versteht sich ihrem Selbstverständnis nach als

– eine geistliche Gemeinschaft, die sich am Wort Gottes orientiert,
– eine Dienstgemeinschaft, die den Auftrag der Nächstenliebe miteinander teilt und die Mitarbeiterschaft trägt,
– eine einladende Gemeinschaft, die offen für alle Interessierten ist,

– eine Brücke zwischen den unterschiedlichen Arbeitsorten und Arbeitsfeldern,
– eine Gemeinschaft, die Beten und Arbeiten als Einheit leben möchte.[3]

Die Mitglieder der DGA stellen sich unter das gemeinsame Leitbild von ADA, DKD und AHG und den Hausspruch der ADA: „Der Menschensohn ist nicht gekommen, dass er sich dienen lasse, sondern dass er diene und gebe sein Leben zu einer Erlösung für viele." Seit Generationen begleitet dieses Wort die Arbeit der ADA und damit auch Frauen und Männer, die der ADA verbunden sind. Ein Wort, das für Entscheidung und Rettung steht, für Hilfe und Heilung. Neben den theologisch-dogmatisch hochaufgeladenen Begriffen eröffnet dieses Jesuswort eine neue Perspektive auf das Leben und Arbeiten miteinander. Den Ausgegrenzten, Kranken und Bedürftigen wendet sich Jesus zu. Wenn wir einander dienen, indem wir füreinander Verantwortung übernehmen und füreinander einstehen, dann kann sich Entscheidendes im Leben ändern. Wenn das ganze Leben in den Blick kommt, dann gewinnt das Leben seine Menschlichkeit, und die Menschen werden frei aus unterdrückerischen und klein machenden Strukturen. Das bedeutet nicht Selbstaufgabe als Haltung, sondern selbst die Aufgaben zu wählen; solche nämlich, die Menschen die Welt gestalten lassen in einer Weise, die miteinander verbindet und einem Leben Rechnung trägt, in dem wir aufeinander angewiesen sind.

Die Mitarbeiterschaft der Einrichtungen der ADA ist um ein Vielfaches größer als die Anzahl der Mitglieder der Diakonischen Gemeinschaft. Welche Zu-

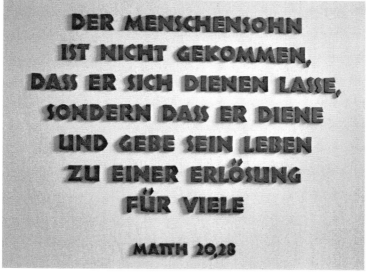

Leitwort der ADA im Foyer des Mutterhauses, 2019

kunft hat diakonische Gemeinschaft? Wie kann diakonische Gemeinschaft dienen und ein Stück Reich Gottes im Hier und Jetzt sein?

Um den rechten Blick auf das Reich Gottes geht es besonders in dem im Titel zitierten Abschnitt aus dem Lukasevangelium (9,62): „Wer seine Hand an den Pflug legt und sieht zurück, der ist nicht geschickt für das Reich Gottes." Das Lukasevangelium nimmt ein Bild aus der Landwirtschaft auf: Wer gerade Furchen setzen will, muss sich einen Zielpunkt am Horizont suchen. Auf dieses Ziel hin gilt es zu pflügen. Dann werden auch die Furchen gerade. Nehmen wir ein Ziel in den Blick, dann hilft das, in der Spur zu bleiben. Das bedeutet aber auch, dass der Pflug eine krumme Furche zieht, wenn man sich in der Gegend umsieht oder nach hinten schaut. Um den Blick in die Zukunft – hin zum Reich Gottes – geht es Jesus. So überträgt er die Erfahrung der Bauern auf das Reich Gottes. Für die Zukunft in unserer Anhaltischen Diakonissenanstalt kann der Satz aus dem Lukasevangelium etwa so formuliert werden: Wer immer nur dem Vergangenen nachtrachtet, der hat keine Zukunft im Reich Gottes.

Was bedeutet das in Bezug auf die Gemeinschaft in unserer Anstalt? Welche Rolle spielen dabei Traditionen, Rituale und das Erinnern für das Leben, den Glauben und das Arbeiten in unserer Anhaltischen Diakonissenanstalt?

Gerade in den besonderen Formen des geistlichen Lebens, etwa Andachten, Gebetsstunden, Tagzeitengebeten, wird die christliche Tradition in der ADA gepflegt. Rituale und begleitende Handlungen, wie die Begrüßung neuer Mitarbeitender, der Segen für die Schulanfängerinnen und Schulanfänger oder die Aussegnung Verstorbener, werden von einem Teil der Mitarbeiterschaft und in einzelnen Einrichtungen bis heute bewusst gestaltet. Aber ganz offensichtlich hat sich die ADA in den letzten 30 Jahren grundlegend verändert. Eine lange Zeit waren die Diakonissen das Gesicht der ADA: erkennbar und sichtbar. Auch wenn die Menschen nicht wussten, was sie mit dem Begriff diakonisch verbinden sollten. Die zunehmende Ökonomisierung veränderte das Bild der ADA. Die Diakonissen sind im Feierabend. Sie sind nicht mehr Teil der Arbeitswelt. Die Gemeinschaft, für die sie stehen, ist bestenfalls eine Randerscheinung und für viele ein Fossil aus vergangenen Zeiten. Die Idee der Dienst- und Glaubensgemeinschaft allerdings ist für Mitarbeitende und Besucher – wenn auch manchmal recht versteckt – ein Teil des Bildes vom Leben und Arbeiten in der Anstalt. Deshalb soll die praktische Begegnung mit der Tradition und aktives Erinnern der Geschichte und der Kultur der Glaubensgemeinschaft in der Diakonissenanstalt Teil der diakonischen Unternehmenskultur sein. Wie andere diakonische Unternehmen auch bewegt sich die ADA mit ihren Einrichtungen im Dreieck von Spiritualität, Professionalität und Wirtschaftlichkeit. Nur eine ausgewogene Gewichtung der drei Schwerpunkte erhält das Gleichgewicht in einer diakonischen Einrichtung.

Wie kann vor diesem Hintergrund die Zukunft der Diakonischen Gemeinschaft aussehen? Wie kann sie das Arbeits- und Dienstleben prägen? Welche Rolle hat die Diakonische Gemeinschaft innerhalb der Anhaltischen Diakonissenanstalt?

Die DGA gestaltet Andachten, Besinnungen und Gottesdienste. Die Mitglieder nehmen nach ihren Möglichkeiten die regelmäßigen geistlichen Angebote wahr. Die DGA begleitet die Arbeit in den Einrichtungen im Gebet und in der Fürbitte und legt für den Glauben Zeugnis ab in Wort und Tat.[4] Dabei ist die DGA immer auch Gemeinschaft für andere. Kirche für andere. Sie ist sich selbst nicht genug.

Die DGA kann unterstützend wirken und Inspirationsquelle sein für geistliche Begleitung und die Dimension des Heiligen. Und das nicht allein für die eigenen Mitglieder, sondern auch darüber hinaus: das heißt, geistliches Leben zeigen, gestalten und andere dazu ermuntern und befähigen. Jedes einzelne Mitglied hat im Arbeits- und Dienstumfeld die Möglichkeit und die Aufgabe – im besten Sinne eine Mission –, ergänzend zum pflegerischen oder pädagogischen Dienst auch die geistliche Dimension einzutragen – Gestaltung von Übergängen sowohl bei Mitarbeitenden als auch bei Patienten und Besuchern. In der ADA werden monatlich neue Mitarbeitende in der wöchentlichen Mitarbeiterandacht begrüßt. Außerdem erhalten alle neuen Mitarbeitenden einen Willkommensbrief der Diakonischen Gemeinschaft.

Für die Leitung bedeutet das auch immer wieder die Möglichkeit zum kritischen Hinterfragen dessen, was im Alltag und im Dienst an Ritualen und Pflege der Tradition möglich und sinnvoll ist.

Welche weiteren Aufgaben der DGA im Verbund der Einrichtungen sind denkbar?[5]

– Oasen gestalten, das heißt auf vielfältige Weise den Glauben ins Gespräch bringen, sprachfähig und auskunftsfähig über den Glauben sein; Möglichkeiten des Gesprächs und der Begegnung schaffen (das heißt aber auch, die Mitglieder der DGA müssen erkennbar sein – dann kann Begegnung im Alltag stattfinden),

– das Kirchenjahr gestalten durch Farben und geistliche Angebote,

– Gebet und Segen in unterschiedlichen Situationen (z. B. auf dem Weg zum OP, zum Ende eines Besuchs),

– Zeugenschaft, etwa mit einer Patenschaft für Berufseinsteiger,

– Weiterbildungen und Fortbildungen gestalten.

Über die Grenzen der DGA hinausreichend wird anhaltend über folgende Fragen diskutiert: Was ist diakonisch? Wo handeln wir in den Einrichtungen diakonisch? Was ist möglich? Was ist wichtig und unabdingbar? Und grundsätzlich: Was unterscheidet die Einrichtungen der ADA von anderen Krankenhäusern, Kindergärten, Pflegeheimen?

Die DGA begleitet diese Fragen und muss sich selbst immer wieder fragen: Wo ist unser Ort? Was ist unsere Aufgabe? Wie können Möglichkeiten der Begegnung und des Gesprächs im Arbeitsalltag so gestaltet werden, dass auch Zeit zum Austausch bleibt? Es verlangt auch von den Verantwortlichen Absprachen und Kommunikation. Bei allen Aufgaben und Herausforderungen kann schnell das Gefühl der Überforderung Raum gewinnen – die Erfahrung des „Es ist nie genug ...". Genau hier setzt die Kraft des Lebens in der diakonischen Gemeinschaft ein. Die geistliche Auseinandersetzung und Spiritualität hilft, mit Widersprüchen umzugehen und Lücken zu leben. Die Gemeinschaft zeigt, was „diakonisch" heute im Arbeitsalltag bedeuten kann: eine sinnvolle Art miteinander umzugehen. Das, was gilt, gibt Sicherheit, Stabilität und auch Lösungsmöglichkeit.

Entscheidend für die Zukunft der DGA in der ADA sind meiner Meinung nach zwei Bereiche: Bildung und Begegnung. Die Möglichkeit, in Form von Fortbildungen in den Bereichen und Einrichtungen (Stichwort: gemeinsames Lernen und Arbeiten) die geistlichen Themen der Diakonischen Gemeinschaft zu den Mitarbeitenden zu bringen und miteinander darüber ins Gespräch zu kommen, ist eine große Chance. Das kann im Rahmen von Mitarbeiterbegrüßungstagen sein, von Einkehrtagen, Oasentagen, diakonischen Weiterbildungen oder Fortbildungen in kleinen Gruppen. Die Ausbildung zum Diakon und zur Diakonin wäre ein wichtiger Impuls im geistlichen Leben nicht nur der Einrichtungen der ADA, sondern würde auch in die Dienste der Landeskirche ausstrahlen. Wünschenswert wäre hier eine Möglichkeit der Ausbildung, eventuell in Kooperation mit Einrichtungen auch außerhalb der Evangelischen Landeskirche Anhalts.

Der Hausspruch der ADA erinnert uns täglich, wie Jesus den Menschen begegnet: dienend, verlässlich. Damit wird auch eine Begegnung mit der Kultur und den Traditionen der ADA möglich. Besondere Anlässe dafür sind: die Zeit der Einführung und Einarbeitung neuer Mitarbeitender, der Umgang mit heiklen Situationen, der Umgang mit Grenzen (Trauerbegleitung, Konflikte).

Begegnung im Sinne von Gemeinschaft bedeutet des Weiteren, Brücken zu bauen. In den Einrichtungen der ADA ist das auf vielfältige Weise möglich, über die Grenzen der Arbeitsbereiche hinweg. Wer Brücken baut, schafft neue Verbindungen. Damit wird Nächstenliebe praktiziert und Achtsamkeit gelebt. Mit dem Schwerpunkt des Nagelkreuzzentrums, das die Anhaltische Diakonissenanstalt seit 2018 ist, kann so auf geistlicher Ebene über Verletzungen und Fehler im Miteinander ganz neu nachgedacht werden.

125 Jahre diakonische Einrichtung in Dessau. Eine an der Universität Freiburg i. Br. erarbeitete Projektion zur Entwicklung der Kirchenmitgliedszahlen, die in diesem Jahr veröffentlicht wurde, sagt einen Rückgang der Kirchenmitgliedschaft bis 2060 um bis zu 60 Prozent in Mitteldeutschland voraus.[6] Die Erfahrungen im Alltag der ADA in den vergangenen Jahren zeigt: Auch wenn die Mehrzahl derer, die in den Einrichtungen arbeiten und leben, nicht kirchlich gebunden (sprich Mitglied) ist, so ist ein geistliches Leben dennoch möglich: in ökumenischer Verbundenheit, mit der bewussten Leitung und Führung durch Verantwortliche und Mitglieder der geistlichen Gemeinschaft und Gottes Froher Botschaft, die uns ermutigt, nicht krampfhaft festzuhalten am Herkommen, sondern mit der Kraft der Tradition und bewährter Rituale Menschen im Leben zu begleiten und zu sagen:[7]

> Herr Jesus Christus, du schließt mir die Zukunft auf. Danke!
> Hilf mir, auf deine Zukunft zu vertrauen, damit zu den guten hilfreichen Erfahrungen von einst die neuen, besseren von morgen kommen. Damit die Erinnerungen bleiben können, aber frei von Wehmut. Damit ich Versagen nicht leugne, aber darauf baue, dass du es aufgehoben und fortgetragen hast, so dass ich frei geworden bin zum neuen Leben in der Liebe. Damit die Angst mich nicht bedrängt, sondern ich meine Füße auf weiten Raum setzen kann. Amen.

Anmerkungen

1 Diakonissen neuer Form bilden eine Glaubens- und Arbeitsgemeinschaft, jedoch keine Lebensgemeinschaft. Das heißt, sie leben eigenständig, dürfen heiraten, eine Familie gründen und tragen in der Regel auch keine Tracht mehr als Erkennungszeichen. Eine dreijährige diakonisch-theologische Weiterbildung ist Voraussetzung für die Einsegnung zur Diakonisse neuer Form.

2 Ordnung der DGA (Diakonische Gemeinschaft der ADA), Stand: 20.04.2015. Verfügbar unter URL: http://www.ada-dessau.de/file admin/user_upload/admin/DGA/Ordnung_der _DGA_Stand_31.05.2015_A4_Tab.pdf (08.05. 2019).

3 Ebd.

4 Ebd.

5 Hierzu siehe auch HOFMANN, BEATE: Dia-

konische Unternehmenskultur. Handbuch für Führungskräfte, 2., durchges. und aktual. Aufl., Stuttgart 2010.

6 Langfristige Projektion der Kirchenmitglieder und des Kirchensteueraufkommens in Deutschland. Eine Studie des Forschungszentrums Generationenverträge an der Albert-Ludwig-Universität Freiburg, URL: https://www.dbk.de/fileadmin/redaktion/diverse_downloads/dossiers_2019/2019-05-02_Projektion-2060_EKD-VDD_FactSheets_final.pdf.pdf (08.05.2019).

7 Nach einem Gebet zur Morgenandacht in der ADA (Quelle unbekannt).

Margot Schoch

Die Oberinnen der ADA

Mit dem Einsatz von Schwestern der Anhaltischen Diakonissenanstalt im Dessauer Kreiskrankenhaus im Jahr 1894 wurde Luise Seelhorst, dienende Schwester des Johanniterordens und ausgebildet in Halle, zur vorstehenden Schwester berufen. Ein Jahr später wurde ihre Nachfolgerin Martha von Chaumontet.

Diakonisse Martha von Chaumontet
Oberin vom 28. Mai 1896 bis zum 17. Mai 1897

Ich will dich segnen, und du sollst ein Segen sein. (1. Mos. 12,2)

Nach einem sechsmonatigen Johanniterkurs im Paul-Gerhardt-Stift zu Berlin kam Martha von Chaumontet nach Dessau zur Anhaltischen Diakonissen-anstalt.[1] Ihre Berufung zur vorstehenden Schwester im Kreiskrankenhaus und Probemeisterin für die anhaltischen Schwestern erfolgte am 28. März 1895. Danach folgte eine Art Probezeit, für die ihr ein hingebungsvoller Dienst bescheinigt wurde. Obwohl sie noch keine eingesegnete Diakonisse war, wurde sie zur ersten Oberin der ADA berufen.

Und so wurde der 28. Mai 1896 ein großer Tag für die ADA. Mit Martha von Chaumontet wurde die erste Schwester als Diakonisse der ADA in Dessau eingesegnet und als Oberin eingeführt. Die vom Hausgeistlichen gehaltene Einsegnungsrede über „Ich will dich segnen, und du sollst ein Segen sein" (1. Mos. 12,2) war eingebettet in den Chorgesang der Schwestern.

Durch Generalsuperintendent Teichmüller, den Vorsitzenden des Herzoglichen Konsistoriums, erfolgte die Einführung als Oberin. Die Aufgaben ihres Amtes wurden genannt, und für das Verhalten gegenüber Kuratorium, Geistlichen und Schwestern wurden der Schwester Worte der Schrift als Mahnung auf den Weg gegeben:

– „Seid untertan aller menschlichen Ordnung um des Herrn willen." (Röm. 13,1)
– „Seid fleißig zu halten die Einigkeit im Geist durch das Band des Friedens." (Eph. 4,3)
– „Weidet die Herde Christi nicht gezwungen, sondern von Herzensgrund, nicht als die über das Volk herrschen, sondern werdet Vorbilder der Herde." (1. Petr. 5,2–3)

In den *Mitteilungen aus dem anhaltischen Diakonissenhause und der Arbeit der weiblichen Diakonie* war über die Einsegnung zu lesen: „Unter Handschlag und einem Ja gelobte die Schwester, mit Treue des Oberinnenamtes zu walten und empfing dazu unter Handauflegung und Gebet den Segen. [...] Berufungsurkunde und Dienstanweisung wurden übergeben." Pastor Loose, der Vorsteher der ADA, vermerkte dazu: „Für die Geschichte unserer Anstalt bedeutet der Tag einen wichtigen Abschnitt, schenkte er ihr doch die erste Oberin, womit dem inneren Aufbau unseres Hauses der Schlußstein eingefügt wurde."

In die Amtszeit von Schwester Martha als Oberin fiel nicht nur das erste Anwachsen der Schwesterngemeinschaft, sondern auch die bauliche Vollendung des Mutterhauses, das sie einrichtete. Zusammen mit dem Vorsteher der ADA schied sie am 17. Mai 1897 aus dem Kuratorium aus. Pastor Loose und sie waren nicht mit dem Verfahren des Kuratoriums bei der Entlassung einer Probeschwester einverstanden. Das Ausscheiden aus dem Kuratorium bedeutete das Ausscheiden als Oberin und den Weggang aus der ADA.

Diakonisse Elisabeth Alfken
Oberin vom 23. Mai 1898 bis zum 1. Oktober 1927

Alle Dinge sind möglich dem, der da glaubt. (Mark. 9,23b)

Am 12. Mai 1856 wurde Elisabeth Alfken in Delmenhorst/Oldenburg geboren.[2] Sie stammte aus einer Kaufmannsfamilie. Im Königin-Elisabeth-Diakonissenhaus Berlin wurde sie am 29. September 1893 zur Diakonisse eingesegnet. In deren Dienst verblieb sie, bis sie auf Bitten der ADA nach Dessau kam. Mit ihrem Eintritt in die ADA am 1. Mai 1897 übernahm sie das Amt der Oberin; im ersten Jahr verwaltete sie es provisorisch.

Am 23. Mai 1898 wurde Elisabeth, die vorstehende Schwester, in einem feierlichen Gottesdienst als Oberin eingeführt und gesegnet. Nach der von Generalsuperintendent Teichmüller gehaltenen Einführungsrede wurde ihr die Bestallung eingehändigt und ihr ein von der Herzogin gestiftetes goldenes Kreuz überreicht. Der Anstaltsgeistliche entrichtete der neuen Oberin einen Willkommensgruß und reichte ihr zum Zeichen des einträglichen Zusammenwirkens die Hand. Die Feier endete mit einem Treue- und Gehorsamsgelöbnis der fast vollzählig erschienenen Schwestern.

Die Zeit des Wirkens von Schwester Elisabeth war verbunden mit der Erweiterung der ADA: Im Jahr 1901 wurde ein Kinderheim für Pfleglinge vom 1. bis 14. Lebensjahr im Diakonissenhaus eröffnet. Das Kinderheim

Diakonisse Elisabeth Alfken, 1927

wurde von ihr auf eigene Verantwortung und mit Zustimmung und Unterstützung des Verwaltungsrates der ADA gegründet, später als eine Zweigstelle der ADA geführt und bei ihrem Ausscheiden der Gesamtverwaltung der ADA eingegliedert. 1905 wurde im Diakonissenhaus mit ihrer Hilfe das Kleinkinderlehrerinnenseminar errichtet. Aus diesem ging später das Kindergärtnerinnen- und Hortnerinnenseminar mit seinem Kindergarten in einem Anbau hervor. Aus kleinen Anfängen entwickelte Schwester Elisabeth auch die Hauswirtschaftsschule für junge Mädchen. Das Marienheim, ein Altersheim, wurde 1906 errichtet, und für die Einrichtung war sie verantwortlich. Die Aufzählung ist nicht vollständig.

Durch die schwere Zeit des Ersten Weltkrieges, die Nachkriegsjahre mit der Inflation und einer für die ADA schwierigen politischen Zeit führte Schwester Elisabeth die Schwesternschaft im Mutterhaus und in den Gemeinden, in denen Schwestern der ADA eingesetzt waren. Sie nahm teil an Bezirkskonferenzen der Diakonissen-Mutterhäuser in Sachsen und der preußischen Provinz Sachsen in Halle und Leipzig.

Am 1. Oktober 1927 wurde sie in den Ruhestand verabschiedet und verließ Dessau. Mit ihr ging auch die Johanniterschwester Clothilde, verw. Felber. Beide waren über Jahrzehnte in Freundschaft verbunden und hatten in Dessau segensreich zusammengearbeitet. Schwester Elisabeth, Oberin i. R. lebte bis zu ihrem Tod im Haushalt ihrer Freundin in Erbach im Odenwald. Auch aus der

Ferne nahm sie regen Anteil am Geschehen im Dessauer Mutterhaus, und die Schwestern waren ihr sehr willkommen, wenn sie sie im Urlaub besuchten. Am 14. Juli 1932 verstarb sie. Bereits am 18. Juli 1932 fand die liturgische Trauerfeier in der Kapelle der Diakonissenanstalt statt. Anschließend wurde Schwester Elisabeth auf dem Gräberfeld der Schwesternschaft der ADA auf Friedhof III in Dessau beerdigt.

Diakonisse Renate Lange
Oberin vom 8. Januar 1929 bis zum 1. Oktober 1964

Es ist ein köstlich Ding, dass das Herz fest werde, welches geschieht durch Gnade.
(Hebr. 13,9)

Renate Elisabeth Lange wurde am 6. August 1892 in Abberode im Harz geboren.[3] Nach ihrer Konfirmation ging sie in ein Pensionat ins schweizerische Lausanne, um dort im Haushalt und bei Kindergottesdiensten zu helfen. 1916 folgte sie einem Ruf des Vaterländischen Frauenvereins und half im „Halberstädter Soldatenheim" in Wilna für einige Monate aus. Danach war sie Hilfe im großen elterlichen Pfarrhaushalt. Von 1919 bis 1920 besuchte sie die Frauenschule für kirchliche und soziale Arbeit des Diakonissenhauses in Halle. Die Teilnahme wurde ihr beim Schulabgang mit „wohlbestanden" testiert. Außerdem wurde ihr die Befähigung zuerkannt, als soziale Berufsarbeiterin im Dienst der Kirche oder als Arbeiterin der Inneren Mission angestellt zu werden. Nach der Teilnahme am Kurs für Anatomie und Physiologie im Wintersemester 1919/20 wurde ihr die Qualifikation als Hilfsschwester in der Krankenpflege bescheinigt. In diesem Zeitraum erwarb Renate Lange auch den Berechtigungsschein für evangelischen Religionsunterricht der evangelischen Landeskirche Anhalts. Später wurde sie Mitarbeiterin in der Kirchlichen Provinzialjugendpflege in Halle. Mit Schreiben vom 17. Juni 1927 erhielt sie von der ADA die Nachricht, dass sie zur Oberin gewählt und berufen sei. Die Berufung erfolgte für ein Jahr auf Probe, beginnend mit dem 1. Januar 1928. Am 1. August 1927 trat Renate Lange der Schwesternschaft der ADA bei. Bis zum Beginn der Probezeit erfolgte ein praktisches Studium der Kaiserswerther Diakonie in unterschiedlichen Formen und Häusern. Am 8. Januar 1929 wurde sie in einem Festgottesdienst zur Diakonisse eingesegnet unter den Worten von Hebr. 13,9.
Am 20. Januar 1929 wurde Diakonisse Renate Lange als Oberin eingeführt. Die Predigt des Einführungsgottesdienstes hielt Superintendent Schröter vom

Diakonissenhaus Halle. Für ihre Amtsführung als Oberin wurden ihr die Worte von Jos. 1,9 zugesprochen: „Siehe, ich habe dir geboten, dass du getrost und unverzagt seist. Lass dir nicht grauen und entsetze dich nicht, denn der Herr, dein Gott, ist mit dir, in allem, was du tust." Dass diese Worte Wirklichkeit für sie werden würden, konnte sie damals nur ahnen; am Ende ihrer Amtszeit waren sie Gewissheit für sie geworden.

Diakonisse Renate Lange, 1929

Die Zeit des Nationalsozialismus in Deutschland war auch für die Schwesternschaft in der ADA eine Zeit der besonderen Herausforderung. Die Zuwendung zur Bekennenden Kirche durch den Vorsteher Pastor Leich wurden für jede einzelne Schwester zur Prüfung, zur Wegweisung. 1939 wurde der Vorsteher zum Militär eingezogen; seit Mitte des Jahres zuvor war er erkrankt gewesen. Nun führte Schwester Renate das Haus allein, bis 1946 die Berufung von Pastor Laudien zum Vorsteher erfolgte. Bei den wiederholten Bombenangriffen auf Dessau wurden auch Gebäude der ADA zerstört, darunter das Mutterhaus. Trotzdem fanden noch Angestellte der ADA, Ausgebombte aus Dessau und heimatlose Menschen auf der Flucht hier ein Heim.

Neben dem mühsamen Wiederaufbau der Gebäude stand in den Nachkriegsjahren auch die Wiederaufnahme der geistlichen Zurüstung in Schwesternkursen und Schwesternstunden im Vordergrund. Eine schwierige wirtschaftliche Situation, der Prozess der Teilung Deutschlands bis hin zum Mauerbau, der Wandel der gesellschaftlichen Ordnung und Lebensgestaltung waren Herausforderungen, denen sich auch Oberin Lange stellte.

Mit einem Schreiben vom 29. März 1962 an den Verwaltungsrat der ADA bat die Oberin um ihre Ablösung. In einem Gottesdienst am 12. Oktober 1964 wurde sie in den Feierabend verabschiedet. Diesen verbrachte sie im Dessauer Mutterhaus, in der Gemeinschaft der Schwesternschaft, zu denen auch ihre Schwestern Diakonisse Ruth Lange und Diakonisse Marie-Luise Lange gehörten.

Renate Lange starb am 11. Juli 1975. Im Nachruf der ADA vom gleichen Tag heißt es:

> „[...] Frau Oberin Lange hat der Schwesternschaft und dem Werk der ADA von 1929 bis 1964 vorgestanden und hat in ihrer geistlichen Kraft die Mut-

terhausgemeinde durch die Erschütterungen jener Jahrzehnte geführt. Ihre Zuversicht und ihr unbeirrbares Vertrauen wurden unseren Schwestern und vielen Gemeindegliedern und Freunden unseres Werkes zur Ermutigung [...]."

Diakonisse Brigitte Daase
Oberin vom 10. Januar 1965 bis zum 30. September 1992

> *Wir haben aber einen solchen Schatz in irdischen Gefäßen, auf dass die über-*
> *schwängliche Kraft sei Gottes und nicht von uns. (2. Kor. 4,7)*

Brigitte Gertrud Else Daase wurde am 12. November 1925 in Berlin geboren.[4] Bildung war der Familie wichtig. Ihre Kindheit war überschattet durch den frühen Tod des Vaters, eines Lehrers. Im Jahr 1944 legte sie ihr Abitur ab und studierte ab 1946 in Berlin Theologie; dem folgten das 1. Theologische Examen 1951, das Vikariat in Zehlendorf und in der Landesstelle des Burckhardthauses. Nach dem 2. Theologischen Examen im August 1953 wurde sie als eine der ersten Frauen im Januar 1954 zur Pfarrvikarin ordiniert.

Am 15. September 1959 trat sie in die Schwesternschaft des Mutterhauses des Evangelischen Diakonissenhauses Teltow ein, und am 16. April 1961 folgte die Einsegnung als Diakonisse. In Teltow arbeitete sie in verschiedenen Stationen; Bibelarbeit und Predigtdienst waren ihr besonders wichtig.

Schwester Brigitte folgte 1964 dem Ruf der ADA und übernahm das Amt der Oberin zum 1. Oktober. Am 10. Januar 1965 wurde sie in einem Festgottesdienst gesegnet und eingeführt mit den Worten der Schrift: „Darum, weil wir ein solch Amt haben nach der Barmherzigkeit, die uns widerfahren ist, werden wir nicht müde." 2. Kor. 4,1.

Die Jahre ihres Wirkens in Dessau waren geprägt von zunehmenden Ausgrenzungen kirchlicher Einrichtungen und ihrer Mitarbeiter in der Zeit der DDR. Oberin Daase stellte sich der Entwicklung von der „Mutterhaus-Diakonie", dem Leben und Wirken im Verbund der Gemeinschaft des Mutterhauses, hin zu einem „offenen, freien Schwesternberuf in der Diakonischen Gemein-

Diakonisse Brigitte Daase, um 1975

schaft". Das Mutterhaus öffnete sich weiter; es wollte ein Mutterhaus der Landeskirche, ein Ort der Sammlung sein. Der Kursus für Gemeindediakonie wurde wiederbelebt; bis 1984 gab es wieder ein Seminar für Gemeindediakonie. Es war offen für Schwestern der evangelischen Kirche innerhalb der DDR.

Ein immer kleiner werdender Kreis von Schwestern, in der ADA wie im gesamten Verband, ließ Schwester Brigitte wiederholt öffentlich über die Möglichkeiten und Grenzen des Auftrages nachdenken, an den Nöten der Mitmenschen durch Helfen teilzuhaben.[5] Die Einführung des Besuchsdienstes für Patienten der ADA im Jahr 1976 war eine ihrer Antworten hierauf. Gemeinsame Rüstzeiten von Diakonissen, Diakonischen Schwestern und Feierabendschwestern führte sie ein, ebenso die Abendmusik im Kirchsaal.

Am 17. Oktober 1992 wurde sie in den Feierabend verabschiedet. Nach der Übergabe an Schwester Susanne Werner kehrte sie am 23. Oktober 1992 in das Mutterhaus nach Teltow zurück. Brigitte Daase, Oberin i. R., verstarb am 23. Dezember 2016 und wurde am 4. Januar 2017 auf dem Friedhof in Teltow beerdigt.

Diakonisse Susanne Werner
Oberin vom 1. Oktober 1992 bis zum 31. März 2001

> *Jesus führte sie aber hinaus bis nach Bethanien und hob die Hände auf und*
> *segnete sie. Sie aber beteten ihn an und kehrten zurück nach Jerusalem mit*
> *großer Freud. (Luk. 24,50 + 52b)*

Susanne Werner wurde am 31. März 1935 in Dessau als älteste Tochter des Pfarrers Gottfried Werner und seiner Ehefrau Gertrud, geb. Töpfer, geboren.[6] Sie hatte sechs jüngere Geschwister. Nach ihrem Abitur in Bernburg (Saale) war ihr das Medizinstudium als Pfarrerstochter in der DDR verwehrt. Deshalb erfolgte im Diakonissenhaus Halle (Saale) die Ausbildung zur Krankenpflegerin.

Nach dem Examen war ihr aus gesundheitlichen Gründen empfohlen worden, diesen Zustand in Darmstadt bei einem Spezialisten klären zu lassen. Ihrem Vater gelang es, dies zu organisieren. Im Juli 1956 traf sie mit einem Visum im

Diakonisse Susanne Werner,
um 2000

Diakonissenhaus Elisabethenstift in Darmstadt ein. Dort durfte sie als Krankenschwester arbeiten und wohnen. Am 1. März 1959 trat sie in die dortige Diakonissenschwesternschaft ein. Am Himmelfahrtstag, dem 31 Mai 1962, wurde sie
mit drei weiteren Schwestern nach der üblichen Vorbereitung im diakonischen
Kurs zur Diakonisse eingesegnet mit den Worten nach Lukas 24, 50 + 52b.

Die Eltern und Geschwister lebten weiter in der DDR. Kontakte der Familie
nach Dessau und der ADA bestanden seit der Kindheit bei Besuchen der Verwandten und bei Festlichkeiten der ADA. Der Großvater, Pfarrer Fritz Werner,
war bis 1924 Vorsteher der ADA. Eine Tante – Änne Werner – und eine Cousi-
ne – Renate Lange – lebten dort als Diakonissen.

Bei einer Begegnung im Sommer 1990 mit der damaligen Oberin der ADA Brigitte Daase im Diakonissenhaus Speyer wurde sie zum ersten Mal mit dem Anliegen konfrontiert, sie als Oberin nach Dessau zu berufen. Die im Harz lebenden pflegebedürftigen Eltern waren ein Grund für die späte Zusage im Oktober
1991. Ab dem 1. Oktober 1992 war Schwester Susanne in Dessau und wurde in
einem festlichen Gottesdienst am 18. Oktober 1992 als Oberin eingeführt.

Viele Aufgaben kamen auf sie zu. Immerhin waren die verschiedenen Dächer
der Häuser im Gelände nach 1989 schon neu eingedeckt worden. Doch in diesen ersten Jahren nach der Wiedervereinigung ging es weiterhin um die Organisation einer verstärkten Bautätigkeit in der ADA. Die Häuser wurden renoviert
und modernisiert, z. B. im Küchen- und Sanitärbereich.

Für den Bau des neuen Bettenhauses, das 1996 bezugsfertig wurde, und für das
neue Altenheim mussten Konzeptionen und Pläne zur Finanzierung zusammen mit dem Verwaltungsleiter im Vorstand erarbeitet werden. Fördermittel
waren fristgerecht zu beantragen und abzurechnen. Gemeinsam mit dem Vorsteher hatte sie an Absprachen mit der Stadtverwaltung teilzunehmen.

Auch das 100-jährige Jubiläum des Diakonissenhauses 1994 und der Vorste-
herwechsel von Pfarrer Hüneburg zu Pfarrer Polzin mussten mit dem Verwaltungsrat vorbereitet werden.

Neben der Betreuung und geistlichen Zurüstung der Diakonissen und der Mitarbeiterschaft unterrichtete sie auch die Schülerinnen der Krankenpflegehilfeschule.

Am 4. März 2001 wurde Schwester Susanne in den Ruhestand verabschiedet.
Das Amt konnte an Diakonisse Hella Frohnsdorf aus der ADA übergeben werden. Schwester Susanne kehrte Ende März nach Darmstadt zurück.

Diakonisse Hella Frohnsdorf
Oberin vom 4. März 2001 bis zum 31. Januar 2013

Aber das ist meine Freude, dass ich mich zu Gott halte und meine Zuversicht
setze auf Gott den Herrn, dass ich verkündige all dein Tun. (Ps. 73,28)

Hella Frohnsdorf wurde am 1. Juli 1945 in Dessau-Kleinkühnau geboren.[7] Als ausgebildete Unterstufenlehrerin war sie von 1967 bis 1970 in Geithain und in Dessau im Schuldienst. Nach ihrem Austritt aus dem Schuldienst arbeitete sie von 1970 bis 1972 am Hygieneinstitut in Dessau als Laborhilfe.

Am 1. September 1972 trat Hella Frohnsdorf in die ADA ein und wurde am 20. September 1984 Diakonische Schwester. Die Einsegnung zur Diakonisse erfolgte am 18. Oktober 1987 mit dem Segensspruch Psalm 73,28. Am 1. September 1972 wurde Schwester Hella Kursusleiterin am Seminar für Gemeindediakonie und Leiterin des Internats. Nach der Schließung des Seminars zum 31. Dezember 1984 wurde von ihr das Internat mit Krankenpflegeschülerinnen weitergeführt. Im Krankenpflegehilfekurs unterrichtete sie das Fach Glaubens- und Lebensfragen. Sie unterrichtete nicht nur, sondern studierte selbst: Fernunterricht in Gnadau in zwei Kursen über einen Zeitraum von insgesamt vier Jahren, der durch einen Schwesternkursus für ein Jahr unterbrochen wurde. Dieses kirchliche Fernstudium berechtigte sie zur freien Wortverkündigung, zur Predigt im Gottesdienst. 1994 belegte sie einen Aufbaukursus für Religionspädagogik mit Praktika.

Am 9. September 1990 erging der Auftrag an sie, die Oberin als ihre Stellvertreterin zu unterstützen. Im Jahr 2000 führten sie Hospitationen nach Eisenach und Braunschweig, um die Kenntnisse zu Abläufen und Interna in Einrichtungen der Diakonissen zu vertiefen und sich auf das Oberinnenamt vorzubereiten. Von 1994 bis 1999 gab Schwester Hella auch Religionsunterricht an Dessauer Schulen.

Ihre Amtsübernahme erfolgte zum 1. März 2001. Der Festgottesdienst zur Amtseinführung durch Kirchenpräsident Helge Klassohn fand am 4. März 2001 statt. Aus Braunschweig kam Pastorin Hille und hielt die Predigt zu Joh. 15,9–12: „Bleibet in meiner Liebe!"

Diakonisse Hella Frohnsdorf,
2018

Es wurden immer weniger Diakonissen, die auf den Stationen des Krankenhauses anzutreffen waren. Neue kamen nicht hinzu, und älteren Schwestern im Feierabend schwanden die Kräfte. Auch das Krankenhaus wandelte sich weiter. Ein modernes Klinikum entstand und musste vor allem nach wirtschaftlichen Aspekten geführt werden. Dieser Wandel ermutigte Oberin Frohnsdorf, gemeinsam mit dem Vorsteher des Mutterhauses nach neuen Wegen zu suchen. Die Gründung der Diakonischen Mitarbeiterschaft der ADA im Jahr 2011 – der Zusammenschluss von Diakonissen und Diakonischen Schwestern und Mitarbeitenden im Dienst von Kirche und Diakonie – wurde ihr ein wichtiges Anliegen.

Als im Jahr 2001 eine neue Kindereinrichtung in Ballenstedt gebaut wurde, traten sowohl die Stadt als auch die Anhaltische Diakonissenanstalt gemeinsam als Betreiber ein. Angestellten des Öffentlichen Dienstes und der Diakonie wurde die gemeinsame Arbeit ermöglicht. Aber es waren auch Vorbehalte auszuräumen. Die fachlich-inhaltliche Betreuung dieser Mitarbeitenden wurde von ihr wahrgenommen.

In einem Festgottesdienst am 4. Februar 2013 wurde die Oberin, die letzte aus dem Kreis der Diakonissen-Schwesternschaft gewählte, in den Feierabend verabschiedet. Dieser ist freilich für sie kein Ruhestand. Sie ist auch heute noch Patin für die Kindereinrichtung in Ballenstedt und für die Evangelische Grundschule in Dessau. Erhalt und Festigung der diakonischen Gemeinschaft sind ihr noch immer ein besonderes Anliegen. Bei Zusammenkünften der Gemeinschaft gibt sie praktische und geistliche Unterstützung; sie ist Hilfe und Unterstützung für ihr Verbundene und für die, die sie suchen. Zum vorliegenden Buch steuerte Schwester Hella einen Beitrag bei, in dem sie persönlich auf ihre Zeit in der ADA zurückblickt und dabei tiefergehende Schlüsse zieht.

Oberin Ina Killyen (seit 1. Juni 2015)

> *Gott ist die Liebe; und wer in der Liebe bleibt,*
> *der bleibt in Gott und Gott in ihm. (1. Joh. 4,16b)*

Mit Schwester Hella war 2013 die letzte Diakonisse der ADA als Oberin verabschiedet worden. Mit Ina Killyen wurde am 1. Juni 2015 eine Pfarrerin zur Oberin berufen – nicht mehr des Mutterhauses, sondern der *Diakonischen Gemeinschaft an der Anhaltischen Diakonissenanstalt Dessau.*

Ina Killyen wurde 1974 in Wolfen geboren. Sie studierte von 1995 bis 2002 Evangelische und Katholische Theologie sowie Religionswissenschaften in Halle (Saale), Erfurt und Chennai (Indien) und wurde 2008 in Dessau ordiniert. Schon während des Vikariats wurde sie Bibelmissionarische Mitarbeiterin am Bibelturm Wörlitz und Geschäftsführerin der Anhaltischen Bibelgesellschaft. Seit 1. Januar 2011 ist sie Pfarrerin in der Auferstehungsgemeinde Dessau. Ina Killyen ist verheiratet und hat vier Kinder. Am vorliegenden Buch ist sie mit einem Beitrag über die Zukunft der Diakonischen Gemeinschaft beteiligt. Sie möchte das Erbe des Mutterhauses bewahren und fortsetzen.

Pfarrerin Ina Killyen, 2018

Anmerkungen

1 Quellen: Mitteilungen aus dem anhaltischen Diakonissenhause und der Arbeit der weiblichen Diakonie 1894, 1896. – Unter den Namen der Oberinnen folgen am Beginn jedes Biogramms ihre Einsegnungssprüche. Die Bibelzitate folgen der zeitgenössischen Wiedergabe. Bei Schwester Ina Killyen handelt es sich um den Ordinationsspruch (zur Pfarrerin).

2 Quellen: Mitteilungen aus dem anhaltischen Diakonissenhause 1897ff.; Blätter für die Diakonissengemeinde in Dessau und ihre Freunde 1907ff.; Nachruf für Diakonisse Elisabeth Alfken, von Diakonisse Renate Lange, Oberin, ArchADA. Nachruf im Anhalter Anzeiger, 1. Beilage zu Nr. 174/1932.

3 Quellen und Literatur: ArchADA, Büro der Oberin, Ordner Verstorbene Schwestern; HÜNEBURG, GOTTHELF/WERNER, SUSANNE (Hg.): 100 Jahre Anhaltische Diakonissenanstalt (18941994). Festschrift, o. O. 1994.

4 Quellen: ArchADA, Büro der Oberin, Ordner Verstorbene Schwestern; Nachruf des Vorstandes des Evangelischen Diakonissenhauses Berlin Teltow Lehnin vom 27. Dezember 2016,

Evangelisches Diakonissenhaus Berlin Teltow Lehnin; DAASE, BRIGITTE: Ein Blick in das schwesternschaftliche Leben in der DDR, in: Übergänge. Mutterhausdiakonie auf dem Wege, hg. vom Präsidium der Kaiserswerther Generalkonferenz, Bonn 1984, S. 213–219.

5 Einen grundlegenden Beitrag über schwesternschaftliches Leben in der DDR publizierte Brigitte Daase in dem von der Kaiserswerther Generalkonferenz aus Anlass des 125. Geburtstags der Konferenz 1986 herausgegebenen Buch Übergänge (wie Anm. 4).

6 Quellen: ArchADA, Büro der Oberin, Schwesternkartei. Die Verfasserin führte außerdem ein Telefongespräch mit Schwester Susanne Werner am 15. Mai 2019.

7 Quellen: ArchADA, Büro der Oberin, Schwesternkartei; Blätter aus der Anhaltischen Diakonissen-Anstalt an ihre Schwestern – Mitarbeiter – Freunde; Kalender „Frauen (er)leben in Anhalt" (nach einer gleichnamigen Ausstellung in Zerbst und Dessau 2017), vorhanden in: AELKA.

Die Vorsteher der ADA

Robert Loose
Vorsteher von 1893 bis 1897

* 25.10.1861 Bornum, † 17.12.1938 Bernburg
Sohn des Arthur Loose, Pastor in Bornum, und der Friederike Loose, geb. Koch
∞ mit Katharina Schieckel (* 13.11.1888), Tochter des August Schieckel, Fabrikbesitzer in
Luckenwalde

- Examen pro candidatura: 10./11.07.1883, Examen pro ministerio: 08./09.07.1885
- Ordination: 11.10.1885
- Hilfsprediger in Jeßnitz (1883–1885)
- Kreispfarrvikar in Bernburg und Hilfsprediger an St. Nikolai Bernburg (1885–1886)
- Diakon St. Marien Dessau (1886–1888)
- Pfarrer in Drosa (1888–1893)
- Pfarrer und Vorsteher der ADA (1893–1897)
- Pfarrer in Amesdorf (1897–1909)
- Pastor in Dröbel (1909–1926)
- Pensioniert am 01.11.1926
- Mitglied des Evangelischen Kirchengesangvereins für Anhalt seit dessen Gründung

Robert Loose wurde 1893 zum Vorsteher der ADA berufen und traf die Vorbereitungen für die Errichtung des Diakonissenhauses.[1] Er predigte zur Einweihung des Mutterhauses am 10. Oktober 1895 über Offb. 21,3: „Siehe da, die
Hütte Gottes bei den Menschen":

> „So will Gott hier wohnen mit den Mitteln seiner Gnade in Wort und Sa-
> krament. Er will sich finden lassen von denen, die ihn suchen [...]. Darum
> soll die erste Aufgabe dieses Hauses sein, daß die Schwestern auf die Kraft
> hingewiesen werden, deren tiefste Wurzelfasern in der Ewigkeit liegen [...].
> Mit dieser geistlichen Arbeit an dem inwendigen Menschen muß freilich
> die Ausbildung in den äußeren Obliegenheiten des Diakonissenberufes
> Hand in Hand gehen. Der eigentliche Zweck des Hauses liegt aber in der

Ausbildung für die Arbeit in den Gemeinden [...]. Hat es doch unsere Gemeinde so nötig, daß in die Ämter der Kirche das Helferamt der dienenden Liebe wieder eingeordnet werde."

Loose trat gemeinsam mit Oberin Martha von Chaumontet vom Amt zurück, weil beide „mit dem Verfahren des Kuratoriums bei der Entlassung einer Probeschwester nicht einverstanden waren".[2]

Friedrich Werner
Vorsteher von 1897 bis 1924

Friedrich Werner, um 1915

* 29.10.1858 Jeßnitz, † 13.10.1940 Dessau
Sohn des Dr. Theodor Werner, Sanitätsrat in Jeßnitz
∞ 1885 mit Helene Hopfer, Tochter des Otto Hopfer,
    Oberförster in Salegast

- Kreispfarrvikar in Dessau (1884–1886)
- Diakon an St. Georg Dessau (1886–1897)
- Ernennung zum Vorsteher mit dem Titel Pastor am
  27.02.1897, Einführung in das Amt am 24.05.1897
- Pastor im Diakonissenhaus (1897–1924)

Werners Tochter Änne wurde Schwester in der ADA, die Söhne Wolfgang und Gottfried wurden Pfarrer. Letzterer war von 1951 bis zum Eintritt in den Ruhestand 1969 Taubstummenseelsorger.
Pastor Werner, der nach Fritz Hesse, „seinem ganzen Wesen nach ein echter Jünger Christi war",[3] stand der ADA 27 Jahre lang vor. Sein Wirken war maßgeblich für ihren Ausbau zu einer florierenden, auf ganz Anhalt bezogenen Organisation der Inneren Mission. Seine Predigten wirkten so anziehend, dass die Sonntagsgottesdienste aufgrund von Platzmangel in der Mutterhauskapelle zeitweise in die Aula der Handelsrealschule ausweichen mussten.[4] In Werners Amtszeit fielen der Bau des Krankenhauses 1914 bis 1916 und der Eintritt in den Kaiserswerther Verband 1917. Im Bericht vom Juli 1918 schreibt er:

„Wir wollen nicht so tun, als gehöre der Krieg zur unumstößlichen Weltordnung, an der nicht zu rütteln ist. Im Gegenteil, wir wollen den Krieg bekämpfen, wo wir nur können und wollen uns von ihm, namentlich wenn wir ihn haben müssen, nicht ins Gemeine, Niedrige ziehen lassen. Es geht jetzt eine scharfe Sichtung durch unsere Anstalten, und es ist dabei nur der Trost, daß dieselben Leiden auch über die mit uns verbundenen Mutterhäuser gehen. Der Krieg mit seinen Entbehrungen offenbart vieles, was wir nicht gedacht und gewünscht haben."[5]

Johannes Hoffmann
Vorsteher von 1924 bis 1931

* 07.12.1873 Wegeleben bei Halberstadt, † 07.12.1953 Zerbst

Sohn des Bruno Hoffmann, Pfarrer in Wegeleben, später in Hohenerxleben und Rathmannsdorf, Leiter der Gnadauer Konferenz und gesuchter Missionsprediger, und der Elisabeth Hoffmann, geb. Walther

∞ I) 16.02.1904 mit Marie Anna von Spiegel, geb. von Krosigk, Tochter des Friedrich von Krosigk, General in Bischofsroda, sowie Witwe des Freiherrn Karl von Spiegel, Rittergutsbesitzer in Werna bei Ellrich

∞ II) 15.02.1921 mit Klara Maria Behrens (* 12.04.1882), Tochter des Friedrich Behrens, Pfarrer in Vahldorf

- Studium der Theologie in Leipzig und Halle
- Hauslehrer in der Freiherrlich von Spiegelschen Familie in Werna bei Ellrich am Harz
- Ordination: 03.05.1903 in Gera
- Schlossprediger in Ernstbrunn, Niederösterreich (1903/04)
- Kreispfarrvikar in Köthen (1905/06)
- Pastor in Deetz mit Badewitz und Nedlitz (1906–1924)
- Wehrdienst im Krieg (1914–1916), Leutnant der Landwehr
- Anstaltspfarrer und Vorsteher der Anhaltischen Diakonissenanstalt (1924–1931)
- Einführung als Vorsteher am 08.10.1924
- Pastor in Bone mit Luso und Wertlau mit Jütrichau (1931–1942)
- Eintritt in den Ruhestand am 01.10.1942

Hoffmann wurde am 5. September 1924 mit sieben gegen zwei Stimmen durch den Verwaltungsrat der ADA gewählt.[6] Vorangegangen waren Auseinandersetzungen mit dem Landeskirchenrat um die Wiederbesetzung der Stelle. Hoffmanns Zeit als Vorsteher war von weiterer Expansion, aber auch ersten Rückschlägen und politischen Konflikten geprägt. Er legte am 1. April 1931 sein Amt nieder, nachdem er zuvor beim Landeskirchenrat über dauerhafte Überlastung geklagt hatte.[7] Später war Hoffmann Mitglied des Landesbruderrates der Bekennenden Kirche.[8] Sein Sohn wurde Pastor in Siptenfelde, bevor er 1969 in die Kirchenprovinz Sachsen wechselte.

Heinrich Leich
Vorsteher von 1931 bis 1939 (1946)

* 16.11.1894 Bielefeld, † 16.02.1965
Ältester Sohn des Rudolf Leich, Prokurist in Bielefeld,
  und der Helene Leich, geb. Wellershaus
∞ 03.03.1922 mit Elisabeth Kuxmann, Tochter des
  Heinrich Kuxmann, Fabrikant in Bielefeld

- Theologische Schule Bethel, Universität Tübingen
  (Sommersemester 1914)
- Kriegsdienst in der gesamten Zeit des Ersten Welt-
  krieges (Entlassung am 18.12.1918)
- Universität Münster (1919–1921)
- Lehrvikar in Münster (1921–1923)

Heinrich Leich, um 1960

- Ordination am 17.06.1923
- Hilfsprediger und Dienst in der kirchlichen Gemeindepflege in Münster (1923), während
  der letzten Zeit der Inflation kaufmännische Tätigkeit in einer Fabrik in Bielefeld-Gadder-
  baum
- Vorsteher des Rettungshauses „Johannesstift" in Bielefeld-Schildesche (1924–1931)
- Pastor und Vorsteher des Diakonissenhauses in Dessau (1931–1946); Feierliche Amtsein-
  führung am 09.08.1931
- Einberufung zum Militär 1939; Hauptmann und Bataillons-Kommandeur, amerikanische
  Kriegsgefangenschaft, Entlassung in die britische Zone, wohin seine Familie evakuiert
  worden war
- Krankenhaus- und Lazarettpfarrer in Bethel (Gilead, Samaria, Arafna) in loser Verbindung
  mit dem Diakonissenhaus Sarepta, Hilfsdienst ohne Besoldung (1945–1949)
- Religionslehrer am Gymnasium Bielefeld (1946–1949)
- Verbandsdirektor des Kaiserswerther Verbandes deutscher Diakonissen-Mutterhäuser
  Düsseldorf-Kaiserswerth (1949–1962)

Heinrich Leich war Pfarrer der Bekennenden Kirche seit ihrer Entstehung;
durch eine später so attestierte „klare Verkündigung und entschiedene Haltung
[...] gegenüber dem Nationalsozialismus"[9] geriet er in Konflikte mit der Kirchenleitung und erkrankte 1938 schwer. Nach Beendigung des Krieges kehrte Leich
nicht nach Dessau zurück. Der Landeskirchenrat fällte im Zuge seines Wech-
sels nach Bielefeld 1946 folgendes Urteil:

„Uns ist nur bekannt, dass seine Predigten durchdacht und originell waren, so dass die Kapelle des Diakonissenhauses auch von Kirchgängern
aus der Stadt gern aufgesucht wurde. Mit der Oberin hat er gut zusammengearbeitet. Eine ausgebreitete Lektüre gab ihm eine gute theologische
Bildung. Lähmend wirkte auf seine Tätigkeit und Freudigkeit der ‚Kirchen-

streit', da wir ja vom Sommer 1933 bis Anfang 1945 in Anhalt eine einseitig deutsch-christliche Kirchenregierung hatten, die auch ihm als Bk-Pfarrer Schwierigkeiten machte. Das hatte auch eine ungünstige Wirkung auf seine Nerven, so dass er von März bis September 1938 aussetzen musste. So ist er, der nach seiner Mannesart etwas schwerblütige Westfale, nie ganz in Anhalt heimisch geworden, und dies war auch offenbar der Grund, dass er sich nach Beendigung seiner militärischen Tätigkeit als Offizier im 2. Weltkriege uns nicht wieder zur Verfügung stellte, ohne doch ausdrücklich um Entlassung zu bitten."[10]

Als Direktor wirkte Leich prägend auf die Entwicklung des Kaiserswerther Verbandes ein. Bekannt geworden ist sein Buch *Sterbende Mutterhausdiakonie. Zur gegenwärtigen Lage der Mutterhausdiakonie in Deutschland* (Bielefeld 1955). In mehreren Briefen an die Oberin Renate Lange, die von einer fortdauernden Verbundenheit beider zeugen, stellte er die „Dessauer Verhältnisse" als sein Denken und Handeln besonders prägend heraus.[11]

In einem davon führte er 1956 aus:

„Dass der Posten des Vorstehers in Dessau schon wieder verwaist ist, empfinde auch ich als eine schwere Last, die ich mit dem ganzen Hause, vor allem aber mit Ihnen, liebe Schwester Renate, trage. Ich frage mich immer wieder, warum Gott seit Pastor Werners Emeritierung im Dessauer Mutterhaus die Vorsteher immer nur eine kurze Zeit gelassen hat. Eine Antwort auf diese oft quälende Frage finde ich nicht. Es gehört wohl zu den Geheimnissen der Ökonomie des Reiches Gottes, dass es dem Herrn der Kirche und der Geschichte gefallen hat, sein Werk nicht nur mit sündigen und zahlenmässig wenigen Werkzeugen zu treiben, sondern dass uns immer neu deutlich werden muss, dass wir uns nicht auf Menschen stützen können. Auch von hier aus gesehen ist es mir in letzter Zeit wichtig geworden, dass wir in der Neufassung der Grundordnungen den Satz haben von dem in Herrlichkeit wiederkommenden Herrn, der erst aller Not ein Ende bereiten wird. Wenn auch in diesem Satz in erster Linie gedacht wurde an die Not der uns anvertrauten Hilfsbedürftigen jeder Art, so dürfen wir diesen Satz doch auch in aller Getrostheit anwenden auf all die Nöte unserer Mutterhäuser, unter denen diese spezielle Not des Dessauer Mutterhauses nur eine unter vielen ist."[12]

Gerhardt Laudien
Vorsteher von 1946 bis 1953

* 22.07.1902 Langszargen, Kreis Tilsit, † 1987 Berlin
Sohn des Viktor Laudien, Pfarrer in Langszargen
⚭ 25.07.1928 mit Martha Freye (* 21.05.1904)

- Studium der Theologie in Berlin
- Ordination am 01.04.1928
- Hilfsprediger in Niedersee/Ostpreußen (1928)
- 2. Pfarrer in Landsberg, Ostpreußen (1928–1930)
- Pfarrer in Finkenstein, Westpreußen (1930–1936)
- 1. Pfarrer in Landsberg, Ostpreußen (1936–1945), evangelischer Standortpfarrer (ab 1939 bis zur Einberufung am 10.09.1943)
- 2. Vorsitzender und Geschäftsführer des ostpreußischen Provinzialverbandes der Berliner Missionsgesellschaft
- Kriegsdienst (1943–1945)
- Kommissarischer Pfarrer in Wildau bei Teltow (23.10.1945–1946)
- Pfarrer und Vorsteher in der ADA (01.08.1946[13]–30.09.1952), zugleich Geschäftsführer des Anhaltischen Landesausschusses für die Innere Mission (1947–1952)
- Direktor im Central-Ausschuss für die Innere Mission der Deutschen Evangelischen Kirche und Leiter der Geschäftsstelle in Berlin (Ost) (1952–1957)
- Direktor (Ost) der Berliner Stelle des Werkes „Innere Mission und Hilfswerk der EKD", Berlin (Ost) (1957–1968)

Laudiens Zeit in Dessau war durch die einsetzenden Repressionen seitens des SED-Staates gegenüber Diakonie und Kirche sowie die – zum Teil provisorischen – Wiederaufbaumaßnahmen geprägt: Während das Mutterhaus als Ruine zunächst noch stehen blieb, baute man 1947 eine Baracke für den nötigen Wohnraum. Das Erholungsheim Ballenstedt wurde im gleichen Jahr zum Kinderheim umgestaltet.

Später verantwortete Laudien den Aufbau zentraler Strukturen der Diakonie in der DDR. Bis zum Mauerbau 1961 wirkte er in enger Anbindung an die Geschäftsstelle des Central-Ausschusses in Berlin (West), als deren Dependance die Geschäftsstelle in Berlin-Pankow galt. Zwischen 1954 und 1957 war er alleiniger Direktor des Central-Ausschusses in ganz Berlin. In seiner Amtszeit setzte eine rege Bautätigkeit der ostdeutschen Diakonie ein.[14] Kirchenrat Laudien hielt den Gottesdienst und die Predigt zur Einführung der neuen Oberin der ADA, Brigitte Daase, am 10. Januar 1964.[15]

Hans Bungeroth
Vorsteher von 1953 bis 1956

Hans Bungeroth, 1956

* 03.08.1909 Landgrafroda, † 10.02.1988 Bad Hersfeld
Sohn des Alfred Bungeroth, Pfarrer in Landgrafroda
∞ 06.06.1936 mit Lili Braumüller, Tochter des Eberhard Braumüller, Offizier in Magdeburg

- Internatsschule Schulpforte (Abitur 1928)
- Studium der Theologie in Göttingen, Berlin und Tübingen (1928–1932)
- Vikariat (1932–1935) und kirchliches Examen vor der Prüfungskommission des Bruderrates der Bekennenden Kirche in der Kirchenprovinz Sachsen (1935)
- Hilfsprediger in Oberthau bei Schkeuditz (1935–1939), Auseinandersetzungen mit den Deutschen Christen
- Pfarrer in Ostingersleben (1939–1953)
- Militärdienst als Sanitäter und belgische Kriegsgefangenschaft (1939–1947)
- Pfarrer und Vorsteher der Anhaltischen Diakonissenanstalt Dessau (1953–1956)
- Pastor in Wörlitz (1956–1974)
- Versetzung in den Ruhestand (1974)
- Übersiedelung nach Bad Hersfeld zur Schwägerin Ilse Zadow (1975)

Bungeroth hielt Gottesdienste in der Baracke mit den knarrenden Holzdielen und Andachten im Marienheim und im Krankenhaus. Im Mittelpunkt seines Wirkens stand der Wiederaufbau der ADA. Vor der Wiedererrichtung des Mutterhauses 1954 fuhr er persönlich die erste Schuttkarre. Die Verwaltung der größten diakonischen Einrichtung Anhalts und das Bauen kosteten viel Kraft, so dass die Seelsorge oft zu kurz kam. Bungeroth suchte deshalb den Wechsel auf das Land auf eine „normale Pfarrstelle". Beim Abschied schenkten ihm die Schwestern einen siebenarmigen Leuchter. Bungeroths Sohn Dietrich wurde ebenfalls Pfarrer in Anhalt.

Wilhelm Brink
Vorsteher von 1956 bis 1963

* 02.04.1909 Wetter/Ruhr
Sohn des Adolf Brink, Kaufmann in Wetter
∞ 29.04.1937 mit Irmgard Heinevetter (* 11.04.1911), Tochter des Georg Heinevetter, Buchdruckereibesitzer in Hagen, Westfalen

- Studium der Theologie, Philosophie und Staatswissenschaften, unter anderem in Münster und Berlin (1929–1935)
- Wissenschaftlicher Mitarbeiter, seit 1941 Referent im Reichsluftfahrtministerium Berlin (1937–1945)
- Hilfsprediger an St. Stephan, Berlin (1946/47)
- Hilfsprediger in Wölsickendorf (1947/48)
- Hilfsprediger an der Neumarktkirche zu Jüterbog (1948/49)
- Ordination am 29.09.1946 in der Berliner Stephanuskirche
- 2. Pfarrer an St. Nikolai Jüterbog (1949–1955), dann 1. Pfarrer daselbst (1955/56)
- Pfarrer und Vorsteher des Diakonissenhauses (1956–1963)
- Scheidet aus dem Dienst aus und reist in den Westen aus (September 1963)
- Krankenhausseelsorger in Frankfurt am Main (ab 1963)

Wilhelm Brink, 1959

Brink leitete die ADA in schwieriger Zeit. 1958 erfolgte die Einweihung des neugebauten Mutterhauses. Das abrupte Ausscheiden Brinks wirft in seinem Verlauf wie in seinen Gründen – es bestanden starke Spannungen zwischen ihm und insbesondere der Oberin, und nach seinem Weggang steckte die ADA in einer schweren finanziellen Krise – Fragen auf, die späteren Forschungen vorbehalten sind.[16]

Werner Strümpfel
Vorsteher von 1963 bis 1981

* 22.08.1915 Erfurt, † 23.01.2015 Dessau, beigesetzt in Friesau bei Lobenstein
Sohn des Robert Strümpfel, Kaufmann in Erfurt, und der Jenny Strümpfel, geb. Franke
⚭ 30.09.1941 mit Ursula Prehl, Tochter des Walter Prehl, Oberlehrer in Stadtroda

- Reifeprüfung am 03.03.1933, dann Reichsarbeitsdienst in Heinrichsruh bei Schleiz
- Studium der Theologie in Jena
- Hilfsprediger in Pößneck (1938–1942)
- Ordination am 27.11.1938 in Pößneck

Werner Strümpfel, um 1995

- Pfarrer in Pößneck (1942–1946)
- Pfarrer in Friesau (1947–1955)
- Pfarrer in Ronneburg (1955–1963)
- Pfarrer und Vorsteher des Diakonissenmutterhauses Dessau (1963–1981)
- Versetzung in den Ruhestand (1981)

Schon kurz nach seinem Dienstantritt am 1. Oktober 1963 hatte Werner Strümpfel die ADA vor dem drohenden Konkurs zu bewahren.[17] Er eröffnete am 1. September 1964 gemeinsam mit Oberin Renate Lange ein „Seminar für Gemeindediakonie". In seine Amtszeit fielen unter anderem der Bau der Laurentiushalle (Einweihung zum Jahresfest 1971) und der OP-Neubau (1979–1986). 1975 kam auf Beschluss der Schwesternschaft Pfarrer Eberhard Dutschmann als Klinikseelsorger und Dozent für Malen und Kunst in die ADA.

Strümpfels Leistungen für die ADA, die am Beginn seiner Amtszeit in einer Krise steckte, können hier nicht gewürdigt werden. Sie erfordern eine eigene Untersuchung, die Wesentliches über Möglichkeiten und Grenzen von Diakonie in der DDR aufzeigen könnte. Pastor Strümpfel, der im Krieg beide Beine verloren hatte und sich rastlos für die Belange der ADA ein- und oft auch gegenüber staatlichen Stellen durchsetzte, wurde weit über die Tore der ADA hinaus bekannt. Viele nannten ihn liebe- wie respektvoll „Papa Strümpfel".[18] Er starb 2015 kurz vor seinem 100. Geburtstag.[19] Sein Sohn Justus wurde ebenfalls Pfarrer in Anhalt.

Gotthelf Hüneburg
Vorsteher von 1981 bis 1998

* 23.02.1934 Dresden, † 15.12.2017 Dessau
⚭ 06.09.1958 mit Dr. Barbara Kirch

- Pfarrstelle in Stollberg/Erzgebirge (1958–1968)
- Pfarrer in Leipzig-Knauthain (1968–1981)
- Pfarrer und Vorsteher des Diakonissenmutterhauses Dessau (1981–1998)

Gotthelf Hüneburg, 1981

Als Gotthelf Hüneburg seinen Dienst als Vorsteher versah, war das Leben der ADA von den ökonomischen und politischen Schwierigkeiten der letzten Jahre der DDR, aber auch durch die Fertigstellung des neuen OP-Traktes sowie schließlich die Umstrukturierung des Gesundheitswesens nach der Wiedervereinigung 1990 geprägt. Höhepunkt der umfassenden Modernisierung war der Neubau des Bettenhauses (1994–1996). In der Festschrift zum 100. Geburtstag war das „Zu-Hause"-Sein der ADA in der Evangelischen Landeskirche Anhalts für Hüneberg ebenso ein Faktum wie die Verbundenheit mit Kaiserswerth, aber eben auch der mittlerweile bescheidener gewordene Anspruch des Mutterhauses, „für Dessau und sein Umfeld" da zu sein.[20]

Andreas Polzin
Vorsteher von 1998 bis 2012

Andreas Polzin, 2010

* 15.05.1956 Demmin, † 03.02.2018 Dessau
3. Kind des Pfarrers N. Polzin in Demmin, dann
   Klatzow bei Altentreptow
∞ 1981 mit Gerlinde Gebauer

- Kirchliches Proseminar Naumburg mit Abiturabschluss (1972–1975)
- 1.Theologisches Examen (1980)
- Sprachenkonvikt Berlin
- Pfarrer in Lüdershagen bei Ribnitz-Damgarten (1984–1998)
- Ordination 02.12.1984
- Pfarrer und Vorsteher des Diakonissenmutterhauses Dessau (1998–2012)

In die Amtszeit von Andreas Polzin fiel die Integration des Krankenhauses in die edia.con-Gruppe, der mehrere mitteldeutsche kirchliche Krankenhäuser und Sozialeinrichtungen angehören. Das „Marienheim", der Kindergarten auf dem Klinikgelände und eine in Ballenstedt übernommene Kindertagesstätte erhielten neue Gebäude. Der alte Gebäudebestand des Krankenhauses wurde saniert. Beim Anhalt-Hospiz ist mit dem Neubau begonnen worden.

„Es ging immer um die Sache und die Ziele und nicht um die Profilierung des Einzelnen", lobte Pfarrer Polzin das Miteinander, das Gemeinsame am Ende des Festgottesdienstes zu seiner Verabschiedung. „Wir haben das Haus weiterentwickelt und Möglichkeiten zur Gestaltung für unsere Nachfolger geschaffen."[21]

Torsten Ernst
Vorsteher seit 2013

* 25.5.1967 Flensburg
∞ mit Sigrun Flasche

- Studium der Evangelischen Theologie und Volkswirt-
  schaftslehre in Tübingen und Kiel (1987–1993)
- Prediger im Sauerländischen Gemeinschaftsver-
  band e. V. (1997–2002)
- 2003 Ordination zum Pfarrer durch die Evangelische
  Kirche der Kirchenprovinz Sachsen
- Krankenhausseelsorger und -theologe der Diakonie-
  Krankenhaus-Harz GmbH Elbingerode (2002–2013)
- Pfarrer und Vorsteher des Diakonissenmutterhauses
  Dessau seit 2013

Torsten Ernst, 2016

Anmerkungen

1 Vgl. DAASE, BRIGITTE: Segen ererben und weitergeben. Aus der Geschichte der Schwesternschaft der ADA, in: Hüneburg, Gotthelf/ Werner, Susanne (Hg.): 100 Jahre Anhaltische Diakonissenanstalt (1894–1994). Festschrift, o. O. 1994, S. 6–27, hier S. 6. Zu den ersten sieben Vorstehern wurden die Personalakten im AELKA vom Autor eingesehen. Im Folgenden sind nur wörtliche Zitate nachgewiesen.

2 Ebd., S. 8.

3 Zitiert nach: ULBRICH, BERND G.: 800 Jahre Dessau-Roßlau. Eine Stadtgeschichte, Bd. 2: Dessau im 20. Jahrhundert, Halle 2013, S. 135.

4 Ebd.

5 DAASE: Geschichte (wie Anm. 1), S. 12

6 Vgl. die Personalakte in AELKA, B6 (Evangelischer Landeskirchenrat für Anhalt), H12, Nr. 32, Bd. I, fol. 149 r.

7 Vgl. ebd.

8 RAUCH, PETER: Dr. theol. Martin Müller, Dessau (Eine biographische Skizze), in: Mitteilungen des Vereins für Anhaltische Landeskunde 12 (2003), S. 60–93, hier S. 76.

9 DAASE, Geschichte (wie Anm. 1), S. 15.

10 Beurteilung des Ev. LKR v. 28.05.1946 für die Kanzlei der EKD, in: AELKA, B6 (Evangelischer Landeskirchenrat für Anhalt), L 15, Nr. 6, Bd. I, fol. 109 r.

11 ArchADA, Büro der Oberin, Ordner Verstorbene Schwestern, darin: Oberin Renate Lange.

12 ArchADA, Nr. 16, darin: Brief von Heinrich Leich an Oberin Renate Lange, Düsseldorf-Kaiserswerth, 02.07.1956.

13 Er wurde „berufen am 1.8.1946 zum besonderen Dienst an der Anstalt und Schwesternschaft, [...] da klar geworden war, dass P. Leich nicht mehr hierher zurückkommen würde"; ArchADA, Nr. 16, Bericht zum Jahressommerfest am 27.07.1947.

14 Vgl. Die Präsidenten und Direktoren der Diakonischen Werke, URL: https://www.diakonie.de/praesidenten-und-direktoren-der-diakonischen-werke/ (21.05.2019).

15 ArchADA, Nr. 16.

16 Brink schrieb am 25. März 1963 an den Landeskirchenrat: „Veranlasst durch Schwierigkeiten, die in der Leitung der Anhaltischen Diakonissenanstalt aufgetreten sind, sowie aufgrund meines derzeitigen labilen Gesundheitszustandes – ganz offenbar eine Folgeerscheinung der in den letzten Monaten gehabten Schwierigkeiten – habe ich mich heute nach eingehender brüderlicher Beratung mit dem Kirchenpräsidenten der Ev. Landeskirche Anhalts, Herrn Dr. Müller, entschlossen, zu einem noch zu bestimmenden Termin aus dem jetzigen Dienst auszuscheiden." AELKA, B6 (Evangelischer Landeskirchenrat für Anhalt), B 30 Nr. 25 Bd. II, fol. 1 r. Nach der Verwaltungsratssitzung am 4. April 1963 fasste Dr. Müller zusammen: 1. Pastor Brink hält seinen Antrag auf Ausscheiden aufrecht. 2. Pastor und Oberin (Renate Lange) reichen sich zum Zeichen der persönlichen Aussöhnung die Hand. 3. Beide Seiten versprechen, im Frieden zusammenzuarbeiten. Vorsteher versieht den Verkündigungsdienst, und die laufende Verwaltung, enthält sich jeglicher Veränderungen im Hause. Die Oberin hat die Führung der Schwesternschaft; vgl. ebd., fol. 4 r. Das Verhältnis zur Oberin war so schwer zerrüttet, dass diese Brink am 3. August 1963 mitteilte, dass „ich diese mit der Zeit unerträglich werdende Spannung dadurch etwas lockere, indem ich nun ganz offiziell nicht mehr an Ihren Gottesdiensten teilnehmen werde"; ebd., fol. 13 r. Die Gründe erhellen aus den Akten im AELKA nicht. Die Entlassung Brinks erfolgte zum 30. September 1963. Nach erfolgter Übersiedlung in die BRD, deren Modalitäten unklar sind, bat Brink den Landeskirchenrat bereits Ende September/Anfang Oktober 1963 von Hagen (Westf.) aus um Freigabe für den Dienst in der Evangelischen Landeskirche Hessen-Nassau.

17 „Als ich nach Dessau berufen wurde, ahnte ich nicht, was für ein schwieriges Erbe ich da antrat. Vom Vorgänger hatte ich nicht orientiert werden können, er war nach Spannungen ausgeschieden und ausgereist. So wurde von mir erwartet, daß die Differenzen zur Leitung des Evang. Hilfswerkes und damit zum Landeskirchenrat behoben würden. Durch die Zusammenlegung der Geschäftsstellen von Hilfswerk und Innerer Mission – letztere lag bisher beim jeweiligen Mutterhausvorsteher – wurde dieser Konflikt gelöst und eine solide Basis für die Zusammenarbeit geschaffen [...]. Zwei Wochen nach meinem Dienstantritt offenbarte mir unsere Kassenschwester, dass für die Gehaltszahlung kein Geld vorhanden sei: die Kasse wäre leer, und hohe Lieferantenrechnungen seien ungedeckt. Wir standen also vor einem Konkurs. Die nächsten Wochen waren mit Antrittsbesuchen bei den kirchlichen Dienststellen in Dessau und Berlin besetzt, die nun zum ‚Klinkenputzen' benutzt werden mussten – mit Erfolg, denn wir fanden Verständnis und Hilfe"; STRÜMPFEL, WERNER: Erwartungen und Erfahrungen, in: Hüneburg/Werner: Festschrift (wie Anm. 1), S. 27–34, hier S. 27 f.

18 Vgl. KÖHN, HORST: Papa Strümpfel!, in: Festschrift zum 120. Jahresfest im Jahr 2014, Dessau 2014, S. 20.

19 Strümpfels drei Personalakten im AELKA wurden nicht herangezogen.

20 HÜNEBURG, GOTTHELF: Unser Zeichen, in: Hüneburg/Werner: Festschrift (wie Anm. 1), S. 4 f.

21 GITTER, DANNY: Wechsel im Anhaltischen Diakonissenkrankenhaus, in: Mitteldeutsche Zeitung (erstellt 28.01.13), URL: https://www.mz-web.de/6763282 (21.05.2019).

Autorinnen und Autoren

Dr. Jan Brademann   Archivar und Historiker, Archiv der Evangelischen Landeskirche Anhalts, Dessau-Roßlau.

PD Dr. Bettina Brockmeyer   Historikerin, Universität Bielefeld.

Sr. Hella Frohnsdorf   Diakonisse und Oberin i. R. der Anhaltischen Diakonissenanstalt Dessau.

Ina Killyen   Pfarrerin, Oberin der Diakonischen Gemeinschaft an der Anhaltischen Diakonissenanstalt Dessau.

Dorothea Kinast   Ev. Theologin, Mitarbeiterin im Landesarchiv Thüringen, Hauptstaatsarchiv Weimar.

Klemens M. Koschig   Diplom-Ingenieur, Oberbürgermeister a. D., Dessau-Roßlau.

Margot Schoch   Diplom-Ingenieurökonomin, Dessau-Roßlau.

Prof. Dr. Hermann Seeber   Facharzt für HNO, Chefarzt a. D. (Fachbereich Biomedizintechnik, Hochschule Anhalt [FH], Köthen), Dessau-Roßlau.

Manfred Seifert   Pfarrer und Oberkirchenrat i. R., Dessau-Roßlau.

Dr. Constanze Sieger   Historikerin und Archivreferendarin, Landesarchiv Nordrhein-Westfalen.

Dr. Marianne Taatz-Jacobi   Historikerin, Martin-Luther-Universität Halle-Wittenberg, Institut für Geschichte.

Dr. Matthias Zaft   Erziehungswissenschaftler, Martin-Luther-Universität Halle-Wittenberg, Institut für Pädagogik.

Archivsiglen

AELKA = Archiv der Evangelischen Landeskirche Anhalts
ArchADA = Archiv der Anhaltischen Diakonissenanstalt
LASA, DE = Landesarchiv Sachsen-Anhalt, Abteilung Dessau
StA Dessau-Roßlau = Stadtarchiv Dessau-Roßlau

Bildnachweis

ArchADA, außer:

S. 24   Salonblatt. Moderne illustrierte Wochenschrift für Gesellschaft, Theater, Kunst und Sport 6 (1911), 19. August

S. 29   Frankenberg und Ludwigsdorf, Egbert von (Hg.): Anhaltische Fürstenbildnisse, Bd. II, Dessau 1896

S. 66   Ersch, Johann Samuel/Gruber, Johann Gottfried (Hg.): Allgemeine Enzyklopädie der Wissenschaften und Künste, Leipzig 1818 (Digitalisat der Niedersächsischen Staats- und Universitätsbibliothek Göttingen)

S. 67, 290, 1. US oben   AELKA

S. 153   Friedhofsverwaltung Dessau-Roßlau

S. 154 oben und unten   Margot Schoch, Dessau-Roßlau

S. 168, 169, 288   Dietrich Bungeroth, Dessau-Roßlau

S. 177   StA Dessau-Roßlau

S. 217   Carl-Heinz Schmidt, Bernburg (Saale)

S. 265   Johannes Killyen, Dessau-Roßlau

S. 277   Pädagogische Akademie Elisabethenstift Darmstadt

S. 285   Fliedner Kulturstiftung Kaiserswerth